격동의 동아시아를 걷다

Ostasiatische Fragen. China. Japan. Korea.
By Brandt, M. von.
1897. (F.) Altes und Neues.

Berlin, Verlag von Gebrüder Paetel(Elwin Paetel).
Gr. 8°. VIII u. 359 Seiten. Geheftet 7 Mark, elegant
gebunden in Halbfranz 9 Mark.

004
그들이 본 우리
Korean Heritage Books

격동의 동아시아를 걷다

독일 외교관의 눈에 비친 19세기 조선, 중국, 일본

막스 폰 브란트 지음
김종수 옮김

살림

서구의 시선으로 본 근대한국

세계에서 차지하는 한국의 위상이 과거에 비해서 현저히 높아졌고, 문화 교류도 활발해지는 시대입니다. 지구를 하나로 묶는 세계화가 진행되면서 민족 간의 경쟁도 더 치열해지는 한편으로 상호 소통과 이해의 필요성도 커져가고 있습니다. 동시에 우리와 타자 사이의 경계가 희미해지고 정체성의 위기도 더 절박한 느낌으로 다가오고 있습니다. 이런 때일수록 세계 속에서 우리가 누구인지, 타자의 시선에 비친 우리의 모습은 어떤지 되물어 보는 것이 중요합니다.

이번에 발간하는 '그들이 본 우리 총서 Korean Heritage Books'는 이 시대에 꼭 필요한 일 중 하나가 이 '되물음'이라는 인식에서 기획되었습니다. 이 총서에는 서양인이 우리를 인식하고 표현하기 시작한 16세기부터 20세기 중엽까지 한국이 근대 국가로 형성되는 과정에서 그들이 묘사한 과거의 우리를 확인할 수 있습니다. 그리고 그들의 서술이나 묘사를 통해 한국이 어떻게 세계에 비쳐졌으며, 어떻게 우리가 '한국인'으로 구성되어 갔는지를 엿볼 수 있습니다. 오늘의 우리가 형성되는 과정을 이해하는 데 있어서 이 자료들은 하나하나가 매우 귀중한 보고서입니다.

이 총서를 통해 소개되는 도서는 한국문학번역원이 명지대-LG연암문고와 협력하여 이 문고가 수집한 1만여 점의 고서 및 문서, 사진 등에서 엄선한 100종으로 구성되어 있습니다. 한국문학번역원은 2005년에 전문가들로 도서선정위원회를 구성하고 많은 논의를 거쳐 번역할 만한 가치가 있는 서양 고서들을 선별했습니다. 1995년에 발족한 명지대-LG연암문고는 그동안 이 희귀본들을 수집 정리하는 데 많은 시간과 비용을 들였습니다. 이제 이 가운데 핵심적인 자료들이 번역 출간되어 일반에 공개됨으로써 우리 문화와 학문을 되돌아보고 이해함에 있어서 훌륭한 자양분이 될 것으로 기대합니다.

한국문학번역원은 우리의 문화를 해외에 알리고 전파하는 것을 기본 목적으로 하고 있는 기관입니다만, '우리'를 그들에게 제대로 알리기 위해서라도 '그들'이 본 '우리'를 점검해 보는 일이 꼭 필요하다고 봅니다. 이 총서의 번역 출간을 계기로 한국문학번역원은 문화의 쌍

방향적 소통을 위해 더욱 노력하고자 합니다.

　이 총서 발간을 위해서 애써 주신 명지학원 유영구 이사장님과 문고 관계자들, 선정에 참여하신 명지대 정성화 교수를 비롯한 여러 선생님들, 성실한 번역으로 도서의 가치를 높여 주신 번역자 여러분, 그리고 출판을 맡은 살림출판사에 감사의 말씀을 전합니다. 앞으로 이 총서가 관련 분야의 귀중한 자료로서만이 아니라 독자들에게 재미있는 읽을거리로 자리 잡을 수 있기를 바랍니다.

2008년 3월

한국문학번역원장 윤지관

Ostasiatische Fragen.

China. Japan. Korea.

Altes und Neues

von

M. von Brandt.

Berlin.

Verlag von Gebrüder Paetel.

(Elwin Paetel.)

1897.

「격동의 동아시아를 걷다」 1897년판 표지.

역자 서문

　이 책은 19세기에 독일 외교관이자 동아시아 전문가로 활동한 막스 폰 브란트Max von Brandt(1835~1920)가 쓴 『19세기 동아시아 문제-독일 외교관의 눈에 비친 중국, 일본, 조선Ostasiatische Fragen. China, Japan, Korea(Berlin: Verlag von Gebrüder Paetel, 1897)』을 완역한 것이다. 이 책은 저자가 대략 20여 년간(1873~1896)의 시차를 두고 여러 잡지에 발표했던 동아시아 문제에 관한 초기의 글들과 후기의 글들을 모아 단행본으로 발간한 것이다. 여기에는 총 15편의 글이 수록되어 있는데, 제3장 「일본과 조선의 관계에 대한 두 가지 사건 : 1592년 일본의 조선 침략과 1895년 조선의 왕비 시해」는 다른 글들과는 달리 미발표 원고를 추가한 것이다.

먼저, 저자의 이력을 간략히 추적해 보면 다음과 같다.

막스 폰 브란트는 1835년 10월 8일 베를린에서 태어났다. 그의 부친 하인리히 폰 브란트는 프로이센의 장군이자 문필가였다. 그는 개신교 세례를 받았고 베를린에 있는 프랑스 김나지움을 다녔다. 브란트는 처음에는 프로이센의 장교가 되었다가 1860~61년 오일렌부르크 백작이 이끄는 프로이센의 동아시아 원정대의 수행원으로 참여했다. 이 원정대는 1861년 1월 24일 일본과 프로이센 간의 통상조약을 조인했다. 그 후 브란트는 영사가 되었고, 얼마 안 있어 북독일 연방 총영사가 되었다. 1872년부터 그는 일본 주재 독일 변리 공사로 일했고, 1875~93년에는 청나라 주재 공사를 역임하였으며, 1882~83년에는 조선과 수호통상조약을 체결했다.

브란트는 동아시아를 더 잘 알기 위해 부임지에서 동아시아 문화와 역사를 깊이 연구했다. 그는 해박한 지식, 훌륭한 인품, 사교적인 태도로 베이징 조계租界에서 대단히 명망이 높았고, 오랫동안 외교단의 최고 연장자였다. 외교관으로서 그는 청나라를 상대로 한 이해관계에서 유럽의 결속을 촉구했다. 한편 그는 자국 정부에 통상 관계의 중요성을 일깨워 주었고, 독일의 증기 우편선의 개통과 1889년 2월 상하이에서 독일-아시아 은행의 개설에 커다란 일익을 담당했다. 그가 쓴 수많은 논문들과 전문서적들은 당대의 무수한 사람들이 읽은 최고의 문화

인류학 지식 보고寶庫였다. 그의 첫 번째 부인은 1891년에 죽었는데, 여기서 난 딸 헬레네는 베를린 사교계의 꽃이었다. 그녀는 당시 외무부의 실세 외교관들 및 거물 정치인들, 이를테면 프리드리히 폰 홀슈타인과 레오 폰 카프리비 등과 긴밀한 친교 관계를 맺었다.

브란트는 1893년 4월 15일 서울에서 당시 조선 주재 미국 변리 공사이자 총영사였던 오거스틴 허드Augustine Heard(1827~1905)의 딸 헬런 맥시마 허드 양(당시 25세)과 두 번째 결혼식을 올렸다. 그는 같은 해 은퇴를 한 후 바이마르에서 만년을 보냈다. 브란트는 동아시아 예술품 수집가이기도 했는데, 중국에서 근무할 때 베를린에 있는 한 박물관에 많은 동아시아 예술품들을 기증했다.

저자는 이 책에서 특히 19세기 말 중국, 일본, 조선을 위시하여 베트남, 인도, 시암(태국)을 둘러싸고 동아시아에서 전개되었던 서구 열강의 힘의 외교와 정치적 역학 관계, 그리고 동아시아 각국의 내부 문제를 대단히 논리 정연하면서도 비교적 객관적인 시각에서 긴박감 넘치고 생동감 있게 잘 보여 주고 있다. 제국주의 시대 중국과 한반도는 일본 및 서구 열강의 중요한 이권 대상국이었고, 더욱이 한반도는 중국과 일본 및 열강의 틈바구니에 끼어 이들의 노리개로 전락했다. 이 책의 순서는 총 15개 글을 발표 시기에 따라 배열하지 않고 대체로 내용상의 전개 양상에 따라 '동아시아 문제'를 유기적으로 연결 짓고 있다. 1~2장은 일본에 관한 내용으로, 1장에서는 대항해 시대에 서구 탐험가들이 일본 열도를 발견하게 되는 과정, 이방인 상인들과 선교사들의 입국에 따른 교역, 해상 약탈 행위, 전쟁, 선교 활동, 일본의 쇄국 정책 등이 서술되어 있고, 2장에서는 일본의 건국과 역사, 천황, 쇼군, 영주 간의 권력 체계 및 다툼 등이 기술되어 있다. 3장은 일본이 한반도에서 저지른 가장 커다란 만행으로 임진왜란과 명성황후 시해 사건을 다루고 있다. 임진왜란에서는 도요토미 히데요시豊臣秀吉의 전국 통일, 대륙침공의 구실에 따른 조선 침략, 가토 기요마사加藤清正와 고니시 유키나가小西行長의 경쟁과 공명심, 전쟁 상황과 피해 규모, 명군의 참여 과정, 도요토미의 사망과 조명 연합군의 승리, 전쟁 종결 등이 긴박감 있게 묘사되고 있다. 명성황후 시해 사건에서는 흥선대원군의 집권 과정, 대원군과 민비의 갈등, 일본의 표리부동, 강화도조약, 임오군란, 갑신정변, 동학농민전쟁, 청일전쟁, 을미사변, 아관파천 등과 같은 굵직굵직한 역사적 사건들이 종횡무진 펼쳐지고 있다. 특히 여기서는 명성황후 시해를 위한 치밀한 준비 과정과 실행, 가담자들에 대한 일본 법원의 판결 내용이 소상히 소개되어 있다. 저자는 임진왜란으로 촉발된 일본의 만행에 대한 조선인들의 뿌리 깊은 원한이 명성황후 시해 사건으로 말미암아 치유하기 힘든 트라우마가 되었다고 말한다.

4장은 중국의 역사, 서역과의 교류와 몽골 제국, 명·청 기간에 서양과의 접촉과 교역, 열강의 이권 다툼과 전쟁 및 조약 체결, 기독교와 선교사 문제를 다루고 있다. 5장은 중국과 인도차이나를 둘러싼 열강들의 분쟁을 취급하고 있는데, 여기서는 베트남, 시암, 캄보디아, 버마를 놓고 벌이는 영국과 프랑스의 갈등과 이해관계, 인도차이나 반도가 열강의 희생물이 되고 있음에도 수수방관한 중국의 태도, 중국인의 이민 문제에 대한 서구의 비호의적 입장, 선교사 문제, 중국과 열강들의 조약 체결 및 마찰, 외국인에 대한 중국인의 배타적인 태도 등이 주안점을 이룬다. 6장에서는 동아시아에서 대두된 제 문제, 이를테면 아편 문제와 선교사 및 제사 문제로 인한 중국과 열강의 싸움, 기독교 종파 간의 다툼, 류큐琉球 왕국과 포르모사(대만)를 둘러싼 일본과 청나라의 갈등, 청나라의 화폐제도 개혁과 관세율 개정 문제, 열강과의 통상 문제가 서술되어 있다. 7장에서는 19세기 동아시아의 영국 영사로서 왕성한 활동을 펼친 해리 파크스 경卿의 생애와 업적이 자세하게 기술되어 있다. 8장은 다시 조선 문제를 다루고 있는데, 주요 내용은 한반도에 대한 일본의 끝없는 침략 야욕, 강화도조약 체결 이후 본격적인 내정 간섭과 수탈, 조선 관리들의 탐욕으로 인한 민란 발발, 조선을 둘러싼 청일의 패권 다툼, 대원군의 쇄국정책, 러시아의 남하와 영국의 거문도 점령 등이다. 9장은 임진왜란에 이어 두 번째로 맞붙은 일본과 청나라의 전쟁 전개 상황, 양측의 전력과 피해 규모, 청일전쟁의 결말을 둘러싼 열강들의 분주한 정치적 계산, 청나라에 머물고 있는 외국인들의 안전 문제를 다루고 있다. 10장에서도 계속해서 청일전쟁의 경과 상황을 취급하고 있는데, 여기서는 무장 장비, 지휘 계통, 용맹성 면에서 청나라 군대를 훨씬 능가하는 일본군의 우위, 일본의 서구 모방과 능수능란한 언론 플레이, 열강들의 이해득실 관계, 약소국의 문명개화를 기치로 내건 일본의 이중성 등이 서술되고 있다. 11~12장은 일본의 포르모사 점령과 외국인 멸시, 동아시아 시장을 놓고 벌이는 이권 다툼, 시모노세키조약의 이행 문제, 동아시아 국경선 확정 문제를 다루고 있다. 13~14장은 당시 동아시아를 대표하는 두 명의 정치가였던 이토 히로부미伊藤博文와 이홍장李鴻章의 생애와 업적, 청나라의 외교 활동을 논하고 있다. 마지막으로 15장에서는 프랑스와 시암의 강화조약, 인도차이나 반도의 상황이 서술되어 있다.

이 책을 우리말로 옮기는 동안 마음이 편치 않았다. 아마 그것은 타임머신을 타고 과거로 돌아가 우리의 굴절된 역사를 방관자적 입장에서 하염없이 마음 졸이며 지켜볼 수밖에 없었던 데 원인이 있었던 것 같다. 이권으로 똘똘 뭉친 서구 열강들, 무지막지한 약육강식의 논리, '그들'의 눈에 비친 '우리'의 모습, 서양을 철저히 벤치마킹한 일본의 로드맵과 실천, 끝 간 데를 모르는 중국의 자부심과 우월의식, 살아오는 동안 부지불식간에 내 몸에 들어와 똬리를 틀고 있는 또 다른 타자에 대한 오리엔탈리즘과 옥시덴탈리즘을 목도하였다. 역사는 반복된 다고 했던가? 지금, 여기를 살고 있는 우리를 에워싼 주변 지정학적인 여건은 19세기 조선 반도가 겪었던 상황과 너무나 판박이 모습을 보이고 있다는 것이 나만의 착각일까? 미국에 의한 평화 유지, 즉 팍스 아메리카나를 부르짖는 절대 강자 미국, 지친 몸을 추스르고 원기를 회복 중인 러시아, 불과 100~200년가량을 제외하고 언제나 세계의 중심이었다는 중화의식과 주변부의 역사를 깡그리 중심부의 역사로 편입시킨 중국의 서북공정과 서남공정 및 동북공정 프로젝트, 일본의 재무장과 군사대국화, 신자유주의와 세계화, 유럽연합과의 자유무역협정 FTA 추진에 따른 줄다리기 등을 보면 터무니없는 착각은 아니지 싶다.

역사에 문외한인 역자가 이 책의 번역 작업에 뛰어든 배경은 이렇다. 독일에서 유학할 당시 역자는 전공인 언어학 외에 문학과 일본학을 부전공으로 택해 공부하였다. 당시 대학원 상급 세미나에서 일본과 관련된 많은 문헌들을 읽은 것이 발단이 되었다. 일본이 16세기부터 19세기 말까지 서양 문물을 받아들이는 과정, 포르투갈 상인들로부터 조총을 입수하여 개량하는 과정, 네덜란드인들로부터 서양의 과학, 의학 지식을 수용하는 과정과 란가쿠蘭學의 융성, 선교사들로부터 서양 언어들을 배워 사전과 번역물을 축적해 가는 과정, 서양을 벤치마킹하여 부국강병과 제국주의로 나아가는 과정 등을 주로 공부하였다. 특히 당시 서양을 소개한 후쿠자와 유키치福澤諭吉의 여러 책들과 일본의 문화를 영어로 집필하여 대외에 알린 오카쿠라 가쿠조岡倉覺三의 『동양의 이상』은 역자에게 많은 생각을 하게 했던 사실이 새롭다.

이 책의 원문이 독일어이고, 일본학을 부전공하고, 중국어를 소일삼아 1년가량 배웠다는 오만으로 덤벼든 작업은 애초 생각과는 달리 결코 녹록하지 않았다. 모처럼 역사 공부를 해볼 요량으로 작업에 도움이 될 만한 국내에 소개되어 있는 책들을 섭렵했다. 무엇보다 원문의 난해함으로 말미암아 수개월 동안 역자의 동료인 마틴 프라센탈러 교수의 연구실을 들락거려야 했다. 모든 인명과 지명이 당시의 독일어식 로마자 음가로만 표기되어 있어 해당 한자를 찾는 데 애를 먹었다. 일본어 인명과 지명은 부산대학교 일어일문학과에 재직 중인 요데루코葉熙子 교수에게 많이 의지했고, 중국어 인명과 지명은 중어중문학과 강식진, 김혜준, 남덕현 교수의 도움을 받았다. 이 자리를 빌려 모두에게 감사드린다. 번역상의 오류나 착오는 전적으로 역자의 부주의나 역부족 탓이다. 눈 밝은 독자들의 질정을 기다린다.

2008년 5월 24일

금정산 자락 미리내 계곡 연구실에서

김종수

저자 서문

이 책에 실린 글들은 1873~1896년에 쓴 것이다. 「1592년 일본의 조선 침략」과 「1895년 조선의 왕비 시해」를 제외한 다른 논문들은 「동아시아 자연·민족사학회」 「당대」 「독일 평론」 「독일 전망」 등에 이미 발표가 됐다. 이것을 다시금 독자에게 선보이는 데에는 몇 가지 이유가 있다. 첫째 내가 35년간 이론적·실제적으로 매진한 문제들이 예나 지금이나 여전히 일반 대중의 관심을 끌고 있기 때문이다. 둘째 독일 역시 머지않아 동아시아 문제에서 대두될 상업적·재정적·정치적 고려와 결단에서 벗어날 수 없기 때문이다.

초기의 글들은 내가 맡은 직책과 직분으로 말미암아 나 스스로 민중의 정신적·정치적인 삶을 명확히 인식하려는 욕구에서 비롯되었으며, 후기의 글들은 동아시아에서 조국인 독일의 진정한 이해관계를 인식시키는 데 조금이나마 기여하고자 하는 바람에서 쓴 것이다. 이러한 것이 앞으로 얼마나 성공을 거둘지는 독자들이 가장 잘 판단할 수 있으리라 믿는다.

1897년 1월 비스바덴에서

막스 폰 브란트 씀

차례

발간사   5
역자 서문   10
저자 서문   18

제1장_ 일본의 발견과 기독교 수용(1874)   23

제2장_ 일본(1873)   45

제3장_ 일본과 조선의 관계에 대한 두 가지 사건   81

          1592년 일본의 조선 침략   81

          1895년 조선의 왕비 시해   101

제4장_ 중국과 외부 세계에 대한 중국의 정치적 입장(1879)   123

제5장_ 중국과 인도차이나 및 조약 강대국 간의 관계(1894)   157

제6장_ 동아시아의 여러 문제(1894)   176

제7장_ 동아시아 영국 영사―해리 파크스(1895)   243

제8장_ 조선의 문제(1894)   291

제9장_ 동아시아에서 해야 할 일(1894)   304

제10장_ 청일전쟁(1895)   317

제11장_ 동아시아 문제(1895)   327

제12장_ 솔즈베리 내각과 동아시아 문제(1895)   338

제13장_ 두 명의 아시아 정치가(1896)   347

       이토 히로부미   348

       이홍장   373

제14장_ 이홍장의 세계 여행과 청나라의 외교(1896)   395

제15장_ 프랑스와 시암의 강화조약 체결(1893)   412

주   424

일러두기

1. 원주는 본문 안의 각주로 표기하고 역주는 본문 뒤에 미주로 표기함을 원칙으로 삼았다.
2. 중국어 표기시 인명은 한자음으로 표기하였으며 지명은 외래어 표기법에 따라 중국식 발음
   으로 표기하였다.

제 1 장
일본의 발견과 기독교 수용(1874)*

알렉산더 폰 훔볼트Alexander von Humboldt는 신대륙 역사에 관한 자신의 책에서 첫 번째 장章을 "프톨레마이오스의 저술에 나타난 지리학적 오류 가운데 가장 큰 오류야말로 근대사의 모든 지리상 발견에 있어서 가장 위대한 발견의 원동력이 되었다"는 당빌D' Anville'의 말로 시작하고 있다. 모든 역설이 그러하듯이 이것 역시 조심스럽게 받아들여야 한다. 하지만 이 문장 속에는 비록 몇 가지가 일본과 직접적인 관계가 없다 하더라도 당빌이 언급한 오류에 천착하는 것 이상으로 자세히 살펴볼 만한 진실이 담겨 있다. 지리학적 오류는 서기 150년경

---

* 이 글은 원래 1874년 「동아시아 자연·민족사학회」지 5권 28쪽 이하에 영어로 실은 글을 독일어로 번역하여 이 책에 재수록한 것이다.

펠루시움Pelusium에서 태어난 고대의 유명한 지리학자 클라우디우스 프톨레마이오스Claudius Ptolemaeos[2]에서 비롯되었는데, 그가 아시아의 동쪽 경계—프톨레마이오스는 이에 대해 상당히 잘 알고 있었던 것으로 보인다—를 언급한 것에서 나타난다. 프톨레마이오스는 동쪽 경계를 실론Ceylon[3]—그리스 명으로는 타프로바네Taprobane로, 참회의 숲 타포바네Tapovane를 가리키는 것으로 추정된다—, 말디브, 순다Sunda 열도와 중국, 즉 동경 180도까지 확장시켰다. 이는 조선·일본·캄차카가 있는 북쪽 지역을 제외하면 실제 면적보다 동경 40도 정도를 더 확장한 것이다.

이러한 오류는 크리스토퍼 콜럼버스가 자신의 계획을 실행하는 데 있어서 상당한 기여를 했음이 분명하다. 일찍이 나바레테Navarrete는 1825년에 출판한 자신의 저서에서 콜럼버스가 토스카넬리Toscanelli[4]의 조언을 듣기 3년 전인 1470년 포르투갈에 체류할 당시 자신의 계획을 '지리학적 근거'라 명명한 것에 의거하고 있음을 입증했다. 나바레테는 콜럼버스가 유럽의 서쪽 해안과 아프리카, 다른 한편으로 카타이Kathay[5]와 지팡구Zipangu[6] 사이의 비교적 근소한 거리 및 이 지점들에 대한 고대 지리학자들의 견해에 의거하고 있음을 입증한 것이다. 나중에, 특히 첫 번째 탐험여행을 떠나기 직전인 1492년에 콜럼버스는 그다지 중요하지 않은 여러 사실과 우발적인 정황을 제시했다. 이것은 그가

"서쪽을 경유해서 동쪽에 도달"하려는 자신의 계획에 영향력을 행사하고자 하는 나약하고 의심 많은 사람들을 납득시키기 위한 방책이었다. 그러나 정황들 가운데 가장 사소하다고도 할 수 있는 어떠한 것도 여러 문제와는 무관한 것으로 여겨진다. 당시 총독이 죽은 뒤 왕의 재정담당관은 디에고 콜럼버스Diego Columbus에 맞선 소송에서 아메리카 발견이 위대한 것도 아니고 새로운 것도 아니었음을 증명하기 위해 바로 이와 같은 사소한 사실과 정황들을 날조하였다. 하지만 여전히 이상한 점은 콜럼버스가 스스로 말년에 자신이 믿고 있던 모든 지리학적 근거들을 저버리고 1504년에 펴낸 예언서에서 기술한 것처럼 자신을 고대의 예언들을 이행하기 위해 선택 받은 전지전능한 신의 도구로 본 것이다. 콜럼버스는 자신의 탐험에서 채 155년도 못 돼 다가올 세계의 멸망에 대한 징후를 보았다. 콜럼버스의 이와 같은 판단은 기이하긴 하지만 드물지 않은 정신착란 형태로서 위대한 인물들에게서 자주 발견되는 병이라 할 수 있다.

아메리카 대륙을 발견한 것은 중국의 위대한 칸Khan[7]의 땅으로 가는 항로를 찾으려는 희망에서 비롯되었다. 칸 제국의 위력과 무엇보다 이 제국의 부富에 관한 엄청난 이야기는 이탈리아 여행가들에 의해서 널리 퍼져 나갔다. 인도는 오래전부터 자신들의 생산물뿐 아니라 중국의 생산물까지도 유럽에 공급하였다. 아랍인의 침략이 있기 전까지 이러한 나라들과의 교역은 홍해 · 이집트 · 알렉산드리아를 통해 이뤄졌다. 그러나 칼리프[8]들이 이집트를 정복한 이후 이들의 종교적 광신으로 말미암아 서구 기독교 국가들과의 모든 교류는 단절되었다. 특히 수백만 명의 십자군 종군자와 이들의 생계에 필요한 식량을 운반함으로써 엄청난 부를 축적하고 막강한 권력을 얻은 이탈리아 상인들은 다른 교역로를 찾아야만 했다. 피사 · 제노바 · 피렌체 시민들은 자신들이 살던 도시에서 빠져나와 콘스탄티노플이나 그 인근 및 흑해 주변에 정착하여 교역 장소를 건설하였으며 심지어 코카서스의 기슭에도 교역 지사를 세웠다. 상인과 대부분 외교 사절인 선교사들은 아솜Asom 해역海域의 타나Tana에서 국경을 넘어 볼가 강변의 긴토르칸Gintorkan(아스트라칸Astrakan)으로 가서 카스피해 주변과 거기서부터 몽골 지역을 지나 칸바리汗八里(베이징)로 이동하였다. 이는 장장 11개월에서 16개월이 걸리는 여행이었다.

자신의 경험담을 기술하여 후세에 남긴 여행자 가운데 가장 널리 알려진 인물들로는 프란체스코회 수도사이자 교황 이노센트 4세의 외교 사절인 요한 폰 플라노 카르피니Johann von Plano Carpini(1246)[9], 프랑스의 성聖 루이가 파견한 플랑드르의 프란체스코회 수도사 빌헬무스 뤼브뤼키wilhelmus Rubruquis(또는 루이스브루크Ruysbroeck)(1253)[10], 피렌체 출신의 발두치 페골레티Balducci Pegoletti(1335)[11], 베네치아 출신의 니콜라스 디 콘티

Nicolas di Conti(1419~1444)[12] 등이 있다. 마지막에 언급한 콘티는 절체절명의 순간에 기독교 신앙을 저버렸다. 하지만 교황 유게니우스 4세는 그의 대죄를 사면해 주었는데, 그 대가로 콘티는 자신의 친구들에게 사실에 입각한 여행담을 들려주어야 했다. 이는 콘티가 언급하고 있듯이 결코 쉬운 일이 아니었다.

하지만 이러한 여행담 기록자들 가운데 가장 유명한 사람은 베네치아 출신의 마르코 폴로Marco Polo이다. 그의 여행은 1272년부터 1296년까지 24년에 걸친 대장정이었다. 이 기간에 그는 여러 해 동안 위대한 칸Khan의 궁정에 살면서 지배자가 중국을 정복하는 광경을 지켜보았다. 마침내 그는 당시 페르시아의 왕위를 차지하고 있던 몽골 왕자의 중국인 신부新婦 수행원 자격으로 중국의 군함을 타고 실론으로 갔다. 마르코 폴로가 겪은 이야기는 자기 나라 사람들에게 너무나 기상천외한 것으로 여겨져, 사람들은 그를 '허풍쟁이 백만장자 마르코'[13]라 불렀다. 왜냐하면 마르코 폴로가 도저히 믿기 힘들 정도로 단위가 엄청나게 큰 숫자를 자주 남발했기 때문이었다. 그러나 오늘날 우리는 마르코 폴로야말로 근대 지리학의 명예를 부여할 수 있는 관찰자들 가운데 가장 예리하고 신뢰할 만한 사람으로 평가하고 있다. 그의 여행담은 이탈리아어로 쓰였으며, 필사에 의해 다른 언어로도 널리 유포되었다. 가장 오래된 라틴어 번역은 현재 베를린의 왕립도서관에 있으며, 첫 번째 인쇄본은 1477년 빈과 뉘른베르크에서 동시에 출간된 독일어 번역판이다.

지팡구 섬이 중국의 동쪽 해역에 있을 거라고 최초로 언급한 사람 또한 마르코 폴로다. 잘 알려진 바대로 그가 이 섬에 대해 보고하게 된 경위는 여타의 다른 것을 언급하기 위해서 이 섬을 빠뜨려서는 안 되었기 때문이었다. 하지만 당시의 지리학자들은 대체로 마르코 폴로가 지팡구의 풍부한 향신료와 금에 대해 언급한 것만을 신뢰하였다. 마르코 폴로의 이야기가 일본을 발견하는 데까지 이어지진 않았다 하더라도 당시의 여러 계획에 적잖은 기여를 한 것만은 분명하다. 그렇지 않았다면 전혀 다른 결과가 생겨났을 것이고, 이는 세계의 명운에 중대한 영향을 미쳤을 것이다.

15세기 지리학자들은 위대한 칸의 제국인 카타이가 엄청난 부를 토대로 실제보다 훨씬 더 먼 동쪽으로 계속 뻗어 나갈 것이라고 굳게 믿었으며, 지팡구가 카타이 동쪽에 놓여 있다는 사실 또한 의심치 않았다. 당시 77세인 피렌체 출신의 유명한 물리학자 토스카넬리는 1474년에 콜럼버스에게 편지를 썼다. 이 편지에서 토스카넬리는 콜럼버스에게 자신이 만든 지도에 표시된 길만 잘 따라가면 아시아의 동쪽 해안으로 가는 항해가 그렇게 어렵지 않을 것이라고 적었다. 또 토스카넬리는 콜럼버스가 자신의 지도를 따라가면 맨 먼저 (한 번도 존재한 적이 없는) 전설의 섬 안틸리아Antilia를 발견하고 이어서 지팡구, 최종적으로는 망고Mango* 지역의 해안과 거대한 항구도시인 킨사이Quinsai(항저우)[14]에 다다를 수 있을 것이라고 덧붙였다.

1492년 8월 8일 스페인을 떠날 당시 콜럼버스는 자신의 영주로부터 외교 사절의 신임장을 갖고 향신료의 나라이자 위대한 칸의 제국이 있는 동쪽으로 항해하라는 명령을 받았다. 콜럼버스의 계획은 곧장 아시아 대륙으로 항해한 다음, 돌아오는 길에 지팡구와 다른 섬들을 방문한다는 것이었다. 그는 앞에서도 적은 것처럼 9월 19일자 일기에서 자신이 몇몇 섬 가까이에 있지만 곧장 대륙으로 향하지 않고 지금 이런 섬들을 향해 항해하는 것은 어리석기 짝이 없는 짓이라고 언급하고 있다. 10월 24일까지만 하더라도 콜럼버스는 새로 발견한 쿠바의 이사벨라Isabela를 떠난 이후 자신은 "여러 가지 일로 사람 입에 오르내린" 지팡구로 가고 있는 중이라고 믿고 있었다. 그러나 그가 지팡구의 부富에 대해서 꿈꾸는 동안 일본의 천황 고쓰치 미카도後土御門[15]는 가난에 시달리다 죽었는데, 그의 시신은 장례비가 없어 40일 동안 성문 앞에 놓여 있을 정도였다. 당시 콜럼버스는 (아메리카) 신대륙을 발

---

* 올바른 명칭은 만즈Mangi 또는 만쯔Manzi이다. 이 명칭은 북중국을 가리키는 카타이와 대립되는 이름으로, 남중국을 가리킨다. 칸 시대의 몽골인은 남중국을 만즈蠻子(Mangi)라고 불렀다. 역주 5) 참조.

견한 이후에도 자신이 아시아에 도착했다는 사실을 믿어 의심치 않았다. 1492년 6월 12일 그는 약 80명에 이르는 전체 선원들에게 쿠바가 아시아 대륙이고 만즈(남중국) 지역에 속한다면서, 만즈에서 출발하면 스페인에 도달할 수 있다는 서약서를 작성한 후, 나중에라도 이 서약서에 이의를 제기하는 자는—정해 놓은 벌금을 지불할 여력이 없는 자라면—자신의 혀를 뽑아 내고 곤장 100대를 맞는다는 내용에 서명을 함과 동시에 맹세를 하게끔 했다. 1502년 콜럼버스는 알렉산데르 교황에게 보낸 편지에서 자신이 1,400개의 섬과 아시아 대륙 333마일을 발견했다고 적었으며, 죽기 18개월 전인 1504년 5월 13일에는 만즈 지역에 도달했다고 보고하였다.

콜럼버스는 카타이와 지팡구를 찾으려는 과정에서 우연히 아메리카를 발견한 것이다. 이 와중에 지팡구 역시 우연히 발견되었다. 물론 지팡구는 중국인과 몽골인에게 오래전부터 잘 알려져 있었지만 1281년—마르코 폴로는 연도를 잘못 언급하고 있다—몽골인들의 대탐험 이후 모든 교역은 중단된 것으로 보인다. 아시아의 문필가들은 일본에 대해 거의 언급한 적이 없다. 페르시아 출신의 몽골사가 라시드에딘Rashid-Eddin은 1294년에 저술한 『사료집Djema ettawarikh』에서 분명 중국의 '지펜쿠Jy pen ku'에서 파생된 '제멘쿠Djemenku'에 관해서 말하고 있다. 라시드 에딘은 이 책에서 그 나라 사람들은 체격이 작고 배가 뚱뚱하며, 그곳에는 수많은 광산이 있다고 언급했다. 아랍의 지리학자 아불페다Abulfeda[16]도 일본을 언급하면서 사람이 사는 나라 가운데 가장 동쪽에 위치한 나라로 명명했다.

일본을 발견한 정확한 날짜와 발견자의 이름을 찾아 내는 일은 오늘날에도 여전히 불가능하다. 일본의 자료에 따르면 최초의 검은 배(이양선)는 1530년 시코쿠四國의 아와阿波 해안에서 목격되었다. 또 다른 보고서에 따르면 최초의 이방인들이 1543년 10월 규슈九州의 남쪽 끝에 위치한 다네가시마種子島에 정박한 것으로 되어 있다. 1543년 10월이라는 날짜는 정확한 것으로 알려졌지만, 이것은 이방인 스스로가 언급한 어떠한 진술과도 부합하지 않는다. 예수회 선교사인 코르넬리우스 하자르트Cornelius Hazart는 일본 발견을 1539년이라 말하고 있고, 프란시스코 사비에르Francisco Xavier[17]는 이보다 5~6년 뒤인 1544~1545년이라고 주장한다. 안토니우스 갈레아누스Antonius Galeanus의 주장에 따르면 1542년에 안토니우스 모타Antonius Mota, 프란시스쿠스 자이모트Franziskus Zeimot, 안토니우스 페이포트Antonius Peipot 등이 (인도네시아) 마카사르의 도드라Dodra에서 출발하여 중국으로 가는 도중 악천후로 인해 가고시마鹿兒島에 이르게 되었다고 한다.

일본을 발견한 사람은 다름 아닌 자신이었다고 명예 회복을 선언한 페르낭 멘데스 핀투Fernand Mendez Pinto[18]도 정확한 시기를 밝히진 못하고 있다. 그러나 그가 자신의 모험을 정확한 연대기적 순서에 의거해 말했다고 할 경우 1545년 이전에는 그곳에 도착하지 못했다는 결론이 나온다. 일본을 제일 먼저 발견하는 데 일조했다는 사람들의 이름도 불확실하기는 마찬가지다. 일본 측 자료는 미우라 주스케三浦＋助와 크리스타 모타Christa Mota를 최초의 인물로 들고 있다. 머리에는 털모자를 쓰고 손에는 조총을 든 이들의 모습은 호쿠사이北齋[19]가 그린 초상화를 통해 잘 알고 있을 것이다. 자기 나라 사람들이 '거짓말 대장'이라 부르곤 한 핀투는 크리스토포로 보랄로Christoforo Boralho와 디에고 자이모토Diego Zeimoto를 자신의 동행인으로 들고 있다. 이들 중 보랄로는 갈레아누스에 의해서도 언급되고 있다.

그러므로 최초의 유럽인이 일본에 도착한 해는 1543년이라는 것이 가장 신빙성이 있어 보인다. 하지만 여러 상이한 이름을 서로 일치시키려는 노력은 가망이 없는 일로 단념해야 한다. 이 밖에도 일본의 발견에 대한 최초의 기술記述이 핀투에 힘입고 있음은 틀림없는 사실이다. 그러나 핀투의 이야기에서 자신이 개인적으로 겪은 직접적인 경험과 당시 중국 해안에 몰려 있던 다른 포르투갈 사람들의 여행담을 통해 얻은 간접적인 경험을 구분하기는 어려운 일이다.

핀투는 자신의 첫 일본 방문에 대해 다음과 같이 보고하고 있다. 그는 자신의 동행인들과 함께 당시 잘 알려진 중국 해적 사미포체카

Samipocheka 휘하의 정크선을 타고 도망칠 것을 강요 받았지만 다른 해적의 공격을 받아 중국 해안에서 쫓겨났다. 엄청난 폭풍이 엄습했을 때 이들은 류큐琉球 섬으로 항해하려고 했지만 이들의 해적이 그 전의 전투에서 죽었기 때문에 그곳에 정박하기는 불가능했다. 이들은 다시 바다로 나가야만 했는데, 23일간 바다를 떠다닌 끝에 마침내 육지를 발견하게 되면서 규슈 남단에 있는 다네가시마라는 작은 섬의 만灣에서 은신처를 찾게 되었다. 이들은 그곳 당국과 지역 주민의 환대를 받았으며, 얼마 안 되어 그곳 주민들과 활발한 교역을 이끌어 내기도 했다. 그러나 가장 주목을 끈 것은 핀투와 동행인 두 명이 휴대하고 있던 조총이었다. 멋진 이방인들이 도착했다는 소식은 분고국豊後國[20] 왕의 귀에도 흘러 들어가게 되었다. 분고국의 왕은 낯선 이방인 중 한 명을 자신의 궁궐로 초대했다. 이때 방문자로 선택된 사람은 활기차고 다정다감한 성격의 소유자인 핀투였다. 그는 며칠간 여행한 끝에 분고국의 수도 후칸府官에 도착하였고, 그곳 성주의 궁정에서 조총은 또다시 세인의 관심을 끌었다. 실로 다양한 모험 끝에 많은 선물을 받고 떠난 핀투는 동행인들과 함께 치암푸(닝보寧波를 가리키는 것으로 추정됨)[21]로 돌아갔다. 돈벌이가 되는 새로 발견한 시장에 대한 소식은(핀투의 말에 따르면 중국 해적 사미포체카는 화물 적재분에 대해 1,200퍼센트의 수익을 올렸다) 엄청난 무리의 포르투갈 탐험가들을 일본으로 끌어들였다.

이들은 그곳에서 융숭한 환대를 받았다. 규슈를 비롯해 일본 서쪽 지역의 모든 다이묘大名(영주)들은 이방인과의 교역을 자기 지역에 있는 항구로 유치하려고 서로 경쟁을 벌였다. 항구를 유치한다고 해서 바로 독립이나 권력을 얻을 수 있는 것은 아니었지만 적어도 그것을 얻기 위한 자금을 마련할 수 있었기 때문이었다.

상인들과 더불어 선교사들도 왔다. 위대한 탐험이 이루어진 이 시기에는 무역, 해상 약탈 행위, 전쟁, 종교가 서로 밀접하게 연결되어 있었다. 칼과 십자가가 늘 함께했다. 그리하여 불행하게도 칼이 십자가를 위해 봉사하는 경우가 자주 일어났다. 그사이 일본에서는 드문 사례이긴 하지만 순결과 체념에 토대를 둔 기독교적 신앙이 신실한 최초의 전도사가 배출되었다. 이러한 사례는 비록 수백 년의 세월이 지난 뒤에도 만인의 존경과 관심을 받고 있다. 프란체스코회 수도사인 사비에르가 다른 예수회 선교사인 발타사르 데 토레스Balthasar de Torres 와 일본인 두 명−이들 가운데 한 명은 귀족 가문 출신의 안지로彌次郎 라는 자였는데, 이자는 살인을 저질러 도망다니는 신세였다−을 데리고 가고시마에 들어간 해는 1549년이었다. 그러나 1년 전에 포르투갈 선박이 자신의 항구를 찾지 않은 것에 대해 무척 격분해 있던 사쓰마국薩摩國 영주는 사비에르를 친절하게 맞이하지 않았다. 대신 사비에르는 나가토국長門國과 분고국豊後國에서 더 나은 대접을 받았다. 당시 일본 수도는 내분에 휩싸여 있었기 때문에 교토京都를 방문해 봐야 아무런 소득이 없었다. 사비에르는 일본에서 활동할 새로운 선교사를 모집하기 위해 1551년에 인도로 떠났다가 1552년 중국에서 사망했다. 다른 이들이 그의 자리를 이어받았다. 1564년에는 교토 주변 지역에 일곱 개의 교회와 예배당을 건립할 정도로 선교사들은 큰 성공을 거두었다. 그사이, 특히 일본의 남서쪽에는 크고 작은 수많은 기독교 공동체가 생겨났다. 이러한 보기 드문 성공 비결에는 조금도 의심의 여지가 있을 수 없었다. 당시 일본에 알려져 있던 두 종교, 즉 신토神道와 불교는 신자들이 고통과 위험을 견뎌 내는 데 거의 도움이 되지 못했다. 수백 년에 걸친 내분으로 말미암아 특히 하층민이 겪는 고통과 비참함은 이루 말할 수 없었다. 신토는 하나의 신화로 전락해 극소수의 사람들에게만 알려져 있을 뿐 이해하는 사람은 아무도 없었다. 또한 불교는 오래전부터 생명력을 상실하여, 오직 불경과 승려의 기도를 통해서만 구원 받을 수 있다는 교리로 대체되어 있었다. 이 두 종교가 신자들의 심성을 고양시키기 위해 아무것도 할 수 없었던 반면에, 기독교 추종자들은 예배시간에 보게 되는 외관상의 화려함에 익숙해졌고, 수많은 성인聖人 축제와 더불어 다른 축일 때 맛보는 휴식과 즐거운 시간에 익숙해져 갔다. 따라서 수천 명의 사람들이 세례를 받기 위해 기독교 선교사에게 몰려간 것은 전혀 놀라운 일이 아니었다. 사람들에게 설교를 해 주는 이러한 종교는 특히 가난한 하층 계급 사람들에게 잘 들어맞았다. 기독교는 그들에게 사후 천국을 제시했지만, 불교는 이러한 천국을 수많은 윤회를 겪은 뒤에야 비로소 보여 줄 수 있었다. 화려한 예복과 감명 깊은 예식, 장엄한 행렬, 새로운 개종자들도 어떤 역할을 부여 받아 치르는 신비로운 종교 의식을 절묘하게 사용함으로써 선교사들은 불교 승려들을 압도하였다. 그러나 이와 같은 급속한 발전은 수많은 혼란을 야기했다. 이때 법과 정의가 항상 기독교인 편에 서 있었던 것은 아니었다. 제후국의 영주들 스스로가 기독교도가 된 규슈九州와 특히 분고豊後·아리마有馬·오무라大村 등지에서의 전도 사업은 하나님 말씀 이상으로 불과 칼에 의해 이루어짐으로써 토착 불교 승려들이 화형을 당하거나 살해당하는 일이 빈번하게 일어났다. 전 지역 주민들은 여러 차례에 걸쳐 새로운 종교(기독교)로 개종하든가, 아니면 집과 땅을 버리고 떠나라는 명령을 받았다. 이처럼 새로운 종교의 세력은 승승장구하는 것처럼 보였다. 당시 최고 권력을 거머쥔 오다 노부나가織田信長[22]는 공개적으로 불교 승려에게 박해를 가하는 한편, 노골적으로 기독교인 편을 들었다. 1581년에 기독교인 숫자는 10만 명을 넘어섰다. 같은 해 기독교를 믿는 규슈의 세 영주들은 자신들이 교황의 신하임을 알리기 위해 유럽으로 사신을 파견하였다.

1582년에 오다 노부나가가 죽었다. 그의 후계자 도요토미 히데요시豊臣秀吉(일명 다이코 사마太閤樣)[23]는 처음에는 기독교인에게 비호의적이지 않았지만 얼마 가지 않아 자신의 태도를 바꾸었다. 이는 불교 승려들의 호감을 사 임박한 권력 투쟁에서 이들로부터 지원을 받기 위한 의도였다. 1587년에 도요토미 히데요시는 외국 선교사들에게 추방 명령을 내렸다. 하지만 이 명령은 처음에 구두선口頭禪에 그쳤다. 예수회 선교사들은 교회와 예배당의 문을 닫고, 공개적인 설교를 중지했지만 실제 전도 사업은 멈추지 않았다. 선교사들의 보고에 따르면 추방 포고령이 내려진 지 3년 만에 3만 명의 일본인이 세례를 받은 것으로 드러났다. 도요토미 히데요시는 표면적인 복종에 만족한 것으로 보였다. 일본의 권력자들은 당시 외국 무역에서 벌어들인 이익의 지분을 잃을까 두려웠을 것이다. 기독교를 신봉하는 규슈의 영주들이 대놓고 저항하지 않은 것은 도요토미 히데요시의 이해관계와도 맞아떨어진 것 같았다. 하지만 떼를 지어 필리핀에서 건너와 사제복을 입고 공개적으로 설교를 하며 노골적으로 일본법에 맞선 스페인 탁발수도승들의 행동은 상황 악화를 초래하였다. 다시금 기독교인 추방명령이 내려졌으며, 몇몇 교회와 선교사 소유의 가옥들이 파괴되었다. 1596년에는 프란체스코회 수사 여섯 명, 예수회 선교사 세 명, 기독교로 개종한 일본인 열일곱 명이 체포되어 나가사키로 압송되었으며, 그곳에서 십자가에 못 박혀 죽었다.

이와 같이 도요토미 히데요시의 노여움이 폭발한 뒤 상황은 조금씩 나아지는 듯했다. 소극적인 순종이라는 옛 원칙에 충실하던 예수회 선교사들은 계속 일본에 거주했을 뿐 아니라 심지어 도요토미 히데요시와 개인적인 친분을 유지하였다. 예수회 회원들의 주장에 따르면 1598년에 세 명의 예수회 선교사들이 순교사를 당한 것은 일본 하급 관리들의 과도한 열성 탓이었지 도요토미 히데요시가 원한 것은 아니었다. 이들은 또 기독교인 추방 명령이 스페인 탁발수도승만을 겨냥한 것이었다고 주장하였는데, 그 근거로 스페인 탁발수도승들의 노골적인 저항과 스페인인과의 관계―스페인인들은 정치적인 의도 때문에 일본의 독립에 반대한다는 혐의를 받았다―로 말미암아 도요토미 히데요시가 엄청난 스트레스를 받았다는 점을 들었다.

1598년에 일어난 다이코 사마(도요토미 히데요시)의 죽음 역시 선교사들의 이해관계에서 볼 때 유리한 국면은 아니었다. 절대권력을 놓고 다투던 쇼군將軍 가운데 가장 강력한 주군이었던 도쿠가와 이에야스德川家康[24]는 외국과의 무역에서 자신의 지분이 상실되는 것을 받아들일 수 없었을 뿐만 아니라 교회 추기경과 백성을 적으로 만드는 것을 도저히 참을 수 없었다. 도쿠가와 이에야스는 선교사에게 호의적으로 대하여 이익을 얻으려는 한편, 스페인 탁발승에게 필리핀과 자신의 영지인 간토關東 간의 직무역 관계를 트는 데 가교 역할을 하도록 하여 이익을 극대화하려고 했다. 그러나 곧 분쟁이 발생했다. 규슈의 반反 기독교 다이묘들은 기독교를 믿는 백성들에게 신앙을 버리도록 강요하며 무차별 박해를 가했다. 다이묘의 의지와 명령에 반하는 기독교 신자들의 저항 또한 단호했는데 지금까지 하층 계급 백성들이 수동적인 순종과 노예와 같은 예속 상태에 있던 일본의 정치적 상황에 비춰 볼 때 이러한 태도는 아주 새롭고 이례적인 현상이었다. 도쿠가와 이에야스는 이 점을 의아하게 생각하고 이러한 위험한 독립정신을 억압하기 위해 조치를 취할 필요가 있다고 여기게 되었다. 1606년에 기독교를 금지하는 법이 공포되었다. 그러나 1587년과 마찬가지로 이번에도 중앙정부에서 내린 조치라는 점에서 박해를 피하기 위해 겉으로는 복종하는 양상을 띠었다. 이러한 가운데 1610년에는 스페인인과 새로운 문제가 발생하였다. 스페인 탁발수도승들은 공개적인 예배 금지 조치에 항의하는 한편, 토착 기독교도들에게 예배를 볼 수 있게 해 줄 것을 요구하였다. 이로 인해 이들이 또다시 일본 정부의 분노를 사게 되자 1613년에 새로운 법령이 공포되었다. 이 법령에 의해 기독교는 국가에 위험한 것으로 천명되었으며, 교회 파괴와 모든 성직자에 대한 추방 명령이 내려졌다. 이번에는 명령이 대단히 광범위하게 실행되었다. 1614년에는 프란체스코회 · 도미니크회 · 아우구스티누스회 수도사 22명, 예수회 선교사 117명, 수백 명의 일본인 성직자와 전도사들이 강제로 정크선에 실려 일본에서 쫓겨났다. 이때 60만 명의 일본 기독교 신자들이 자신들의 영적인 스승과 지도자들을 잃게 되었다. 그럼에도 불구하고 추방당한 성직자 가운데 많은 사람이 몰래 일본으로 다시 돌아왔으며, 순교의 왕관을 얻겠다는 바람으로 충만한 많은 선교사 무리가 이들을 따랐다. 명령을 어긴 이러한 공개적인 저항 행위는 도쿠가와 이에야스의 아들이자 후계자인 히데타다秀忠[25]에게 잔인한 보복조치를 가할 빌미를 제공했다. 그때까지 유일한 예외로써 토착 기독교도에게만 적용된 사형死刑 선고가 이제는 모든 외국 성직자에게로 확대되었다. 전국에서 엄격한 감시가 행해졌다. 외국 무역은 히라도平戶와 나가사키長崎에만 한정되었으며(1617), 일본인의 외국 출입은 금지됐다(1621). 1624년에는 네덜란드인과 중국인을 제외한 모든 외국인이 일본에서 추방되었다. 이와 동시에 토착 기독교도에 대한 박해는 계속되었다. 수천 명이 십자가형에 처해지고 참수당했으며, 익사당하거나 산 채로 화형당했다. 급기야 1692년에 나가사키에서는 감옥에 갇힌 소수의 비참한 죄수들을 제외하고 모든 기독교의 흔적이 파괴되었다. 돌이켜 보면 당시 정부의 이러한 모든 조치는 어떤 점에서 아무런 성과가 없었으며, 완전히 소진된 것으로 보이는 불씨는 재灰 속에서 계속 살아남아 있었다.

일본의 기독교 역사에 대한 이러한 서술에서 적어도 일본 정부가 쇄국정책을 펴지 않을 수 없었던 원인을 반드시 짚어 봐야 한다. 일본과 외국의 짧은 교역 기간은 유럽 각국이 서로 칼날을 겨누며 정치적·종교적 시기심으로 으르렁거리면서 극심하게 다투던 시기였다. 이들 서구 나라 간의 반목은 아시아 해안에까지 이어졌다. 스페인과 포르투갈, 영국과 네덜란드인들은 자신들의 나라와 신앙의 적으로 간주한 일본인들에 맞서 이들의 공포와 증오를 자아내게 하기 위해 경합을 벌였다. 이렇듯 외국인들이 서로 상대를 착취하려 한다는 것을 일본인들에게 가르치는 동안 지금까지 무역과 발견의 혜택을 입은 몇몇 유럽 나라들의 발전은 답보 상태에 빠지게 되었다. 포르투갈과 스페인의 통일, 스페인 펠리페 2세와 3세의 정부, 스페인령 네덜란드에서의 반란, 네덜란드와 영국의 전쟁 등은 어째서 50년 전까지만 해도 도저히 불가능하다고 여기던 일이 17세기에 들어와 일본으로 하여금 그토록 당당해질 수 있었는가에 대한 충분한 이유가 되었다.

그러나 이러한 정치적 원인들을 접어 두면 일본에 거주하는 모든 외국인의 태도는 일본 사람들에게 주목과 관심을 불러일으키는 정도에 지나지 않았다. 1585년 1월 28일의 칙서를 통해 교황 그레고리우스 13세는 예수회에 선교사를 일본으로 파견할 수 있는 배타적 권리를 부여하였다. 교황 클레멘스 8세는 1600년 12월 12일 탁발수도회에도 똑같은 권리를 부여하였다. 여기에는 그들이 포르투갈에서 배를 타고 인도 고아Goa를 경유하여 일본으로 가야 한다는 조건이 붙어 있었다. 마침내 이러한 허락은 교황 파울루스 5세(1608년 6월 11일의 칙령)에 의해 다른 루트, 예컨대 필리핀을 거쳐 일본으로 가고자 하는 탁발수도회 회원들에게도 확대되었다. 이러한 변화가 교황에 의해 도입되어 추인되는 동안 모든 위반자에 대해서는 '열교裂敎 행위에 대한 대大파문excommunicatio major ipso facto incurrendo'과 같은 중징계를 가하겠다고 으름장을 놓았다. 그러나 탁발승들은 이것을 기다리지 않고 자신들이 원하는 대로 길을 택해 일본으로 떠났다. 이러한 불복종은 수많은 사소한 다툼으로 이어졌으며, 그 말(파문 내용)은 강력하지만 여러 교단敎團이 때때로 서로를 파문시키는 데 대한 빌미거리로 제공되었다. 새로운 교리로 무장한 성직자조차 그렇지 않아도 기독교를 싫어하는 일본인에게 도움이 되는 말을 해 줄 수 없는 상황이 벌어졌다. 동시에 일본에 체류하는 모든 외국인, 특히 포르투갈인이 대규모로 운영하는 노예무역은 일본 당국의 원성을 살 만한 구실을 만들어 주었다.

이방인이 유입되기 전부터 일본이 오랫동안 겪은 내부의 불안은 도쿠가와 이에야스가 자신의 연적戀敵들을 제거할 때까지 세속되었다. 조선과의 전쟁과 종종 굶어 죽는 것밖에는 별 다른 선택이 없는 하층계급 백성들의 비참함은 많은 인간을 시장으로 내다 파는 지경에까지 이르렀다. 세르케이라Cerqueira 주교가 전하는 바에 따르면 심지어 포르투갈 무역상들의 말레이시아 하인과 흑인 하인조차도 일본에서 일본인 노예와 조선인 노예를 사서 이들을 마카오에서 되팔 정도로 사치를 부렸다. 마카오 당국과 일본에 있는 종교 지도자들(1598년 9월 4일 세르케이라 주교와 그의 전임자)이 이러한 노예무역에 대해 더욱 강도 높은 파문을 가하겠다고 으름장을 놓았지만 아무런 소용이 없었다. 또다이코 사마(도요토미 히데요시)가 노예를 파는 사람뿐 아니라 사는 사람도 사형에 처하겠다고 엄포를 놓았지만 근절되지 않았다. 노예무역은 분명 외국인에 대한 일본 사람들의 정당한 불만 가운데 하나였다. 이는 마침내 일본에서 외국인을 추방하는 데 있어서 상당한 계기를 제공하였다.

일본 정부는 유럽의 정치적 상황과 외국 나라들 간의 반목 및 서로 다른 종파 구성원들 간의 갈등과 상인들의 불복종, 다른 한편으로 하층 계급 백성들이 노예와 같은 예속 상태에서 독자적이고 독립적인 감정과 생각으로 고양되는 데 대한 두려움 및 외국과의 무역에서 자신과 자신이 좋아하는 개별 집단을 위해 이익을 독점하고 싶은 바람 등으로 일본의 대외관계를 데지마出島에서 네덜란드인과의 보잘것없는 무역에 한정시킴과 동시에 다른 나라와의 교역을 금지시켰다. 사실상 다른 나라와의 교역만이 정신적인 사멸 과정을 막을 수 있고, 서

로 함께 살고자 하는 공동체 밖의 시도는 우리에게 개인 · 계급 · 국가
에 대한 많은 본보기를 보여 준다.

제 2 장
일본(1873)*

1

동아시아에서 독일의 교역에 새로운 활로를 모색하고 기존의 것을 더욱 공고히 하기 위해 오일렌부르크Eulenburg 백작의 지휘 아래 프로이센 원정대가 베를린을 떠난 것은 약 13년 전의 일이었다. 이때 사절단이 우선적으로 교섭해야 하는 나라들 가운데 일본은 거의 알려져 있지도 않은 나라였다. 그런 만큼 원정대원뿐 아니라 교역에 관심이 있는 여타의 사람들이 관심을 표명하고 가장 심혈을 기울인 나라이기도

* 이 글은 1873년 「당대」지 2쪽 이하, 49쪽 이하, 83쪽 이하에 실린 것이다.

했다. 흔히 그러하듯이 삶에 싫증을 내거나 전혀 감동도 받지 못했지만 다른 대상으로 옮기지 않고, 보기 드문 인내심으로 한번 선택한 아이(일본)에게 계속 지대한 관심을 기울였다. 이러한 관심은 지리적·인종적 부문과 같은 협소한 영역에서 벗어나 그곳에 살고 있는 모든 계층의 사람들에게로 옮겨졌다. 마침내 일본에 있던 피상적인 관찰자뿐 아니라 대다수의 사람들은 아직 뿌려지지도 않은 서양 문화의 씨앗이 엄청난 속도로 멋진 꽃을 피우고 열매를 맺을 수 있는 나라가 바로 일본임을 믿어 의심치 않았다.

이와 같이 몽상가들에게서 달콤한 믿음을 빼앗고, 사실 위에 무지나 상상으로 덧씌운 가식을 벗겨 내며, 무수한 유토피아의 실현에 대한 희망의 날개를 꺾는 것은 결코 유쾌하진 않지만 필요한 것만은 분명하다. "현재보다 더 나은 시간은 없다"는 옛말에 따라, 또한 곧 베를린의 담장 아래에서 일본의 특별 사절단을 맞이하는 기쁨을 맛보기 앞서 일본과 일본인에 대해 자세히 살펴보는 일이 잘못된 것이라고는 생각하지 않는다.

완전 무색이 아니라 언제나 붉은색이나 어두운 색이 혼재된 안경으로 관찰당하는 일은 가엾은 이 나라의 슬픈 운명이 되었다. 이전의 지리학자들이 지팡구Cipango에 대해 "후추와 황금으로 가득 찬ubi piper et auri copia" 나라라 한 것은 완전히 오류였다. 향료의 경우 우리는 piper를 잘 번역

해야 한다(해가 뜨는 나라에 대한 명칭으로 '후추가 자라는' 나라라는 명칭은 옛 일본 사람들의 마음에 들지 않았으며, 후대 사람들에게도 별다른 만족을 주지 못했다). 일본에는 향료가 전혀 없었을 뿐만 아니라, 금도 그다지 많지 않았다. 물론 일본을 맨 먼저 찾은 포르투갈·스페인·네덜란드 사람들은 일본의 금을 수출함으로써 많은 이득을 보았고, 일본이 교역의 문호를 개방했을 때 유럽과 미국에서 건너온 새로운 상인들 또한 전임자들과 마찬가지로 막대한 이익을 남기긴 했다. 하지만 얼마 가지 않아 금맥이 고갈됐다. 오랜 반출금지 기간에 축적된 금은 순식간에 외부로 유출되었다. 몇 세기 전부터 반출금지법과 자의적인 금 전규제법으로 금 유출을 막아 보려고 한 일본은 이제 아메리카로부터 금을 사들여야 했다.

이와 같은 후추와 금의 시기를 지나 일본을 외부 세계에 알리던 빛은 점점 퇴색해 가기 시작했다. 성聖 사비에르Xaveir와 그의 후임자들은 무엇보다 가난한 자와 고통 받는 자들을 위해 강림한 구세주의 교리에 대해 설교하였다. 가난하고 불쌍한 사람이 너무나 많았기 때문에 기독교는 일본에서 큰 성공을 거두었다. 수천 명의 사람들이 세례를 받았으며, 도처에 교회와 예배당이 세워졌다. 십자가가 번쩍거리고, 깃발이 펄럭였으며, 축제 행렬의 노랫소리가 울려 퍼졌다. 이러한 상황에서는 어떠한 박해도 기독교의 영광을 빼앗을 수 없었다. 새로 지은 예배당이 폭도에 의해 파괴당하고, 새로 입교한 기독교인이 모든 법적인 형식을 준수하면서 고문당해 죽었을 때―이는 적의 탐욕을 자극할 정도로 부유했거나 위험하게 비쳐질 정도로 커다란 영향력을 발휘했기 때문이었다―수많은 기독교인 쪽에서도 사찰이나 법당에 횃불을 집어 던졌다. 당시 일본은 10여 개의 군소 국가들로 나뉘어 있었는데, 이 가운데 몇몇 지역에서는 기독교 개종자들이 이교도인 승려들을 쫓아내거나 죽음으로 내몰았다. 요컨대 당시 상황은 승리한 기독교가 지난날 힘이 약했을 때 옛 교리 신봉자들의 불관용에 대해 한탄하던 것을 그대로 되갚았던 로마 제국 시대의 상황과 아주 흡사해 보였다. 따라서 선교사들의 보고서가 기쁨의 탄성으로 넘쳐났으리라는 것은 조금도 놀라운 일이 아니었다.

그러나 좋은 상황은 오래 지속되지 않는 법이다. 거북스러운 이단자, 즉 네덜란드인과 영국인이 일본에 온 것이다. 스페인인에 대해서는 이들이 일본에 정착하지 못하도록 온갖 방해 공작을 서슴지 않았다. 하지만 일본의 영주들은 대단히 현명해서, 새로 온 사람들에게도 예전 사람들과 마찬가지로 똑같은 환대를 베풀었다. 그러나 선교사 내부에서는 프란체스코회 회원, 도미니크회 회원, 예수회 회원들 가운데 교황이 어떤 종파에게 일본인을 위한 천국의 문을 열어 줄 배타적인 권한을 부여하였는지에 대해서는 의견 일치를 볼 수 없었다. 무엇보다 교황의 승인을 받았거나 독자적으로 일을 추진 중인 모든 선교사는 극도로 혼란스러운 이 나라의 상황에서 어떤 정치적인 역할을 수행하고 싶은 유혹을 도저히 물리칠 수 없었다. 이들이 이와 같은 세속적인 일에 개입하게 된 것은 불행이었다. 당시 지배권 다툼을 벌이고 있던 쇼군들이 처음에는 시간을 벌려고 했다가 나중에 부분적인 금지령을 내렸지만, 이는 절반 정도만 실행되었을 뿐이었다. 쇼군들은 특히 예수회 회원들에 대하여 다소 제한적이긴 하지만 자신들의 영토에서 선교 활동을 허용했다. 그러나 쇼군들은 선교사들의 음모나 남쪽 지역의 토착 기독교 영주들의 공공연한 저항에 대해 신경쓰지 않을 정도로 힘이 강대해지자마자 서서히 마각을 드러내기 시작했다. 공개적으로 맞서 저항하거나 몰래 피해 가려는 선교사들을 추방한 데 이어 피비린내 나는 종교적 박해가 뒤따랐다. 이때 자행된 박해는 당초 정치적 이유로 무기를 든 시마바라島原의 폭도가 규슈에서 더 많은 기독교인의 동조를 이끌어 내기 위해 십자군의 깃대를 꽂았을 때보다 훨씬 더 강력했다.

기독교 신앙을 포기하라는 명령에 복종하지 않는 일체의 무리들에 대해서는 잔혹하게 탄압했다. 수백 명의 사람들이 부젠산豊前山의 뜨거운 온천이나 나가사키와 에도의 처형장에서 죽음을 당하거나 고향에서 추방되었다. 하지만 이때 처형당한 사람의 수는 커다란 축일이 있을 때면 성스러운 이단 심문 종교재판소에서 '신의 크나큰 영광을 위해ad majorem dei gloriam'라는 명목하에 엄청난 희생자를 냈던 여타의 기독교 국가들에서보다 많지는 않았다. 고향에서 추방당한 일본인들은 스페인의 무어인처럼 시달리지 않았다. 하지만 이 시기에 일어난 사건에 대한 보고서들은 모두 박해를 지켜본 사람들에 의해서 쓰였거나 여러 교단의 문서 보관소에 있는 원본 보고서에 적혀 있는 것이다. 몇 년 전만 하더라도 높이 칭송 받던 일본인들이 갑자기 사악하게 그려졌다. 이는 몇 백 년이 지난 뒤 몽테스키외Montesquieu와 로베스피에르Robespierre가 "일본인들의 사악함에 대해"라는 수사적 표현에까지 사용할 정도였다. 몽테스키외는 "일본인 재판관은 자연조차도 전율하게 만들었다"라고 말했다. 그런 다음 그는 재치 있게 이러한 법의 잔인성에서 일본 민족의 야만성을 이끌어 냈다. 이러한 일련의 사상을 사형제 폐지를 위한 자신의 연설에 이용할 수 없었던 로베스피에르는 정반대의 말로 끝을 맺었다. "일본인들은 아주 잔인한 법을 가지고 있으며 그 민족 또한 대단히 야만적이다. 따라서 그 민족을 길들이는 방법은 이것밖에 없다."

선교사들의 글에 드러난 이러한 일본인에 대한 악평은 200년 동안 따라다녔다. 네덜란드인 몇몇은 데지마出島 체류를 허락 받았지만 지난 10년 동안 명예로운 대우는커녕 특별히 이익을 남길 만한 교역도 이루지 못했다. 그렇다고 이러한 잘못된 인식을 개선시키기 위해 어떤 노력을 기울인 것도 아니었다. 이를 개선시키기 위해 심혈을 기울인 독일인 캠퍼Kämpfer 역시 별다른 성과를 거두지 못했다.

근본적인 변화를 이끌어 내고 양극단을 상통하도록 하기 위해서는 1820년대의 네덜란드와 특히 러시아의 보고서가 필요했는데, 이 보고서는 완벽했다. 젊은 시절 당대의 훌륭한 대변자이던 하인리히 하이네Heinrich Heine[26]는 전적으로 일본인이 되고자 했다. 그는 모든 민족 가운데 가장 기독교적인 이 민족이 어째서 십자가 표시를 좋아하지 않은지 이해할 수 없었다. 이 작가와 마찬가지로 수많은 사람들이 비슷한 방식으로 새로 발견한 나라, 일본에 대해 열광했다.

몇 년이 지난 뒤에 어느 정도 냉정을 되찾았다. 일본인은 외부 세계와 좀 더 긴밀한 교역을 하자는 호의적인 제안을 아주 냉랭하게 받아들였다. 일본인들은 많은 경우 아무런 답변조차 주지 않았다. 어떤 경우에는 거절을 하거나 심지어 대포를 쏘기까지 했다. 그래서 일본에 대한 호감도는 점차 줄어들었지만 호기심은 더욱 높아만 갔다. 마침내 페리Perry 제독이 수수께끼 같은 이 나라의 굳게 잠겨 있던 열쇠들 가운데 하나를 푸는 데 성공했다.

이때부터 상황은 점점 낙관적으로 변해 갔다. 중국의 강과 바다의 황토색 밀물, 나무 한 그루 없는 해안가, 코와 눈에 불쾌감을 주는 끝없는 먼지, 천자의 제국임을 알리는 눈에 띄는 징표들로 둘러싸인 황량한 지역에서 화려하고 울창한 식물로 가득 찬 일본으로 건너온 여행자들은 감흥을 받기에 충분했다. 그들은 황홀한 눈빛으로 이 나라를 뒤덮고 있는 초록의 언덕과 계곡을 보았고, 휴화산 중에서 가장 장엄한 눈 덮인 후지산富士山의 정상이 푸른 물결에 반짝이고 있는 모습을 보았다.

한때 이와 같은 외적인 환경에 대해 자만심에 사로잡혀 있던 막부는 상황이 현저하게 개선되었음을 보여 주기 위해 외국인이 일본 주민과 개인적으로 접촉하는 것을 허용할 정도로 성숙된 모습을 보였다. 이때는 단기간 일본에 체류하는 여행자도 나쁘게 생각하지 않았다. 단기 여행자들은 일본에 대한 열광을 주체할 수 없을 땐 책 읽기를 좋아하는 독자들을 즐겁게 해 주기 위해 자신의 느낌을 책에 기술하기도 했다. 선량한 일본인들이 질 나쁜 이방인에 의해 도덕적으로 타락할지도 모른다고 심각하게 우려한 딕슨Dickson 박사처럼 모두가 그렇게 생각한 것은 아니었다. 그들 가운데 책을 팔아 돈을 벌기 위해 외적인 수입에 매수되거나 유혹에 넘어간 사람은 거의 없었다. 일본에서 일어난 수많은 폭력 행위도 새로운 문명을 틔울 듬직한 밑거름이 되어 주는 이방인들의 희생이 있는 한 이러한 유리한 상황을 바꿀 순 없었다. '만약 저 먼 터키에서 자국민들이 서로 싸운다면' 이는 벽난로 뒤에서 따뜻하고 여유롭게 앉아 있는 구경꾼을 만족시켜 줄 것이다.

그 구경꾼은 사건의 현장에서 수천 마일 떨어져서 종종 외국의 불쾌한 상황에 자신이 휩쓸리지 않아도 된다는 만족감으로 신문을 읽을 것이다. 이제 침체된 중국의 정치가 철저한 무관심으로 돌아서는 동안 다방면의 호의적인 관심은 역동적인 일본으로 옮아갔다.

1868년 막부체제가 무너지고 일본의 혼란 상황이 자유주의 시대로서 헌법의 틀을 갖추게 되었을 때 그 기쁨은 이루 말할 수 없었다. 헌법과 의회는 마치 옷을 걸치지 않은 맨몸의 줄루족을 위해 만들어진 것처럼, 특히 미국과 영국 신문기자들의 판단력을 엄청 떨어뜨리는 능력을 지니고 있었다. 새로운 입헌국가의 등장을 환영하는 그들의 첫 번째 트럼펫 소리 역시 지극히 과장된 것이긴 했지만, 전반적으로는 상당히 진지했다. 그러나 곧 기자들은 일본인이 유럽이나 미국의 형제들과 마찬가지로 아첨을 잘하며, 이득이 많은 계약을 얻어 내는 일에는 수입이 좋은 공직과 관공서에서 일자리를 얻어 내는 것처럼 혈안이 되어 있다는 사실을 확신하게 되었다. 이로 인해 문명국가의 반열에 대등하게 받아들여지기를 바라는 일본의 요구는 정당한 것으로 인정받으며 지원을 받았다.

일본의 상황에 대한 찬송은 대부분 이와 같이 피상적인 예측에서 나왔다. 수년 전부터 이와 같은 보고들로 넘쳐나고 있다. 다른 경우들에서처럼 이것은 순전히 보고자들의 무지에서 비롯되었다. 이를테면 오래전에 조용히 사라져 묻혀진, 의회에서 수다스러운 한 의원이 일본 발전을 위해 5만 개의 소학교를 짓는 법안을 제안한 적이 있었다. 이 법안은 의도는 좋았지만 실행 가능한 모든 법안에 대한 심의에서 첫 단계를 통과하지 못했다. 그러나 한 열광적인 신문기자가 일본 정부의 최우선 과제는 5만 개의 소학교를 세우는 것이라고 신속하게 보도하자 전 세계 약 절반의 유수한 신문사들 또한 그렇게 많은 소학교에 필요한 교사를 어디에서 수급할 것인지 의문조차 제기하지 않은 채 터무니없는 이야기를 그대로 일제히 보도했다.*

일본의 상황에 대한 이러한 판단은 다소 가혹하고 부당하게 여겨질지도 모른다. 독일에 체류하고 있는 일본인 몇 명을 개인적으로 사귄 사람들은 대개 사교적이고, 아주 부지런하고, 똑똑한 젊은이들로부터 분명 그들의 고국 상황에 대해 비교적 유리한 결론을 이끌어 낼 것이다. 지난 300년간에 걸쳐 이룩된 일본의 정치적·사회적 상황들에 대해 간략히 기술해 보는 것은 현재를 더욱 잘 이해하고 때로는 유쾌하진 못하다 하더라도 기존 요인들의 논리적 전개 과정을 파악하는 데 분명 도움이 될 것이다.

---

* 이러한 계획은 얼마 후 정부 내에서 다시 논의되었다. 일본에다 대학 열두 개, 다수의 중등학교, 5만 723개의 소학교를 세우자는 것이었다. 이러한 교육기관의 숫자는 의도는 좋았지만 학교도 교사도 그리고 거기에 필요한 재정도 마련되어 있지 않았다.

2

일본이 건국된 이래로 지배자들은 자신에게 부여된 신의 자손이라는 명예에 만족하고, 정사政事는 친척이나 지인 또는 충복들에게 맡겼다. 지배자 각각이 권력의 어떤 부분을 쥐고 어떤 영향력을 행사했는지, 혹은 권력을 어떻게 유지해 나갔는지를 황실 연대기와 여타의 일본 측 자료만으로 그 사실을 알아내기란 쉽지 않다. 분명한 것은 지배 세력의 관리자와 번주藩主들―이들은 원래 동쪽과 서쪽의 야만인, 즉 왕국에서 밀려나 있던 이들 지역의 원주민들을 제압하기 위한 자들이다―이 태양의 여신 후계자들에 대한 장구한 계보에 계속해서 등장한다는 점이다. 이러한 상황에서 실질적인 권력은 곧 통치자의 대리인에게 넘어갔다. 통치자는 최고위 신하들 사이에서 일어나는 권력 암투를 현명하게 이용할 경우에만 자신의 영향력을 지킬 수 있다는 사실을 분명히 알고 있었다. 피살당했거나 자의든 타의든 자리에서 물러난 천황의 수가 적지 않았다는 것만 봐도 당시에 통치하는 일이 쉽지 않았음을 알 수 있다. 곧 대다수 고위 관직은 세습되었다. 그러나 거대한 개별 가문의 분파들이 서로 권력을 차지하려고 이권 다툼을 벌인 사실을 제외한다면 천황은 언제나 이해관계에 따라 신흥 가문들에게 지위와 권위를 부여함으로써 기존의 권세 가문들과 균형을 유지하러 했다. 이 밖에도 원래 개별 지역에서 문신 총독 및 무신 총독으로 임명된 관리들은 사실상 어디에도 얽매어 있지 않았으며, 권력 싸움에서 자신들의 이해관계와 부합하는 정도에 따라 이 가문 또는 저 가문에 가담하였다. 이 또한 나라의 안정을 저해하는 데 적잖이 기여했다.

16세기 말에 일본은 크고 작은 수많은 제후국으로 쪼개졌으며, 영주들은 계속해서 서로 반목하였다. 비교적 큰 이웃의 직접적인 세력권에 소속되어 있지 않을 경우 이들은 오로지 자신들의 이해관계를 좇아 행동했다. 이러한 모든 '왕'―당시 선교사와 여행가들의 보고서에는 이들을 '왕'으로 부르고 있다―위에는 천황이 자리하고 있었다. 천황은 아무런 실권이 없었지만 그의 이름과 신적인 위엄의 무게―이 둘은 상당한 영향력을 지니고 있었다―를 이용해 좀 더 강력한 적에 맞서려는 무리들에게 있어 음모의 구심점이 되어 주었다. 천황과 영주들 사이에는 간바쿠關白(섭정자)와 쇼군將軍이 있었다. 쇼군은 보통 천황에게 무력으로 자신을 임명하도록 하였고, 영주들과 끊임없이 전쟁을 치렀다. 쇼군은 천황의 이름으로 전쟁을 벌였지만, 사실은 자신의 이익을 위해 전쟁을 일삼았다.

기독교가 수용된 뒤 종교적 문제도 뒤섞인 만인 대 만인의 전쟁에서 마침내 17세기 초에 도쿠가와 이에야스德川家康가 승리했다. 그는 도쿠가와 가문－이 가문의 사촌들인 아시카가足利 가문과 미나모토源 가문은 예전에 도쿠가와 가문에 다수의 쇼군들을 보내 주었다－의 첫 쇼군이었다. 그러나 그는 오랜 싸움을 통해 지쳤고, 중상으로 더 이상 완벽한 것을 이룩할 힘이나 의지 · 능력이 없어 하나의 체계를 세우는 데 만족했다. 이 체계에 따르면 모든 권력에는 바로 균형을 유지하려는 견제 세력이 있다. 그래서 이 체계는 '그네 체계' 라는 이름을 얻게 되었다.

천황은 측근들을 비롯해 자신이 임명한 세습 귀족들과 그대로 명맥을 유지했지만, 소유하고 있던 보잘것없는 권력마저 박탈당했을 뿐만 아니라 수입도 대폭 삭감당했다. '18개 법조항' 을 통해 천황에게는 국사에 간섭하는 일, 접견하는 일, 궁궐을 떠나는 일 등이 일절 금지되었다. 수도 교토와 궁궐에 주둔한 강력한 수비대가 이러한 법률이 제대로 지켜지고 있는가를 살피는 임무를 맡았다. 천황의 측근들에게는 신분만 유지되었다. 정부의 고위 관리들과 심지어 쇼군조차도 이들 궁정 귀족公家 앞에서는 자신을 최대한 낮추어야 했다. 측근들은 마구간지기와 문지기의 수입에도 미치지 못했으며, 선물을 받는 일이 금지되어 있었지만－이들은 영주 가문과 혼인을 맺는 일도 엄격하게 금지되어 있었다－두 배 이상의 선물을 받았다.

통치 권력은 전부 쇼군에게 위임되었지만, 또다시 제1추밀원과 제2

추밀원의 섭정자와 위원인 쇼군의 친척 및 최고위 봉건 귀족, 고위 관료들에게 통치권의 일부가 돌아갔다.

이전의 영주들은 열여덟 명의 권력자들처럼 직·간접으로 천황의 세습 봉신이 되었다. 다시 말해서 이들은 직접적으로 쇼군에 종속되어 있었고, 단지 쇼군을 통해서만 간접적으로 천황에게 종속되어 있었다. 하위 계급의 귀족은 쇼군 하토모토[27], 또는 영토를 소유한 영주의 가신이 되었다. 비록 북부와 동부에 있는 제국 직속의 사람들이 쇼군에게 복종하고 자신들의 이해관계에 따라 쇼군의 정치를 지원하였지만 이러한 체계는 다소 인위적인 성격을 지니고 있었다. 남부와 서부의 비교적 세력이 큰 영주들은 사실상 싸움에서 패배했다기보다 너무나 지치고 기진맥진하여 굴복한 것이다. 따라서 이 지역에서 쇼군의 통치는 이들을 부양할 수 있는 경우에만 인정받았다.

뒤를 이은 초창기의 후계자들이 결속력과 견고성이 결여되어 있던 체계를 추진력과 결단력으로 만회할 수 있을 정도로 탁월하지 못했더라면, 전체 체계는 창시자가 죽은 지 얼마 안 되어 붕괴되고 말았을 것이다. 후계자들—이들은 적어도 제국의 법에 따라 열여덟 명의 강력한 영주들에 대해 일인자의 자리를 차지할 권한이 있었다—은 지체 높은 귀족조차도 신하의 지위로 강등시키면서 사실상 나라의 실질적인 통치자가 되었다. 하지만 쇼군과 참모들이 전임자들의 확고한 성공과 나라 전체에서 외관상 나무랄 데 없이 훌륭하게 작동하는 행정의 톱니 장치를 믿고서 긴장이 풀리는 순간부터 얽히고설킨 체계의 오류가 분명히 드러나기 시작했다.

겉으로는 모든 것이 예전과 같았지만—루이 14세와 15세 때 궁정의 외교 정책이 이와 같은 격변을 전혀 눈치 채지 못한 것처럼—이러한 잠잠한 수면 아래에서는 음모의 폭풍이 몰아치고 있었다. 예의범절에 관한 문제, 결혼, 작위와 관직 임명 등과 같은 모든 것이 반대 세력에게 자신의 힘을 겨루기 위한 구실로 이용되었다. 헌법이란 것이 지켜지고 있었기 때문에 외관상 이러한 다툼에서 막부가 대부분 승자가 되었을지라도 실질적으로는 패배에 패배를 거듭했다. 이 형식을 유지하는 것도 본질 면에서 거의 언제나 양보의 대가로 얻은 것이기 때문이었다. 서부와 남부에서는 세력이 큰 봉신들이 거의 완전히 독립하게 되었고, 황궁에서는 모든 음모의 실타래가 놓여 있었다. 이것은 가장 영향력 있는 궁정 귀족의 손을 빌어 쇼군에 맞서기 위한 것이었다. 또한 북부에서는 막부에 대한 상속 권한이 있는 개별 가문들이 서로 끊임없이 반목하고 있었으며, 이러한 반목은 수차례에 걸쳐 독살과 살인으로 이어졌다.

일본은 당시 이방인에게 문호를 개방하고 있었다. 이로 인해 필요한 무기를 손쉽게 얻을 수 있었던 막부의 적들은 거침없이 무기를 휘

둘러댔다. 물론 이방인에 대한 혐오감은 이들에 대한 빈번한 살인 사건과 이들을 추방하라는 공공연한 요구와도 관련이 있을 것이다. 그러나 일반적으로 정부를 어려움과 위험으로 몰아넣는 문제의 한 축이 왕당파와 남쪽의 영주들에게 있어서 가장 중요한 경계 대상이라고 생각하면 틀림이 없다. 하지만 성과는 이러한 당파들의 바람과 맞아떨어지지 않았다. 이들이 막부Shogunat—막부는 일본이 이방인과 접촉한 이래 적어도 그들과 상대할 때는 이름을 바꾸었는데, 실수로 다이쿠나트Taikunat(大君)라 부르게 되었다—에 치명적인 일격을 가하는 데 성공을 거두긴 했지만—더욱 치명적인 일은 천황이 국정에 직접 개입하는 것이었다—외국인들을 다이쿤大君과 공공연한 충돌로 몰고 가려는 시도는 바라던 대로 이루어지지 않았다. 사쓰마의 번주藩主가 가고시마로부터 총격을 당해야 했던 것처럼 때로는 아주 불쾌한 방식으로 주모자에게 불똥이 되튀었다. 마침내 1864년 다이쿤과 외국인에게 적대적인 당파의 핵심 인물인 조슈長州 번주는 치명적인 일격을 가할 순간이 왔다고 판단했다. 그러나 천황을 사로잡으려고 한 그의 시도는 실패로 돌아갔다. 무엇보다 자신의 동지들, 특히 사쓰마 번주가 그로부터 등을 돌렸다. 함께 공모한 궁정 귀족들—당시 유럽에 머물고 있던 사절단의 수장인 이와쿠라 도모미岩倉具視도 이들 가운데 한 사람이다—은 도망을 쳐야만 했다. 직·간접적으로 공모에 연루된 천황은 다이쿤의 음험한 악의 놀이판에서 마음에도 없는 선한 표정을 지어야 했으며, 그동안 본분을 잊고 참견을 일삼던 많은 왕당파 동지들을 파문해야만 했다. 다이쿤의 좋은 날들은 다시 시작되는 것처럼 보였다. 다이쿤 자신은 에도의 강력한 군대 수장 자리를 벗어나 천황이 있는 교토로 갔다. 이는 전장에 좀 더 가까이 있으면서 자신이 직접 황궁에서 벌어지는 모든 음모의 싹을 꺾기 위함이었다. 그러나 남쪽의 번주들은 증오해 마지않던 중앙 권력에게 이러한 승리를 안겨 주고 싶은 마음이 털끝만큼도 없었으며, 비록 성급한 나머지 실패했지만 암살 계획에 동참한 동료들이 희생되는 모습을 좌시하겠다는 생각 또한 조금도 없었다.

반란을 일으킨 가신들에 맞선 전쟁은 다이쿤―사람들은 다이쿤이 독살당했다거나 심장마비로 사망했다고 주장한다―이 죽을 때까지 꽤 오랫동안 지속되었다. 그가 후손을 남기지 않았기 때문에 후계자 선택은 중요한 이슈가 되었다. 미토水戸 가문의 어린 아들이 후계자로 선택되었다. 그는 히토쓰바시―橋 번주의 양자로 입양되었으며, 이미 이전에 한 번 왕위 계승 후보자로 나선 적이 있었다. 당시에 정부파가 승리하는 바람에 히토쓰바시는 상속권이 없다는 이유로 선택에서 제외되었다. 협상 과정의 개별 단계들을 자세히 살펴본다 하더라도 왜 그가 당시 후계자로 적합하지 않은 인물로 간주되었는지 근거를 제시하기는 무척 어려울 뿐만 아니라 지루하기 이를 데 없는 일일 것이다. 이제 그가 선택된 데에는 충분한 이유가 있었다. 언제나 밀접한 관계를 맺고 있던 남쪽의 번주들과 왕당파는 그가 자신들의 계획을 실행하기에 손쉬운 도구라고 믿었기 때문이고, 막부파는 그를 적진에서 온 과도기 인물로 확신했기 때문이다. 아무튼 그는 취임할 때 이전에 자신이 행하던 역할을 포기하고 지난 몇 년간 특히 자신의 잘못으로 명예가 더럽혀지고 쇠약해진 막부를 강화시키기 위해 모든 정파의 힘을 모으려고 노력하는 듯했다. 그는 상당한 능력과, 심지어 일본인에게는 드문 계략에 대한 재능을 소유하고 있었지만, 당시 상황에서 가장 절실히 요구되는 자질인 용기와 결단력이 부족했다. 그는 교토를 떠나 오사카를 자신의 본거지로 삼았다. 이는 커다란 실책이었다. 남쪽의 번주들에게 천황을 사로잡고 반란을 일으킨 쇼군에 맞서 천황을 구출하기 위해 싸우고 있다는 빌미를 제공하였다. 인질로 잡혀 있는 천황—그는 포고문에서 자신이 천황임을 밝혔다—을 구출하기 위해 쇼군이 교토로 파견한 군대는 그곳에서 몇 마일 떨어진 후시미伏見에서 소규모 영주들 가운데 한 명의 배신으로 말미암아 괴멸당했다. 이로써 오래전부터 부패가 만연한 체계 전체가 붕괴되고 말았다. 히토쓰바시 자신은 안개 자욱한 야음을 틈타 오사카의 정박장에 있던 미국 전함을 타고 도망간 뒤 자기의 차를 타고 에도로 돌아갔다. 군대는 하코네箱根 고갯길을 넘을 때까지 앞만 보고 줄행랑을 쳤다. 교토의 시쪽 전역은 남부 연합군의 수중에 들어갔다. 그사이 잃은 것이 아무것도 없었다면 쇼군은 선두에 서서 공개적으로 깃발을 쳐들고 천황에게 맞서는 용기를 발휘했을지도 모른다. 하지만 그러기에는 육체적인 용기가 없었으며, 도덕적인 용기 또한 모자랐다. 막부의 짐을 넘겨줄 수 있는 사람을 찾으려는 시도가 실패로 돌아간 뒤 히토쓰바시는 투항했다. 예전에 은혜를 베푼 옛 막부파 동지들의 도움으로 목숨은 부지할 수 있었다. 쇼군에 대한 애정이라기보다 남쪽의 승리에 대한 증오심 때문에 용감하게─그러나 지휘 계통과 아무런 작전 계획도 없이─싸운 북쪽 번주들의 저항은 큰 희생 없이 수그러들었다. 1868년(메이지 유신)은 천황이나 자신들의 깃발에 천황의 이름을 새겨 넣은 세력이 전 제국의 확실한 지배자로 평가되는 한 해였다.

하지만 운이 따라 준 결과 전쟁에서 이겼지만 강력한 통일 정부를 세우는 데는 실패했다. 이들 정파의 두 핵심 세력인 남쪽의 번주들과 왕당파는 공동의 적에 맞선 전쟁에서 자신들의 이해관계를 잠시 접어 두었을 뿐이었다. 그러나 이들을 결속시켜 주던 외부의 위험이 사라지자, 이미 느슨해진 결속의 고삐는 풀어질 수밖에 없었다. 왕당파가 겪은 첫 번째 패배는 외국인 문제였다. 이들은 외국인을 추방함으로써 문제를 해결하려고 했지만 남쪽의 영주들은 손실을 통해 더욱 영리해졌다. 다시 말해서 이들 영주는 외국인에게 맞서 무기를 사용하는 일이 언제나 자신들에게 손해가 될 것이라는 점을 잘 알고 있었다. 이들은 외국인과 절교하느니 차라리 정파의 동지들과 절교하는 편이 더 낫다고 판단했다. 다음 몇 해는 소규모 전투로 보냈다. 비록 영주들 자신이 서류상으로 솔선수범을 보이고 토지와 수익을 천황에게 바치기도 했지만 정부를 전복시키려는 영주파의 수장들, 즉 독립적인 영주들의 시도는 실패로 돌아갔다. 또 이들은 궁정 귀족公家들을 정부로부터 배제시킬 수가 없었을 뿐 아니라 오히려 이들이 차례차례 중요한 직책을 차지하는 것을 대책없이 지켜보는 수밖에 없는 처지가 됐다.

그러나 '혁명은 자기 자식도 잡아먹는다'는 옛말은 여기에서도 입증되었다. 1871년 봄에 궁정 귀족파의 수장들과 남쪽의 번주들을 위해 일하는 것 같지만 실제로는 자신들을 위해 일하는 사람들 간에 합의가 이루어졌다. 영향력 있는 수장 서너 명을 제외한 궁정 귀족들은 몰락과 함께 관직과 직위에서 쫓거나 이전의 막부 시대에 황궁에서 차지하고 있던 직위보다도 못한 자리로 강등되었다. 크로노스Kronos가 자신의 첫 번째 아들을 먹어치우고 곧 두 번째 아이가 희생물이 된 것처럼 상황이 돌아갔다. 중앙정부는 남부 연합군의 가장 강력한 지도자인 사쓰마 번주와 자신들의 직위에 그대로 남은 소수의 궁정 귀족, 혁명의 불순한 물을 표면으로 끌어올리는 모든 사람으로부터 막강한 지원을 받았다. 이제 중앙 권력은 제국 직속의 영주들에 맞서 이들을 해임시키는 한편, 이들의 재산과 수입을 압류하여 이전 수입의 10분의 1만을 사유재산으로 넘겨주는 등 단호하게 대처했다. 일반적으로 몇몇 힘 있는 영주들이 이러한 조치에 반발하여 무기를 들고 일어설 것 같지만, 실제로 그러한 일은 일어나지 않았다. 이러한 거대한 변혁은 적어도 주요 해당 인물들의 경우 별다른 어려움과 유혈 참사 없이 진행되었다.

새 정부가 어떻게 이루어졌는지, 정당의 지위가 어떠한지를 묻는다면 이에 답하기는 그다지 어렵지 않다. 어려운 문제는 앞으로의 일이 어떻게 진행될지를 예측하는 일이었다. 정부의 맨 위에는 젊은 천황이 자리하고 있다. 비록 그가 지난 시절 이 나라의 개항지 몇 곳을 방문하고 에도에서 요코하마까지 철도를 개통시켰다 하더라도, 그를 명목상의 통치자 이상의 인물로 여겨서는 안 되었다. 천황의 이름과 직인은 정부의 통치에 꼭 필요한 권위를 부여하는 데 사용되어야 했다. 온전히 직위에 남아 있던 소수의 궁정 귀족들은 자신들이 단지 제3자의 도구에 지나지 않는다는 사실을 느끼고 있는 것 같았다. 이들은 황궁의 영광과 천황의 신적 혈통을 기억하는 데 이용되고, 실질적으로 중요한 역할보다 미화적 역할을 수행할 것이다. 일부 봉건 영주들은 부당한 대우에 앙심을 품고 복수할 기회만을 엿보고 있었다. 또 다른 일부는 불이익에 대해 마음을 달래고 즐거운 사교모임이나 나라 밖 여행으로 자신에게 허락된 수입을 소비하며 지냈다. 그러나 지난 몇 달 동안에 나타난 현상들을 믿는다면 그 배후에는 불길하고 위협적이며 불만으로 가득 찬 사쓰마의 번주가 이를 갈고 있었고, 더 뒤에는 사쓰마의 모든 정치의 중심인물인 노객 시마즈 사부로島津三郎－예전에 영국인 리처드슨Richardson은 이 인물의 부하의 칼날에 희생되었다－가 버티고 있었다. 온갖 미사여구에도 불구하고 사쓰마의 통치는 오로지 그곳 부족 지지자들의 손에 달려 있으며, 사쓰마의 군대는 결코 변혁이 일어나지 않을 것처럼 오로지 자신들의 지배자의 지휘를 계속 받고 있었다. 사쓰마의 번주는 전적으로 자신이 원하는 대로 할 뿐 중앙권력이 명하는 대로 고분하게 따르지 않았다.

그러나 정부의 운영은 몇 년 전까지만 해도 전혀 알려지지 않던 많은 사람들의 손에 들어갔으며, 이들은 지난 변혁의 물결을 헤쳐 나오면서 수면으로 떠올랐다. 이들 가운데 대다수는 힘이 있고 진지하게 노력하는 사람들로 보인다. 이들은 개혁 작업에서 얼렁뚱땅 몰아치기보다 천천히 신중하게 진척시키기를 원했다. 그러나 새로운 고위 관료 대부분은 젊은 사람들이다. 이들은 자신들의 부족한 지식과 경험을 흔들림 없는 자신감으로 갈음하였다. 지금까지 파괴만 했을 뿐 아무것도 세우지 않은 이들의 맹복적인 개혁 작업은 일본에 불안한 미래를 안겨 줄 것이다. 전국 방방곡곡에서 불만과 분노가 끓어오르고 있었다. 시골의 하급 귀족, 쇼군의 가신과 관료, 이전의 제국 직속에 있던 사람들을 위시하여 전 계급의 사람들이 자신들의 수입과 세습 관직을 빼앗아간 정부에 대해 적대적인 태도를 취하고 있었다. 또 이들은 세습 영주 추방과 세금 인상으로 인해 불만에 가득 찬 농민들에게 영향력을 행사하고 있었다. 이는 정부에 맞서 반대파에 있는 농민들을 지원하기 위한 것이었다. 이것은 지난 몇 년 동안 크고 작은 수많은 폭동으로 나타났다. 농민들의 이러한 불만은 한 해 전의 수확이 대풍이었고, 수많은 폭동의 원인이 된 물질적 부족이 말끔히 해소되었다는 점을 감안할 때 대단히 우려할 만한 징후라 할 수 있었다.

따라서 일본은 위대하고 축복 받는 변혁의 최종점에 서 있는 것이 아니라, 이전 세기에서와 같이 장기적인 내전으로 쉽게 비화될 수 있는 새로운 위기의 전야에 직면하고 있었다.

3

다른 곳과 마찬가지로 일본에서 국가의 정치적 발전이 개인 성격과 같이 전체 국민의 성격을 개조하고 형성하는 데 상당히 기여했다고 해서 역사적 발전에서 부여된 인종적 특징과 성격 특징이 수단과 방법을 미리 결정하였다고 오인해서는 안 된다. 일본에 거주하고 있는 인종은 혼혈 인종이다. 이 나라의 원주민으로 추정되는 사람들―일본인이 예전에 에비스惠比須족 또는 동부의 야만인, 학문적으로는 털이 많은 쿠릴인이지만 스스로를 아이누족이라 부르던 자들―은 기원전 7세기 또는 8세기에 아시아의 내륙 지역에서 온 종족의 공격을 받아 계속되는 전쟁에서 점점 동쪽으로 밀려나게 되었다.

이들 외래인의 기원과 이들이 일본에 정착한 초기 시대에 관해서는 알려진 바가 없다. 하지만 근래에 나온 일본 측 자료에 따르면 이들은 기원전 7세기 말에 일본 열도의 남쪽과 동쪽에서 대략 지금의 수도인 교토가 있는 지역까지 점령했다. 땅이 충분하다고 생각한 이들은 더 이상 원주민에 맞서지 않고 자기들끼리 싸웠다. 싸움의 양상은 이주해 온 개별 종족들끼리의 싸움에서 다른 종족에 대한 지배권 다툼으로 변해갔다. 이 싸움에서는 종교적 요소, 즉 태양 여신의 지배권을 둘러싼 경쟁자들의 혈통이 중요한 역할을 한 것으로 보인다. 결국 원래부터 규슈 섬에 살고 있던 종족의 족장이 전쟁의 승리자가 되면서 진무神武라는 이름으로 지금까지 통치하고 있는 천황 가문의 시조가 되었다(흔히 말하듯이 일본의 지배 가문이 거의 2,500년 동안이나 끊어지지 않고 이어져 내려왔다고 믿는 것은 잘못이다. 여자 천황이 적지 않았다는 사실은 남자 혈통이 상당히 일찍 그리고 자주 끊어졌음을 입증한다. 일본에서 대를 이을 자손이 없는 경우 남의 자식을 양자로 받아들이는 특유의 관습은 천황 가문에 수차례에 걸쳐 신선한 혈통을 공급해 주었음에 틀림없다).

일본에서 승자와 패자가 공존했다는 사실에서 자연스럽게 일종의 계급 분리가 생겨났다. 이러한 흔적은 최근까지도 찾아볼 수 있다. 성직자 계급과 군인 계급은 승자, 즉 새로운 외부 침입자에 속했다. 이에 반해 동쪽이나 북쪽으로 이주하기보다 복종을 선택한 오래된 원주민, 즉 패자들은 고향의 경작지에 그대로 머물러 농노로서 땅을 경작해야만 했다. 한참 뒤인 서기 1세기 때부터 입증되고 있는 조선과 중국으로부터의 이주에서도 이러한 상황은 거의 바뀌지 않았다. 이들 두 나라에서 온 이주자들의 상황도 일본의 상황과 유사했다. 영주와 귀족들은 일본에서 동등하게 받아들여졌을 것이다. 적어도 개별 일본 가문들은 중국이나 조선의 이주민으로부터 혈통을 이어받은 것을 자랑스럽게 여긴다. 하지만 대다수의 사람들 입장에서는 옛 조국에서의 농노 상태가 새로운 조국에서의 농노 상태로 바뀌었을 뿐이었다.

정복자의 칼에 의해 신분 구별이 완화되어 자유로운 무사와 예속된 농노로 구분된 반면, 왕조의 관심사는 위로의 차이를 가능한 한 더욱 뚜렷하게 하는 것이었다. 종족의 수장과 영웅들을 신의 후손으로 여기는 일이 처음에는 모든 종족에서 볼 수 있는 공통적인 무의식적 감정에 지나지 않았지만, 후에는 국가 원칙이 되었다. 천황의 신적 혈통과 고유한 신성성은 일본의 종교 및 정치의 주된 국가적 신조가 되었다. 예전의 독립적인 종족들의 잔해에서 나라 전체를 아우르는 신정 정부가 생겨난 것이다. 이때 눈에 띄는 점은 거의 모든 곳에서처럼 기존의 성향에도 불구하고 성직자 계급과 무사 계급으로 양분된 것이 아니라 중국과 조선에서처럼 이 두 계급 대신 민간 관료와 군인 관료, 궁정 귀족과 무사 귀족이 대두하였다는 사실이다.

이후의 발전 과정은 유럽, 특히 중세 독일의 그것과 아주 흡사하다. 단지 칼만이 모든 것을 이루어 내고 지킬 수 있었다. 천황은 만인 위에서 최고의 존경을 받았지만 아무런 실권이 없었다. 비록 모든 정파가 처음부터 자신들의 이해관계와 부합되고 마음에 든 경우에만 의기투합하여 자신들이 옹립한 통치자에게 복종했지만, 때때로 발생하는 집요한 다툼은 하나가 아니라 두 가지 계기로 인한 것이었다. 천황의 통치 아래에서 신분이 높은 귀족과 낮은 귀족들은 부와 권력을 놓고 암투를 벌였다. 이것은 각각에 대한 전체의 싸움인 동시에 전체에 대한 각각의 싸움이었다. 이 싸움에서 몰락하는 가문은 신흥 가문의 밑거름이 되었다. 장기간에 걸친 내전은 도덕적인 타락을 초래하였다. 민중들 사이에서 벌어진 내전의 공통적인 특징으로는 주군을 배신하고 치욕을 당하느니 죽음을 택하고 마는 가신의 충절을 들 수 있다. 주군들은 부와 권력을 유지하기 위해 약탈과 분담금으로부터 발생한 부족분의 돈을 마련해야 했으며, 충분하지 않은 때에는 서구 중세의 궁정유대인과 같은 거상巨商에게 높은 이자의 돈과 물품을 받는 대가로 토지를 넘겨주었다. 백성들 가운데 신분이 낮은 농부는 단지 약탈당하고 억압 받는 존재에 지나지 않았다. 이 때문에 교역과 경작은 위축되었다. 몇 달에 걸쳐 이룩한 노고가 불과 몇 시간 만에 화염으로 잿더미가 되거나 사나운 무리에게 빼앗기는 것을 지켜보느니 차라리 농민 스스로가 북소리에 맞춰 불을 지르고 약탈하는 데 적극 가담한 사실은 조금도 놀라운 일이 아니다. 중세 일본의 전쟁들에서 교회 역시 독일에서 부당하게 영향력을 행사한 것과 별반 다르지 않은 역할을 했다. 수많은 피비린내 나는 박해에도 불구하고 불교는 일본에서 확고한 기반을 마련하는 데 성공했다. 비록 불교의 교리가 백성들에게 종교전쟁을 부추기진 않았다 하더라도 승려들은 권력과 토지를 획득하는 방법을 잘 알고 있었다. 그래서 이들은 무시할 수 없는 적이자 동맹자였다. 많은 불교의 수장들이 무기를 갖추고 말에 올랐으며, 선두에

서 부하들을 진두지휘하였다. 에쓰잔越山의 절에 있는 승려들은 수차
례에 걸쳐 이 시기에 발생한 정치적 싸움에 결정적으로 개입했다.

수백 년간에 걸친 피비린내 나는 내전이 끝나고 마침내 고대하던
안정의 시기가 도래하였다. 지친 손끝에서 무기들이 떨어져 나갔으
며, 도쿠가와 가문 제1대 쇼군의 강력한 통치 아래 교역과 경작은 다
시금 활기를 찾기 시작했다. 이때부터 상인과 마찬가지로 농민도 비
교적 풍요로움을 누리게 되었다. 농민들은 경작지에서 얻은 수확량의
40~50퍼센트, 때로는 그 이상의 무거운 세금에 시달리고 상인들은
종종 자발적인 강제 공채公債 매입으로 텅 빈 국고를 채우기도 했지만
적절한 요구라면 풍족하게 쓰고도 남음이 있었다. 한번은 지방 관청
의 억압이 너무 심해 백성들이 아주 큰 소리로 불만을 토로하자 정부
가 이에 대해 적절한 조치를 취한 일이 있었다. 이로 인해 정부는 민초
들의 생활을 윤택하게 보살폈다는 평판을 쉽게 얻을 수 있었다. 백성
의 쾌활한 성향과 신토神道 예식 및 불교의 다양한 축제는 즐거움과 휴
식을 주었다. 이런 날이면 꽃이나 푸른 나뭇가지를 든 남녀노소가 사
찰과 다원茶園을 찾아가 음식과 음료를 즐기고, 멋진 경치와 전시물을
감상하였다. 저녁에 술에 취해 집으로 돌아오면 이들은 대개 상쾌하
면서도 평온한 기분을 느꼈다. 자국민뿐 아니라 외국인도 이러한 상
황에서는 고통 받을 이유가 없었다. 이러한 상황은 외국인이 왔다고

해서 달라지지 않았다. 모든 생필품의 가격이 네 배에서 다섯 배까지 올랐다. 이것은 생필품이 더 귀해져서가 아니라 외국인들이 일본의 물품들을 전혀 예상치 못한 가격으로 사들여 국외로 가져갔기 때문이었다. 이로 인해 많은 현금이 국내로 들어왔다. 이를테면 비단과 차와 쌀 생산자들은 예전보다 훨씬 더 많은 돈을 벌어들였다. 일용직 노동자와 피고용인의 임금이 올랐으며, 전반적으로는 하층민도 외국인과의 교역에 별다른 거부감이 없었다. 농지 경작은 세습 영주에게 의존하고 있었는데, 영주에게는 높은 세금을 기꺼이 지불했다. 하지만 세금의 대부분은 그 지역에서 사용되었으며, 납세자는 영광과 존경을 만끽할 수 있었다. 영주의 관료는 그 지역에 살고 있는 사람들이었으며, 이들의 관직은 아버지에게서 아들로 대물림되었다. 그리고 이들 관료는 혈연이나 지연과 같은 끈끈한 유대관계를 통해 소작인이나 농민과 연결되어 있었다. 다소 가혹했지만 세금 인상이나 관청의 여러 조치는 언제나 화기애애한 분위기 속에서 집행되었다. 비록 관리가 자신의 이익에 눈을 돌렸다 하더라도 이것은 정해진 한도 내에서만 가능했다.

그러나 이제는 이러한 모든 것이 변했다. 연로한 영주와 관리들은 파면당했으며, 특히 일부 관리들은 연금 부족을 걱정해야만 했다. 이들은 이전에 자신에게 복종하던 주민들 속에서 살 것이고, 당연히 기회가 생길 때마다 과거를 찬양하고 현재를 폄훼할 것이다. 이들의 자리는 타 지역에서 온 정부의 관료들로 채워졌다. 이들은 주민들과 아무런 정서적 유대 관계 없이 자신의 희로애락을 결정해야만 했다. 혁명을 통해 등장한 모든 정부와 마찬가지로 천황 정부 역시 세금을 인하하겠다고 공포했지만 오히려 세금은 인상되었다. 멀리 떨어져 있는 중앙정부에 자신의 열성과 능력을 인정받기에만 급급한 신임 관료들은 무자비하게 세금을 징수하는 일에 혈안이 되어 있었다. 혁명은 자식을 집어삼키고, 항상 세습 통치권보다 더 많은 개인적 욕구를 충족시켜 주어야 했다. 자신의 직책이 얼마 유지되지 않는다고 여기고 있는 관료들은 자신의 이익을 챙기는 데에도 서두르지 않으면 안 되었다.

지난 15년 동안의 혁명에서 농민보다 귀족 계급, 특히 하층 귀족 계급의 상황은 더욱 나빠졌다. 내전이 지속되는 동안 재산과 재물을 얻지 못한 자들은 생계를 위해서 예전에 자신이 섬긴 주군의 호의에 의지해야만 했다. 하지만 많은 영주의 끝도 없는 요구를 들어 주고, 신의를 지킨 가신들의 주린 배를 채워 주는 일은 쉽지 않았다. 가신들 가운데 일부는 토지 및 기타 수입과 함께 자그마한 관직과 직책을 부여 받았지만, 대다수는 주군의 사병으로서 관계가 새로 바뀌게 되었다. 이때 분명한 것은 그럼에도 불구하고 이들이 급료와 음식을 만족스럽게는 지급 받지 못했다는 사실이다. 이들 무사가 받은 것은 1~4명이 먹을 수 있는 양의 쌀과 5~10탈러thaler**28**의 현금이 전부였다. 이 대가로 무사들은 성에서 보초를 서야 하고, 주군을 수행하여 길을 따라 나서야 했으며, 일 년에 몇 차례 특별한 행사라도 있는 날엔 비단으로 된 관복을 입고 나타나야 했다. 무사들은 나머지 시간을 자신을 위해 쓸 수 있었다. 이들은 체면상 장사를 하거나 수공업에 종사할 수 없었기 때문에 다원과 공공장소에서 어슬렁거릴 수밖에 없었으며, 사회에서 위험 세력은 아니라 하더라도 쓸모없는 일원이 될 수밖에 없었다. 이와 같이 귀족 계급의 유능함과 열정은 순식간에 사라져 갔다. 하지만 여전히 그 안에는 예전의 기질이 살아 있었다. 이들은 가끔씩 느닷없이 찾아드는 쓰잘데기 없는 분노의 감정을 방탕으로 달래려고 했다. 죄를 지어 좁은 고향을 등지지 않을 수 없는 경우, 이들은 주군 없는 귀족인 로닌浪人(떠돌이 무사)의 신분으로 시골로 갔다. 이러한 모진 운명이 많은 무사를 개선시켰다. 이들은 행상인이나 교사로서 성실하게 생계비를 벌려고 노력하였다. 그러나 무사들 대부분은 에도・오사카・교토와 같은 대도시에서 삭막한 삶을 계속 이어갔다. 국가 전복이나 암살이 필요한 경우 이들은 모든 반란에 적극 활용되는 도구가 되었다. 이들이 고문대 위나 사형집행인의 칼 아래에서가 아니라 실제로 전쟁이나 술집에서의 싸움으로 생을 마감했다면, 이들의 운명은 훨씬 부러움을 살 만한 것이 되었을 것이다.

평화로운 상황에 있을 수 있는 귀족들은 형편이 훨씬 나았다. 이들은 필요하다면 원하는 것을 살 수 있었다. 힘없고 소박한 백성들은 뇌물을 주고 아무런 효과도 없는 이들의 후원을 받기도 했다. 이들 귀족이 어떤 농부 또는 주민의 범법 행위를 포착하거나 운이 좋게도 이러한 행위에 도움을 주게 된다면, 이것은 오랫동안 생활에 상당한 도움이 되었다. 외국인과의 교역을 위한 문호 개방은 전광석화처럼 급속하게 이들의 일상 속으로 들어왔다. 생필품과 관복을 만드는 데 사용되는 비단의 가격은 전례가 없을 정도로 엄청나게 치솟았다. 전쟁물자와 이양선을 구매하는 데 모든 돈을 쓴 영주들은 상인이나 수공업자가 일꾼에게 지불하는 것처럼 자신의 부하들에게 높은 임금을 보장할 수가 없었다. 개별적인 특별한 이유들을 제쳐 둔다면, 바로 이러한 것들은 전 귀족 계급이 외국인에 대해 혐오감을 가지는 원인이 되었다. 따라서 이것은 귀족 계급으로 하여금 혐오스러운 외국인에 맞선 모든 계획에 적극 가담하게 만들었다. 그러나 부분적으로 혁명을 통해서 외국인 추방 전쟁이 일어나길 바란 지난날의 정치적 변혁의 도구들도 한번 굴러가기 시작한 돌에 의해 부서지고 말았다. 새로운 권력자들은 곧 수십만 명을 계속 먹여 살리는 일이―하급 귀족 계급의 일원들도 그 정도 되기 때문에―비용도 많이 들고 불필요한 것임을 확신하게 되었다. 영주와 시종들도 똑같은 상황이었다. 비록 이들 가운데 일부는 얼마간의 연금이 보장되었다 하더라도 대부분 자신을 돌보는 데 훨씬 더 많은 비용이 필요했다. 이러한 사람들이 새로운 상황을 좋게 받아들이지 않는 것은 너무나 당연한 일이었다. 이들은 지난 2년 동안 도처에서 일어난 모든 농민 봉기의 정신적 지주였다. 이런 일이 있을 때마다 외국인을 추방하라는 목소리가 다시금 높아진 것은 바로 이들 때문이라 할 수 있었다.

천황이 다시 정권을 잡을 수 있도록 한 혁명은 단지 소수 귀족들에게만 이로울 뿐이었다. 영주 가문뿐 아니라 으뜸 가신家臣 가문의 세습에서 비중 있는 남자들이 영주나 가신 자리를 차지하는 일은 드물었다. 이러한 자리에 내정된 사람을 일찍부터 온갖 종류의 분탕질을 통해 순종하는 도구로 만드는 일이 측근의 관심사였다. 타고난 성품이나 상황에 의해 혜택을 받은 인물이 이와 같은 위험을 모면하는 데 성공한 경우 의식에 관한 세세한 규정과 쇼군의 질투는 사사건건 측근들에게 전혀 개입하지 못하도록 했다. 따라서 이들 자리에서 명목상의 칭호만을 가진 자는 중요하지 않거나 무기력한 인물이었으며, 실질적인 권력은 신분이 낮은 관료들이 쥐고 있었다. 이들 관료는 지위와 신분의 미천함으로 인해 불신과 감시로부터 벗어날 수 있었으며, 호칭뿐인 꼭두각시 인형의 팔과 다리를 사실상 조종하였다. 막부와 궁정 귀족 및 영주들을 실각시킨 이들은 현재 천황의 이름으로 정부를 이끌고 있다. 이들은 자신들의 지역 상황에 대해 잘 알고 있으며, 지난 200년 동안의 음모와 반란으로 얼룩진 지역의 정치적 삶에 대한 수천 가지 비밀을 소상히 알고 있었다. 또 이들은 부분적으로 강력한 힘을 갖추었으며, 지금까지 엄청난 행운과 탁월한 수완으로 처신했다. 그러나 더 힘든 임무가 이들을 기다리고 있었다. 지금까지 이들은 단지 파괴만 일삼았다. 이제 중요한 것은 과거의 폐허 위에 미래를 위한 새로운 건물을 짓는 것이다. 이러한 일이 성공할 것인지, 성공한다면 어떠한 방식으로 가능할지는 미래만이 알고 있을 것이다. 그러나 이들의 길을 가로막고 있는 난관들은 결코 녹록지 않다. 그것은 수백년 전부터 형성되어 굳어진 일본인의 성격과 연관되어 있어 극복하기가 더욱 어렵다. 가장 큰 난관으로는 대다수 백성들의 무관심을 들 수 있다. 외부의 압력으로 모든 국정에서 배제된 백성들은 철저히 정치에 등을 돌리게 되었다. 노력만 하면 세습적 신분 계층을 뛰어넘을 수도 있다는 인식으로 가득 찬 일본의 관료계급과 국민들은 매수를 하거나 당하더라도 이를 불법이라기보다 당연한 것으로 여길 정도로 부패의 정도는 심각했다. 마지막으로 일본에는 일본인 개개인은 없으며, 국가 전체 이익보다 언제나 지역 이익이 우선시되는 개별 지역에 소속된 일본인만이 있다는 사실 또한 장해요인으로 작용했다. 이러한 사실이 믿기지 않겠지만 이것은 사실이다. 히고肥後 · 조슈長州 · 사쓰마薩摩 사람들은 오늘날 서로 다른 목적을 추구하고 있으며, 5년 전과 마찬가지로 의심과 불신의 눈초리로 서로를 예의 주시하고 있다. 실로 걱정되는 것은 일본인의 의타성과 변덕스러운 성격에 있다. 개별 예술과 수공업에 관한 한 독자적인 발전을 이룩하기는 했지만 중국 문명의 지류에 불과한 일본의 문명은 정신적 분야에서 고유한 꽃을 피우지 못했다. 일본인은 고유한 문명도 없이 외국 문화가 제공하는 모든 것에 손을 뻗치고 있다. 단지 암기 위주의 교육 때문에 논리적인 사고와 함께 행동의 결과―하나를 보면 열 가지를 알 수 있듯이―를 예측하고 책임지는 능력이 부족한 일본인은 화려한 외관에 쉽게 현혹되고, 성공이 즉시 기대치에 못 미칠 경우에는 비싸게 주고 산 장난감을 한 구석으로 내동댕이치듯 행동한다. 이들은 애국심도 강하지 않다. 굳이 말한다면 일본인의 애국심은 단지 개인적 자만심과 허영심에 지나지 않는다. 자존감과 자신감이 강한 나라는 일본이 그러한 것처럼 불과 몇 년도 안 돼 외적으로나 내적으로 고유한 민족성을 잃진 않는다. 지금 유럽에서 교육을 받고 있는 일본인들은 그곳에서 배우는 것과 외국인이 생각하는 일본의 '일반적인 특징'이 서로 일치하지 않는다는 사실을 알고 있다. 그들은 개화되고 교육 받은 조국의 아들로서가 아니라 프랑스 · 미국 · 영국 등의 정당 일원이나 지도자로서 조국으로 돌아가고 있다. 그들은 프로이센의 군법, 나폴레옹 법전, 미국의 공직자 선출권을 도입하는 데 신경을 쓰고 있다. 하지만 그들은 훌륭한 나무를 개량시킬 수 있다는 것과, 비록 접목이 외국에서 유래했다고 하더라도 식물은 언제나 자연이 정한 기후에서만 살 수 있고 꽃을 피울 수 있다는 사실을 망각하고 있다. 일본인에게 이것을 늘 반복해서 지적해 주고, 단지 발전은 내부에서 나와 번영으로 이어질 수 있다고 가르쳐 주는 일―물론 사용하는 수단은 외부로부터 끌어 쓸 수 있다―이 일본의 진정한 우방국으로서 해야 할 당연하고 고귀한 임무이다. 이는 백인들이 떠오르는 태양의 제국에서 맹목적인 무지나 이해타산적인 아첨으로 찬탄하면서 굽신거리는 모습을 지켜보는 것보다 훨씬 나을 것이다.

제 3 장
일본과 조선의 관계에 대한 두 가지 사건

1592년 일본의 조선 침략

일본과 명나라의 전쟁, 그리고 강화조약 체결 이후의 각종 보고서를 종합해 볼 때 소수의 정치 모사꾼들을 제외하면 전체 조선 민중은 일본이 스스로를 조선의 우방국이자 해방자 및 보호자로서 자리매김하려는 모든 시도에 대해 강력히 저항했다. 이러한 저항은 수백 년 전부터 이웃 나라 일본에 대한 모든 조선인의 가슴속에 가득 찬 뿌리 깊은 증오심에서 기인한다. 이러한 정서를 이해하고 정당한 평가를 내리기 위해서는 조선인이 서기 3세기부터 일본에 맞서 독립을 유지하기 위해 치러야만 했던 전쟁을 상기해야 하고, 일본인이 16세기 말에 조선 침략에서 저지른 만행을 소상히 알지 않으면 안 된다.

가장 열성적인 일본인 숭배자 가운데 한 명인 미국인 그리피스W. E. Griffis[29]는 이때의 침략에 대해서 다음과 같이 말하고 있다. "이로써—즉 조선에서 일본인들이 퇴각함으로써—가장 무의미하고 아무런 계기도 없었으며, 가장 잔혹하고 가장 끔찍한 전쟁들 가운데 하나가 막을 내렸다. 이 전쟁으로 말미암아 조선은 일찍이 유례를 찾아볼 수 없을 정도로 혹독한 시련을 겪었고, 거기에서 회복하는 데 적어도 200년이 소요되었다."

이러한 판단이 얼마나 정확한 것인지는 1592~1598년에 일어난 전쟁(임진왜란)에 대해 간략하게나마 살펴보면 잘 알 수 있을 것이다.

오와리尾張 출신 농부의 아들로 태어난 도요토미 히데요시豊臣秀吉는 간바쿠關白, 즉 섭정자 또는 통치자로서 1590년에 자신의 모든 정적을 물리치고 일본에 다시금 평화를 이룩하였다. 그는 아주 어릴 적부터 세계 정복, 당시 개념으로는 중국을 정복하고자 하는 야욕을 품고 있었다. 그는 이제 이러한 계획을 실천할 순간이 왔다고 여겼다. 이를 위해 그는 이전에 관례적으로 일본에 보내 온 조공 사절을 다시 시작하라는 요구를 이미 1582년에 조선 국왕에게 보냈지만 묵살당한 사실을 빌미로 삼았다.

이러한 계획을 실행하는 데 전념하기 위해 도요토미 히데요시는 간바쿠 자리를 그의 조카이자 양자인 히데쓰구秀次에게 넘겼다. 하지만 그는 일본에서 흔히 그러하듯이 계속해서 실질적인 권력을 행사했다. 동시에 그는 이전의 모든 간바쿠에게 부여하던 다이코太閤(큰 공적을 이룬 인물)라는 칭호를 수여 받았다. 그러나 그는 이러한 고관들 가운데 유일한 인물로서 민중의 입과 역사에서 다이코 사마太閤樣로 계속 살아 남아 있다.

1582년에 조선으로 일본 사신들을 보냈지만 아무런 성과가 없자, 곧이어 두 번째 파견이 이루어졌다. 이에 조선 조정 쪽에서는 직접 일본에 사신을 파견하겠다고 밝혔다. 1590년 7월 조선의 사신들이 교토에 도착했다. 그러나 이들은 다섯 달이 지나서야 비로소 다이코로부터 전혀 관례에 맞지 않는 영접을 받았다. 그러나 조선의 사신들에게 더욱 모욕적인 일은 이들이 교토에 머무는 동안 조선의 국왕이 특사로 임명하여 친서를 맡긴 사람을 일본에서는 단지 자신들의 신하 정도로 여겼고, 조선 국왕조차도 일본 천황의 신하로 여기고 있다는 사실을 확인한 것이었다. 오랫동안 망설인 끝에 조선의 사신들이 배를 타고 돌아가기 위해 교토를 떠나 사카이堺로 간 뒤에야 비로소 조선 국왕의 서신에 대한 다이코의 회신이 도착했다. 그러나 그 답신이 너무나 모욕적인 형식으로 되어 있었기 때문에 조선인들은 이를 받아들일 수 없었다. 사신들이 받은 두 번째 서신 역시 다이코의 오만불손함을 여실히 보여 주고 있었다. 그는 서신에서 다음과 같이 썼다.

"나는 비천한 가문에서 살아남은 유일한 사람이다. 그러나 나의 모친께서는 태양이 품으로 들어오는 태몽을 꾸었고 그 후 나를 낳았다. 점쟁이는 이것을 '태양이 비치는 한 그에게 굴복당하지 않을 곳이 없을 것이다. 분명 그의 권력이 언젠가는 왕국 전체를 넘어 뻗어 나갈 것이다'라고 풀이했다. 따라서 호기好機도 나를 피해갈 수 없다는 것이 나의 자랑거리였다. 나는 날개 달린 용과 같이 동쪽을 굴복시켰고, 서쪽을 정벌했고, 남쪽을 응징했고, 북쪽을 무찔렀다. 떠오르는 태양이 온 세상을 비춘 것과 같이 나의 이력은 짧은 기간에 이루어 낸 위대한 성공으로 점철되어 있다. 인간의 삶이 채 100년도 안 된다는 점을 생각해 보면, 왜 내가 한낱 사소한 사건—이는 당시 어린 나이로 사망한 하나뿐인 아들을 잃은 상심을 일컫는다—때문에 슬픈 나날을 보내야 한단 말인가. 나는 강한 군대를 소집해서 대국인 명나라—당시 중국은 명明 왕조가 통치하고 있었다—로 쳐들어갈 것이다. 그리고 400개가 넘는 지역의 하늘을 서슬 퍼런 내 칼로 가득 채울 것이다. 내가 이 계획을 실행할 때, 조선이 나의 전위 부대로 활약해 주길 바란다. 이런 나의 제안을 한 치도 소홀히 여기지 않도록 각별히 유념하길 바란다. 왜냐하면 존경하는 귀국에 대한 나의 호의는 내가 명나라를 정벌하기 위해 군대를 이끌고 출정할 때 그대들이 보이게 될 처신에 전적으로 달려 있기 때문이다."

이 서신의 어투와 사신들이 받은 인상, 일본의 무장에 대한 보고들은 조선 조정에 다이코의 의도가 무엇인지를 분명하게 각인시켰다. 이로 인해 조선 조정 쪽에서도 전쟁 준비를 시작함과 함께 명나라에 도움을 요청했다. 그러나 명나라는 지금까지 일본과 행한 협상에 관해 일체 비밀에 부쳤다. 1894년에 일어난 조선 왕비 시해 사건에서처럼 일본은 그 당시에도 군사적인 우수성이나 장비 면에서 조선을 훨씬 능가했다. 오랜 내전이 유능한 지휘관과 군사들을 길러 낸 것이다. 심지어 개별 군대는 조선에서 거의 알려져 있지도 않을 뿐 아니라 조선이 보유하고 있지도 않은 화기(조총)로 무장하고 있었다.

조선 침략에 대한 다이코의 의도에 관해 외국 통신원들─이들은 대부분 일본에서 전도에 종사하고 있던 예수회원이다─과 일본 통신원들의 시각은 예나 지금이나 서로 엇갈린다.

전부는 아닐지라도 자만심과 명예욕이 다이코의 결심에 커다랗게 작용했다는 것에는 의심의 여지가 없다. 이와 더불어 해외 원정을 통해 불안하고 험악한 무사 및 이들을 이끄는 지휘관들로부터 벗어나고자 하는 바람과 함께 기독교에 호감을 가진 군인 및 장군들─핵심 장군들 중 대여섯 명은 기독교도이고, 군대의 거의 절반이 기독교도로 이루어져 있었다─을 파병함으로써 일본에서 기독교에 대해 더욱 단호한 조치를 취할 수 있는 재량권을 얻고자 하는 바람도 다이코의 결심에 결정적으로 영향을 미쳤을 것이다. 해외 원정이 시작된 직후 선교사와 토착 개종자들에 대한 더욱 엄격한 조치들이 취해진 것으로 보아 이러한 주장은 상당한 설득력을 가진다.

다이코의 당초 의도는 원정대의 통수권을 스스로 맡는 것이었다. 하지만 그는 모든 승리에도 불구하고 일본의 불확실한 정치적 상황을 고려하여 이러한 생각을 접고, 휘하에 있는 가장 우수한 장군 두 명에게 통수권을 이양했다. 이 가운데 한 명은 젊은 고니시 유키나가小西行長*이다. 그는 다이코처럼 미천한 계급 출신이지만 용감무쌍함으로 지위와 재산을 획득한 기독교도였다. 다른 한 명은 나이 많은 가토 기요마사加藤清正**로, 귀족 출신의 독실한 불교도인 그는 니치렌日蓮[30] 종파의 구호인 '성스러운 연꽃 만세'를 외치며 군대를 지휘하였다. 이와 같이 통수권이 양분된 상태에서 처음부터 시기심과 알력이 배태되어 있었으며, 두 지휘관은 나이도 다르고 종교도 달랐기 때문에 더욱 첨예하게 대립하였다. 고니시 유키나가의 군대는 모두 기독교인으로 구성

---

* 선교사들은 고니시를 돈 아우구스티누스 쓰카미도노Don Augustin Tsucamidono라 불렀다. 그는 세키가하라關ヶ原 전투에서 다이코의 양자에게 충성한 장군들 가운데 한 명으로 체포되어 1600년에 오사카에서 처형되었다.

** 선교사들은 가토를 칸즈예도노Canzujedono라 불렀다. 그는 선교사와 일본 내의 토착 기독교인들에 대한 끔찍한 박해를 통해 알려졌으며, 나중에는 도쿠가와 이에야스德川家康 편에 섰다. 1615년에 사망했다.

되어 있었으며, 지휘관들은 규슈의 영주로서 기독교를 신봉하고 있었다.

원정대 규모는 상이한데, 약 13만~50만 명으로 기록되어 있으며―13만이라는 숫자가 사실에 가장 근접한다―곧이어 5만 명이 추가로 파병되었다. 이 원정대는 히젠肥前에 있는 가라쓰唐津―당시에는 나고야名護屋로 불렸다―에서부터 바다 물살을 가르며 조선으로 출병했다. 마침내 1592년 5월 25일 고니시 사단―선교사들의 주장에 따르면 4만 명 규모이다―이 부산 앞바다에 출현했다. 부산은 인근에 위치한 동래산성과 마찬가지로 단숨에 점령당했다. 폭풍으로 인해 지체된 가토 사단은 하루 뒤에야 비로소 도착했다. 가토는 화가 단단히 났으며, 이 때문에 고니시에 대한 증오심은 더욱 커져만 갔다. 일부 부대가 전라도와 충청도 지방을 정벌하려고 남쪽으로 향하는 동안, 고니시와 가토가 이끄는 두 주력부대는 한양을 향해 진군했다. 고니시는 남쪽 길을 따라 이동했고, 가토는 북쪽 길을 따라 이동했다. 이번에도 행운의 여신은 젊은 지휘관인 고니시 편에 섰다.

상주성과 수도로 가는 요충지인 충주성은 격렬한 전투가 있은 뒤 왜군의 저돌적인 공격으로 함락되었다. 이때 왜군 피해가 전사자 100명, 부상자 400명 정도인 반면에 조선군 피해는 3,000명에 달했다. 젊은 경쟁자인 고니시의 이러한 전과戰果는 가토로 하여금 더욱 분발하게 만들었다. 고니시 사단이 훨씬 앞서 갔지만 두 사단은 같은 날, 즉 부산에 상륙한 지 18일 만에 수도 한양에 도착하였다. 조선의 왕과 왕실 및 군대는 평양으로 피란가기 위해 이미 사흘 전에 수도를 떠났으며, 왕자들 가운데 두 명은 저항군을 조직하기 위해 북쪽으로 향했다.

왜군의 두 사령관은 한양에 잠시 머문 다음 함께 임진강까지 계속 진격해 조선군과 격렬한 전투를 벌인 뒤 강을 건넜다. 그러나 이때 계속해서 공동 작전을 수행하기가 불가능하다는 사실을 알게 된다. 두 사람은 제비뽑기로 각기 분담해야 할 임무를 나누었다. 가토는 함경도 경성이 있는 북동쪽으로 향했고, 고니시는 계속해서 평양을 향해 진격했다. 왜군 선발대는 7월 중순경에 평양 북쪽의 대동강 남쪽 강가에 당도하게 되었다. 이들은 남쪽 지방의 정벌을 맡은 부대가 도착하기를 기다려야 했다. 게다가 왜군에는 조선군이 모든 이동 수단을 강 건너편으로 가져갔기 때문에 강을 건너기 위한 수단도 없었다. 이처럼 비교적 유리한 상황이었지만 조선 국왕인 선조는 안주를 향해 몽진蒙塵을 계속했다. 왜군이 속수무책 상태에 빠지자 조선군은 사기가 충천하여 반격에 나섰다. 그러나 조선군의 반격은 부분적으로만 성공을 거둘 따름이었다. 왜군은 처음에는 엄청난 손실을 입었지만 점차 조선군을 격퇴했으며, 조선군과 동시에 강을 건너거나 그 뒤를 바짝 쫓아 강을 건너 평양을 점령했다. 이 전투에서 8,000명의 조선군이 사망했다고 한다.

조선 군대는 뿔뿔이 흩어져 줄행랑을 놓았다. 일부는 안주로 가는 도중에 포기하고 순안에 정착했지만, 대부분의 피란민들은 압록강을 건너 명나라 땅에 안전하게 도달할 때까지 쉬지 않고 진군해 나아갔다.

왜군은 기대 이상의 전과로 엄청난 기쁨과 승리감을 맛보았다. 하지만 시련은 멈추지 않았다. 고니시ㅡ그는 해군 제독이라는 직함을 가지고 있었다ㅡ는 부산에 정박해 있던 함대의 지원이 필요해, 이들로 하여금 조선의 서해안을 따라 대동강으로 들어오도록 명령을 내렸다. 그러나 일본 함대는 부산항을 제외하곤 조선군의 공격을 받아 격렬한 싸움 끝에 거의 전멸했다. 공격을 피해 달아나던 몇 척의 배들은 부산으로 회항했다. 이로써 수군과 공동 작전을 펴려던 희망은 물거품이 되었다.

그동안 명나라도 동요하기 시작했다. 왜군이 속전속결로 이룩한 눈부신 전과에 대해 베이징北京의 놀라움은 이루 말할 수 없었다. 베이징에서는 이러한 왜군의 전과를 조선인의 배신 때문이었다는 것 외에 달리 설명할 길이 없었다. 그러나 명나라는 조선 국왕이 절박하게 요청한 부탁을 들어 주고 소규모 지원군을 보내기로 결정했다. 5,000명의 군사들이 8월 초에 국경을 넘었으며, 8월 27일에는 평양을 공격했다. 명나라군은 평양으로 침투해 들어갔다가 시가전에서 수적으로 우세한 왜군에 의해 거의 섬멸당하고 말았다.

이제야 비로소 베이징에서는 사태의 심각성을 깨닫고 전력을 다해 무장하는 한편 협상을 통해 시간을 벌려고 했다. 예전에 해적에 의해 일본으로 납치됐다가 조국으로 돌아온 명나라 사람 심유경沈惟敬[31]이 10월에 평양으로 갔다. 이것이 자발적인 것인지, 명나라가 파견한 것인지는 확실치 않지만 어쨌든 그는 전권을 위임 받지 않은 상태에서 고니시와 협상을 시작했다. 고니시는 자신이 처한 상황이 악화일로에 있었기 때문에 심유경의 말을 잘 경청하였다. 부산 해전에서 승리를 거두면서 조선인의 사기는 상당히 높아졌다. 또한 도처에서는 왜군에 맞서기 위해 의병이 조직되었다. 비록 공개적인 전투에서 왜군에 맞서 싸우진 못했다 하더라도 의병들은 왜군의 개별 주둔지들을 공격하였으며, 왜군의 퇴로를 완전히 차단시키지는 못했어도 그들을 엄청난 곤경에 빠뜨렸다. 이 밖에도 거의 보수도 받지 못한 고니시 부대들은 전쟁과 피로에 지쳐 일본으로 돌아가고 싶어했다. 고니시는 심유경과 50일간의 휴전과 그에 대한 전제 조건으로 일본이 점령한 조선의 모든 영토, 즉 대동강 이남의 거의 모든 지역을 양도한다는 데 합의했다. 심유경은 급히 베이징으로 돌아갔지만, 베이징으로부터는 아무런 전갈이 오지 않았다. 그사이 전쟁을 계속 수행하기 위한 무장이 마무리되어 있었기 때문이었다. 심유경은 조선으로 가는 군대를 따라갔다. 1593년 1월 말 이여송李如松[32] 장군이 이끄는 6만 명의 명나라 군대는 순안에 남아 있던 조선군과 합류했다. 고니시는 명나라군이 그렇게 가까이 왔는지 전혀 눈치 채지 못했다. 심유경이 돌아왔다는 소식을 접한 고니시는 아무런 의심 없이 2월 2일 심유경이 요구한 대로 호위대를 보냈다. 하지만 이 호위대는 기습 공격을 받아 거의 전멸했다. 구사일생으로 빠져나온 몇몇 군사들을 통해 고니시는 2월 10일 평양에 도착한 명나라군이 진격해 올 것이라는 소식을 처음 접하게 되었다. 이틀간의 전투에서 왜군은 2,000여 명의 병력을 잃었다. 명나라군과 조선군은 평양성의 외성外城과 내성內城을 공격했다. 이 전투로 내성만이 왜군의 수중에 남게 되었다. 명나라군이 진격해 온다는 소식에 급히 퇴각하기 시작한 고니시 역시 더 이상 버틸 수 없어 점령지를 포기해야만 했다. 야음을 틈타 속전속결로 퇴각한 덕분에 명나라군의 추격을 따돌릴 수 있었다. 그러나 고니시는 도중에 지원군과 식량을 공급 받긴 하였지만 한양으로 급히 돌아갈 수밖에 없다고 생각했다. 명나라군이 천천히 쫓아오고 있었으며, 이들의 지휘관은 첫 번째 얻은 승리에 도취되어 고니시와 가토에게 항복할 것을 통첩했기 때문이다.

그사이 가토는 함경도 전체를 정복하고 고산의 남쪽 안변에 본영을 설치했다. 이러한 성공 이전에 벌어진 전쟁에서 가토는 조선에서 가장 예쁜 젊은 여인을 정부情婦로 얻었으며, 조선의 두 왕자를 사로잡았다. 그러나 그의 상황도 결코 특별히 나은 것은 아니었다. 사방에서 조선인들이 봉기했으며, 대대 병력 이상의 부대와 그들이 점령하고 있던 여러 성이 나무로 만든 대포와 구포臼砲를 동원한 조선의 의병 조직에 의해 괴멸되거나 점령당했다. 항복하라는 명나라 장수의 통첩을 받았을 때 가토는 너무나 화가 나 도저히 참을 수가 없었다. 그는 사신이 보는 앞에서 자신의 손으로 조선인 정부를 죽였다. 그는 급히 구원 요청을 한 고니시와 합류하기 위해 한양으로 떠났다. 가토가 한양에 당도하자마자 명나라군도 수도 부근에 나타났다. 일본군 선발대는 격렬한 전투를 치른 끝에 수도로 쫓겨났다. 왜군 사령관들은 수도를 계속 사수해야 할지, 남쪽으로 퇴각해야 할지에 대해 고민해야 했다. 고니시는 퇴각에 찬성했지만, 가토는 한양을 포기해선 안 된다는 사실을 잘 알고 있었다. 그는 한양을 사수하기 위해 방어 시설에 필요한 장소를 물색하는 한편, 방어 시설을 짓는 데 필요한 자재를 구하기 위해 도시의 가옥 거의 대부분을 파괴하고 주민들을 내쫓거나 무참히 학살했다. 그는 노동력을 확보하기 위해 남자들 가운데 힘센 자들만 살려 두었다. 3월에 조명 연합군이 한양 가까이 진군하자 왜군은 이들을 향해 나아갔다. 전투가 시작되자 처음에는 조명 연합군이 승리하는 듯했지만 결국에는 더 나은 무기와 엄격한 군기, 용맹함을 갖춘 왜군이 승리를 거두었다. 명나라군과 조선군은 1만여 명의 병력을 잃고 주력부대와 함께 평양까지 후퇴했다. 그러나 왜군도 심한 타격을 받았기 때문에 소규모 부대들만이 퇴각하는 적을 개성까지 추격했다.

조선군과의 전투에서 거둔 개별 승리에도 불구하고 왜군의 상황은 한양에서 아주 절망적이었다. 이런 가운데 심유경이 다시 나타났을 때, 전쟁에 신물이 난 왜군과 대부분의 지휘관들은 열렬히 그를 환영했다. 명나라 장수들 또한 전쟁이 끝나기를 염원했다. 협상은 주로 고니시의 노력으로 이루어졌다. 타협안의 개별 사항들은 정확하게 알려지지 않았지만, 핵심 내용은 최종적인 강화 조건으로 다음과 같은 점을 담고 있었다. 조선의 남쪽 지방 세 곳을 일본에 할양할 것, 조선이 일본에 조공을 바칠 것, 명나라와 일본 간에 이루어진 기존의 무역관계를 재개할 것, 다이코와 명나라 황제의 딸을 혼인시킬 것, 명나라 황제가 다이코를 자신과 대등한 존재로 인정할 것 등이었다. 이와 같은 화친 조약이 체결될 때까지 무기를 사용하지 말아야 하고, 왜군은 부산 해안으로 퇴각해야 하며, 그곳에 방어시설을 갖춘 열두 곳을 제외하고 자리를 모두 비워야 한다는 것이었다. 가토는 이러한 화친 조약의 이행을 가장 격렬하게 반대했지만, 병사들과 말에게 발병한 전염병 및 비축 식량 부족으로 인해 결국 저항을 포기하고 다수의 의견에 따르지 않을 수 없었다. 전쟁을 계속하길 원하는 조선군은 이 협정에 동의하지 않았지만 동맹국인 명나라의 의사를 거역할 수 없었다.

1593년 5월 22일에 왜군은 한양을 비웠다—하지만 왜군은 약 300년 뒤에 다시 병력을 이끌고 한양으로 돌아오게 된다(을미사변). 조명 연합군은 이들을 천천히 뒤쫓았으며, 이들과 불과 몇 킬로미터를 사이에 두고 대치했다.

총성이 멎은 동안 외교 밀사들은 계속 최종적인 합의안을 도출하는 데 몰두했다. 이때 명나라와 일본은 조선을 제쳐 둔 채 자기들끼리 합의안을 마련하였다. 이로 인해 조선의 운명은 일본의 선한 의지에 맡겨지게 되었다. 명나라 전권 사절단이 심유경과 함께 일본으로 가 1593년 6월 나고야에서 다이코의 영접을 받는 동안, 다이코는 가토에게 부산에서 서쪽으로 약 80킬로미터 떨어진 진주성을 공격하라고 명령했다. 이 사건을 계기로—이 공격으로 강력한 조선군 주둔지는 거의 함락되었다—협상은 결렬되다시피 했다. 하지만 다시 고니시가 직접 관여한 덕분에 휴전이 성립될 수 있었다. 명나라군은 서서히 북쪽으로 퇴각했으며, 왜군의 개별 부대들은 일본으로 출항했다. 그사이 베이징과 교토에서 협상이 계속 진행되었다. 일본 사신들이 명나라 수도를 방문했다가 명나라 사절단과 함께 조선으로 돌아왔다. 하지만 가토를 비롯한 주전파의 무고誣告와 무엇보다 기독교도라는 이유로 입지가 흔들리기 시작한 고니시가 더 이상 협상에 참여하길 거부했다. 이에 반해 한 번도 분명한 태도를 보인 적이 없던 심유경은 협상 체결에 대한 명예와 이익이 다른 사람들에게 돌아가는 것에 대해 격분하여 양측 모두에게 음모를 꾸몄다. 그는 책임을 맡은 명나라 사신에게 다이코의 계략과 잔인함에 대해 알려 주어 그를 공포의 도가니로 몰아넣었다. 이에 명나라 사신은 일본을 계속 여행하길 거부하고 베이징으로 돌아가려고 했다. 하지만 그의 동료인 또 다른 사신은 이에 굴하지 않고 다이코에게 가겠다고 밝혔다. 이는 명나라가 명예로운 화친 체결 외엔 바라는 게 아무것도 없었기 때문이었다. 그는 1595년 10월 8일 사카이堺에 도착하였으며, 같은 달 24일에는 오사카와 교토 사이에 있는 후시미伏見에서 다이코의 영접을 받았다. 다이코는 이 사신으로부터 명나라 황제의 친서와 금으로 만든 인장印章, 대례복 등을 받았다. 그러나 이 모든 것은 공허한 화해의 제스처에 불과했으며, 오래 지속되지도 않았다. 명나라 황제의 서신에는 단지 다이코를 일본의 왕으로 책봉한다는 내용이 담겨 있었기 때문이었다. 그 서신은 지난 15세기에 아시카가足利 쇼군에게 내린 것과 같은 형식으로 되어 있었다. 다이코는 이에 대해 몹시 분노했으며, 이것을 치욕으로 여겼다. 명나라 사신은 다이코의 노여움을 사 쫓겨났다. 이로써 세 나라가 다시 전쟁을 준비하기 시작했다. 고니시는 다이코의 눈에 들어 이전에 조선에서 갖고 있었던 통수권을 다시 얻었다. 심유경은 일본 진영으로 도망 치려 했지만 자국 동포에게 체포되어 배신과 실책의 죄명으로 처형 됐다.

1597년 1월에 양측은 준비를 끝냈다. 17만 명에 이르는 왜군 병력 은 부산에 상륙했고, 강력한 명나라군은 국경을 넘어 평양과 한양을 점령한 뒤 선발대를 전라도 남원까지 전진시켰다.

조선군은 부산에 있는 일본 수군을 공격함으로써 바다에서 공세를 펼쳤지만 1592년에 얻은 만큼의 성과는커녕 오히려 완패를 당하고 대 부분의 배들을 잃었다. 1597년 9월에 2개조로 나누고 남원으로 진격 한 왜군은 명나라와 조선 수비대의 맹렬한 대항에도 불구하고 성을 포위한 지 사흘째 되는 날 전면 공격을 개시하여 승리를 거두었다. 3,726명에 이르는 조선군 병사들의 목이 잘려 나갔으며, 늘 그러했듯 이 이들의 코와 귀는 전리품으로 소금에 절여 져서 교토로 보내졌다. 왜군은 지체 없이 수도를 향해 진군하여 10월 19일에는 수도에서 불 과 30킬로미터 떨어진 곳에 도착했다. 그러나 전쟁을 치르는 동안 일 본 육군의 성과는 두 번이나 수군 함대의 패전으로 빛을 잃었다. 일본 군 함대는 남원을 공략한 지 불과 며칠 만에 조선군 잔류 병력과 연합 한 명나라 함대의 공격을 받아 완패했다. 이러한 패전 소식과 동시에 왜군 부대는 명나라군이 수십만 대군 규모로 한양에 집결하여 공격을 개시할 준비를 갖추었다는 보고를 접했다. 이로써 전쟁의 승패는 명백해 보였다. 왜군의 입장에서는 의병이 일어난 조선에서, 게다가 작전 본부에서 멀리 떨어져 있고 군함이 파괴되어 그곳 가까이로 이동할 수단도 없는 상태에서 퇴각하는 것 외엔 다른 선택이 없었다. 퇴각할 때 몇 차례 격렬한 전투가 벌어졌다. 특히 11월 중순 부산의 북쪽에 위치한 울산에서는 강을 건널 때 격렬한 전투를 치르면서 힘겹게 해안가에 이르렀다. 후퇴를 거듭하는 동안 조선 정복이 불가능함을 확인한 왜군은 야만인처럼 난폭하게 굴었다. 이들은 가지고 갈 수 없는 것은 모조리 파괴시켰기 때문에, 이들이 지나간 도시와 마을은 잿더미로 변한 폐허가 됐다. 옛날 일본에 문명을 전해 준 불교 사원과 명망 높은 서원조차도 화를 면하지 못했다. 이전 신라 왕국의 옛 수도이자 조선인들의 자랑거리이며 어느 정도 성스러운 도시인 경주도 왜군이 퇴각하면서 황폐화시킨 다른 모든 도시와 마찬가지로 약탈당하고 불타 버렸다. 이때부터 모든 조선인의 가슴속에는 일본과 일본인에 대한 사무친 원한으로 가득 차게 되었다. 당시 조선의 남부지방이 가장 혹독한 피해를 당한 것처럼, 1894년에 가장 먼저 적에 대항해 대규모로 봉기한 지역 또한 일본인들이 자행한 지난날의 침략에 대한 기억이 가장 생생하게 살아 있던 이곳이었다.

1598년 1월 30일 울산 앞바다에 조명 연합군이 나타났다. 치열한 전투에서 2만 명에 이르는 군사를 잃은 왜군은 방어 진지에서 쫓겨나 성 안으로 들어갔다. 이때 이들에게 남겨진 병력은 고작 5,000명에 불과했다. 일본군 사령관의 아버지와 의형제를 맺은 가토는 수행원 몇 명만으로 전함이 아닌 보통의 배를 타고 성城에 도달하였다. 성에서의 궁핍 정도는 날로 커져만 갔다. 배고픔과 추위로 아사 직전에 처한 왜군은 날마다 계속되는 조명 연합군의 공격을 막아 낼 재간이 없었다. 그때 갑자기 조명 연합군의 포위망이 풀어졌다. 일본군의 보충 병력이 도착한 것이다. 진군해 오던 일본의 보충 병력은 2월 9일 조명 연합군을 만나 포위 병력 일부를 격파하는 데 성공했다. 1만 3,000여 조명 연합군 병사의 목이 떨어져 나갔으며, 부상자는 모두 죽음을 당했다. 이때의 패전으로 조명 연합군은 포위를 계속 유지하려는 자신감을 잃었으며, 설상가상으로 왜군 선발대가 이미 그들의 등 뒤쪽에 나타났다. 왜군은 울산 주변에서 1만 6,000명에 이르는 적의 시신을 발견했다. 전투로 인한 사망자 외에도 소규모 수비대 중 약 900명은 굶주림과 추위로 죽었다. 1598년 2월 13일에 보충 병력과 함께 식량을 넉넉하게 실은 왜군의 함대가 울산에 도착했다. 비로소 용감무쌍한 왜군은 아사 직전의 위기에서 벗어날 수 있었다.

쓰라린 고통과 함께 대규모 전쟁은 막을 내렸다. 수많은 전투를 치르며 육지에서는 왜군, 바다에서는 조명 연합군이 각각 승리를 거두었지만 양쪽 모두 기력을 거의 소진한 상태였다. 1598년 9월 8일에 다이코가 죽었다. 그가 마지막 숨을 거두면서 모든 군대를 조선으로부터 철수하라는 명령을 내렸을 때, 왜군은 기쁨을 주체할 수 없을 지경이었다.

일본 측 자료에 따르면 18만 5,738명의 조선군과 2만 9,014명의 명나라군 전사자의 귀와 코가 교토에 세워진 '귀무덤, 즉 미미즈카耳塚'의 재료로 사용되었다. 이 귀무덤은 3만 3,333개의 관음보살(자비의 여신) 그림이 있는 절터에 만들어졌다!

이처럼 사람의 목숨을 빼앗고 재물을 약탈하는 일−일본 시장에는 조선인 노예로 넘쳐났다−이 7년 전쟁의 유일한 성과였다. 전쟁 이후 한동안 일본은 산적한 내부 문제로 인해 국제 정치에는 관심을 돌릴 수가 없었다. 다이코가 죽은 뒤 정권을 잡아 도쿠가와德川 시대를 연 이에야스家康의 손자 때에 와서야 비로소 국력과 안정을 회복하여 1623년에 조선의 조공사절 문제를 다시 논의하기 시작했다. 이러한 임무를 띤 첫 조선 사절단이 이듬해에 에도에 왔다. 그러나 허울뿐인 조공사절 의식에 들어가는 비용이 엄청나다는 것을 알게 된 쇼군들은 채 100년도 안 돼 사절단의 파견 중지를 요구하였다. 이후 조선과 일본 사이의 교역은 단지 쓰시마對馬에서만 이루어졌다.

역사책을 열심히 읽는 사람은 1592년의 전쟁 경과와 1894년의 사건 추이의 유사성을 놓치지 않을 것이다. 두 경우 모두 결정권은 육지가 아니라 바다에 있었다. 만약 1592년에 조선 함대가 그러했듯이 1894년에 청나라 함대가 일본군 함대와의 전투에서 승리를 거두었다면, 일본이 일으킨 도발의 결말은 이번에도 300년 전과 같았을 것이다. 비록 1592년 당시와 마찬가지로 지금도 일본 육군이 청나라 군대보다 월등히 우세했다고 하더라도 일본은 조선에서 물러나지 않을 수 없었을 것이다. 마지막으로 일본 정치인들은 랴오둥반도의 반환 문제를 결정할 때에도 이 점을 잘 인식하고 있었다.[33] 이들은 일본 군함이 동아시아에서 러시아 함대에도 맞설 힘이 없는데 하물며 러시아 · 독일 · 프랑스의 연합 함대에 맞선다는 것은 불가능하다는 사실을 확신하고 있었다.

1896년 당시 야당의 당수였고 현재 일본의 외상인 오쿠마 시게노부大隈重信 백작이 독일 일간지 프랑크푸르터 차이퉁Frankfurter Zeitung 특파원과의 회견에서 일본인들이 시베리아 평원과 중앙아시아 고원에서 유럽인에 맞서 싸워야 할 시기가 도래할 것이라는 발언 역시 다이코가 1592년에 단행한 세계 지배 야욕을 생생하게 상기시켜 주고 있으며, 끝을 모르는 일본의 헛된 자만심에 대한 두 결과가 어떠한 것인지를 여실히 입증해 준다.

1895년 조선의 왕비 시해

1895년 10월 8일 한양 궁궐에서 조선 왕비가 살해되었다(을미사변). 범행의 동기를 이해하기 위해서는 간략하게나마 역사적 배경을 돌아볼 필요가 있다.

1864년 1월 15일 철종은 31년 동안이나 보위에 있었지만 후사를 남기지 못한 채 승하했다. 세 명의 왕비 중 가장 나이가 많은 대비 조씨(신정왕후)가 권력을 잡아 왕손 가운데 한 명인 이하응李昰應의 둘째 아들―당시 열세 살인 명복命福―을 철종의 후계자로 임명했다. 이하응은 당초 사욕이 없는 사람으로 비쳐졌다. 그러나 그의 아들이 왕위에 오르자마자 그는 가면을 벗어던지고 옥쇄를 차지했으며, 대원군大院君(위대한 왕실의 주인)이라는 칭호로 섭정을 맡아 어린 아들을 대신해 정권을 장악했다. 그는 양심의 가책이나 두려움은커녕 일말의 동정심도 없었다. 그는 기독교와 외국인 및 모든 진보에 대한 반대자이자 적대자였다. 그의 통치 아래 토착 기독교인과 외국 선교사에 대해 가장 처절하고 피비린내 나는 박해가 자행되었다. 이와 동시에 그는 일본을 비롯해 조선과 관계를 맺거나 복원하려는 외세의 여러 차례 시도를 가차없이 물리쳤다. 선교사나 난파당한 사람들이 겪은 부당한 대우를 응징하기 위해 파견된 프랑스(1866년의 병인양요)와 미국(1871년의 신미양요)의 원정대 역시 아주 부분적인 성과만을 거두었을 뿐 지속적인 성과에는 이르지 못했다. 조선의 모든 거리와 장소에는 다음과 같은 방문榜文이 나붙었다. "서양의 야만인들이 조선으로 쳐들어오려고 한다. 우리는 평화와 전쟁 가운데 하나를 선택하지 않으면 안 된다. 우리가 타협하여 굴복하는 것은 나라를 배신하는 행위이다. 우리 조선인은 무기를 들어야 한다." 이러한 명분 아래 곳곳에서 신속하게 방어 시설이 세워졌으며 모든 수로水路의 입구, 특히 수도 한양으로 들어오는 입구에는 대포와 화포로 무장하고 철저히 감시하였다.

1873년에 고종은 성년이 되어 정권을 넘겨받았다. 그는 1865년에 자신보다 한 살 많은 민씨 가문의 여인과 혼인한 상태였다. 민비는 1873년에 왕세자 이척李拓을 낳았는데, 이 아이는 대단히 허약했던 것으로 추정된다. 이 밖에도 고종에게는 후궁에서 난 아들이 여럿 있었다. 민비는 가족 중에서 유일하게 '사내대장부'라 일컬어질 정도로 뛰어난 능력과 결단력을 지닌 인물이었다. 그녀는 시아버지 대원군의 영향력을 완전히 일소시켰으며, 대★음모가이던 시아버지의 격렬한 증오를 한 몸에 받았다. 민비는 정치적으로 청나라에 기울어져 있었기 때문에 일본인에게는 매우 불편한 존재였다. 만약에 민비가 자기 가문에만 특혜를 베풀고 그 일족을 지나치게 호의적으로 대했다고 비난을 받는다면, 우리는 민씨 가문이 일곱 개의 큰 귀족 가문들 중에서 가장 힘 있는 권세가이며 사실상 400년 전부터 조선을 지배하고 있었다는 사실을 잊어서는 안 된다.

일본은 예전처럼 조선에 조공의 의무를 강요하지 않았다. 1875년 조선군이 정박해 있던 일본 군함에 발포하여 전쟁이 발발하였으며, 그 결과 조선은 1876년에 우호와 항해 및 통상 조약의 체결을 강요당했다(강화도조약). 이 조약을 통해 조선은 독립국으로 인정받았지만, 이는 청나라에 맞서기 위한 일본의 교묘한 계략의 일환이었다. 하지만 청나라는 이미 이전에 다른 열강들에 한 것처럼 조선에서 일어나는 모든 사건에 대한 책임을 거부함으로써 일본에 유리한 입장을 만들어 주었다. 평화로운 협상 결말은 다혈질의 일본인에게는 지극히 불만스러운 것이었다. 이는 1877년 사쓰마薩摩에서 연로한 사이고 다카모리西鄕隆盛[34]가 일으킨 봉기(사쓰마의 난)—일본 정부는 7개월의 전쟁 동안 막대한 인명 희생과 비용을 치른 끝에 가까스로 이 반란을 진압할 수 있었다—의 주요 원인들 가운데 하나로 간주되었다. 일본이 조선에서 갖고 있던 각종 이권을 다른 나라들과 나누는 것을 대단히 싫어했지만 연합국인 영국과 독일 제국은 청나라 정부 중재로 1882년 봄에 조선과 통상 조약을 체결하는 데 성공했다. 이후 다른 열강들과 유사한 조약들이 이어졌다.

외세와 관계를 맺고자 하는 조선 조정의 결정이 불러온 이러한 긍정적인 영향은 그사이 한양에서 폭동이 일어남으로써 곧 난관에 부닥쳤다. 1873년부터 조정의 정사에 전혀 관여하지 않고 있던 대원군이 배후에서 이 폭동을 적극 선동하였다. 그는 전례 없는 가뭄이 지속된 여름을 틈타 1882년 7월 23일 스스로 왕이 되고자 민비를 살해하여 조정을 손아귀에 넣으려는 기도를 감행하였다(임오군란). 이와 동시에 몇 달 전부터 일부는 대원군의 첩자들이, 또 다른 일부는 일본인들의 어리석고 오만불손한 행동에 의해 자극 받은 폭도들이 일본 공사관을 급습하여 불을 지르고 그 수장인 대리공사 하나부사 요시모토花房義質³⁵를 위시하여 일본인들을 제물포로 내쫓았다. 일본 정부는 배상과 보상을 요구했지만 격렬하고 기나긴 협상 끝에 8월 30일에 받아들여졌다. 동시에 청나라 사람들은 계략을 통해 대원군을 사로잡아 청으로 압송하였다. 그는 그곳 즈리성直隸省의 수도 톈진의 바오딩부保定府에서 4년간 포로로 잡혀 있었다. 그의 아들 고종의 간청으로 마침내 청나라 정부는 대원군의 조선 귀환을 허락하였다. 청나라의 이러한 정치적 실책으로 말미암아 대원군 압송 사건에 연루된 모든 사람이 무자비한 보복을 당했다.

　잘 알려져 있다시피 민비는 궁녀가 그녀 대신 독배를 마심으로써 7월 23일에 정해진 운명을 피해 갔다. 그러나 곧 또 다른 엄청난 위험이 그녀에게 닥쳐오고 있었다. 이번에는 수구파가 아닌 급진개화파 쪽이었다. 민비 가문의 먼 친척 몇 명과 세도 가문의 일족이 포함된 일군의 조선인들이 그녀의 퇴위를 공모하였다. 여기에 일본인이 어느 정도 가담했는지 확인하긴 쉽지 않다. 그러나 대부분의 공모자와 특히 주동자들이 오랫동안 일본에 체류하면서 외국의 진보적 사상을 알게 되었다는 점, 이들이 첫 성공을 거둔 뒤 곧바로 일본에 도움을 요청하여 지원을 받았다는 점, 계획이 실패한 뒤 일본으로 망명한 이들을 아주 호의적으로 받아 주고 도와주었다는 점, 특히 나중에 일어난 사건의 정황에 비춰 보더라도 일본이 이미 공모자들의 계획을 알고 있었거나 적어도 이들이 계획한 공모에서 많은 이익을 얻어 내려고 한 것은 분명한 사실이었다.

1884년 9월 4일에 지난 몇 달간의 노력으로 건립된 새 우정총국 건물에서 준공을 축하하기 위한 연회가 열렸다. 이 축하연에는 조선의 많은 고관과 조선에 있는 거의 모든 외국 사절이 참석했다. 연회가 열리는 동안 갑자기 불빛 신호 소리가 들렸다. 민영익閔泳翊─그의 아버지는 10년 전에 암살당했으며, 그 자신도 1882년 왕비에 맞서 계획적으로 습격했다가 승복을 입고 도망쳐야만 했다─은 연회장을 빠져나왔다. 그는 궁궐 수비대를 지휘하는 네 명의 장군들 중 한 명으로서 화재 경보가 울리면 궁궐을 지켜야 했기 때문이었다. 그러나 그는 얼마 후 일곱 군데 칼을 맞아 피를 흘리며 간신히 살인자의 손아귀에서 벗어나 다시 연회장으로 돌아왔다. 이러한 갑신정변의 주동자 세 명은 연회를 주관한 우정국 총판總辦 홍영식洪英植과 두 명의 하객 김옥균金玉均 · 박영효朴泳孝였다. 이들은 사방으로 뿔뿔이 흩어지는 무리에서 떨어져 나와 급히 왕궁으로 달려갔다. 이들은 고종을 설득하여 옆 건물[36]로 피신하도록 했다. 이와 동시에 이들은 일본 공사 다케조에 신이치로竹添進一郎에게 왕을 호위할 위병군을 왕궁으로 파견해 달라고 요청하였다. 일본 공사는 잠시 머뭇거리다가 이들의 요구를 들어 주었다. 사건이 진행되는 동안 조선의 고위 대신들은 궁으로 불려와 죽음을 당했다. 세 명의 호위 장군, 민비의 의붓오빠 민태호閔台鎬, 민영목閔永穆―그는 1883년 독일 측 교섭자인 총영사 차페Zappe와 조독 조약, 영국 측 공사 파크스 H. Parkes 경과 조영 조약을 각각 체결하였다[37]―을 비롯하여 일군의 하급 관리들이 그곳에서 피살되었다. 외국인과 이들의 가족을 함께 궁으로 유인하려는 시도―명분상으로는 이들을 그곳에 보호한다는 것이었지만 실제로는 인질로 잡아 두기 위한 속셈이었다―는 실패로 돌아갔다. 1882년의 임오군란으로 말미암아 한양에 군대를 주둔시키고 있던 청나라는 9월 5일에는 잠자코 있다가 9월 6일에 청나라 장군[38]이 군대를 이끌고 왕궁 앞으로 나아가 왕을 알현하기를 요구했다. 그의 요구가 거절당했는지, 일본이 주장하는 것처럼 그가 보낸 서신에 대한 답을 받기 전에 이미 공격을 감행했는지에 대해서는 확실치 않다. 분명한 것은 그가 조선군과 연합하여 수적으로 열세인 일본군을 궁에서 쫓아냈으며, 싸움이 벌어지는 동안 뒷문을 통해 도망간 왕과 왕비를 보호하였다는 사실이다. 동시에 한양의 백성들이 일본 공사관을 공격하는 등 상황은 일본 공사가 9월 7일 제물포로 퇴각을 결심할 정도로 심각하였다.

임오군란으로 인한 희생자 수는 일본인과 청나라 사람이 각각 30명이었으며, 조선인이 약 250명이었다. 더욱 중요한 사실은 외무대신 김홍집金弘集이 유일하게 죽음을 면한 것을 제외하곤 거의 모든 훌륭한 조선의 관료들이 살해당했다는 점이다. 이러한 군란을 겪은 뒤 사실상 조선 조정에는 실질적인 지도자가 거의 남아 있지 않았다. 갑신정변의 주동자들 가운데 김옥균·박영효를 비롯한 몇 명만이 일본으로 피신하는 데 성공했으며, 어떤 이는 청나라 군에 의해 죽거나 민중에 의해 도륙당했다.

이번에도 일본 정부는 이 사건에 대해 조선에 배상을 요구했다. 힘없는 고종은 이 요구에 응하지 않을 수 없었다. 일본 측에서 외무대신 이노우에 가오루井上馨가 교섭자로 나와 1885년 1월 9일에 체결한 조약(한성조약)에는 죄인을 처벌하고 손해에 대한 배상을 약속함과 동시에 조선 정부 측에서 그 사건에 대한 유감을 표명한다는 내용이 담겨 있었다. 석 달 뒤인 4월에 이토 히로부미伊藤博文와 이홍장李鴻章이 중국 톈진天津에서 조약에 서명했다. 톈진조약에서 청나라와 일본은 동시에 그들의 군대를 조선에서 철수시키고, 군대를 다시 조선에 파병할 경우에는 상대국에 사전 통보하기로 약속했다.

얼마 동안 일본 정부는 이러한 성과에 만족하여 조선에서의 사태 추이를 관망하는 듯해 보였다. 그러나 곧 의회에서 급진적인 야당이 제기한 각종 난관으로 인해 일본 정부는 조선의 내정에 간섭하는 옛 체제로 회귀하지 않을 수 없었다. 급진파의 일원인 오이시 마사미大石正르가 변리공사로서 조선에 파견되었다. 모든 외교적 전통에 역행하는 일본 공사의 행태로 말미암아 이미 그 당시, 즉 1893년 말 이전에 조선과 갈등을 초래하지 않은 것은 순전히 조선 정부의 무능과 이홍장으로 대표되는 청나라 정부의 유화적 태도 때문이었다. 그러나 조선 정부가 이번 사건으로 치러야 했던 막대한 비용과 더 이상 품위를 지킬 수 없다고 판단한 여러 고위 관리의 사직으로 인한 정부의 위신 추락은 조선의 내부 상황을 악화시키는 데 단단히 한몫을 했다.

1894년 봄에는 두 나라 관계가 파국으로 치닫는 듯이 보였다. 10년 전부터 일본에 살고 있던 김옥균은 같은 해 3월 중국 상하이로 유인되어 그곳에서 조선인에게 살해당했다. 그의 시신은 조선 정부의 요구로 청나라에 인도되어 청나라 군함에 실려 조선으로 송환되었다. 조선에서는 그의 시신을 4등분해 그 조각을 여러 지역으로 보냈다.[39] 암살자[40]에게는 엄청난 포상이 내려졌다. 이와 동시에 또 다른 조선인이 일본에 머물고 있는 1884년 갑신정변의 공모자 중 한 명을 암살하려고 시도했지만 실패로 돌아갔다. 범인은 체포되어 일본법에 따라 처벌을 받았다. 하지만 이러한 사건들이 초래했을 국제적 결과는 그 직후 발발한 동학혁명*으로 인해 묻혀 버렸다. 청나라 정부는 고종의 요청으로 동학혁명을 진압하기 위해 소규모 군대를 조선에 보냈다. 이에 일본도 청나라와 함께 공동으로 조선에서 개혁 조치를 단행한다는 명분 아래 군대를 파견했다.

청나라 정부가 이러한 제안을 거부한 것은 일본에 청과의 전쟁을 하기 위한 구실을 제공했다. 1894년 7월 23일 일본인들은 한양의 궁궐을 장악하고 왕과 왕비를 사로잡았다. 8월 28일에는 고종으로 하여금 동

* '동학'이라는 종파는 1859년 경상도에서 교주 최제우崔濟愚에 의해 창시되었다. 그는 한울님(하늘님)이 나타남으로써 중병이 치유되며, 자신은 새로운 '동양의 교리'―이것은 동학을 풀어쓴 말로 서학, 즉 가톨릭 교리에 반대되는 말이다―를 알리기 위한 소명을 부여 받았다고 주장했다. 주로 경상도·충청도·전라도 지방으로 퍼져 나간 그의 교리는 유교·불교·도교와 서학의 유일신 도덕률이 융합되어 있었다. 동학교도는 유일신자이고, 윤회사상에 대한 믿음을 배척하며, 예배를 볼 때 우상을 필요로 하지 않는다. 1865년에 기독교인을 박해할 때 최제우도 체포돼 기독교인이라는 누명을 쓰고 처형당했다. 이와 동시에 그의 교리도 금지되었다. 이때부터 동학은 당국의 협박에도 굴하지 않고 주기적으로 대개는 수확기에 맞춰 일어난 봉기에 여러 차례 가담하였다. 1893년 봄에는 50명의 동학도들이 한양에 있는 궁궐 앞에 나타나 최제우가 무고하게 처형당했다고 선언하고 그에게 사후의 직위 수여와 추종자들이 동상을 세울 수 있도록 허락해 줄 것, 기독교의 전도처럼 포교 활동을 보장해 줄 것을 요구하였다. 고종은 정부와 외국인에 맞선 대대적인 봉기에 대한 두려움 때문에 대표들과 협상을 벌여, 대궐 앞의 농성을 푼다면 그들의 요구를 숙고해 보겠다고 약속했다. 하지만 이 약속은 뒤에 지켜지지 않았다.

맹조약을 체결하도록 강요했으며, 고종은 1895년 1월 7일 종묘宗廟 사직단에서 엄숙한 맹세를 해야만 했다. 고종은 자주독립의 뜻을 담은 '독립서고문獨立誓告文'을 낭독하고 조선이 청나라로부터 독립국임을 선언하였으며, 12개 조항[41]을 따르기로 약속했다. 이 가운데 3조에는[42] 왕비와 왕실 가문 사람들은 국사에 관여해선 안 된다는 내용이 담겨 있었다. 같은 해 5월에 시모노세키下關 강화조약을 비준한 뒤 조선은 다시 한 번 청나라로부터 완전한 독립국임을 엄숙하게 천명하였다. 일본은 표면적으로는 조선의 우방국이자 보호자로 처신하였지만 배후에서 일본의 비호 아래 친일파에 속하는 조선의 고위 관료들과 함께 왕과 왕비에 대한 모반을 획책하는 음모를 진행하고 있었다. 박영효朴泳孝는 철종의 사위이자 왕실의 일원이었으며[43] 1884년의 갑신정변 공모자들 가운데 한 명으로서 오랫동안 일본에서 살고 있었다. 이후 그는 일본인들과 함께 조선으로 돌아와 일본인들의 도움으로 관직에 올라 조선의 내무대신이 되었다. 그가 고종과 민비의 목숨을 노린 음모 사건에 연루되었다는 사실은 1895년 7월 6일에 밝혀졌다. 하지만 박영효가 처벌을 면할 수 없다고 일본 공사관에 보낸 조선 정부의 요청에도 불구하고 그는 일본의 보호 아래 제물포로 이송됐다가 일본 군함을 타고 일본으로 망명했다.

지난 두 해 동안 일본인뿐 아니라 대원군과 동족의 반역자들에 맞서 유약하고 우유부단한 고종의 조력자이자 유일한 버팀목이던 민비는 기어이 1895년 10월 8일에 살해당했다(을미사변).

예심을 주도한 일본인 판사는 이 시해 사건의 준비에 대해 1896년 1월 20일 다음과 같이 판결했다.

"살인죄와 반란죄로 기소된 조선군 부副고문이자 조선 조정의 궁내부 고문인 오카모토 류노스케岡本柳之助, 자작子爵 미우라 고로三浦梧樓 특임 공사, 스기무라 후카시杉村濬 1등 서기관, 그리고 여타 45명에 대한 조사에서 우리는 다음과 같은 입장을 밝히는 바이다."

"피고 미우라는 천황 폐하의 특명전권 공사로서 1895년 9월 1일 한양에서 공직 생활을 시작하였다. 그가 목격한 바에 따르면 조선은 제대로 된 길을 가고 있지 않았다. 왕실은 날이 갈수록 점점 제멋대로 되어 갔으며, 얼토당토않은 방식으로 국사에 간섭하고 있었다. 따라서 국정은 무질서와 혼란으로 뒤죽박죽이었으며, 이는 일본 정부의 도움과 조언에 의해 비로소 올바로 재편되었다. 왕실은 일본인에 대해 엄청난 혐오감을 가지고 있었기 때문에 일본 장교들로부터 교육 받은 훈련대를 해산하고 지휘관들을 문책할 계획이었다. 이 밖에도 왕실이 진보파와 독립파에 속하는 인물로 낙인찍은 각료들 가운데 몇 명을 파면시키고 암살함으로써 모든 정치적 권력을 장악하려 한다는 소문이 미우라의 귀에 들어갔다. 이러한 상황은 미우라를 아주 불안하게 만들었다. 그는 왕실의 태도가 조선을 구하기 위해 온갖 노력과 자금을 쏟아부은 일본에 대한 명백한 배신행위일 뿐만 아니라 내부 개혁 작업을 방해하고 독립을 위태롭게 할 우려가 있다고 믿었기 때문에 이러한 왕실의 정치를 조선에 해로울뿐더러 일본의 이해관계에도 상당히 배치되는 것으로 여겼다. 피고는 조선의 독립을 수호하는 한편 조선에서 일본의 영향력을 유지하기 위해서는 이러한 상황에 대해 효과적인 조치가 시급하다고 생각했다. 그의 마음이 이와 같은 생각으로 교차하는 동안에 대원군이 그에게 지원을 요청해 왔다. 대원군은 일이 제대로 진행되지 않은 것에 대해 격분하고 왕을 보필해야 하는 자신의 의무를 수행하기 위해 조정의 개혁을 단행하기로 결심했다. 이에 피고는 10월 3일 오카모토 · 스기무라와 상의한 뒤 대원군을 위해 훈련대―이들은 왕실로부터 위협을 느끼고 있었기 때문에 왕실을 미워하였다―와 나라가 돌아가는 형국에 대해 몹시 슬퍼하던 젊은이들이 궁으로 들어갈 수 있도록 해 주기로 결심하였다. 한양에 주둔하고 있던 일본 군대도 그 계획을 지원하기로 되어 있었다. 또 이들은 조정에서 실질적인 영향력을 행사하고 있는 왕비를 살해하기 위해서 이 기회를 이용해야 한다고 결심하게 되었다. 이와 동시에 앞으로 대원군의 국정 개입에 대비해 여러 조치를 강구할 필요가 있었다. 대원군의 간섭은 현재 실각시키려고 하는 세력보다 더 심각할 수도 있기 때문이었다. 이러한 목적을 위해 스기무라는 하나의 문서를 작성하였다. 여기에는 네 가지 조항과 관련하여 대원군에게 보증을 요구하는 내용이 담겨 있었다. 10월 5일에 대원군과 아주 가까운 오카모토가 그 문서를 그의 집으로 가져갔다. 오카모토는 대원군에게 작금의 상황이 또다시 대원위大院位 대감의 개입을 요구하고 있다는 사실을 설명한 뒤 그에게 미우라 공사가 답을 기대하고 있다는 말과 함께 그 문서를 내놓았다. 대원군과 그의 아들 및 손자는 미우라가 제안한 조건들을 흔쾌히 받아들였다. 대원군은 신의를 지키겠다는 내용이 담긴 서한을 작성했다. 미우라를 비롯한 다른 일본인들은 합의된 계획을 10월 중순에 실행하기로 결정했다. 이들은 오카모토가 대원군을 방문한 사실이 의심을 사 자신들의 음모가 발각될까 봐 두려워했기 때문에, 그가 일본으로 돌아가기 전에 대원군에게 작별인사를 고하기 위해 그의 자택을 방문했다는 소문을 퍼뜨렸다. 또 이들은 이를 더욱 사실인 양 믿도록 하기 위해 오카모토가 한양에서 (제물포에 있는) 어느 섬으로 가야 한다는 결정을 내렸다. 그는 실제로 10월 6일 한양을 떠나 그곳으로 갔다. 다음 날 조정의 명으로 조선의 군부대신 안경수安駉壽는 일본 공사관을 방문하여 일본 공사에게 예정되어 있는 훈련대 해산에 대해 어떻게 생각하는지를 물었다. 이제 기회의 순간이 왔으며, 더 이상 한시도 지체해선 안 된다는 사실이 분명해졌다. 미우라와 스기무라는 그날 밤에 암살 계획을 실행하기로 결심했다. 전보를 쳐서 오카모토를 다시 불러들였다. 이들은 신분이 확실한 호리구치 구마이치堀口九萬一에게 어떻게 궁궐로 와야 하는지에 대해 대원군이 소상히 적어 놓은 아주 잘 짜여진 각본을 넘겨 주었다. 미우라는 한양에 주둔하고 있는 일본군 사령관에게 훈련대를 제때에 동원하고, 일본 군대가 이들을 지원하여 대원군이 손쉽게 궁으로 들어갈 수 있도록 하라는 지시를 내렸다. 또 미우라는 두 명의 일본인을 불러들여 이들에게 지인들을 모아 오카모토와 연합하여 궁으로 진입하는 대원군의 경호를 맡도록 지시했다. 미우라는 이들에게 20년 전부터 왕실에 막대한 손실을 끼치고 있는 일체의 악惡을 근절할 수 있느냐는 이 계획의 성공 여하에 달려 있다면서 궁궐에 잠입하면 왕비를 살해하라고 지시했다. 이 밖에도 미우라는 대원군을 지원하기 위해 일본 경찰 병력을 파견했다."

"여러 부류의 일본인들이 조선인 몇 명과 함께 그 일에 투입되었다. 열 명이 넘는 일단의 일본인들은 왕비를 살해하라는 명령을 받았다. 오카모토는 미우라의 전령을 통해 그의 서신과 함께 공포할 성명서의 초안 및 여타 문서들을 전달 받았다. 전 무리가 대원군의 집에 집결하였다."

판결문에서는 이에 대해 더욱 상세하게 설명하고 다음과 같이 이어졌다.

"10월 8일 새벽 3시에 일본인들은 가마에 오른 대원군의 호위대로서 몇 명의 조선인과 함께 그의 저택을 빠져나왔다. 떠나기 직전에 오카모토는 대원군의 자택 대문 앞에 전 무리를 집결시킨 뒤 궁궐에 들어갔을 때 지시 받은 대로 '여우'⁴⁴를 처치해야 한다고 말했다. 이는 분명 그를 따르는 무리가 민비를 살해하도록 사주하기 위함이었다. 이러한 선동에 힘입어 사카이坂井와 그때까지 작전 비밀을 알지 못한 몇 사람들이 지시대로 행동하기로 결심했다. 한양을 향해 서서히 나아갈 때 이들은 한양의 서쪽 문 앞에서 일본 군대의 도착을 기다리고 있는 훈련대를 만났다. 이들은 선발대로 나선 훈련대와 함께 빠른 속도로 궁궐을 향해 돌진했다. 가는 도중에 또 다른 일본인들과 훈련대를 이끄는 일본군 장교들의 통역을 담당할 일본인 몇 명이 이 무리에 합류했다. 새벽녘에 전체 무리는 광화문을 통해 궁궐로 침입하여 즉시 내방內房으로 들어갔다."

여기에서 돌연히 판결이 내려진다. "이러한 사실에도 불구하고 피고들 가운데 누군가가 당초 계획한 범죄 모의 행위를 정말 실행에 옮겼는지에 대한 충분한 증거가 없다. 또 히라야마 이와히코平山岩彦가 조선의 궁내부 대신 이경직李耕稙⁴⁵을 건청궁乾淸宮⁴⁶ 앞에서 살해했다는 것 역시 입증되지 않았다."

"이러한 이유로 해서 전체 피고인에게 일본 형법 제165조에 의거해 무죄를 선고하고 구금된 피고들을 석방하는 바이다. 히로시마 지방법원. 예심 담당 판사 요시다 요시히데吉田良英. 1896년 1월 20일."

공증된 사본에서 밝혀진 믿기지 않는 이 판결문은 조선의 의금부 부관이 의금부 도사에게 보고한 내용과 이전의 조선 주재 미국 총영사이자 외국 고문관이던 그레이트하우스C. R. Greathause[47]가 왕비 시해 사건과 관련해 기록한 상당히 신뢰할 만한 보고서*에서 차용한 것이다. 이후 계속되는 사건에 대한 서술도 그레이트하우스의 보고서를 기초로 한 것이다.

일본 군대가 국왕 부부가 살고 있는 궁궐 앞에서 군대식 정렬로 편성하여 궁궐의 모든 출구를 봉쇄하는 동안에 약 30명의 일본 소시壯士**들이 칼을 빼들고 궐내로 쳐들어가 궁녀들을 핍박하고 이들을 통해 왕비가 거처하고 있는 곳을 알아내려고 하였다. 마침내 어느 침소에서 왕비를 발견했을 때 이들은 왕비를 칼로 벤 다음 몇몇 궁녀들로 하여금 왕비가 맞는지를 확인하도록 하였으며, 아직 완전히 죽지 않은 왕비를 널빤지 위에 얹어 비단으로 된 누비이불로 덮어서 궁궐 마당으로 들고 갔다. 곧이어 한 일본 장교의 명령으로 왕비가 실린 들것을 뒤뜰

* 이 보고서는 1896년 3월 『The Korean Repository』라는 제목 아래 영문판으로 서울에서 출판되었다.
** 정치 깡패, 건달, 폭도.

로 옮겨 석유를 붓고 불을 붙였다.

당시 궁궐에서 건축기사로 일하고 있던 러시아인 사바틴Sabatin—그 자신도 여러 차례 위협을 당했다—은 이러한 장면의 일부 목격자로서 사건 현장에 있었다.

왕과 그의 아들도 소시들에 의해 여러 차례 욕설과 함께 갖은 모욕을 당했으며, 궁내부 대신 이경직은 왕이 보는 앞에서 칼에 베어 살해되었다.

첫 번째 폭동의 징후가 감지되었을 때 왕은 일본 공사관에 전령을 보냈다. 아직 날이 밝기 전이었지만 이 전령은 미우라·스기무라·통역사에게 옷을 차려 입게 한 뒤 가마를 대령시켰다. 이 전령이 자신의 임무를 수행하는 동안 궁에서는 이미 총성이 울렸다. 바로 이것이 미우라가 어느 일본인으로부터 다른 부대가 궁으로 이동했다는 말을 들었지만 그러한 일이 왜 일어났는지 자신은 알지 못한다고 주장하는 이유이다. 이는 비극 다음에 이어지는 익살극의 첫 번째 장면이다.*

미우라와 그의 추종자들이 궁궐에 도착하자마자 소시들은 뿔뿔이 흩어졌다. 그러나 소시들의 인솔자는 일본 공사가 요구하여 받아 낸 고종 알현 자리에 대원군과 함께 참석하였다. 이들을 접견한 고종은 세 가지 훈령에 서명하도록 강요 받았다. 그 가운데 하나는 앞으로 내각이 국정을 대변한다는 내용을 담고 있었다. 나머지 둘은 대원군과 동행한 이재면李載冕[48]을 궁내부 대신으로 임명하고, 친일파의 한 사람을 궁내부 부副대신으로 임명한다는 내용이었다. 다른 출처에 따르면 이전에 이미 두 건의 성명서가 발표되었다. 이 성명서에서 '국가독립위원회'는 대원군이 국정을 인수한다는 것과 대원군이 왜 궁으로 들어와서 정부의 통치권을 넘겨받게 되었는가를 설명했다.

미우라가 자기 마음에 드는 인물들을 임명하도록 관철시킨 뒤 일본 군대는 그곳을 떠났지만 궁궐 수비는 훈련대에 맡겨졌다. 그날 오후 군부대신과 경무대신이 해임되고, 그 자리에 다른 두 명의 인물이 임명되었다. 우리는 이 두 명이 궁궐에 대한 습격 모의를 사전에 알고 있었다고 추정할 수 있다. 이들은 나중에 이에 대한 혐의를 받게 되자 일본으로 도주했다.

이제 미우라에게 중요한 일은 자신과 일본 정부가 왕비 시해 사건

---

* 미우라의 전임자인 이노우에 가오루井上馨 백작은 일본 정부에 보낸 한 보고서에서 왕비를 알현할 기회가 있었다. 이때 왕비는 일본에 보인 자신의 호의가 거절당한 데 대한 불만과 함께 항상 일본의 적인 대원군의 영향력이 일본 공사에 의해 커진 것에 대해 불만을 표시했다고 기록하였다. 이노우에는 계속해서 다음과 같이 적고 있다. "저는 제가 할 수 있는 한 왕비에게 그 문제를 자세히 설명하여 그녀의 의심을 진정시킨 뒤 일본 천황과 일본 정부가 솔직히 바라는 것은 조선의 자주권을 굳건히 하고 조선 왕실을 강화시키는 것이라고 말하였습니다. 이에 따라 왕실의 일족이나 어떤 조선인이 왕실을 배반한다면 일본 정부는 왕실 보호와 나라의 안위를 위해 무력 사용도 불사할 것이라고 확신시켜 주었습니다. 이러한 본인의 말에 왕과 왕비는 안심하는 것 같았으며, 앞날에 대한 그들의 걱정이 현격하게 줄어든 것 같았습니다." 이노우에가 왕비를 알현한 때는 왕비가 살해되기 불과 두 달 전이었다.

에 관여했다는 비난을 일소시키는 것이었다. 그는 도쿄로 보낸 한 보고서에서 10월 8일에 있은 사건에 관해 왕의 전갈을 받자마자 황급히 궁으로 달려갔지만 그전에 일본군 수비대가 그곳으로 이동하여 소요를 진정시켰으며, 소요의 원인은 궁궐에 불만을 표시하려고 한 훈련대와 궁궐 수비대 및 이들을 저지하려고 한 경무청 사이에 일어난 다툼이라고 들었다고 주장했다.

그러나 미우라는 이 사건에 어떤 일본인도 참여하지 않았다는 것에 대해 조선 정부로부터 확인 받길 원했다. 그는 10월 10일 조선 외무대신에게 문서를 보냈다. 그는 이 문서에서 8일 새벽에 훈련대가 자신들의 불만을 표출하기 위해 갑자기 궁으로 침입했을 때 그들 가운데에는 사복 차림의 일본인들도 끼어 있었다는 소문이 있었지만 이 소문은 완전히 날조된 것이며 신빙성도 없다고 말했다. 그러나 그는 사건의 중대성을 감안할 때 그와 같은 소문을 완전히 무시할 수만은 없다면서 조선의 외무대신이 사건의 내막을 잘 알고 있을 것이므로 그에게 앞에서 언급한 내용이 사실인지 아닌지를 알려 줄 것을 요청했다.

10월 12일에 한때 일본 외무성에 영리한 학생으로 선발되어 일본에서 공부한 조선의 외무대신은 일본 공사의 문서를 군부대신에게 알려 다음과 같은 회신을 받았다고 했다.

"훈련대는 군인들이 문제의 날 새벽에 막 자신들의 불만을 표출하려고 했을 때 그들이 궁궐 수비대와 부딪칠 경우 흥분 상태에 있었고 피아彼我를 구분할 수 없는 상황에서 쉽게 충돌로 이어질 수 있다는 점을 우려했습니다. 그래서 그들은 서로 칼을 들고 싸우는 불상사를 피하려는 바람에서 외국인 복장을 했습니다. 그들은 군인이 아닌 것처럼 보이려고 지휘관들에게 일본 민간인 복장을 착용하도록 했습니다. 하지만 실제 일본인은 한 사람도 없었습니다. 훈련대가 혹 있을지도 모를 충돌을 염려한 나머지 임시방편으로 이러한 방책을 찾은 것은 틀림없는 사실입니다."

그러나 살해된 왕비에 대한 기억도 욕되게 하지 않으면 안 되었다.

10월 11일자 관보에는 이전 내각이 서명한 왕의 칙서가 게재되었다. 내용은 실정에 대한 모든 책임은 민비와 그녀의 가문인 민씨 일족에게 있다는 것이었다. 하지만 이 관보는 나중에 조작된 것으로 밝혀졌다. 계속 이어지는 내용은 다음과 같다. "그들(왕비와 민씨 일가)은 칙서에 대한 우리의 서명을 위조하여 우리의 충실한 군대(훈련대)가 해산되어야 한다고 주장하였다. 이로 인해 난동이 발생하여 사태가 걷잡을 수 없게 되자 이미 1882년 임오군란 때 그랬던 것처럼 왕비는 도망을 갔다. 우리는 민비가 머물러 있는 곳을 알아내려고 노력했다. 그러나 민비가 다시 나타나지 않았기 때문에 우리는 그녀가 왕비의 신분에 어울리지 않고 체통도 없을 뿐 아니라 죄질의 정도가 이루 말할 수 없다는 것을 확신하게 되었다. 따라서 우리는 도저히 그녀와 함께 우리 왕조의 명예를 요구할 수 없다. 우리는 그녀에게서 왕비의 신분을 박탈하고 천민 신분으로 강등시키는 바이다."

이 칙서는 외국 공사들에게 공식적으로 전달되었으며, 미우라는 12일 그에 대한 회신을 보내 왔다. "저는 그 소식을 접하고 상심이 컸습니다. 저는 전하의 숭고한 결정이 왕실과 백성의 안녕을 충분히 고려한 데서 비롯되었다는 것을 잘 알고 있습니다. 그러나 저는 이토록 불행한 사건에 직면하여 전하께 저의 연민과 슬픔을 표하지 않을 수 없습니다."

그런데 그의 명령에 의해 살해된 왕비의 유골이 아직 매장되지 않은 채 궁궐 뒤뜰에 방치되어 있었다는 사실은 어찌할 것인가!

이와 같은 소극笑劇은 왕비 시해 사건으로 기소된 세 명의 조선인—이들 가운데 두 명은 분명히 그 사건에 일절 가담하지 않았다—에 대한 판결과 사형 집행, 미우라와 그의 조력자들에 대한 소환 및 기소와 함께 거룩한 막을 내렸다.

고종은 1896년 2월 11일까지 1895년 10월 8일의 사건(을미사변)에 실질적 또는 정신적으로 가담한 자들의 손아귀에 있었다. 이날 새벽녘에 왕과 세자는 부인용 가마를 타고 궁을 빠져 나와 러시아 공사관으로 도피하였다. 이들은 지금도 그곳에 머물고 있다. 고종은 러시아 공사관에 도착하자마자 믿을 수 있는 조선인들을 불러들여 현재의 내각을 해산하고 새로운 대신들을 임명하는 한편, 10월 8일의 시해 사건에 연루된 여섯 명을 체포하라는 명령을 내렸다. 그러나 체포된 자는 아무도 없었다. 그들 가운데 세 명은 이미 일본으로 안전하게 피신했으며, 나머지는 왕이 피신했다는 첫 소식을 접하자마자 도주했다. 칙서에서 언급되지 않은 두 명의 옛 조정 대신들은 경무청에 체포되었다. 이들은 왕이 피신했다는 사실이 알려진 뒤 일어난 짧은 소요 사태 때 살해당해 성난 백성들에 의해 시신이 갈기갈기 찢어졌다.

이 밖에도 일본에 호의를 가진 미국 선교사들의 전언에 따르면 고종이 친일파의 손아귀에서 벗어나자마자 정말 놀라울 정도로 전국은 안정되었으며, 지난 6개월 동안 전국으로 번진 소요 사태도 순식간에 진정되었다. 그러나 일본인은 조선인에게 이전의 수많은 증오에 더해 새로운 원한에 대한 근거를 제공하였다. 또 일본인은 겉으로는 지금까지 유럽 문화를 발전시킨다고 하면서도 아시아의 다른 민족들에게 유럽 문화의 담지자와 전달자 역할을 하기엔 얼마나 부적합한지를 여실히 보여 주었다.

제 **4** 장
중국과 외부 세계에 대한 중국의 정치적 입장(1879)*

지난 여러 해 동안 많은 일이 일어났지만 중국은 이를 별로 대수롭지 않게 여겼으며, 독일도 별반 다를 바가 없었다. 중국 공사公使에 대한 독일 황제의 신임장 수여, 젊은 중국인들을 교육시키기 위해 이들을 독일로 파견하는 일, 리히트호펜Richthofen[49]이 저술한 책의 제1권 출간 등은 여러 계층에 어느 정도 영향을 미친 사건이다. 그리고 위대한 '도원경桃源境과 같은 나라' 에 대한 연이은 소식은 과거 어느 때보다 오늘날 비교적 호의적인 관심을 불러일으킨 것 같다.

'도원경과 같은 나라' 라는 말은 다소 심한 표현일지 모르겠지만,

---

* 이 글은 1879년 「당대」지 129쪽 이하, 149쪽 이하, 179쪽 이하에 실린 것이다.

이 나라를 잘 아는 사람이든 그렇지 못한 사람이든 중국이라는 고루한 왕국에 대해 늘 이와 같이 말해 왔다. 그러나 이 표현은 오늘날까지 대부분의 사람들에게 여전히 생소하고 이해되지 못한 채로 남아 있다. 이유는 분명하다. 이집트인, 아시리아인, 고대 페르시아인의 문명을 생각해 보면 우리는 이들 나라가 수천 년 전에 이룩한 것에 대해 놀라움을 금치 못하게 된다. 그러나 람세스 대왕이나 키루스Cyrus 왕[50] 치하 시대에 맞닥뜨리게 되면 지금까지 아무런 편견 없이 보낸 이러한 찬탄을 대개 거두어들이게 되는 것 같다. 우리는 19세기의 후손이자 시민이라는 감정에 사로잡혀 이것을 우리와 그다지 연관성 없는 상태로 낮춰 보고, 고작해야 고고학적 관심 정도에 그치고 말 것이다. 우리는 중국에 대해서도 이와 비슷한 느낌을 가지고 있다. 우리는 수천 년의 역사를 가진 독립적인 문명과 관련을 맺고 있고, 또 그 정도로 오래된 견실한 행정 조직 및 국가 제도와 마주하고 있음을 알고 있다. 이러한 외적 인상은 너무나 압도적이다. 우리 시대의 용맹한 후손들이 운명이나 자유의지에 의해 중국이라는 나라로 이끌리게 될 경우, 자신을 에워싸고 있는 모든 것을 이해하기 힘든 것으로 생각하거나 전혀 이해할 수 없는 폐허 더미로 여기게 될 것이다. 결국 그들은 자신의 지식과 힘을 토대로 애처로운 경멸감으로써 비웃을 것이다. 하지만 반대 경우도 적지 않다. 중국 하면 우선 중국의 군사용 정크선, 영국 주둔군 사령관의 깃발을 단 철갑선, 1870년의 전투를 무찌른 군대, 검열하는 관리 앞에서 귀청이 찢어질 듯한 고함을 내지르면서 분탕질을 일삼고 무딘 삼지창으로 울긋불긋하게 칠해진 방패를 두들겨 대는 너덜너덜한 옷을 걸친 무뢰한들, 유럽의 수도에서와 같은 위풍당당한 거리와 궁전들, 검은색 머리를 한 수만 명의 천자天子의 나라 후손들이 자신들의 목숨을 끊고 서양인의 눈과 코를 모욕하는 비참한 광경들을 떠올릴 것이다. 이 간격은 실로 너무나 커서 반감과 자신에 찬 우월감과는 다른 감정을 불러일으킨다. 우리는 중국 문화를 이미 오래전에 화석화되었고 단지 오래된 역사로만 고귀하고 흥미로운 문화의 잔존물 정도로 치부하기 일쑤며, 혹시 잠잠한 표면 아래 여전히 신선한 생명이 약동하고 있는 것은 아닐까 하는 의문을 한 번도 품어 보지도 않은 채 쉽게 단정해 버리고 만다. 따라서 이 글에서는 중국과 외세의 정치적 관계를 고려하여 이러한 의문에 답변하고 해결책을 모색해 보고자 한다.

중국의 고대 왕조시대, 즉 하夏·상商·주周·진秦 왕조까지 거슬러 올라갈 필요는 없다. 그것은 무엇보다 상당한 사상적 깊이와 모험을 전제로 하기 때문이다. 여기에서는 역사적으로 고증된 중국과 머나먼 서양 사람들의 최초의 접촉에 연계시키는 편이 적당하다. 기원전 122년 서한西漢(전한前漢)의 무제武帝가 통치할 때 장건張騫 장군[51]은 약사르테스

강(오늘날 시르다리야 강)과 옥수스 강(오늘날 아무다리야 강) 연안의 서역 나라들(다웨스국)에 10년간 체류하고 고국으로 돌아왔다. 그의 여행은 중국 입장에서 볼 때 하나의 획기적인 사건이었다. 그는 중국인에게 그때까지 전혀 예상치 못한 서방 이웃 나라들에 대해 눈을 뜨게 해 주었을 뿐 아니라 당시까지 전혀 알려지지 않은 무수한 식물을 가지고 고향으로 돌아왔다. 『신농본초경神農本草經』에 따르면 콩, 오이, 파슬리, 참깨, 큰 마늘, 호두, 석류나무, 포도 등과 같이 오늘날까지 중요한 유용식물 대다수를 장건 장군이 중국에 들여왔다.

이때부터 중국과 서역 이웃 나라들과의 관계는 지속적으로 유지됐다. 특히 중국인들에게 안시安息라는 이름으로 알려져 있는 파르티아인[52]의 아르사케스 왕조(기원후 228년까지)가 중국에 서기 78년에는 사자 한 마리, 101년에는 두 번째 사자를 선물로 보냈다. 5세기 중엽부터 페르시아는 보쓰波斯라는 이름으로 언급되고 있으며, 당唐 왕조(618~906)의 역사에는 심지어 사산 왕조의 마지막 왕인 야즈데게르드 2세가 기록되어 있다. 아랍인은 이슬람교 생성 직후부터 등장한다. 당나라의 역사—여기에서 아랍인은 다스Tashi(大食)라고 명명되고 있으며, 도손d' Ohsson은 이를 고대 페르시아 사람들이 아랍인을 타지Tazy라고 지칭한 데서 비롯된 것으로 보고 있다—에는 아불 아바스(아보로바), 아부 자파르(아푸차포), 하룬(아룬) 등과 같은 칼리프의 사신들이 등장한다.

그리고 송宋나라(960~1280) 역사에는 20명의 아랍 사신들이 기록되어 있다. 그러나 중국의 대외관계는 여기에서 그치지 않고 계속해서 서쪽으로 뻗어 나갔다. 이는 643년에 동로마 황제 테오도시우스의 사신이 당 태종을 알현한 것으로 입증되고 있다. 바로 당 태종 때 중국의 힘은 최고조에 달했다. 당 태종은 한반도를 굴복시키고, 현재의 동東투르키스탄을 정복했으며, 중국의 영토를 페르시아 왕국의 국경선과 카스피해 연안까지 확장시켰다. 제국의 광범위한 영토 확장과 엄청난 인구수—확실한 자료는 아니지만 722년의 인구수는 5,288만 4,818명으로 추산되고 있다—등을 감안할 때 중국은 이러한 군사적 성공으로 말미암아 자신의 세력권 내에 있는 모든 나라로부터 우월한 지위를 보장 받았을 것이다. 그러나 이러한 요인들만을 고려하고 다른 중요한 것들을 내버려 두는 것은 온당치 못할 것이다. 남쪽과 동쪽의 국경선을 훨씬 넘어 이웃 나라들에 찬란한 문명의 영향을 미친 제국의 수준 높은 문화, 중국을 방문하는 외국인이 접하게 되는 견고한 국가제도, 중국인의 상업적·종교적 활동 등을 위시한 이 모든 것은 중국의 명성을 먼 나라에까지 알리고, 그곳의 군주들과 백성들이 이 제국과 직접적인 관계를 맺고 싶어 하는 데 상당히 기여하였을 것이다.

4~8세기에 중국 정크선이 실론·페르시아·메소포타미아·아덴 Aden[53]까지 나아갔다고 본다면 상인들이 육로로 교역했다는 비단길보

다 훨씬 더 서쪽으로 나아갔다고 생각할 수 있지 않겠는가? 고대의 중국 장식예술에서도 발견되는 서구의 영향, 특히 페르시아의 영향을 받은 많은 흔적은 우리가 일반적으로 생각하는 것보다 더욱 활발한 교역이 이루어졌음을 시사해 준다.

중국과 인도 간에는 대부분 종교적 토대 위에서 대단히 활발한 교류가 있었다. 중국 승려와 사신들은 원전 교리를 공부하기 위해, 경전 원본을 구하기 위해 불교 발상지인 인도로 갔다. 석도안釋道安은 4세기 초에 인도를 방문하였으며, 『불국기佛國記(고승법현전高僧法顯傳)』를 저술한 법현法顯은 399년부터 414년까지 인도에 머물렀고, 혜생慧生과 송운宋雲─노이만Ch. F. Neumann은 이들의 보고서를 번역하였다─은 이보다 약 100년 뒤에 인도를 방문하였다. 현장玄奘은 629년부터 645년까지 인도에 체류하였다. 당唐 왕조 때에는 56명의 승려들이 인도로 갔으며, 계업繼業은 300명의 제자들을 이끌고 964년부터 975년까지 그곳에 머물렀다. 수隋 왕조(518~681)와 당 왕조는 대체로 인도에 대해 상당한 관심을 기울인 것으로 짐작된다. 연대기에서 언급되고 있듯이 수많은 사신과 장군을 파견한 일이 이를 뒷받침한다. 그러나 중국은 불교 교리를 받아들이는 것에 그치지 않고 이를 다른 나라에도 전파하였다. 불교는 372년에 중국에서 한반도로 전해졌으며, 552년에는 한반도에서 일본으로 전파되었다. 그리고 한반도와 일본에서는 원전에 더욱 가깝게 경전을 연구하기 위해 많은 승려와 학자들이 중국으로 건너갔다. 이 시기의 중국에서 불교의 힘과 팽창에 대해서는 당나라 역사서에 수록되어 있는 수치를 보면 그 정도를 가늠할 수 있다. 845년에는 황제 소유의 절과 사원이 4,660개, 또 다른 불교 사원이 4만 개가 있었다. 승려와 비구니 수는 26만 500명에 달했고, 이들이 소유한 노예 수는 15만 명에 이르렀다.

12세기경까지 외부 세계에 대한 중국의 위상은 다음과 같이 간단하게 자리매김될 수 있을 것이다. 즉 중국은 한반도 · 일본 · 인도차이나를 위시하여 버마에 이르기까지 직접 자신의 영향권 아래에 놓여 있는 나라들에 모든 지식과 문화를 전파하는 산실 역할을 하였다. 중국은 이들 나라에 대해 서양에서 예나 지금이나 고전적 고대(그리스 · 로마)가 수행하고 있는 것과 같은 역할을 하고 있다. 차이가 있다면 중국의 언어와 문학이 최고 수준의 정치적 발전 과정 속에서 영향을 미치고 있다면, 서양의 경우 고대 그리스와 로마가 멸망한 후에야 비로소 정신적 영향을 미치기 시작했다는 점이다. 인접 민족들에 대한 중국의 역할은 고대 그리스와 로마보다 훨씬 더 강력한 것이었다. 이 밖에도 한반도와 일본에 있어서 중국은 종교의 본산지로 군림하고 있었다. 영토 확장으로 강력한 제국이 된 중국은 멀리 떨어져 있는 국가들에조차 최고의 지적 힘과 물질적 힘의 총체로 여겨졌으며, 누구라도 기회가 닿으면 차지하고 싶은 욕심을 불러일으키는 나라였다.

　두 개의 송宋 왕조 시기(북송은 960~1126년, 남송은 1127~1278년)에 중국은 이러한 위상의 일부를 상실하게 된다. 급기야 타타르족 및 몽골족과의 계속되는 싸움으로 인해 토착 왕조가 몰락하고 이방인이 세운 원元 왕조(몽골 왕조)가 들어서게 되었다. 마치 불어난 급류와 같이 몽골족은 중앙아시아와 서아시아를 넘어 유럽으로까지 밀고 들어갔다. 이들은 수많은 인명을 살상하고 국가들을 유린하며, 파괴된 잔해 위에 새로운 제국을 건설하면서 지배력을 지속적으로 다져 나갔다. 몽골족의 정복 시기를 살펴보면 페르시아와 카프카스 지역이 1220~1224년, 카스피해 북쪽과 볼가강 서쪽은 1235~1242년, 러시아 북부와 노브고로드 근방은 1237~1238년, 러시아 남부 및 볼히니아와 포돌리아에 이르는 지역은 1240년, 폴란드와 슐레지엔 및 모라비아는 1240~1241년, 헝가리는 1241~1242년에 각각 몽골의 수중에 떨어졌다. 몽골족의 원정은 이들 나라를 훨씬 넘어서까지 이어졌다. 몽골족이 가진 무기는 이들에게 공포를 불러일으켰다. 하지만 몽골족의 원정은 한편으로 동아시아, 다른 한편으로 서아시아 및 동유럽과의 관계를 더욱 다지는 데 기여하였다. 이때 중국과 정복지를 통치하는 몽골 왕조는 몽골족의 피를 이어받은 다른 나라들을 한데 모이도록 하는 데 어느 정도 구심점 역할을 하였다. 아시아에 있는 세 개의 커다란 몽골 왕국, 즉 페르시아·투르키스탄·투르크메니스탄은 1236년 몽골족이 북중국을 정복하자마자 중국 황제로서의 통치권을 인정하고 중국으로부터 세비歲費를 받았다. 선물(공물)을 지참한 수많은 사절단이 중국과 긴밀한 관계를 유지하였다. 몽골에 복속된 민족의 포로들은 황제의 호위병 역할을 맡았다. 예컨대 명나라 명종明宗은 1330년에 러시아인으로 구성된 연대聯隊를 조직하여 지금의 베이징 북쪽에 주둔하도록 명하였다. 특히 1334년에는 러시아 포로들의 파견에 대해 자주 언급되고 있다. 황제의 호위병은 몽골인, 시베리아 캄차카인, 러시아인으로 이루어져 있었다. 1367년에 중국에서 원 왕조가 몰락한 뒤 가장 강력한 몽골 지배자인 티무르Timur는 중국을 재정복할 준비를 갖추었지만, 1405년 출정을 준비하는 와중에 죽고 만다. 그는 결코 스스로 칸이라는 칭호를 받아들인 적이 없었으며, 언제나 차가타이한국의 직계 후손이라는 명분상의 통치권만을 용인하였다.

그러나 다른 관점에서 볼 때에도 몽골족의 원정은 동양과 서양이 가까이 접촉하는 계기가 되었다. 중국과 몽골 사가들의 일치된 증언에 따르면 칭기즈칸은 서방을 표적으로 한 1차 원정 때인 1219년에 이미 도로를 건설하였다. 이 길은 군대의 이동을 손쉽게 하기 위한 것이었다. 이후에도 칭기즈칸은 험난한 지형 조건과 그 밖의 온갖 난관이 있었지만 길을 계속 연장하여 사실상 페르시아와 러시아를 동몽골과 연결하는 길을 완성하였다. 그의 후계자인 오고타이칸은 수많은 초소를 짓고 이 길을 지키는 데 만전을 기하였다.

이 길을 따라 무수한 몽골족의 무리가 서쪽으로 흘러 들어갔으며, 칸의 전령이 여기저기로 급파되었다. 복속당한 민족이나 왕국의 사신과 군주들은 강력한 몽골 황제에게 경의를 표하고 친교를 맺기 위해 이 길을 따라 찾아왔다. 세 명의 러시아 대공大公들은 책봉을 받기 위해 카라코룸Caracorum[54]으로 왔다. 소小아르메니아 왕 하이톤Haïton은 1254년, 프란체스코회 수도사 플라노 카르피니Plano Carpini는 1246년에 교황 이노센트의 사신으로 이 길을 따라왔다. 또 몇 년 뒤에는 프랑스 가톨릭 선교사 뤼브뤼키Rubruquis가 몽케칸Mangu Chan을 만나러 왔으며, 13세기 말에는 마르코 폴로와 그의 부하들이 이 길을 통해 왔다. 이 길은 반대 방향에서도 사용되었다. 도교 승려 장춘長春은 칭기즈칸의 소망에 따라 그를 만나기 위해 산둥성에서 사마르칸트로 갔다가 베이징으로 돌아왔다. 금나라 선종宣宗의 사신은 1220~1221년에 칭기즈칸에게 화친을 청하기 위해 페르시아로 갔으며, 1259년에는 상덕常德이 몽케칸의 사신으로 훌라구칸을 만나기 위해 카라코룸에서 바그다드에 다녀왔다. 이와 유사한 여행에 대해서는 더 이상 언급하지 않기로 한다.

원래 칭기즈칸이 군사적 목적으로 건설한 군용도로는 세계의 거대한 교통망으로 사용됐으며, 400년 동안 거의 위축되어 있던 해상 교통도 전례 없는 전성기를 구가하였다. 1286년 푸젠성 관청들의 보고에 따르면 90여 왕국에서 온 배들이 푸젠성에 모여들었다. 마르코 폴로는 중국인 스스로 오랫동안 방치된 옛 길을 다시 찾아내어 실론과 인도의 말라바(말와) 해안, 심지어는 페르시아에까지 나아갔다고 보고하였다.

1368년 몽골 왕조가 몰락한 뒤 100년 동안은 중국과 외국의 이러한 활발한 관계가 새 왕조에서도 큰 변화 없이 그대로 유지된 것으로 보인다. 하지만 몽골 국가들과의 긴밀한 결속력은 더 이상 유지될 수 없었다. 주로 원 왕조 시기에 중국의 서쪽으로 이주해 들어온 이슬람교도들은 1387년 간쑤甘肅에서 추방당했다. 이는 무엇보다 그들의 종교가 중앙아시아와 서아시아의 몽골 지배자들이 받아들인 종교와 일치했기 때문으로 짐작된다. 그렇지만 관계는 여전히 지속되었다. 해상 교통은 옛날 방식 그대로 1450년경까지 지속되었다. 명明 왕조의 연대기에는 특히 영락제永樂帝(성조)가 통치하던 1409년에 있은 수많은 외국 사절단 방문에 관해 언급되어 있다. 1441년에 술탄 아슈라프는 이집트의 미스르Misr[55]에서 사절단을 파견하였으며, 1481년 사마르칸트에서 온 사절단은 선물로 사자를 가져왔다. 이러한 사실로 미루어볼 때 이 시기에 중국의 대외관계가 얼마나 폭이 넓었는지를 알 수 있다.

명나라 황제의 힘이 약해짐에 따라 대외관계도 점차 줄어들기 시작했다. 인접 국가들의 일에 대한 관심이 서서히 약해지더니 더 이상 개입하지 않게 되었다. 그토록 강대하던 제국은 더 이상 공격적으로 나아가지 못하고 수비하는 일에 치중해야만 했다. 1426~1435년 선덕제宣德帝(선종)가 통치하는 동안 중국 왕조에 우호적인 가문을 코친차이나[56] 왕위에 앉히려고 시도했지만 실패로 끝났다. 그러나 1495년에는 그곳에서 지배권을 다투고 있던 한 가문의 지원 요청을 명나라 조정 쪽에서 거절하였다. 만주족의 습격이 빈번해지다가 위급한 상황에 처했기 때문이었다. 1449년에 만주족을 제압하기 위해 군사를 이끌고 출정한 정통제正統帝(영종)가 적에게 사로잡혔다가 몇 년 뒤에 엄청난 몸값을 지불하고 나서야 비로소 풀려났다. 당시까지 중국에 조공을 바치고 있던 일본도 이러한 명분상의 사대를 버리고 중국 해안을 위협하였다. 일본인들은 1555년, 1556년, 1563년에 해안에서부터 내륙 깊숙이까지 밀고 들어왔다. 이들에 대해서는 '긴 활longbow'이라는 명칭이 붙여졌다. 이 이름은 해안 지방에서 엄마들이 아이들을 겁주어 달랠 때 사용한 말이었다. 중국의 힘이 쇠퇴해 가던 이 시기에 앞으로 중국의 대외관계 발전에 커다란 영향을 끼치게 될 두 가지 사건이 일어났다. 하나는 뱃길을 이용해 교역을 하러 온 유럽인과 첫 접촉을 가진 것이고, 다른 하나는 최초로 선교사가 이 땅에 도착한 것이었다. 이 가운데 선교사에 대해서는 좀 더 자세한 설명이 필요하다.

이미 635년에 네스토리우스파 기독교도들[57]이 산시陝西 지방으로 이주해 들어와 북서쪽과 북부 지방으로 점차 퍼져 나간 것으로 보인다. 이에 관해서는 예컨대 뤼브뤼키, 하이톤, 마르코 폴로 등의 옛 보고서에서도 종종 언급되고 있다. 네스토리우스파 기독교도들은 많은 대도시에 교회를 세웠다. 당시의 기독교 신앙 고백은 오늘날처럼 고위 관직 등용에서 배제될 사유가 되진 않았던 것 같다. 하지만 13세기 말 중국에 가톨릭 선교원을 설립하려는 시도는 실패로 끝났다. 1288년에 교황 클레멘스 5세에 의해 베이징으로 파견된 요한 폰 몬테코르비노Johann von Montecorvino는 그곳에 교회를 세워 포교활동을 할 수 있도록 허락을 받았다. 그는 캄불라Kambula, 즉 베이징의 주교로 임명되었으며 사제 몇 사람이 그를 돕기 위해 추가로 파견되었다. 그러나 선교원은 초기에 이루어 낸 많은 성과에도 불구하고 몬테코르비노가 죽은 후 문을 닫게 되었다. 1581~1600년 중국에 온 예수회원인 루제리Ruggieri와 마테오 리치Matteo Ricci는 엄밀한 의미에서 중국 땅에 발을 디딘 최초의 기독교 선교사가 아니라 최초의 사절단 일원이었다. 이들은 자신과 개종자들을 위한 더 많은 특권을 얻어 내고 중국의 법과 관습에 대해 예외적인 지위를 보장 받을 목적으로 파견됐다. 하지만 이에 관해서는 선교사의 영향 및 활동과 함께 뒤에서 자세히 다루겠다.

바닷길을 이용해 중국과 접촉한 최초의 유럽인은 포르투갈 사람들이었다. 이들은 알부케르케Albuquerque[58]의 사신으로서 1516년 말라카에서 광둥으로 갔다. 이들의 뒤를 이어 1517년에는 페르낭 페레스 데 안드라데Fernão Perez de Andrade가 8척의 상선을 이끌고 왔다. 이들과 중국의 관계는 처음에 우호적이었으며 서로 많은 이익이 된 것으로 보인다. 하지만 얼마 지나지 않아 중국으로 몰려드는 탐험가 수가 계속 늘어났다. 당시의 모든 탐험가와 마찬가지로 이들 가운데 절반은 상인이고, 나머지는 정복자와 해적이었다. 이들은 여러 곳에 정착하려고 시도했으며, 이로 인해 중국의 지방 관청들과 마찰을 빚었다. 1520년 베이징에 파견된 포르투갈 사신은 자기 나라 사람들의 불미스러운 행동에 대해 사죄를 해야 했다. 그는 광둥으로 압송되었으며, 그곳에서 가혹한 대우를 받고 감금되어 있다가 행방불명이 됐다. 이때부터 중국인과 포르투갈인 간의 교역은 희비가 엇갈리기를 반복했다. 중국인들은 되도록이면 교역을 한 장소, 즉 광둥으로 제한시키려고 하였다. 그러나 계속 밀려온 포르투갈인은 언제나 새로운 교역 장소를 얻어 내려고 하였다. 이들은 광둥 외에도 닝보寧波 · 저우산췬다오舟山群島 · 마카오에 정착하였다. 포르투갈인들은 이 가운데 마카오를 오늘날까지 자신들의 수중에 넣고 있다.[59] 중국 해안에 밀려드는 포르투갈 무뢰한들—이들은 종종 내륙 깊숙이까지 들어왔으며, 핀투Pinto는 자신의 여행기에서 이들에 대해 다소 과장이 섞여 있지만 큰 줄기에서는 생생하면서도 정확한 모습을 전하였다—의 약탈 행각은 당연히 외국인에게 불리하게 작용하였다. 특히 합법적인 교역 확대를 이뤄 내려는 정직한 상인들에게는 엄청난 장애로 작용하였다. 다른 한편으로 중국 관청의 거만함, 신뢰성 상실, 탐욕은 자주 불평과 갈등의 원인이 되었다. 그러나 중국인과 포르투갈인 간에도 물질적인 이해관계가 결정적으로 맞물리면서 이러한 문제는 소란거리에 그치고 만다. 중국의 관리와 상인들은 외국과의 무역에서 생겨나는 이익을 쉽사리 포기할 수 없다는 사실을 곧 알게 되었다. 동일한 이유에서 포르투갈인도 온갖 멸시와 협박을 참아야만 했다. 한번은 1622년에 마치 외국의 탐험가들이 어떤 소명을 받은 것처럼 중국의 운명에 결정적으로 개입할 것 같았다. 이들은 점점 더 격렬하게 공격해 오는 만주족의 쇄도를 계기로 포르투갈인과 마카오 지역 중국인으로 구성된 400명의 보병을 외국식으로 무장시켜 만주족과의 싸움에 참여시키기 위해 베이징으로 보냈다. 하지만 명나라 조정은 외국인에게 국내 분규에 개입할 수 있는 빌미를 줄지도 모른다는 시기심과 우려로 인해 결국 이 소규모 군대의 투입을 포기한 것으로 보인다. 얼마 후 포르투갈인의 뒤를 이어 중국인과 교역을 시작한 스페인인과 네덜란드인에 대해서는 언급할 게 별로 없다. 중국과 이들의 관계는 일반적으로 앞의 포르투갈인의 관계와 별반 다를 바 없기 때문이다. 그사이 네덜란드인은 명나라 통치 말기에 포르모사Formosa[60]에 정착할 수 있는 허가를 얻어 냈다.

1644년에 명나라가 무너지면서 만주족이 배신으로 인해 함락된 베이징에 입성하였다. 명 왕조의 마지막 황제는 목을 매고 죽었다. 침략자들은 지금까지 그들의 습격으로 피해를 보지 않은 남쪽 지방으로 쳐들어갔다. 중국인들이 곳곳에서 결사적으로 저항하였지만 통일적인 지도력 부재로 모든 노력은 물거품이 되었다. 무엇보다 침략자들의 무기에 대한 공포가 너무나 컸다. 당시의 한 문인이 전하는 바에 따르면 간신히 끌어 모은 중국 농민의 무리는 사방으로 줄행랑을 쳤으며, 만주족의 말 그림자만 보고도 혼비백산하였다. 1650년에는 광둥성廣東省이 함락되고, 좀 더 오래 지속된 포르모사와 윈난성雲南省을 제외하면 사실상 중국인의 저항은 막을 내렸다. 만주족이 세운 새 왕조인 청淸은 첫 100년의 통치 기간에 호전적 성격을 그대로 유지한 채 명나라 황제들의 통치 때 확정된 국경선을 훨씬 넘어 정복 활동을 벌였다. 청 왕조의 두 번째 강력한 군주 강희제의 통치기(1662~1722)인 1682년에 윈난성을 되찾고, 이듬해에 포르모사를 탈환하였다. 1690년과 1696~1697년에 이루어진 두 차례의 원정에서는 서몽골 지방의 오이라트족을 굴복시켰다. 강희제의 손자 건륭제(1736~1796)는 이러한 정복 사업을 대규모로 이어나갔다. 1753년에 발생한 오이라트족 봉기는 1759년 중국인의 완승으로 끝났다. 이전에 오이라트족에게 완전히 복속당한 동東투르키스탄도 청나라의 수중에 떨어졌다. 건륭제의 명성은 그의 왕국을 넘어 멀리까지 전해졌다. 이미 러시아의 내륙에 정착하여 살고 있던 몽골 부족들이 도망쳐 나와 청나라 황제의 지배를 받기 위해 중국으로 돌아왔다. 1770년에는 50만 명의 터키인들이 볼가강가를 출발하여 무수한 난관을 뚫고 거의 절반의 인명 손실을 낸 끝에 이리伊犁 지방에 도착하였다. 청나라의 무력은 아와Awa로 뻗어 나갔으며, 티베트를 거쳐 네팔에까지 이어지며 승리를 거두었다. 네팔은 청나라에 굴복하여 공물을 바치기로 하였다. 예술과 문학이 꽃을 피우고, 건륭제의 권력 상징으로 도처에서 가장 웅장한 건축물들이 생겨났다. 중국의 루이 14세에 해당하는 건륭제는 루이 14세처럼 그의 제국에 최고의 영광을 안겨 주긴 했지만, 다른 한편으로 제국을 피폐한 상태로 후계자에게 물려 주었다. 이는 다가오는 대재앙에 대한 구실이 되었다.

만주족의 황제들이 대내외적인 적과 싸워 거둬들인 성공은 자신감을 고양시키고, 유럽인에 대해 가진 위상에 큰 영향을 미쳤음이 분명하다. 유감스럽게도 비열한 태도, 무절제한 탐욕, 이익이 되는 교역만은 잃지 않기 위해 중국인의 모든 요구에 굴복하는 비겁함 등으로 점철된 유럽인에 대해 중국인들은 아무런 존경심도 품지 않았음에 틀림없다. 포르투갈 · 스페인 · 네덜란드인에 이어 1637년에는 영국인이 중국에 왔으며, 이후에는 덴마크·프랑스·미국인들이 왔다. 때로는 아모이[61]·닝보·저우산췬다오에서 관청과 상인들을 연결시키려는 개별적인 시도가 성공을 거두긴 했지만, 무역은 거의 광둥에만 제한되어 있었다.

지방 관청들은 완전히 무법천지 상태였다. 이들의 협박과 학대를 견디다 못한 외국인들은 중앙 권력, 즉 황제와 직접 관계를 맺어 이와 같은 불편 사항에 대해 개선책을 요구하기로 하였다. 그러나 이러한 목적을 관철시키기 위해 파견된 사절단이 자신들의 임무를 완수하고자 한 방식은 중국인이 보기에 외국인의 지위 향상 문제 해결과 거리가 멀었다. 포르투갈인과 네덜란드인은 가장 굴욕적인 무리한 요구를 자진해서 받아들였다. 그들은 황제 앞에서만 무릎을 꿇고 굽신거린 것이 아니라 황제의 식탁과 희사 받은 쓰레기 앞에서도 똑같은 짓을 했다. 그들은 비웃음을 당하고, 욕을 얻어먹고, 온갖 모욕을 당했지만 어떠한 목적도 달성하지 못한 채 광둥으로 돌아가야만 했다. 이에 반해 영국과 러시아의 사절들은 자신들에게 가해진 터무니없는 모욕적인 요구에 결코 응하지 않고 명예를 지켰다. 매카트니Macartney 경卿은 몸을 조아리지 않고 황제 앞에 나아가겠다는 주장을 관철시켰지만 청나라 고관들의 듣도 보도 못한 가혹한 대우 앞에서는 개성도, 영국 공사로서의 지위도 자신을 지켜 줄 수가 없었다.

외국인끼리의 수차례 다툼, 동인도 회사 관리들이 영국의 신하와 군함들에 대해 행사하고 있던 특수한 지위, 흔히 중국인에 대해서도 국제법을 적용시키려는 복잡한 문제—이는 청나라와 교역관계에 있는 여러 외국 국가 간의 싸움 때문에 발생했다—등도 모두 외국인의 상황을 더욱 어렵게 했다. 이러한 상황은 이미 강력한 만주 왕조 황제들의 통치기에 거의 견딜 수 없는 지경이었지만, 뒤이은 황제들의 통치 아래에서는 더욱 심했다. 이들의 의식적인 우월감은 거만함과 모든 비非중국적인 것에 대한 가차 없는 멸시로 나타났다. 내적인 불안이 왕조의 안전을 위협하면 할수록, 나라의 재정 형편이 좋지 못하면 못할수록 청나라 관리들의 행동은 더욱 오만해졌다. 관리들의 이러한 행동은 1816년에 영국 공사 애머스트Amherst 경卿을 무자비하게 취급한 데서 극에 달한 것으로 보인다.

1834년 청나라와의 무역을 위해 동인도 회사의 독점권을 철폐하고 동인도 회사 관리들을 왕실 관리로 대체하는 등 더 이상 참을 수 없게 된 상황에서 어떤 변화가 일어나야만 했다. 비록 최초의 적대 행위를 직접 유발한 사실을 준엄하게 비판하더라도 1840~1841년, 1856~1858년의 전쟁은 오래전부터 먹구름이 끼기 시작한 뇌우雷雨가 쏟아 놓은 낙뢰에 지나지 않았다. 이러한 전쟁은 1860년의 전쟁과 마찬가지로 청나라 정부의 오만함·불성실·무기력으로 인해 필연적이었고 불가피한 것이었다. 이러한 전쟁들은 청나라와 유럽 국가들 간의 자연스럽고 적절한 관계를 발전시키기 위한 단계일 뿐이었다.

여기에서 외국인들이 광둥에서부터 베이징에 이르기까지 치른 전쟁의 세부적인 사항들은 자세히 다룰 수 없다. 특히 만주족 군대가 보여 준 개별적인 영웅적 행위와 용맹성에도 불구하고 전체 시스템이 망가져 있었기 때문에 이들은 일격에 무너지지 않을 수 없었다. 그리고 강력한 제국이 숫자 면에서―주요 도시들에서 군대 사열을 할 때 모인 외국 군대의 수를 보면 잘 알 수 있다―아예 비교도 안 되는 외국 병사들에게 굴복당하는 촌극이 세 번이나 반복되었다. 이에 반해 제국의 변방에서 사상적 중심지인 수도로까지의 진격은 외국인 주도에 의한 것이라기보다 중국인의 기만과 신뢰 상실이 빚은 불가피한 것이었다. 광둥에 있는 지방 관청들의 협상 시도가 모두 실패로 끝났을 때 군사적 행동과 외교적 협상 권한은 기영耆英이 맡아 난징에서 강화조약(1842)을 체결했다. 외국인들은 톈진天津으로 두 번째 원정을 단행하였으며(1858년의 톈진조약), 세 번째 원정에서는 영국과 프랑스의 깃발이 만리장성에서 나부꼈다(1860년의 베이징조약). 이들 전쟁은 국지적으로 가능한 한 좁은 지역에 한정되어 발생했나는 특징을 띠고 있다. 또 마지막 원정 기간 동안 영국과 프랑스 동맹군이 베이징으로 진군함으로써 왕조의 운명이 위급한 상태에 처해 있을 때에도 개방한 모든 항구에서는 교역이 계속 이루어졌다. 청나라 관청들은 적들의 배에서 들어오는 물품에 대해 황제의 부腐를 위해 황제 이름으로 세금을 징수하였다. 심지어 여러 도시의 청조의 고관들은 영국이나 프랑스 무기 덕분에 태평천국군의 공격으로부터 보호를 받을 수 있었다. 이러한 상황에서 양측의 바람과 이해관계는 딱 맞아떨어졌다. 외국인은 무엇보다 자신들이 싸워야 할 세력을 가능한 한 고립시켜 힘을 약화시키고, 많은 민중이 전쟁에 참여하지 못하도록 막는 일이 가장 중요했다. 청조의 고관들은 개방한 항구에서 계속 세금을 징수할 수 있었을 뿐 아니라 야만인들을 길들이고 이들의 야만성을 억누를 비결에 관한 거창한 보고서를 쓸 수 있었다. 심지어 청나라 조정조차도 지난번 두 차례의 전쟁을 통해 그와 같은 국지전에 대한 장점을 알게 되었다. 민중이 무장하여 태평천국군에 새로운 힘을 보탤지도 모른다는 청조의 두려움은 예상보다 훨씬 컸다. 사실상 청조는 자신의 명령에 따르는 세력의 강력한 지원을 바라고 있었다.

여러 번에 걸쳐, 특히 여름 궁전이 파괴된 뒤 작성된 청나라 교섭자들의 청원서와 황제의 칙령에서 제국의 근간을 뒤흔든 이러한 사건 동안에 고위 관료들과 황궁이 보인 특이한 행태를 알 수 있다. 이를테면 고대 페르시아에서 다리우스 대왕의 지방 총독들은 알렉산드로스가 페르시아의 왕위에 손을 뻗칠 때 대왕이 명한 대로 보고를 해야 했다. 다리우스 대왕의 여러 악행을 잘 알고 있는 총독들은 야만인들의 성공을 인정하면서도 제멋대로 축소시켜 대왕으로 하여금 승자들의 요구 사항을 들어주도록 가장 비열한 기만 행위를 일삼았다. 다른 한 편으로 대왕은 무절제한 교만과 무지로 인해 때로는 분노하여 야만인들의 완전소탕을 명하는가 하면, 때로는 야만인들이 정복한 몇 곳을 양도하겠다고 했기 때문에 그들에게 예를 갖추어 강화조약의 이행을 약속했다. 요컨대 이 모든 것은 하나의 소극笑劇에 지나지 않았다. 청나라에 있어서 이러한 의미는 더욱 심각했다. 이는 아는 사람끼리만 알고 대다수 민중의 실망은 전혀 고려되지 않았다. 그러나 1840~1860년의 모든 사건을 통틀어 유럽 외세와의 관계에서 중국인에게 가장 심각한 문제는 모든 외국인에 대한 뿌리 깊은 증오와 자신의 완전무결함에 대한 확신이었다.

1860년의 베이징조약 체결, 1861년 11월의 쿠데타─이로 인해 고문정치가 와해되었으며, 죽은 황제의 부인이자 황태자의 생모인 서태후는 또다시 왕자 쿵(공친왕)을 정부의 최고 책임자로 앉혔다─와 더불어 청나라와 외세의 관계에서 새로운 시대가 도래하였다. 최고위층과 영향력 있는 사람들이 훨씬 개방된 사고를 갖고 외국인에게 우호적으로 대하기는커녕 모든 것이 옛날 그대로였다. 오히려 청나라 대신들은 지난날 외국인들에게 당한 굴욕감의 기억으로 분위기는 훨씬 냉랭해졌다. 그러나 외국인들의 요구를 계속 무력으로 맞서는 것이 아무 소용없음을 깨닫고 새로운 해결책을 마련해 태도를 바꾸었다. 내부 안정을 꾀하고 만신창이가 된 제국을 회생시킬 시간과 기회를 갖는 동시에 지난 20년 동안 치른 전쟁으로 시달린 심신을 추스릴 필요가 있었다. 청나라 정치인들이 이러한 과업에 쏟아 부은 열정만은 최고로 인정받을 수 있을 것이다. 이들은 엄청난 인력과 자금을 투입하여 국내외 안팎으로 적으로 인해 무너진 곳이면 부분적으로 손상된 것일지라도 정부의 힘으로 복원시키려고 하였다. 1865년은 1850년부터 거의 제국의 절반을 유린한 태평천국 난을 진압한 해이다. 1867년에는 염군捻軍 난[62]이 완전히 진압되었다. 윈난성의 반란과 이로 인해 출현한 다리Tali(大理)의 술탄왕국은 1872년에 진압되었으며, 외관상 천자의 제국에 가장 위험한 적으로 동東투르키스탄에 새로 들어선 회교도 정권은 얼마 전 건국자인 야쿠브칸Yakub Chan이 죽은 후 1877년 말 청나라 군대에 굴복하였다. 이로써 1877년 말에 청나라는 사소한 지역적 소요를 제외하면 처음으로 오랜 내부의 반란으로부터 벗어날 수 있었다. 사소한 지역적 소요는 신경 발작 증세처럼 때로는 왼쪽 팔다리, 때로는 오른쪽 팔다리에서 일어났는데 이는 대국大國의 몸이 병소病巢에서 자유롭지 못하다는 반증이다.

이러한 내부 힘의 배양은 대외 관계에도 영향을 미치지 않을 수 없었다. 우선 국경선을 맞대고 있는 나라들과의 관계에서 그러하였다. 1860년대 중엽부터 청나라와 관계가 다소 느슨하던 조선은 이러한 상태의 강화에 대한 중요성을 대수롭지 않게 여길 때도 있었지만 자발적으로 옛 관계로 되돌아갔다. 이에 대한 증거로 1878년 조선에서 포로로 잡힌 리델Ridel 주교의 석방 문제와 관련하여 청나라 조정이 조선에 영향력을 미칠 수 있는 위치에 있었음을 들 수 있다. 영국인에게 아주 냉담하게 굴던 네팔은 1876년 청나라에 다시 조공을 바치기로 하였다. 통킹국은 프랑스와 맺은 조약에 의해 보호국의 허락 없이는 다른 나라와 직접적인 모든 정치적 관계를 거부하기로 했지만 거의 매년 베이징으로 사절단을 보내 왔다. 버마는 윈난성에서 일어난 반란이 진압된 직후 사절을 보냈으며, 이후로도 수차례에 걸쳐 사절단을 파견하였다. 지난 몇 년 동안에 일본에 병합된 류큐琉球 왕국조차도 청나라와 옛 관계를 복원하기 위해 사절단을 계속 파견하였다. 간단히 말해서 청나라는 오늘날 이웃 나라들과의 관계에서 청 왕조의 강력한 황제들 통치기 때와 같은 지위를 누리고 있다.

하지만 조약 강대국들과의 관계는 완전히 바뀌었다. 청나라 황제의 통치권은 눈에 띄게 흔들리고 있었다. 황제는 일시적이나마 불손하고 오만한 태도를 드러내는 것 외에는 다른 방도가 없었다. 그러나 모든 외래적인 요소와 이에 대한 증오가 제국의 내적 상황에 미칠지도 모른다는 두려움은 그대로 남아 있었다. 이는 표면적으로 조약 강대국들과 평화적인 관계를 복원한 뒤에도 계속 중국 정치의 토대를 형성하고 있었다. 지난 번 일련의 조약을 체결한 직후 베이징에서 지방 관청으로 명령이 하달되었다. 조약의 규정을 이행함에 있어 처음에는 소극적이나마 단호하게 반대하고, 잃어버린 영토의 일부를 되찾도록 하라는 내용이었다. 이로써 조약 강대국과 그 대표자들의 정책에서는 이러한 요구가 일부 수용되었다. 1860년의 원정에서 이루어낸 신속하고도 만족스러운 결말은 프랑스의 주요 정치인들과 특히 영국 정치인들의 심적 부담을 덜어 주었다. 이후 여러 해 동안 베이징의 모든 지침은 '새로운 분규에 휘말려 들지 않기'라는 주제의 변주에 지나지 않았다. 덧붙이면 지위 고하를 막론하고 실질적인 문제를 해결하기 위해 참여한 사람들 가운데 몇 명은 솔직히 다음과 같은 생각을 하고 있었다. '머뭇거리면서 기다리기만 하는 정책은 이른바 자유로운 사상으로 외국에 우호적인 세력—이들의 지도자로는 공친왕恭親王[63]을 들 수 있다—에게 중국을 대표하는 정치력을 부여해 외국인들로 하여금 개인적인 감정과 더욱 부합하는 방향으로 조약을 설정할 수 있는 기회를 제공할 수 있다.' 이러한 두터운 믿음은 1868년 앤슨 벌링게임 Anson Burlingame을 조약 강대국들에 파견하기로 계획했을 때 최고조에 달했다. 영국 일간지 「타임스」는 이를 유감스럽게도 너무 늦게 1877년에야 하나의 소극笑劇으로 보도하였다. 이때부터 극히 일부를 제외한 중국 상황을 잘 아는 사람들의 견해는 대단히 명쾌하긴 했지만 그렇다고 관계가 더 개선된 것은 아니었다. 이른바 마가리Margary 문제[64]에 관해 펴낸 영국의 청서靑書[65]와 베이징 주재 전前 프랑스 대리공사 로세슈아르Rochechouart 백작이 몇 달 전에 중국에 관해 펴낸 책은 이것에 대해 독특한 정보를 제공하고 있다. 여전히 청나라 관청들은 조약 이행을 최대한 계속 피하려고 하였다. 항의가 계속 이어지면, 해당 조항의 의미는 서양 대표자가 주장하는 것과 전혀 다르다는 사실을 조약 불이행에 대한 이유로 내세웠다. 더 이상 빠져나갈 구멍이 없게 되면, 청나라 측이 오늘날에도 여전히 최후수단으로 내세우는 항변은 무력에 의해 조약을 강요당했다는 것이다. 이는 이미 1861년에 청나라 교섭자들이 프로이센 제국의 공사 오일렌부르크Eulenburg 백작에게 제기한 것과 똑같은 방식이었다. 그러나 청나라 정부가 외국인에 대해서만 거부적 태도를 취한 것은 아니었다. 청나라의 진보적인 인사들도 똑같은 불이익을 당해야만 했다. 한 지방의 총독이 전신선電信線을 가설하려 한다면 틀림없이 베이징으로부터 금지 명령이 하달되어 그의 의도는 좌절당하고 만다. 또 어떤 사람이 활쏘기와 짐 들어올리기가 너 이상 유능한 장교의 선발 조건으로 부적합하기 때문에 군대 지휘관들에 대한 이러한 시험제도를 폐지해 달라고 제안하면 그는 유구하게 이어져 내려온 성스러운 관습을 경솔하게 어지럽혔다는 이유로 질책을 받게 된다. 간단히 말해서 진보에 관한 것이라면 어디든지 최고 관청들이 끼어들어 방해를 일삼는다.

하지만 이러한 보수주의를 외국 문명이 제공하고자 하는 장점에 대한 몰이해 탓으로만 본다면 잘못이다. 오히려 문제는 일차적으로 청나라 관리들이 취하는 행동 방식의 특징이라 할 수 있는 책임의식 결여에 있다. 청나라 관리들이 소신껏 행동하는 힘이 부족해서가 아니다. 이와 달리 지난 20년 동안의 청나라 역사만 보더라도 오랫동안 이어져 내려온 거룩한 선례에 바탕을 둔 결연한 태도와 의연함에 대한 수많은 예를 찾을 수 있다. 몇 년 전에 일어난 한 사건이 세인의 이목을 끈 적이 있었다. 황비들 가운데 한 명의 총애를 받던 환관ᵁᵁ이 양쯔강 유역의 한 지방에서 임무를 수행하고 있었다. 막강한 세도가라 할 수 있는 이 총아ᴿᴱ 앞에서 산천초목이 벌벌 떨었으며, 누구나 할 것 없이 그의 위세를 두려워했다. 그는 가는 곳마다 오만불손하게 굴었다. 한번은 한 도시에서 그 지방 태수가 그를 체포하여 감옥에 가두었다가 처형했다. 옛 황제의 칙령에 따르면 어떠한 환관도 황제의 사신이 될 수 없었기 때문이었다. 이 태수는 털끝만큼도 해를 입지 않았다. 환관에게 임무를 수행케 한 일을 주도하고 사주한 수도의 고위 관리는 오늘날 막강한 영향력을 행사하는 서기국의 위원이자 주요 정치인 가운데 한 사람이다. 그러나 국가에서 지위가 높은 사람의 총애를 받는 자에 대해 이와 같은 조치를 취하는 것을 겁내지 않은 이 태수도 자신의 이름을 걸고 고래로 유례를 찾아볼 수 없는 조치를 감히 취할 순 없었을 것이다.

이러한 관계에서 볼 때 청나라가 발전해 가는 과정 속에 거의 20년 전부터 어떠한 황제도 더 이상 정부의 주도권을 행사하지 못했다는 것은 이중으로 불행한 운명이었다. 1861년 함풍제咸豊帝[66]가 죽은 뒤 그의 어린 아들 동치제同治帝[67]가 황위에 올랐지만 성년식을 선포한 지 1년 만인 1874년에 죽었다. 두세 살의 나이에 그의 뒤를 이은 광서제光緖帝[68]가 지금 중국을 통치하고 있다. 중국에서 새로운 황제의 성년식이 있으려면 아직 10년 정도를 기다려야 한다. 가능한 한 모든 것을 옛날 그대로 유지하고, 새로운 개혁에 저항하며, 사방에서 금방이라도 무너져 내릴 것 같은 국가라는 건물을 간신히 지탱하여 유지하는 일이 지난 20년 동안 청나라 정치인들이 행한 일이었다. 이러한 일은 통치자 스스로가 자신의 행동에 대한 책임을 함께 질 수 있을 때까지 계속될 것이다. 다만 문제는 무엇보다 이러한 과도기에서 거침없이 질주하고 있는 운명이 중국의 뜻대로 움직일 때까지 기다려 줄 것인지, 완고한 방식을 벗어나 자신의 독자적인 길을 갈 것인지이다. 중국과 외세의 접촉이 빈번하면 할수록 거대한 제국의 운명은 더욱 빨리 결정될 것이다. 오늘날 중국은 길이가 수천 마일이나 되지만 사람이 거의 살지 않는 지역을 따라 러시아와 국경선을 맞대고 있다. 그러나 설령 상황이 중국에 유리하게 전개되더라도 러시아의 경계석이 곳곳에 세워지는 데에는 채 1년도 걸리지 않을 것이다. 영국과 프랑스는 오늘날 버마와 통킹국에 의해 중국과 분리되어 있다. 영국과 프랑스가 버마와 통킹국을 합병하는 문제는 시간문제일 뿐이다. 지금 통킹국과 광시성사이의 국경에서 전개되고 있고, 통킹국의 왕위에 대한 기Gi의 요구를 구실로 삼으려는 리융초이Li Yung-choi의 반란이 중국으로 하여금 이 문제를 빨리 결정짓도록 할지 누가 알겠는가? 그러나 영국·프랑스·러시아가 소유하고 있는 이웃 나라는 중국이 자의든 강요든 시대 흐름에 따라 양보할 건 양보하고, 소중한 백성들이 문명화된 두 세계(영국과 프랑스)로 나누어지지 않도록 하는 것 외에는 다른 방도가 없을 것이다. 중국이 얼마나 더 오래 문명의 진보에 빗장을 걸 수 있을 것인가 하는 문제는 분명 이러한 방식에 의해 해결될 것이다. 이러한 이행이 점진적이고 평화적인 방식으로 이루어질지, 제국을 쉽게 찢을 수 있는 무력에 의해 이루어질지는 중국 정치인들의 판단에 달려 있다. 중국 고관 몇 명이 정보를 받아 이러한 상황을 충분히 인식하고 있다. 하지만 상투적으로 말해서 외국인들의 고기를 먹고 그들의 피부 위에서 잠자기보다 차라리 어려움을 감수하는 게 낫다는 수구파의 불같은 저항과 정부 관청의 일을 마비시키는 책임에 대한 두려움은 유감스럽게 도 지금까지 모든 이성적인 시도에도 불구하고 극복할 수 없는 장애 가 되고 있다. 베이징에 있는 고위 관료 집단으로부터 때때로 일반 대중에게 흘러 들어가는 소문을 믿는다면, 주요 정치인들 가운데 몇 명은 외국 문물을 받아들이는 것에 대해 이의를 제기할 게 없다는 반대 측의 주장이 있었음에도 과감히 주도적으로 개혁을 시도도 하지 못했으면서도 협박에 못 이겨 강요 받았다고 생각할 것이다. 그러나 조약 강대국들은 지금 경고 메시지의 터키 사례에서 보듯이 희망하고 있는 서구 문명 선전과 관계에 대한 기초를 세우는 임무를 덜게 되는 셈이다. 반대로 외국 문화 유입에 긍정적인 입장에 있는 사람들은 중국은 중국인으로 계속 남을 것이며, 새로운 문물의 도입은 중국인 스스로에 의해서만 일어날 것이라고 주장한다. 이런 경우 중국인들은 성심을 다해 실행에 옮길 수 있으며, 제국의 독립과 더불어 당초 생각한 내적 상태의 계속적인 발전도 보장이 된다는 입장을 취하고 있다.

중국의 관계에 관한 모든 논의에서 중요한 문제로 앞에서 말한 외국인 선교사의 체류 문제에 대해 전혀 언급하지 않은 것은 많은 개별적인 것을 끌어들임으로써 쉽게 야기될 수 있는 불명료한 점을 피하고자 하는 바람 때문이었다. 더욱이 이 문제는 너무나 중요하므로 별도로 좀 더 상세하게 다룰 필요가 있다.

이미 앞에서 언급했듯이 16세기 후반에 최초의 예수회원들이 중국에 왔다. 비록 1615년에 새로운 교리 개종자들에 대해 박해가 가해졌지만 17세기 중반에 개종자 수는 상당했던 것으로 추산되고 있고, 많은 곳에 교회와 예배당이 있었던 것으로 전해지고 있음을 볼 때 이들은 신속하고 순조롭게 성공을 거둔 것으로 보인다.

예수회원들은 새로운 신앙을 전도함에 있어 사회적 생활과 밀접하게 맞물려 있는 조상 숭배(제사) 규정 때문에 야기될 수 있는 위험을 슬기롭게 피할 줄 알았다. 이들은 조상 숭배에 대한 규정에서 종교적 성격을 없애는 것으로 만족했지만, 이 밖의 경우에는 개종자에게 조상 제사를 지내는 것을 허용하였다. 예수회원들의 뒤를 이어 중국에 온 도미니크회 수도사들은 이런 느슨한 실행에 반기를 들었으며, 교황 이노센트 10세는 도미니크회 수도사들이 옳다고 인정하였다. 하지만 이것은 11년 뒤 알렉산데르 7세가 예수회원들을 지지하는 것을 막지 못했다. 로마에서 두 수도회 간의 싸움이 계속되는 동안 중국에서 교회의 이해관계는 대체로 이와 같은 불화를 겪지 않았다. 특히 아담 샬Adam Schall과 페르디난트 베르비스트Ferdinand Verbiest[69]가 활동한 시기에 황궁에서 예수회원들의 학문적인 위상은 대단히 높았으며, 교회 영역에도 커다란 영향을 미쳤다. 강희제가 포고한 칙령이 그러한 영향을 미쳤음에 틀림없다. 앞에서 언급한 기독교 세력들 간의 불화가 나중에 중국에서도 더욱 심해졌을 때 강희제는 자신이 보호하는 사람들의 편을 들었으며, 1700년에는 새로운 칙령으로 이들을 지지하였다. 그러나 클레멘스 9세는 1704년에 이미 지난날 예수회원에게 선고한 유죄 판결을 다시 인정하자 강희제는 기독교를 금지시키겠다고 맞섰다. 예수회원들은 베이징에서 대단한 영광을 누렸다. 한편 1720년에 교황이 사절로서 메차바르바Mezzabarba를 파견한 것은 황제를 더욱 화나게 하였으며, 중국의 기독교 문제에 교황의 간섭을 허용하지 않겠다는 결심을 강화시킨 계기가 되었다. 강희제의 뒤를 이은 옹정제 통치기인 1723년에 중국의 기독교 선교사들은 추방을 당하였다. 이 시기부터 박해가 이어지면서 마침내 1785년에 건륭제는 포로로 잡은 사제들을 풀어 주는 대신 이들을 중국에서 추방하였다. 예수회원들은 베이징에 좀 더 오래 머물 수 있는 허락을 받긴 했지만 학자·건축가·화가 등의 신분으로만 체류할 수 있었다. 화가들은 1823년에 자진해서 베이징을 떠났다. 1860년에 체결된 강화조약으로 비로소 가톨릭 선교사는 다시 중국 내륙을 여행할 수 있었으며, 이전에 소유했던 땅을 되돌려 받을 수 있었다. 놀라울 정도로 많은 수의 옛 기독교 교구敎區 유적이 곳곳에서 발견되었다. 이는 선교 활동을 매우 손쉽게 해 주었음에 틀림없지만 현재 중국의 토착 기독교인 가운데 새로 개종한 사람은 극히 소수에 불과하다. 특히 처음부터 중국의 최고 고관들에게 준하는 모든 예우를 요구한 가톨릭 주교 및 선교사들의 교만과 개종자들의 사적인 일에 끼어들어 이들과 당국 사이에 중재자 역할을 맡으려는 욕심은 대부분의 중국 민중에게 외국인에 대한 증오를 부추기는데 적잖이 기여하였다. 당국과 개종자들에게 있어서 선교사의 지위 문제는 중국 정부 및 조약 강대국들에게 가장 큰 골칫거리이고 가장 쉽게 갈등으로 비화될 수 있는 사안임이 틀림없다.

대부분 영국·미국·독일 전도 협회 소속인 개신교 선교사들은 가톨릭 선교사보다 영향력이 약했다. 이들은 자기들끼리의 확고한 공동 조직이 전혀 없었으며, 이러한 이점을 거의 인식하지도 못했고, '하나님'이라는 공통의 중국어 표현에 대해서 한 번도 의견 일치를 보지 못했다. 전도 분야에서 이들의 실제적인 성공은 미미했다. 그러나 여러 선교 병원에서의 활동은 인정할 만하다.

베이징에 한정된 그리스 정교회의 선교는 알마신Almasin 요새에서 체포되어 베이징으로 보내져 현재 황제 군대의 일부를 이루고 있는 코사크인의 후손인 러시아계 중국 교구의 목회에만 전념하고 있다.

이러한 모든 선교, 그러나 일차적으로 가톨릭 선교가 중국의 계속적인 발전에 어떤 역할을 할 수 있는지에 대해서 명확한 판단을 내리기는 쉽지 않다. 지금까지 경험에 따르면 이들의 영향은 하층 민중 계급에 한정될 것으로 예상된다. 유교적인 도덕과 철학의 교리 속에서

성장하여 기독교 및 불교 교리를 단지 여자와 교육 받지 못한 사람들만을 위한 현혹 수단으로 생각하는 문인 계급은 지금까지 새로운 기독교 교리에 대해서도 전적으로 거부적이고 적대적인 태도를 취했다. 중국의 관점에서 볼 때 선교사 대부분에게 부족한 교양은 이러한 문인들의 반감에 경멸감마저 불어넣었다. 이 때문에 문인 계급을 개종시키는 일은 더욱 어렵게 될 것이다. 인도의 브라만 계급처럼 중국의 선비는 토착 철학의 영역에서 그의 적에 비해 한없는 우월감을 가지고 있기 때문에 선교사들은 어쩔 수 없이 교육 받지 못한 민중 계급을 대상으로 삼아야 한다. 그러나 대다수의 민중을 교양 있는 계급의 간섭으로부터 떼어 놓지 못하는 한 민중 계급 내에서의 성공은 중국의 발전 과정에 아무런 영향을 미치지 못할 것이다. 이들 교육 받은 계급은 누구나 응시할 수 있는 다양한 과거제도에서 배출된 자들로, 사실상 국가의 엘리트 그룹을 형성하고 있다. 그러므로 외국 선교사들이 일반 민중을 개종하는 데 사용한 방식을 문인에 대해서도 사용한다면 완전히 실패로 끝날 뿐만 아니라 토착 기독교인을 박해하기 위한 빌미를 제공할지도 모른다. 그렇게 되면 또다시 기독교 세력의 보복이 이어질 것이다. 이러한 비극이 19세기 말에는 더 이상 일어나지 않기를 바랄 따름이다.

제 5 장
중국과 인도차이나 및 조약 강대국 간의 관계(1894)*

　지난 수개월 동안 인도차이나에서 시암·프랑스·영국 간에 일어난 희비극의 제1막은 10월 1일 방콕에서 조인된 조약과 함께 일단락되었다. 프랑스는 강이나 산에 의해 생겨난 자연적인 국경선 이론을 아주 훌륭하게 실행에 옮길 수 있었다. 시암은 아무리 선한 사람도 악한 이웃 사람의 마음에 들지 않을 경우에는 평화롭게 살 수 없다는 옛 격언의 진리를 몸소 경험하였다. 영국의 언론과 정부 역시 일시적으로나마 그동안 기대하던 완충국가라는 부드러운 베개를 베고 충분한 휴식을 취했을 것이다.

---

* 이 글은 1894년 2월 「독일 평론」지에 실린 것이다.

메콩Mekong과 메남Menam에서 일어난 일들을 자세히 살펴보면, 태양 왕(루이 14세)과 영토 관할청의 행동 간에서 분명한 유사점을 발견할 수 있다. 프랑스는 권모술수와 폭력을 써서 안남 제국에 대한 보호국의 지위를 부여 받고, 후에Hue에 있는 국가문서 보관소에서 메콩강의 왼쪽 기슭에 이르기까지 전 국토가 이른바 안남 사람들의 요청에 의한 것이라는 증거물을 찾아내어 마침내 이 증거물에 의거하여 시암에 대해 전 영토를 반환할 것을 요구했다. 시암 국왕은 문제의 영토는 모두 의심할 여지없이 자신의 소유지이기 때문에 이러한 염치없는 요구를 거절했다. 하지만 점점 심해지는 프랑스의 강요에 못 이겨 마침내 이 문제를 국제중재위원회에 상정하겠다고 선언했다. 프랑스는 이러한 제안을 자신의 품위를 손상시키는 일이라 여겨 거부하고, 방콕에서 협상을 계속할 때 국제적인 개입을 우려한 나머지 분쟁 지역에 대한 군사적 점령에 착수했다. 평화로운 가운데 자행된 이러한 약탈 행각에 대해 유럽이 개입하지 않을 수 없다고 확신한 후만Humann 장군은 자신이 떠나간 뒤 메남강 입구에 프랑스 군함의 입항을 전면 금지하기로 한 프랑스-시암 간의 조약 규정을 이행하지 않고 파기할 것을 강요했다. 이로 인해 시암만灣에 있는 섬 몇 개가 프랑스인에 의해 점령되고, 시암 해안에 대한 봉쇄가 단행됐다. 한동안 망설인 끝에 결국 시암은 아무런 조건 없이 프랑스의 요구에 굴복해야만 했다.

분쟁 조정에 관한 최종 협상에서 프랑스는 이전에 파리에서 행한 선언과 배치되는 것으로 시암의 독립에 대해 심각한 의문을 제기했다. 이 문제를 다루는 것에 대해 시암이 거부하자 프랑스는 의제에서 일부를 빼기로 했지만 강화조약을 체결할 때 또다시 새로운 양보를 요구했다. 그것은 메콩강의 왼쪽 기슭 소유자는 프랑스이며, 강 전체 및 캄보디아와 국경선을 맞대고 있는 두 지방의 실질적인 주인도 프랑스인 반면에 시암은 이들 지역에 대해 명분상의 주권만을 가진다는 것이었다.

인도차이나에서 일어난 이러한 일들과 동시에 런던 및 파리에서는 영국과 프랑스 간에 외교 협상이 열렸다. 이 협상에서 프랑스는 시암을 병합할 의향이 없음을 선언했다. 두 강대국은 어느 쪽에도 속하지 않지만 영국이 버마의 권리 계승자라고 주장한 메콩강 상류의 나라들로 하여금 양국 간의 모든 마찰을 미연에 방지할 수 있는 하나의 완충국을 만들기로 합의했다. 이와 동시에 중국 또한 파리 주재 자국 대리공사를 통해 시암에 대한 할양 요구를 인정할 수 없을 뿐만 아니라 북위 23도나 21도―이 둘은 이미 언급했다―에 있는 나라들의 시암 쪽 영토 할양에 대한 어떠한 권리도 인정할 수 없다고 선언했다.

프랑스와 시암 간 협상의 막바지 단계가 진행되고 있는 동안 파리에서 영국의 영향력이 어느 정도인지는 지금까지 알려지지 않았지만,

영국이 프랑스 내각의 르 미르 드 빌레르Le Myre de Villers에게 완급 조절을 권고하였다는 점을 감안하면 어느 정도 짐작할 수 있을 것이다.

프랑스의 요구를 올바로 이해하기 위해서는 안남과 통킹 간의 이전의 실제 국경선과 메콩강의 왼쪽 기슭 사이에 있는 나라들의 영토가 거대한 지역으로 이루어져 있다는 사실을 알아야 한다. 이들 지역에는 사실상 독립적인 여러 부족민이 많이 거주하고 있다. 이들은 때에 따라 시암 또는 안남, 때로는 두 나라에 동시에 조공을 바치기도 하였다. 그러나 이 시기에 시암은 동쪽으로 눈부신 발전을 이룩하여 많은 소군주국을 계속 지배하였다. 루앙프라방Luang Prabang[70]의 경우는 안남도 인정하고 있었다. 메콩강 상류 지역은 오래전부터 중국이 계속 지배해 오고 있다. 이 강의 양쪽 기슭을 따라 그곳에 거주하고 있는 라오스 부족, 다시 말해서 열두 개의 작은 국가로 쪼개져 있는 십송판나Sipsong Panna[71]의 소수 민족들은 아와Awa국과 중국에 대해 동시에 조공의 의무를 지고 있었다. 하지만 아와국은 3년에 한 번 조공을 징수한 반면에 중국은 현지 관리를 통해 매년 공물을 징수하였다. 중국은 또 다른 주권 문제, 특히 후계자 다툼에도 영향력을 행사하였다. 1837년에 매클라우드MacLeod가 수집한 이와 관련된 정보는 1866~1868년 두다르드 라그레Doudart de Lagrée가 이끄는 프랑스 탐험대에 의해 사실로 확인되었다. 바로 한 해 전에 중국 군대는 그곳의 평정을 유지하기 위해 연맹체 가운데 가장 강력한 왕국의 수도 키앙홍Kiang Hung으로 진군해 들어 갔다. 오래전부터 멀리 동쪽으로까지 자리를 차지하고 앉은 중국인들 이 이곳으로 옮겨와 원주민들을 쫓아 낸 후 이곳에 거주하면서 엄청 난 풍요를 누렸다.

프랑스는 통킹을 정복한 뒤 메콩강의 서쪽 어귀 지역에까지 계속 탐욕스럽게 눈독을 들이고 있었다. 이러한 목표를 달성할 경우 프랑 스는 중국의 남부 전역, 즉 광시성과 윈난성 지역을 손에 넣을 수 있고 이들 지방과의 교역을 독점할 수 있을 것으로 보고 있었다. 이러한 생 각은 광신적인 식민지 정치인뿐만 아니라 프랑스 정치인들도 하고 있 었다. 이에 관해서는 물론 완화된 형태이긴 하지만 콘스탄스Constans가 이미 1886년과 1887년에 중국과 벌인 협상에서 피력한 바 있다. 1892 년 말에는 프랑스 외무성이 파리 주재 중국 공사에게 메콩강 상류 지 역을 요구하기도 했다.

왜 프랑스가 시암을 손아귀에 넣기 위해 그토록 전력투구하였는지 에 대해서는 지금 뭐라고 꼬집어서 말하기가 어렵다. 「논단」지에 실 린 이전의 글에 따르면 일반적으로 영국-시암 간의 국경선 협상에 대 한 결의문에서 이에 대한 이유를 찾을 수 있다. 그러나 쉽게 예상할 수 있는 글래드스턴Gladstone 내각의 유약한 태도, 오래전부터 중국과 시암 의 부당한 간섭에 대해 신문을 통해 표명하고 지식인 집단에 설파하며 이들에 대해 보상할 것을 주장하고 있는 앙리 오를레앙^{Henri d' Orleans} 왕자의 선동, 당시 임박해 있던 선거에 영향을 미치려는 욕망, 더욱이 콘_{Kohn}강의 급류를 통과하여 메콩강 중류에 도달하려는 시도의 최종적인 실패, 방콕과 코랏을 잇는 철도 부설 계획에 두 배의 효용성을 부여한 시도 등은 모두 뒤퓌_{Dupuy} 내각이 결단을 내리는 데 있어서 많은 참고가 될 것이다. 이 밖에도 프랑스는 자신의 책임과 의지로 인해 갈등을 빚은 아시아 국가들에 어느 정도 위탁과 사업의 독점권을 보장해 줄 수 있는 승인을 강요함으로써 몇 년 전부터 공업과 무역에 의해 획득할 수 없는 지위를 세우고 이를 공고히 하려고 노력했다. 이는 1885년 6월 9일 프랑스와 중국 간에 체결된 조약 제7조를 통해 나타났다. 시암 주재 프랑스 특명전권 공사 빌레르 역시 프랑스 산업을 위해 상황을 잘 이용하려고 했다. 성공을 거두지 못할 경우 그것은 우려한 대로 영국의 반대 때문일 것이다.

영국이 프랑스-시암 간의 갈등이 전개되는 과정에서 어떤 역할을 했는지 소상히 밝혀내기는 힘들 것이다. 영국이 시암의 병합─시암의 소유를 두고 말라카 반도에서 쐐기 모양처럼 그곳에 있는 영국 소유지역이나 영국의 보호 아래에 있는 지역이 논란을 빚고 있다─을 절대 허용할 수 없다는 입장은 분명하다. 시암이 병합될 경우 인도차이나에서 영국의 위상이 심각하게 위협 받을 것이기 때문이다. 그러나 시암이 영국 쪽에 붙기 위해 프랑스의 요구를 거절하도록 사주를 받았다고 보기는 어렵다. 이보다 시암이 이전의 버마 국경선 확정에 관한 협약을 할 때 어떠한 다른 세력에게도 양도하지 않겠다고 약속한 라오스의 개별 주州와 관련하여 영국 쪽에서 유보적 태도를 취했기 때문에 영국의 최종적인 지지를 고려할 필요가 있었을 것이라는 점은 배제할 수 없다. 아무튼 시암은 이러한 희망 속에서 오판을 했으며, 버마의 병합을 결의하여 실행에 옮기던 정책은 런던에서 포기를 강요당한 것으로 보인다. 이러한 영국 정부의 태도는 시암인과 중국인의 눈에 오로지 경멸과 불신으로 비칠 것이다. 이 때문에 영국은 버마에 대한 강경하고 신속한 조치로 인해 인도차이나와 동아시아에서 얻은 도덕적 영향력을 상실하였으며, 이를 다시 회복하기까지는 오랜 시간이 걸릴 것이다. 한편 지난번 버마의 병합 문제와 관련하여 일부 독일 언론도 가세한 영국에 대한 비난은 사실상 아무런 근거가 없었다. 영국은 만달레이Mandalay에 대하여 프랑스가 꾸미고 있는 음모에 관해 논의했을 뿐이었다. 영국은 파리 협상 자리에서 이러한 음모가 계속될 경우 빚어질 수 있는 불행한 결과에 대해 수차례 경고하였다. 케도르세Quai d' Orsay[72]에서 벌어진 놀라운 일은 버마에 대해 취한 조치보다도 이러한 조치를 취한 방식 때문이었다. 인도 총독으로서 버마의 병합을 계획하여 실행에 옮긴 더퍼린Dufferin 경卿의 참석으로 인해 프랑스 정부는 완충국 설치 문제와 관련하여 영국의 제안에 대해 좀 더 타협적이고 협조적으로 나올 것이다. 하지만 이러한 양해 사항이 문서상으로 어떠한 실제적 형태를 이끌어 낼지는 두고 볼 일이다.

이 밖에도 시암과의 협약을 통해 다른 세력―이 경우는 프랑스나 중국만을 염두에 둔 것이었다―이 일정한 지역을 점유하지 못하도록 막으려는 영국의 시도는 전적으로 수년 전부터 편파적인 조치를 적용해 온 영국 정책 수단과 부합된다. 따라서 중국은 1846년에 체결한 조약을 통해 이전에 영국이 점령하였다가 철수한 저우산췬다오舟山群島[73]를 다른 어떤 세력에게도 양도하지 않겠다는 약속을 해야 했다. 1884년에 중국은 이른바 러시아의 무단 점령을 막는다는 구실로 무혈점령한 해밀턴 항구[74]와 관련해서도 동일한 의무를 지게 되었다.

인도차이나의 사건들에서 흥미로운 세 번째 세력으로는 중국을 들수 있다. 영국 언론이 중국에 위험을 무릅쓰는 역할을 맡겼지만 베이징에서는 이에 대해 오히려 감사를 표하였다. 베이징에서는 시암의 불행을 어느 정도 고소해하는 마음으로 바라보았을 것이다. 중국의 정치인들이 시암이 한때 중국에 조공을 바칠 의무가 있는 나라였지만 이러한 관계를 주로 다른 강대국들과 체결한 조약을 계기로 파기했나는 사실을 기억하고 있기 때문이었다. 그렇지 않았더라면 시암은 프랑스와 분쟁이 일어났을 때 비교적 힘센 중국에 기대어 도움을 받을 수 있었을 것이다. 그러나 베이징에서는 영국과 특히 인도에 대해서도 그다지 좋게 생각하지 않았던 것 같다. 인도 정부는 기회가 날 때마다 아주 서툴고 불필요한 방식으로 중국인의 자존심에 생채기를 내었다. 이를테면 타리국㗉利國에서 반란을 일으킨 술탄을 의도적으로 인정한 일, 중국이 야쿠브칸을 인정하도록 압력을 넣기 위해 더글러스 포사이스Douglas Forsyth 경을 베이징으로 파견한 일, 최근 칸주트Kandjut(훈자 Hunza)[75]에 대한 주권을 주장한 중국의 요구를 내키지 않은 듯이 대한 태도 등은 중국의 기분을 몹시 상하게 했다. 이것은 지금도 중국인들의 가슴 깊이 맺혀 있다. 중국의 정치 지도자들은 영국의 이해관계 때문에 파미르 고원에서 잃은 것보다 메콩강 상류에서 손해를 볼 마음이 없을 것이다. 중국은 근래 파리에서 밝힌 성명서를 통해 누가 메콩강 상류 왼쪽 기슭에 대한 요구권을 가지고 있는가 하는 문제에 대해 입장을 분명하게 밝혔다. 이에 대해 중국은 프랑스가 어떠한 태도를 취할 것인지를 기다리고 있다.

쥘 페리Jules Ferry가 표현한 것처럼 중국이 방치 상태에 있다는 견해에 많은 사람이 인식을 같이하고 있다. 하지만 그들은 동아시아의 관계를 아주 피상적으로만 알고 있을 뿐이다. 이와 같은 견해는 오늘날 중국인에게서 옛 몽골족의 계승자를 찾고자 하고, 아시아 무리가 유럽을 재침략할 수 있다고 보는 울슬리Wolseley 경의 견해와 마찬가지로 잘못된 것이며 근거 또한 없다. 중국은 현재 최소한의 공격력도 전혀 갖추지 못한 나라이다. 물론 인도차이나·말라카·네덜란드 식민지에서 게으른 원주민들에 비해 진지한 경쟁을 벌이고 있고, 미국인과 호주인들에게 애국적인 중압감을 불러일으키는 중국인들의 평화적인 확장 노력은 제외해야 할 것이다. 중국의 힘은 광활한 땅과 무한한 인구에 있다. 그러나 중국과 갈등 상태에 있는 세력이 중국과 싸우기 위해 병력을 동원할 것인지에 대해서 신속히 단안을 내리지 못하거나, 그렇게 할 준비가 되어 있지 않을 경우에는 이와 같은 두 가지 요인을 더욱 고려하게 될 것이다. 지금까지 유럽 나라들이 중국과 벌인 전쟁의 결말은 외관상으로 보면 이러한 견해와 모순관계에 있는 것 같다. 어떠한 전쟁에서도 이 거대한 제국의 사활 문제가 거론된 적은 없었다. 유럽 열강들이 요구한 것은 상업적·행정적 측면에서 교역을 쉽게 하자는 것이었다. 그런데 문제는 중국 권력자들의 허영심과 교만, 대외관계의 필요성, 이러한 요구에 대한 무지였다. 이로 인해 여러 차례 충돌이 빚어졌다. 1858년과 1860년에 영국·프랑스가 중국과 벌인 전쟁 및 1883~1885년에 일어난 중국과 프랑스의 갈등도 예외가 아니다. 프랑스와 빚은 갈등의 경우 조공 의무를 진 국가에 대한 중국의 실제적인 주권보다 명목상의 주권만이 문제시되었다. 이때 평화적인 방식으로 매듭이 풀리지 않은 것은 중국이라기보다 프랑스 정치인들과 군부의 책임 때문이었다. 이 문제에 대한 그들의 무지와 교만은 상상을 초월하였다. 버마 문제와 관련하여 영국과 중국이 타협을 이룬 사례는 이와 같은 문제에서 어떻게 하면 가능한 한 무력 사용을 피할 수 있는가를 보여 준다.

그러나 앞으로는 과거와 상황이 다르게 전개될 것이다. 조선, 만주, '새로운 지역' 또는 일반적으로 '카슈가르Kaschgarei'[76]로 불리는 지역, 광둥성과 광시성·윈난성 등은 중국이 싸워야 하고 또 싸우게 될 지역들이다. 또 이들 지역을 공격한 세력이 일시적으로나마 성공을 거두어 베이징에 대한 공격 작전에서 신속한 지원을 받는다 하더라도 중국의 굴복을 이끌어 내지는 못할 것이다. 오늘날 중국인들은 1860년의 전쟁을 통해 수 주일만 계속 버티면 영국과 프랑스의 병력이 퇴각하지 않을 수 없다는 사실을 잘 알고 있으며, 그때까지 성공적으로 수행한 전쟁의 성과에 대해 반문하게 될 것이라는 것 또한 너무나 잘 알고 있다. 또 당시에는 대제국의 절반 이상이 반란군의 손아귀에 있었지만, 오늘날에는 사소한 지역적 소요를 제외하면 황제의 권위는 나라 전체에서 절대적으로 인정받고 있다.

이것은 중국뿐 아니라 특히 중국과 정치적 관계를 맺고 있거나 교역 관계에 있는 나라들에 있어서 확실히 손해이다. 이들 나라의 임무는 중국의 내부적 상황, 중국의 바람 및 요구에 관해 지금까지 거의 알려진 바 없는 새로운 정보를 얻는 것이었다. 중국에 관해 쓴 많은 보고서를 읽을 때 우리는 지난 30년이 아무런 흔적도 없이 지나갔다고 생각할 것이다. 돌이킬 수 없는 이러한 시간을 생각하는 것보다 더 잘못된 일은 없을 것이다. 대외 무역을 위해 더욱 많은 지역을 개방한 것, 백성들의 경제적 상황을 개선시키기 위해 증기선으로 대외무역을 창출한 것과 같은 변화는 실로 엄청난 일이었다. 이러한 변화로 말미암아 광범위한 지역에서 가난과 불만이 촉발되었다. 백성들을 진정시키고 발걸음을 내디딘 진보의 궁극적인 장점을 계몽하는 데 가장 앞장서야 할 사람들이 그러기는커녕 대개의 경우 두려움 · 무지 · 증오 때문에 발생한 피해를 관계의 변화 탓으로 돌리기보다 외국인이 중국을 조직적으로 이용해 먹은 탓으로 돌렸다. 최근 중국에서 발표된 (내가 알기로는 개인에 의한) 기계류의 수입 금지 조치는 민족적 · 경제적 우려에서 나온 것이다. 이는 중국 정부가 수년 전부터 모든 조약 속에 포함되어 있는 규정—이 규정은 외국인이 중국에서 무역과 산업 활동을 할 수 있도록 허용한 것으로, 마지막 조항에 들어 있었다—의 이행을 단호하게 저항하고 있는 것도 동일한 이유에서이다. 우리는 이러한 견해에 대해 고상하게 미소를 지으면서 경멸하고 싶어 하지만, 이와 같은 문제에서 우리나라에서도 의견이 얼마나 갈리는지를 알아야 한다. 다른 국가의 잘못된 민족적 · 경제적 견해는 총칼로 없앨 수 있는 것이 아니라 장기간에 걸친 신중한 정신적 감화를 필요로 한다는 사실을 잊지 말아야 한다. 이러한 감화의 성공 사례에 대해서는 다른 곳에서 재차 언급할 기회가 있을 것이다.

그러나 중국인들의 이주 문제와 관련하여 미국·캐나다·호주인들은 중국인에게 높은 정의감과 교육을 제공할 준비가 되어 있지 않았다. 다시 말해서 이들은 중국인에게 온갖 요구만 했지 아무것도 보장해 주지 않았다. 독일조차도 중국의 생산품에 대해 최혜국 대우와 같은 특혜를 인정하지 않았다. 이에 반해 중국의 관세는 거의 통상적으로 5퍼센트 수준에서 결정되었다. 독일은 조약에 따라 다른 국가나 이들과 주종관계에 있는 나라들에 주어지는 모든 특혜에 대한 권리를 부여 받았다.

외국인에 대한 비우호적인 생각—이와 같은 생각은 중국인에게서 새로 생겨난 것이 아니라 옛날부터 인종적 증오로 존속하고 있다가 오늘날 더욱 심화되었다—은 국경선을 맞대고 있는 세력, 즉 러시아·영국·프랑스·일본의 정치적 태도로 인해 더욱 굳어졌다.

러시아는 중국 측 교섭자의 목숨을 앗아간 아이훈조약愛琿條約을 통해 1858년에 아무르강의 왼쪽 기슭과 하구를 확보한 뒤 카슈가르와 몽골, 만주와 조선을 넘보았다. 프랑스는 안남, 영국은 버마, 일본은 류큐 섬에서 각각 중국을 몰아내었다. 이들 세 나라는 기회가 있을 때마다 온갖 이익을 취하였으며, 중국의 자존심에 심한 상처를 입혔다. 이 때문에 중국의 수구파 세력뿐 아니라 진보적 노선에 속하는 정치인들조차 이웃 나라를 비롯한 모든 외국인을 불신과 의혹의 눈초리로 보았던 것은 지극히 당연한 일이다.

아편 문제와 선교사 문제는 기존의 반감을 더욱 부채질하였다. 아편 문제는 중국 정치인 눈에 온갖 미사여구와 확약이 있었지만 언제나 민족적·경제적 의미뿐이었다. 아편으로 인해 매년 엄청난 양의 은銀이 유출되고 있었으며, 이는 중국의 무역수지를 불리하게 만드는 계기로 작용하고 있었다. 1892년에 외국 배를 통해 수입이 1억 3,500만 테일Tael[77]이고 수출이 1억 250만 테일, 또는 다소 조작된 외국 해상 관세청의 계산에 따라 관세와 경비 등을 가감한 뒤 수입과 수출이 각각 1억 1,670만 테일과 1억 1,720만 테일에 이르렀다면 수입 가운데 아편이 차지한 몫은 각각 2,720만 테일과 2,240만 테일이 된다. 이 금액이 중국 내에 남아 있다면 이것은 상황을 중국에 아주 유리하게 전환시키기에 충분한 액수이다. 이 밖에도 어리석은 현혹에 빠져 갈피를 못 잡고 있는 선교사들과 반反마약 단체는 마약이라는 악惡에 대해서는 반대하면서도 외국인에 대한 반대는 그럭저럭 수용하는 태도를 보였다. 이는 중국인에게 모든 외국적인 것과 모든 외국인에 반대하는 논거를 제공하였으며, 대다수 민중에게도 영향을 미치지 않을 수 없었다.

중국과 외국의 관계에서 결정적으로 영향을 미친 것은 선교사 문제이다. 주지하다시피 외국 열강들과 체결한 모든 조약은 다양한 기독교 종파의 지도자와 신도들에게 신앙 활동에 대한 보호를 보장하고 있다. 그러나 이와 동시에 1858년 프랑스와 청나라가 맺은 조약 제13조에는 이러한 보호가 선교사에게도 해당된다고 규정되어 있다. 따라서 선교사는 정규적인 통행권을 갖고서도 중국 내륙으로 갈 수 있다. 1860년에 프랑스와 청나라가 체결한 협약서 제6조의 규정—압류한 모든 시설물 가운데 종교적 또는 자선적 목적에 해당되는 것은 이전의 소유자에게 돌려주기로 합의하였다—과 관련하여 이전의 규정이 마침내 실행에 옮겨졌으며, 조약을 체결한 항구를 벗어난 지역에서도 가톨릭 선교사의 장기적인 체류가 허용되었다. 예전에는 이러한 장기 체류가 모든 외국인에게 금지되어 있었다. 중국 정부는 이러한 권리를 인정하였으며, 개신교 선교사에게도 거부한 적이 없었다. 현재 1,500∼2,000명의 가톨릭과 개신교 선교사들이 중국 내륙에 체류하고 있다. 개신교 선교사의 경우는 흔히 아내와 자녀들과 함께 생활하고 있다. 종교적 문제를 제외하고 중국의 풍습·관습·언어·문학을 잘 알고 있는 교양 있는 선교사들의 장기적 체류는 중국의 문화적 발전에 아주 이로운 영향을 미칠 수 있고, 실제로도 상당한 영향을 미쳤다. 그러나 특수한 직업에 대한 사전 교육을 전혀 받지 못한 자뿐 아니라 종종 교양 없는 자들이 수백 명씩 중국으로 보내지고 있어 이들이 자신의 생각과 판단에 따라 행동한다면 이는 실로 우려하지 않을 수 없다. 이러한 일은 유감스럽게도 대부분 개신교 선교사에게서 일어났다. 중국에서 활동하고 있는 종교 지도자들은 몇 년 안에 대다수 중국 백성을 기독교로 개종시키기 위해서 개신교 선교사 인력을 단시일 내에 현저하게 증가시킬 필요가 있다는 잘못된 생각—이것은 그래도 이 상황에서는 가장 나은 생각이다—에서 많은 사람을 중국으로 불러들였는데, 특히 스칸디나비아인이 다수를 차지하였다. 하지만 이들은 자신의 임무에 대한 예비지식이 전무할 뿐 아니라 중국과 중국 사람들에 대해서도 무지했다. 장차 이로 인해 갈등을 초래하게 될 것이고, 그렇게 되면 중국의 정치적 관계에서 큰 반향을 불러일으킬 것이다. 그럴 경우 개별 국가의 이해관계뿐 아니라 모든 다른 국가의 이해관계에도 엄청난 피해가 발생할 것이다. 예를 들어 최근에야 비로소 후베이성湖北省에서 보도된 두 명의 스웨덴 선교사 살인 사건에서 스웨덴은 범인들에게 합당한 처벌을 내릴 입장에 있지 못한 것으로 보인다. 그러나 범인들이 전혀 처벌을 받지 않거나 단순한 솜방망이 처벌에 그치고 만다면, 모든 외국인의 안전은 해당 지역뿐 아니라 중국 전역에서 커다란 위협을 받게 될 것이다.

이러한 딜레마 속에서 조약을 맺은 열강들은 중국에 대해 문명국으로서의 모든 의무를 다하도록 촉구하는 것 외에는 아무런 다른 방책이 없다. 또한 조약 강대국 스스로 중국과 합심하여 선교사에게 부여한 예외적 지위의 남용을 미연에 방지하기 위한 조치를 강구해야 할 것이다. 이것은 특히 개신교 선교사를 겨냥한 것이다. 이들은 종교적 관계뿐 아니라 위계적 관계에서도 독립적 신분으로 되어 있기 때문이다. 이 밖에도 여기에서 지적해 두어야 할 사항은 독일 및 독일-스위스 개신교 선교사들이 광둥성과 광시성에서 결코 원성을 살 만한 계기를 제공한 적이 없다는 사실이다. 또 독일의 보호 아래 들어온 이래 선교단이 산둥성 남부 지방에서 독일 가톨릭 선교단 및 그곳 주민들과의 관계 역시 원만했다. 당시 가톨릭 보좌 신부인 안처Anzer 주교와 다른 선교사들의 태도 덕분에 우호적 관계로 발전할 수 있었다.

은銀 문제 역시 중국에 짙은 그림자를 드리우고 있다. 특히 유럽 수입 상인들은 달러 약세에 시달리고 있다. 그러나 중국 정부 역시 지금뿐 아니라 앞으로도 상당 기간 육군과 해군의 장비를 갖추기 위해, 철도·기계류·선박 및 이 밖의 각종 재료를 조달하기 위해 유럽과 교류해야 하기 때문에 다른 어떤 정부보다도 이러한 궁핍을 직접적으로 느끼고 있다. 은으로 지불되는 관세에서도 불길하게 뚜렷한 감소가 감지되고 있으며, 이는 정부의 구매력을 마비시키고 있다.

중국의 대내외 정책 부문, 특히 외국과의 관계를 고려하면 수많은 먹구름이 드리워져 있다. 사실상 조약국과 이런저런 갈등을 빚을 소지가 충분히 있다. 따라서 중국 정치인들은 외국인을 적대시하는 세력—이들에게는 모든 외국인에 대한 증오가 애국심의 의무로 간주된다—의 존속과 활동에 대해 빈틈없이 더욱 특별한 주의를 기울일 의무가 있다. 최초의 조약 체결 직전 상태로 되돌리고 싶어 하는 수구파의 교만은 이러한 점에서 중국 소장파—어떤 면에서는 외국의 우월성을 인정하지만, 중국은 오로지 중국인만을 위해 존재한다고 자부심을 갖는 자들—의 노력과 일치한다. 문명의 영향에도 불구하고 좀체 수그러들지 않고 있는 모든 외국인에 대한 중국인들의 인종적 증오는 학자층(유교주의자들)과 승려층(불교도과 도교도들)을 선동함에 있어 유리한 토대로 작용하고 있다. 이들은 서양 사상의 침투로 인해 자신들의 개인적 · 신분적인 이해관계가 위협 받고 있다고 여기고 있다. 미국과 호주의 식민지에서 중국인을 배제한 점, 1883~1885년에 일어난 프랑스와 청나라 간 분쟁에서 조약국들이 취한 소극적인 태도, 인도차이나 사건에 대한 이들의 무관심 등은 중국과 외국의 우호적 관계 마련과 그 이점을 입증하려는 외국 정부 및 대표자들의 노력을 더욱 어렵게 했다. 중국과 외국의 좋은 관계를 계속 발전시키기 위해서는 조약에 따라 보장된 권리에 대해서 비현실적인 것이 아닌 중국의 실제적 이해관계를 지켜 줌과 동시에 신중하고 단호한 주장이 요구된다. 문인이나 그 밖의 무뢰한들 쪽에서 나오는 온갖 중상모략에도 불구하고 외국인이 위신을 지킨다면, 이는 힘에 의한 대결을 초래하지 않고 외국인의 지위—대다수의 중국 사람이 잃을지도 모르는—를 손상시키지 않을 것이다. 이러한 일들이 이루어지기를 바라는 것은 모든 이의 소망일 것이다. 원컨대 중국과 잘 협조하여 우리의 무역·산업·정치의 이해관계뿐 아니라 참된 교양과 문화사적 의미에 대한 과업도 순조롭게 이루어지길 기원한다.

제6장
동아시아의 여러 문제(1894)*

좀 더 정확히 번역하면 『극동의 제문제』라는 제목의 책이 있는데, 이 책은 지난 솔즈베리Salisbury 내각에서 인도 담당 차관보인 조지 커즌 George M. Curzon 경이 대부분 이전에 「타임스」지에 실은 기고문을 최근에 출판한 것이다.[78]

커즌은 정치·문학적 분야에서 신출내기가 아니다. 중앙아시아 지역에서 페르시아와 러시아에 관한 그의 저작물은 상당한 명성을 누리고 있으며, 최근에 저술한 책도 흥미롭고 교훈적인 내용을 많이 담고 있다. 그는 『극동의 제문제』에서 다루고 있는 나라, 즉 일본·조선·

* 이 글은 1894년 「독일 전망」지 81권 241쪽 이하에 실린 것이다.

청나라를 직접 방문하였으며 여행에서 보고 들은 것을 부지런히 수집하였다. 그러나 이렇게 수집한 정보에는 커즌 역시 피할 수 없었던 피상성과 일방적인 해석의 위험이 어느 정도 내포되어 있다. 단지 며칠이나 몇 주 만에 급박하게 돌아가는 동아시아의 정치와 생활상에 대한 통찰을 얻는다는 것은 불가능하다. 또 자기 나라 소식통들이 전한 정보만을 이용하는 것은 평소에 아무리 예리한 통찰력을 지닌 사람이라도 사실관계를 판단할 때 편견으로 이어지기 쉽다. 그러나 영국인들은 항상 이러한 위험에 노출되어 있다. 영국인들이 자만심으로 뭉쳐 있으면 있을수록 이러한 편견 또한 더욱 심하게 나타날 것이다. 커즌은 몇몇 다른 문제에서와 마찬가지로 이 점에서는 전형적인 영국인이다. 그리고 보수적인 내각의 각료들도 현재를 판단하고 미래를 위한 도전에서 급진주의자 찰스 딜크Charles Dilke 남작과 전혀 구별되지 않는다. 딜크 남작은 몇 년 전 『대영제국의 제문제』(1890)라는 유사한 제목의 책에서 영국 정치의 과제와 목표에 대한 자신의 견해를 소상히 피력했다.

앵글로색슨족의 우월성과 세계 지배에 관한 역사적 사명에 대한 믿음에 있어서 『극동의 제문제』 서문의 끄트머리에 적혀 있는 말보다 더 분명하고 순수한 표현은 아무리 찾으려고 해도 찾을 수 없을 것이다. "영국인은 어떤 강대국의 세력 범위가 우랄산맥에서 태평양에 이르기까지 아시아 북부 전역에 미친다고 해서 그러한 찬란한 성공과 정복에 대해 시샘할 필요가 없다. 유럽 이웃 나라들이 아시아를 놓고 새로 벌이는 경쟁에 대해서도 시기할 필요가 없다. 우리는 노년기에 접어든 청나라의 자부심과 물불을 가리지 않는 일본의 열성에 대해 똑같이 경의를 표할 수 있다. 그러나 우리는 아시아의 약자들과 죽어가는 자들을 위한 최선의 구원의 희망, 해방된 자들과 새 세대를 위한 가장 현명한 가르침을 여전히 영국적인 특징의 우월한 영향 속에서 찾을 수 있으며, 필요하다면 영국 통치의 보호 아래에서 찾을 수 있음을 알게 될 것이다. 나의 이러한 확신이 고향에 있는 동포들의 정신에 조금이나마 영향을 미치게 된다면, 지금까지 열과 성을 다해 바친 수년간의 여행과 노력을 결코 후회하지 않을 것이다.”

『극동의 제문제』의 다른 많은 구절에서와 마찬가지로 지금 인용한 부분에서 자기기만적 행위를 밝히는 것은 여기에서 적절치 않다. 그러나 저자의 설명으로부터 유익한 교훈을 이끌어 낼 수 있을 것이다. 다시 말해서 우리 역시 동아시아 문제의 해결에 합당한 이해관계를 맺고 있으므로 이러한 해결이 우리에게 유리하게 되도록, 최소한 해가 되지 않도록 노력해야 한다는 사실을 잊어서는 안 된다. 그러나 그렇게 하기 위하여 우리는 먼저 당면 문제에 대해 분명히 인식하고 있지 않으면 안 된다. 따라서 다음에서는 나 자신의 경험을 바탕으로 이에 이바지하는 방안을 다루어 보기로 한다.

1

청나라와 관련하여 외국인과 중국인이 가장 많이 언급하는 문제로 아편과 선교사를 들 수 있다. 이 두 문제는 분명 청나라 제국을 갉아먹고 있으며 적어도 이 가운데 하나는 지금까지도 피해를 끼치고 있다. 두 문제는 종종 의도적이든 그렇지 않든 은폐되고 왜곡되기 일쑤였다. 서로 대립되는 의견과 희망사항 및 의도가 얽히고설키게 되면 진실을 인식하고 고수하기란 여간 어려운 일이 아니다. 아편과 선교사 문제는 청나라 쪽에서 계속 반복 제기했다. 예를 들어 함풍제의 동생인 공친왕恭親王은 1870년대 초에 이전의 영국 공사 러더퍼드 앨콕Rutherford Alcock 경에게 이 두 문제를 커다란 악惡이라고 말했다. 이들 문제 때문에 청나라는 골병을 앓고 있으며, 비록 선교사들이 그 누구보다 아편 추방 운동에 앞장섰고 중국인에게 다가가기 위해 엄청난 노력을 기울였지만 적어도 선교사 문제에 관한 한 바뀐 게 아무것도 없다.

중국에서 아편은 약품과 기호품으로 오래전, 적어도 15세기부터 부분적으로 육로를 통해 대개는 아랍인으로부터 수입되었다. 특히 아편은 명 왕조의 황제들에게 바치는 공물로 언급되고 있다. 즉 황제에게 는 200캐티(1캐티는 약 605그램), 황후에게는 100캐티 분량을 진상하였 다. 하지만 수입은 그다지 많지 않았다. 1720년까지는 매년 200상자를 넘지 않았으며, 상자당 3테일의 관세를 물렸다. 이 시기 무렵인 18세기 초반에 중국인들은 아편을 흡연하는 습관을 자바에서 포르모사로 들 여왔다. 하지만 이러한 악습이 널리 퍼져 나가지는 않았던 것으로 보 인다. 적어도 1729년에 옹정제雍正帝[79]가 선포한 아편 흡연 금지령은 이 섬에만 해당되었다. 이러한 황제의 칙령은 아무런 성공을 거두지 못 했음에 틀림없다. 배로Barrow와 스톤턴Staunton은 1793년의 아편 사용에 관하여 주로 상류계급에서이긴 하지만 꾸준히 증가하였음을 말해 주 고 있기 때문이다. 이러한 방식의 아편 향유가 급속도로 널리 퍼진 데 에는 아편과 담배 수입이 거의 동시에 이루어진 것과 함께 담배의 경 우 향기로운 추출물에다 소량의 아편을 혼합하여 많이 피운 것이 상 당한 기여를 하였다. 최초의 아편 흡연용 파이프는 단순한 대롱이었 는데, 여기에 야자 껍질의 섬유와 담배 및 아편을 채워 넣었다. 오늘날 의 형태는 비교적 근래에 생겨났으며, 모자를 쓴 것 같은 파이프 대통 부분은 양귀비꽃 모양을 따라 만들었다.

1796년에 가경제嘉慶帝(1760~1820)[80]는 아편 수입을 전면 금지하고, 관세를 물어야 하는 품목에서 아편을 삭제하는 또 다른 칙령을 선포했다. 그러나 이러한 금지는 거래가 더욱 은밀하게 이루어지고 덩달아 마약 가격이 치솟는 결과만을 초래했을 뿐 별다른 효과를 거두지 못했다. 사용은 더욱 증가하였다. 1820년에는 약 4,000상자, 6년 뒤에는 무려 2만 상자가 수입되었다. 광저우 당국이 밀수 행위에 대해 취한 조치는 아무런 실효성이 없는 것으로 판명되었다. 관세 순시선의 지휘관들이 외국 배와 손을 잡고 일정한 세금을 내면 아편을 통과시켜 주거나, 심지어 판매에 가담했기 때문이다. 이 결과 1830년대 초에 들어온 아편 수입 물량은 4만~5만 상자에 이르렀다.

이러한 상태는 점점 더 심해져서 수도 행정당국의 우려를 자아냈다. 외국과의 무역에서 처음부터 토대로 삼은 원칙은 은을 반출하면 안 되며, 물물교환만을 허용한다는 것이었다. 특히 아편 수입으로 인해 이러한 원칙은 점차 잊혀져 갔으며, 무역수지는 해마다 중국에 불리하게 돌아갔다. 1836년 관세청장이 종전과 마찬가지로 마약에 수입관세를 부과하여 국산품과 교환할 경우에만 구입을 허용하자고 제안했지만 받아들여지지 않았다. 이에 반해 1838년에 의전관 당상 황작자黃爵滋는 아편 무역의 전면금지를 담은 청원서를 마련하여 재가를 받기 위해 지방 최고위 관리에게 제출하였다.

황작자는 점점 증가하고 있는 아편 사용을 청나라의 모든 수난에 있어서 원흉으로 지목하였다. 그의 보고서를 요약하면 다음과 같다.

"아편으로 인해 은과 마찬가지로 달러 역시 점점 귀해져 비싸게 될 것이고, 테일의 가치는 1,000캐티에서 1,600캐티로 치솟을 것이다. 나라의 수입은 도탄에 빠지게 될 것이며, 횡령이 다반사가 될 것이고, 무역은 기반이 붕괴될 것이다. 영국인은 중국인의 인명과 재산을 파멸시킬 것이다. 따라서 지금 만연하고 있는 폐단을 바로잡기 위해서라도 모든 위반자를 사형에 처한다는 극단적인 조치를 취해야 할 것이다." 황작자의 청원서가 알려진 뒤 가장 강력한 지지 입장을 밝힌 관리는 후광湖廣 총독 임칙서林則徐[81]였다. 임칙서는 량광兩廣(광둥성과 광시성) 총독으로 임명되었으며, 필요한 조치를 시행하라는 명을 받아 광저우로 파견되었다.

임칙서를 비롯해 1860년대 중국과 서양의 관계에 관한 책을 저술한 하섭夏燮이 아편무역에 반대하기 위해 취한 조치는 너무 성급하고 잘못된 것으로 판명되었다. 이로 인해 전쟁이 발발하였으며, 이 전쟁은 1842년 8월 난징조약으로 종결되었다. 청나라 정부는 1839년 3월에 강제로 압수하여 소각시킨 아편에 대해 600만 달러(당시 독일 마르크화로는 약 3,000만 마르크)의 배상금을 지불해야 했지만, 기이하게도 강화협상에서는 아편무역에 대해 전혀 언급조차 없었다. 이에 대해 하섭은 다음과 같이 적고 있다. "우리 정치인들은 아편 수입 금지 문제를 다시 제기하는 것을 두려워했으며, 수입에 제재를 가할까 봐 염려했기 때문이다." 이러한 기묘한 정치의 결과 오랫동안 아편은 관세가 부과되지 않은 채 반입되었으며, 아편 사용은 엄청나게 증가하였다. 행정당국은 군대의 재편성과 같은 특정한 목적을 위해 세금을 징수하기로 결정하였다. 아편에 물린 세금은 점차 상자당 24달러에서 48달러까지 치솟았다. 아편 문제와 아무런 관계가 없던 1858년의 전쟁 후 수입 가격에 대한 협상에서 중국의 전권 사절단은 아편 반입을 그 가격으로 신청하였다. 이때 이들은 아편에 대한 옛 중국 이름인 '아편阿片' 대신 다소 부끄러운 듯 새로운 이름인 '외국 약'이라는 명칭을 사용하였다. 여기에는 반反아편 단체의 모든 상반된 주장이 있었지만 영국 교섭자들로부터는 어떠한 압력이나 언질도 없었다. 황제는 관리·군인·환관을 제외하고 아편 흡연과 관련한 모든 금지 조치를 해제하였다.

그러나 아편에 대한 고정된 관세 부과는 아편 수입으로 야기된 어려움을 종결짓지 못했다. 아편 품목이 내국 교역으로 넘어가자 이에 대한 과세는 지방 관청이 관할하게 되었는데 이는 오히려 부정과 비리의 온상이 되었다. 이는 지방 관청의 일관성 없는 정책과 개개인의 탐욕 및 뇌물수수 때문이었다. 같은 시기에 밀수 무역이 홍콩에서 대륙, 개방한 항구에서 내륙으로 점점 활기를 띠는 동안에 내국 관세의 대부분은 공적 금고로 들어가지 않고 관리들의 호주머니로 들어갔다.

이러한 상태와 청나라 정부의 끊임없는 불평을 종식시키기 위해 마가리Margary의 피살 사건 및 이에 대한 구실로 1876년에 체결된 소위 즈푸芝罘조약[82]에서 영국 측의 양보가 이루어졌다. 이 조약에 따르면 아편 수입에 관세를 물리지 않으며 수입 관세와 내국세를 동시에 징수한 뒤에만 전자는 수입업자를 통해, 후자는 중국 구매자를 통해 교역한다. 내국세의 세율에 대한 결정은 지방 관청에 위임하였다.

즈푸조약의 이러한 조항은 다른 일련의 조항과 마찬가지로 영국 정부 측의 비준을 받지 못했다. 그러나 이는 1885년에야 비로소 솔즈베리 경과 당시 런던 주재 중국 공사 증기택曾紀澤 후작 간에 체결된 협약을 통해 대체되었다. 이 협약에서는 아편에 대한 관세 폐지 원칙과 관세 및 내국세의 균등한 징수를 고수하였지만 전자는 피컬Picul[83]당 30테일, 후자는 80테일을 초과해서는 안 된다고 규정하였다.

이러한 협약과 연계해서 홍콩 및 마카오와의 협정이 체결되었다. 이 협정을 통해 중국 관세청은 이 두 곳에 세관을 설치하여 밀수 무역을 방지하기 위한 조치를 취할 수 있는 허가를 받았다. 이와 동시에 개방한 항구에서의 내국세 징수 업무는 중국 세관에서 외국인이 운영하는 세관으로 넘어갔다. 이러한 마지막 규정은 나중에 도입된 중국 아편의 균등한 과세와 마찬가지로 청나라 해상 관세 감찰감 로버트 하트Robert Hart 경이 수년간 기울인 노력에 힘입고 있다. 그는 청나라 조정에 막대한 새로운 수입원을 확보해 주었다.

이상의 엄밀한 역사적 서술은 편견에 사로잡히지 않은 모든 사람에게 하섭이 밝힌 견해가 옳았음을 입증해 준다. "외국인이 청나라에 해악을 가져왔다 하더라도 그것에 문을 열어 준 것은 청나라였다. 청나라가 그것을 갈망하였기 때문이다."

청나라의 아편 수입은 어느 정도 오차를 감안한다 하더라도 지난 30년간 6만~7만 피컬에 달했다. 가장 적게 수입한 해인 1869년에는 5만 3,413피컬이었고, 가장 많이 수입한 해인 1888년에는 8만 2,612피컬이었다. 예외적으로 이와 같이 수입 물량이 치솟은 까닭은 1885년에 맺은 조약이 발효되기 전의 기간을 노린 수입업자들의 전략 때문이었다. 게다가 개별 항구에서 청나라 행정 당국은 내국세를 인하함으로써 수입업자들을 열심히 도와주었다.

1892년에 수입한 외국 아편의 물량 7만 782피컬의 가치는 2,741만 8,152테일에 달했다. 청나라의 수출 무역은 1억 250만 테일이었고, 수입 무역은 1억 3,500만 테일에 달했다. 이는 어림잡아도 수출이 수입보다 적음을 알 수 있다. 청조가 아편에서 벌어들인 수입은 같은 해에 관세가 212만 3,000테일, 내국세가 566만 7,000테일로서 총 779만 테일에 달했다. 낮은 은銀 시세에도 불구하고 여전히 3,000만 마르크 이상에 해당하는 액수이다.

청나라 사람들이 아편을 사용하는 방식은 다양하며, 일정 정도까지는 상당히 빠르게 퍼져나갔다. 아편은 기호품과 최음제로 사용되며, 흥분제·예방약·의약품으로 활용되기도 한다. 약품으로는 주로 폐병 및 이와 관련된 출혈에 대한 치료제로 쓰이고, 최음제로는 말라리아가 창궐하는 지역에서 열과 이질에 대한 치료제로 사용된다. 이것은 조금도 이상한 일이 아니다. 예컨대 영국의 대다수 공장 노동자들은 아편을 액체로 녹여 사용하고 있다. 학자·관리·상인들은 아편을 정신적 흥분제로 사용한다. 특히 양쯔강 상류에서 힘든 일을 하는 뱃일 노동자, 배를 끄는 사람, 짐꾼과 주로 쓰촨四川 지방의 대다수 농민들은 아편을 육체적 흥분제로 사용한다. 부유층에 속한 남자와 여자, 관리와 군인, 대다수의 건달과 게으름뱅이에게 아편은 기호품이다. 이러한 아편 이용자들은 모든 지방과 백성들 가운데에서 찾아볼 수 있다. 이들은 아편을 최음제로도 사용한다. 청나라에 도착한 외국인들이 아편소굴에서 보게 되는 육체적·정신적 타락의 섬뜩한 사례는 바로 이들에게서 연유한다. 아편이 점점 해로운 영향을 끼치고 있고, 또 그럴 수 있다는 사실에는 이론의 여지가 없다. 그런데 우리는 알코올을 민중의 독으로 간주하여 이것의 절대적인 해로움을 설파하는 데에만 혈안이 되지 않았는가? 또 알코올 중독에 빠진 사람들이 술을 끊지 못하고 다른 사람들이 담배, 코카인, 해시시, 구장蒟醬의 잎, 마테 차

茶를 단념할 가능성이 거의 없듯이 중국인들은 자신들에게 제공되는 즐거움과 강도가 다른 방식으로 대체되거나 불필요한 것으로 되지 않는 한 아편 흡연을 그만두지 않을 것이다. 그러나 아편을 끊으려고 해도 알코올의 경우에서와 마찬가지로 대다수 민중의 영양 상태가 훨씬 개선될 때에만 가능할 것이다. 그러나 중국에서 현재 혹은 가까운 미래에 그렇게 될 것이라고 생각하는 것은 전적으로 불가능하다. 백성들은 너무나 가난하고, 조정에서는 이에 대한 인식이 완전히 결여되어 있기 때문이다.

아편 흡연의 유해성에 관해서는 많은 논란이 있었다. 아무튼 이러한 방식으로 아편을 즐기는 것은 아편을 먹고 마시거나, 모르핀 주사를 맞는 것보다는 훨씬 덜 해로웠다. 주로 품질이 더 좋은 인도산을 피울 때에는 아편에 함유되어 있는 유해 성분 가운데 극히 일부만이 몸으로 들어간다. 오랫동안 중국에 거주한 적이 있는 사람은 지인과 하인들 가운데 10년, 20년 이상 지독한 아편 흡연자이지만 육체적·정신적 기력에서 별 문제가 없었던 사람들을 알고 있을 것이다. 어쨌든 아편이 알코올과 마찬가지로 많은 범죄의 원인은 아니다. 아편 흡연자는 자신에게 없어서는 안 될 향락품을 살 돈을 마련하기 위해 도둑질을 하거나 사기를 칠지도 모른다. 그러나 몸이 쇠약해질 대로 쇠약해진 아편 흡연자에게는 범죄를 저지를 육체적·정신적 기력이 거의 남아 있지 않다. 아편 흡연은 흥분과 자극을 불러일으키는 것이 아니라 피로와 무기력을 초래하기 때문이다.

선교사들이 각자 자신의 영역에서 아편 사용에 맞서 싸우는 한, 이들의 활동이 은총에 따른 것임을 부정할 순 없을 것이다. 그러나 아편 무역에 대한 개신교 선교사, 주로 영국 선교사들의 공공연한 반대 선동은 좋은 결실을 맺지 못했다. 종종 자신들의 정부에 맞서 사실을 왜곡함으로써 펼친 논박은 단지 중국에서 외국인에 대해 적대적인 당파에게 또 다른 선동에 대한 빌미와 화젯거리를 제공했을 따름이다. 오늘날 아편 흡연과 유포에 대한 상당한 책임을 영국과 영국인에게 전가한 것은 영국의 선교사들 덕분이었다. 하지만 선교사들은 실제적인 성공 방안을 제시해야 할 것이다. 사실상 (런던 프로테스탄트 연맹의 본부인) 엑서터 홀Exeter Hall의 영향력 행사로 1885년에 협약이 체결된 이후 아편 재배는 중국 전역에서 합법화되었으며, 이제 중국 내의 생산이 인도에서 수입한 물량의 족히 두세 배를 넘을 정도로 증가하였다. 선교사들은 자신들의 선동으로 인한 이러한 성공에 대해 중국 생산품이 곧 인도 생산품을 밀어 낼 것이고, 그렇게 되면 청나라 조정은 다시 국내 재배를 억제하게 될 것이라는 희망을 품고서 스스로를 위로하려고 한다. 하지만 이러한 가정이 오류라는 사실은 제쳐 두고라도 바알세불(악마의 왕)의 힘을 빌어 귀신을 쫓아내는 일(작은 화를 덜려다 더 큰

화를 입는 일)은 언제나 모험을 건 게임일 수밖에 없다.

또 다른 점에서도 개신교 선교사들은 아편 흡연에 맞선 투쟁에서 그다지 성공을 거두지 못하였다. 1890년 상하이에서 개최된 선교사 회의에서 '청나라 의료선교협회'의 전권 특사로 상하이에서 온 분Boone 박사는 모르핀이나 다른 아편 제제製劑를 함유하고 있는 이른바 반反아편 정제를 판매함으로써 남용을 더욱 부채질할 수 있다고 주장했다. 그의 주장의 요지를 요약하면 다음과 같다. "그러한 정제나 가루약에 의한 대규모 무역이 청나라에 생겨나 나날이 번창하고 있다. 몇몇 지역에서 이러한 약품을 판매한 사람은 다름 아닌 토착 기독교인과 전도사들이다. 물론 일차적으로는 아편 흡연을 억제하기 위한 바람에서이긴 하지만, 곧 이들은 그러한 장사에서 돈을 벌 수 있다는 사실을 알게 될 것이다." 분 박사는 계속해서 다음과 같이 말하고 있다. "나는 광저우 · 아모이 · 산터우汕頭에서 토착 기독교인들이 이러한 약품을 팔아 돈을 벌어 부자가 되려는 습성으로 인해 파멸하게 될 것이며, 이들이 아편 흡연자를 치료하려는 당초의 목적을 완전히 망각하였다고 단호하게 확신한다. 나는 중국 남쪽에서 모르핀이 '예수아편'이라는 이름으로 알려져 있고, 이러한 풍속(아편 복용)을 퍼뜨리는 자는 다름 아닌 기독교도라는 믿을 만한 보고를 받았다."

산터우 · 항저우 · 광저우에서 온 또 다른 선교사 출신 의사들은 분

박사의 설명을 확인시켜 주었다. 이들은 모르핀 복용과 드문 일이긴 하지만 피하주사 사용이 양쯔강과 그 이북 지방에서 예사롭지 않게 퍼져 나가고 있으며, 이것이 불러일으키는 피해의 심각성을 알지 못하는 일부 선교단과 선교사 및 토착 기독교도들이 이러한 모르핀 정제와 가루약을 팔고 있다고 덧붙였다. 그러나 모르핀 복용은 아편 흡연보다 더 심각하지 않은가!

선교사 회의에서는 가능한 한 모르핀을 함유하고 있는 반아편 약제의 판매를 막고, 이를 모든 선교사에게 요구하기로 결의서를 채택하였다. 이는 분명 바람직한 조치이긴 하지만 선량한 사람들의 무지로 인해 저질러진 피해를 메우기엔 너무 늦었는지도 모른다.

아편 문제 및 이와 관련한 선동은 앞으로 중국보다 영국이 더욱 커다란 정치적 의미를 갖게 될 것으로 예상된다. 인도에서 반아편 단체의 강요에 의해 기도된 봉기가 그곳에서 엄청난 불만과 적대감을 불러일으킬 것이고, 아편 재배에 대한 전면적 또는 부분적인 금지 조치는 농사를 짓는 농민과 토호 세력의 물질적인 이해관계에 심각한 피해를 줄 것이기 때문이다. 이 밖에도 이러한 조치는 인도 정부 측에서 취한 조치로 인해 경매에 나온 벵골 지역 아편량 감소에 따른 부족분의 경우—중국 아편의 대량 생산과 페르시아 아편(실제 거래에서는 터키 아편으로 불렸다) 수입 증가로 메워졌듯이—아편 사용을 감소시키는 것이 아니라 구입처를 바꾸는 결과만을 초래할 것이다.

2

아편 문제는 적어도 중국의 경우 첨예한 양상을 띠지 않고 대부분 정치적 분야에서 민족적 · 경제적 영역으로 넘어갔다. 이에 반해 선교사 문제는 나날이 점점 화급을 다투는 문제로 되면서 머지않아 청나라 조정과 해당 외국 열강들이 개입하게 될 판국이었다.

선교사의 쇄도와 복음 강요에 대해 점점 난폭한 양상을 띠는 중국인들의 저항은 청나라와 조약 열강들이 언젠가 대재앙에 직면하지 않으려면 더 이상 방치해서는 안 될 정도로 심각했다. 물론 그러한 재앙의 정도를 가늠하긴 힘들지만, 참된 문화와 교양을 사랑하는 사람들은 이구동성으로 심각한 우려를 표명하고 있다.

지금도 계속 활동 중인 로마 가톨릭과 그리스 정교, 개신교 선교사들은 서로 다른 시기에 중국에서 활동했다. 종교적 · 정치적 관점에서 보면 그리스 정교의 선교단 비중이 가장 낮다. 1689년 아무르강 유역의 알바진Albazin 성이 함락된 뒤 그곳에서 붙잡은 러시아인들을 베이징으로 보낸 적이 있었다. 베이징에서는 '러시아 부대'를 하나의 독자적인 조직에 편입시켜 특별 병영에서 생활하게 하였다. 황제는 이들이 자유롭게 예배를 볼 수 있도록 허락하였으며, 심지어 불상을 없애고 불교 사원을 예배 장소로 제공하기도 했다. 이에 관해 보고 받은 토볼스크Tobolsk[84]의 대주교는 필요한 교회 집기들을 보냈으며, 알바진 사람들에게 예배를 볼 때 보그도칸Bogdokhan—알바진 사람들의 신앙 활동을 보호해 주는 청나라 황제에 대한 러시아식 이름—을 위해 기도하도록 권고하였다.

1716년부터 이 선교단에서는 한 명의 수도원장과 두세 명의 수도사가 목회활동을 하고 있다. 이 선교단의 활동은 거의 중국 여자와 러시아인 포로에게서 태어난 후손들, 즉 14~15가정에 약 160명의 아이들과 250여 명의 다른 기독교도들—이들 가운데 50명은 베이징 근처의 조그만 마을에 살고 있는데, 이들은 1870년대 초반에 이사이Jsai 신부를 통해 기독교로 개종하였다—의 목회에만 한정되었다. 학문적 분야에서의 선교는 비교적 큰 성공을 거두었다. 수도원장 히아신스Hyacinth와 팔라디우스Palladius의 이름들은 이전에 종교상의 선교와 결부되어 있던 통역 학교 출신의 학자들, 이를테면 바실리에프Wassilyeff · 타타리노프Tatarinow · 붕게Bunge · 가슈케비츠Gashkewicz의 이름들과 마찬가지로 널리 알려져 있다.

1860년까지 선교는 아시아 지역에서 이루어졌으며, 이 시기부터 직접 성무원聖務院[85]의 지도 아래 이루어졌다. 러시아 선교단이 대체로 모든 박해를 피할 수 있었고, 1823년에 마지막 가톨릭 선교사가 베이징에서 추방되었을 때 아무런 어려움을 겪지 않았던 것은 이들이 어떠한 선전 활동도 하지 않은 덕분이었다. 최근에도 러시아 선교단은 일본에 있는 그리스 정교 선교단ー니콜라이 카사트킨Nicolai Kasatkin 수사신부(후에 일본의 대주교가 됨)는 일본에서 1870년부터 수천 명의 사람들을 개종시키고, 200개 가까운 교구를 설립하였다ー과는 달리 일체의 전도 활동을 하지 않았다.

중국에서 로마 가톨릭의 선교 활동은 그리스 정교회보다 더 오래되었다. 781년에 세워져 1625년에 시안부西安府에서 재발견된 유명한 기념비에는 최초의 네스토리우스파 기독교 선교사가 이미 635년에 중국에 왔다고 기록되어 있다. 네스토리우스파 기독교도들은 '다친大秦(시리아)에서 온 외국 사제들'로서 페르시아 주술사, 토착 불교도, 도교도들과 함께 온갖 박해를 받았지만 그래도 운이 아주 좋았던 것 같다. 이들은 몽골 왕조(1206~1368)의 통치자들로부터 아주 특별한 신임을 얻었으며, 심지어 몇몇 통치자들을 기독교로 개종시키는 데 성공했다. 당시 여행자들의 보고서에는 네스토리우스파의 교회·성직자와 이들 종파에 속하는 몽골 관리들이 자주 언급되고 있다. 몽골 왕조와의 이러한 관계에서 볼 때 네스토리우스파 기독교도들이 이 왕조의 몰락에 있어서 계기로 되었을 수도 있다. 14세기 후반부터 이들은 외국 저자와 중국 저자들의 책에서 나타나는 시안부와 몇몇 지역의 기념비에서와 달리 이들의 활동에 관한 아무런 흔적도 남기지 않은 채 중국에서 사라졌다.

몽골 왕조 시기에 최초 정통 신앙의 가톨릭 사제들이 중국으로 왔다. 물론 이들은 처음에 선교사가 아니라 교황과 국왕의 사신 자격으로 왔다. 아시아 전역에 걸친 몽골족의 개선 행렬과 유럽에 대한 위협으로 인해 교황 이노센트 4세는 1240년에 소집된 리용 공의회公議會에서 카이두Baitu(海都)[86]와 위대한 칸에게 사신을 파견하게 되었다. 이것이 하나의 선례가 되어 얼마 뒤에는 성왕聖王으로 불린 루이 9세도 프랑스와 키프로스에서 사신을 파견하였다. 13세기 후반기는 랑케Ranke가 매우 적절하게 명명한 바와 같이 칭기즈칸의 후예들과 기독교 유럽 간의 협상으로 장식되었다. 초기에는 칭기즈칸의 후예들이 주도권을 잡고 교황과 세속 군주들의 복종을 강요한 반면에 후기에는 공동의 적인 사라센인들에 맞서 기독교 세력과 연대할 필요성이 높아졌다. 이로 인해 나중에는 대부분 몽골 군주들 쪽에서 먼저 기독교 세력과 접촉하고자 했다. 기독교 측에서는 몽골인과 상투적인 말을 넘어서는 소통을 가능하게 해 줄 정치적인 이해, 특히 정치적인 합의가 결여되어 있었다. 또 커다란 관심을 보인 교황들은 정치적 제휴보다 몽골인의 개종에 더 큰 가치를 두었다. 만일 페르시아의 아르군 칸이 함께 힘을 합쳐 예루살렘을 정복한 뒤 기독교 신앙을 받아들이겠다고 약속하거나 혹은 교황 니콜라우스 4세가 그에게 기독교를 먼저 받아들인 뒤 함께 예루살렘을 정복하자고 할 경우—이렇게 하면 하늘이 그를 보호하여 마음먹은 대로 쉽게 정복할 수 있기 때문이다—아주 우스꽝스러운 모습이 연출될 것이다.

개별 기독교 국가들의 이해관계, 교황 당원(교황파)과 기벨린 당원(황제파) 간의 싸움, 로마 교회와 그리스 교회 간 소통의 시도에 관한 협상 등 다양한 문제, 교황·군주 외에도 때로는 안젤름Anselm·플라노 카르피니Plano Carpini·뤼브뤼키Rubruquis와 같은 수도사·고문학자들과 아르메니아 왕가 출신으로서 기독교를 믿는 몽골 황후들 및 때로는 바살리Vasalli·부스카렐Buscarell·폴로Polo 같은 탐험가들 가운데 그 누구도 다른 당파의 관심사가 된 문제에 대해 진지하게 생각하지 않았다. 교황은 위대한 칸의 개종을 원했으며, 단지 이러한 목적을 위해서만 정치적 문제를 이용했다. 이에 반해 중국의 황제와 다른 몽골 제국의 지배자들에게 있어서 개종은 교황과 기독교 군주들을 속여 이익을 얻어내기 위한 하나의 술책에 지나지 않았다. 이로 인해 모든 협상은 아무런 성과도 거두지 못했다. 마침내 가톨릭 선교 활동이 중국에서 일정한 형태를 갖추게 된 것은 고高아시아 지역 및 중국에서 활동하는 종교 사절들의 열성적인 신앙과 헌신적인 희생, 특히 이노첸트 4세에 의해 1252년 프란체스코회 수도사와 도미니크회 수도사들로 조직된 '주 예수 순례 형제회'에 힘입은 것이었다. 이러한 사절들 가운데 가장 왕성한 활동을 펼친 인물로는 프란체스코회 수도사인 요한 폰 몬테 코르비노Johann von Monte Corvino를 들 수 있다. 그는 1289년에 중국으로 파견돼 1292년 칸바리汗八里, 즉 베이징에 도착하여 그곳에서 11년 동안 홀로 활동하였다. 1307년에는 교황 클레멘스 5세에 의해 베이징 대주교에 임명되었으며, 이와 동시에 일곱 명의 부副주교가 그를 돕기 위해 베이징에 파견되었다. 코르비노와 1325년에 코르비노의 후계자로 임명된 프란체스코회 수도사이자 이전에 파리 대학 교수이던 니콜라스의 지도 아래 선교활동은 최고의 전성기를 누렸다. 개종자 수는 나날이 늘어났으며, 도처에서 새로운 교구가 생겨났다. 황제는 선교사들에게 틈만 나면 자신의 호의를 표명했다. 그러나 이러한 모든 성공은 몇 년 뒤 마치 언제 그랬냐는 듯이 순식간에 사라졌다. 몽골족의 몰락과 추방, 새로운 민족인 명 왕조의 봉기와 더불어 가톨릭 선교활동은 존립의 기본조건인 정부 보호와 유럽과의 관계를 상실하였다. 이를테면 우르반 5세는 이러한 마지막 최악의 상태를 막기 위해 1370년에 새로운 대주교 한 명과 교황 사절 한 명을 비롯하여 약 80명의 성직자를 베이징에 파견하여 바로잡으려고 시도하였다. 그러나 이러한 사절들 가운데 그 누구로부터도 다시는 소식을 듣지 못하였다. 정통 가톨릭 신자들의 활동 역시 그들의 반대자이자 동시대인으로서 고난을 함께 한 네스토리우스파 기독교도들의 활동과 마찬가지로 흔적도 없이 사라졌다.

거의 200년이 지나서야 비로소 중국을 개종시키려는 시도가 다시 살아났다. 이를테면 성聖 프란체스코 사비에르는 1552년에 대륙에는 발도 디뎌 보지도 못하고 광둥성 근처 상촨다오上川島에서 운명했다. 그러나 시찰 여행에서 마카오를 방문한 이탈리아 예수회 소속의 알렉산드로 발리냐니Alexandro Valignani는 인도의 관구장에게 1579년 두 명의 예수회원인 미카엘 루제리Michael Ruggieri와 마테오 리치를 중국으로 파견하도록 하였다. 이들은 마카오를 거쳐 광저우에 도착하여 그곳에서 확고한 뿌리를 내릴 수 있었다. 이들은 수많은 어려움과 박해에도 불구하고 광둥성과 광시성, 나중에는 난징에 예배당을 세우면서 상당한 성공을 거두었다. 이들 선교사는 중국 고관들의 호의를 얻기 위해 시계·시종時鐘 등과 같은 유럽의 기술 공예품으로 이들의 호기심을 자극한 다음 이러한 일을 체계적으로 잘 조직하여 절대 없으면 안 되는 것으로 만들었다. 마테오 리치 역시 이러한 방식으로 난징에 있는 황제의 환관宦官의 마음을 사 그와 베이징으로 동행할 수 있는 허락을 황제로부터 얻어 낼 수 있었다. 마테오 리치는 오랜 체류와 천신만고 끝에 1601년 베이징에 도착하였으며, 주색과 향락에 푹 빠져 있던 신종 만력제萬曆帝로부터 새로운 소일거리로서 관심과 호의를 받았다. 고관과 환관 간의 다툼에서 환관들의 피보호자로서 휘말리던 마테오 리치는 불편한 환관들을 따돌리고 고관들의 존경과 지원을 이끌어 낼 수 있었다. 마테오 리치가 1610년에 죽었을 때 그는 만인의 애도를 받았으며, 지금도 베이징에서 포르투갈 교회 묘지로 알려져 있는 장지葬地는 그의 마지막 안식처로 지정되어 있다. 그는 그곳 중국의 추모비 아래 누워 있으며, 그 앞에는 제기祭器를 놓는 석판이 있다. 마테오 리치 신부는 항상 가능한 한 중국인의 생각을 존중하고, 이를 바탕으로 개종 사업을 전개해야 한다는 견해를 가지고 있었다. 하지만 마테오 리치가 스스로 임명한 자신의 후계자 니콜라스 롱고바르디Nicolas Longobardi는 이러한 견해를 적극적으로 공유하지 않았다. 이는 나중에 중국에서 예수회원과 기독교 선교활동 전체를 망쳐 놓는 분쟁의 불씨가 되었다. 표면상 성공을 거두었지만 얼마 지나지 않아 외국 개혁 세력에 맞선 문인과 관리들의 증오는 식을 줄 몰랐다. 1616년에는 난징에 있는 관청의 상소로 말미암아 모든 선교사를 체포하여 감옥에 가두라는 명령이 베이징에서 하달되었다. 심지어 베이징의 흠천감欽天監(천문대)에 고용된 외국인들조차 이러한 조치에서 예외가 되지 못했다. 하지만 박해는 베이징과 난징에서만 첨예한 양상을 띠었을 뿐 그 밖의 모든 지역 예수회원들은 환대와 보호를 받았다. 또 끊임없는 만주족의 습격은 새 황제 희종 천계제天啓帝ー만력제는 1620년에 죽었고, 그의 후계자 광종 태창제는 넉 달 뒤에 사망했다ー로 하여금 선교사들을 다시 불러 들이는 계기가 되었다. 이는 '만주족을 물리칠 수 있는 방법, 특히 선교 사들로부터 대포 쏘는 법에 대한 조언을 구하기 위한 것'이었다. 이어지 는 수십 년간은 선교활동에서 아주 다행스러운 시기였다. 1627년에는 일곱 개 지역, 즉 장시성江西省·저장성浙江省·장난성江南城·산둥성山東省· 산서성山西省·산시성陝西省·즈리성直隸省 등지에서는 1만 3,000명의 개종 자가 생겨났으며 10년 뒤에는 개종자 수가 4만 명을 넘어섰다. 1643년 명 왕조의 몰락과 반역자 이자성李自成의 난[87], 이후에 이어진 만주족의 베이징 점령 등도 선교활동에는 아무런 영향을 미치지 못했다. 당시 선 교의 책임자인 아담 샬은 독일 쾰른 출신으로, 청 왕조의 젊은 황제 세 조 순치제順治帝(재위기간 1643~1661)에 의해 1645년 흠천감의 대장으로 임 명되었다. 순치제는 자신이 1661년에 죽을 때까지 아담 샬을 잘 보살펴 주었으며, 특히 그의 선조 3대에 걸쳐 최고 벼슬을 내렸다. 이러한 벼슬 이 수년 전 해상 관세청의 감찰감 로버트 하트 경에게 수여된 것을 상기 하면 흥미로운 일이다. 순치제의 장례식과 그의 각별한 총애를 받아 그 보다 먼저 죽은 애첩ー그녀는 죽은 다음 황비 칭호를 수여 받았다ー의 장례식에서는 마지막으로 만주족 풍습에 따른 순장殉葬과 함께 신하 및 시종들의 자살이 거행되었다.

당시 여덟 살이었던 순치제의 후계자는 나중에 커다란 이름을 떨친 강희제[88]이다. 61년에 걸친 그의 통치 기간에 선교사들의 갖은 노력과 호의에 힘입어 약간의 변화 기미가 있었지만, 선교사들의 잘못으로 가톨릭 선교활동에 대한 전망은 대단히 나빴다. 아직 성년이 되지 않은 황제의 통치 초기에 섭정자들은 선교사에 대해 가장 강력한 조치를 취했다. 당시 존경을 한 몸에 받고 있었던 나이 지긋한 아담 샬과 그의 대리인 베르비스트Verbiest는 다른 선교사들과 함께 감옥에 갇혔다. 아담 샬은 사형 선고를 받았으며, 베르비스트에게는 추방 명령이 내려졌다. 아담 샬에게 내린 선고가 집행되지 않은 것은 그가 사형 언도를 받은 뒤 일어난 강력한 지진 덕분이었다. 강희제가 섭정자들로부터 통치권을 넘겨 받은 뒤 선교사들의 상황은 훨씬 나아졌다. 무엇보다 역법曆法 문제에서 중국 천문학자들의 무능에 의해 빚어진 오류를 바로잡을 수 있는 사람은 유럽인뿐이기 때문이었다. 1671년에는 선교사 추방 명령이 철회되었다. 이는 주로 황제의 개인적인 호의 때문인 것으로 보인다. 강희제는 유럽의 학문, 특히 수학에 남다른 관심을 보였으며 선교사들과 이에 대해 이야기를 나누는 것을 좋아했다. 1673년 만주족에 반발해 윈난과 쓰촨에서 일어난 오삼계吳三桂[89]의 반란은 베르비스트가 자신의 능력을 강희제에게 입증해 보일 수 있는 좋은 기회가 되었다. 베르비스트는 강희제의 부탁으로 대포를 주조하여 반란을 진압하는 데 상당한 공헌을 하였다. 이로 인해 베이징에서 선교사의 지위는 엄청 높아졌다. 이를테면 1691년에 저장성의 지방 관청들이 관할 지역에 거주하는 외국 성직자와 토착 기독교인들을 추방하기 시작했을 때, 강희제는 이듬해 이들의 간청으로 기독교 신앙을 다시 용인한다는 칙령을 선포하였다. 그사이 선교 노력에서는 정치적 요소가 점점 더 떠오르기 시작했다. 교황의 결정에 의해 인도—중국 역시 여기에 속해 있었다—의 성직 보호권은 포르투갈 왕실로 넘어갔다. 프랑스의 국력이 점점 세지고 공명심이 높아짐에 따라 프랑스는 포르투갈에 부여한 이러한 독점권을 도저히 용납할 수 없었다. 곧 프랑스 성직자, 특히 아비뇽 출신의 알렉상드르 드 로데Alexandre de Rhodes 신부와 프랑스 궁정은 로마에서 이러한 독점에 반대하는 음모를 꾸미기 시작했다. 에귀용Aiguillon 대공비妃는 교황 알렉산데르 3세에게 세 명의 프랑스인—팔뤼F. Pallu · 람베르de la Motte Lambert · 코톨렌디Cotolendi—을 주교로 임명해 줄 것을 주청하여 이들을 시암 · 통킹 · 중국에 파견할 수 있었다. 그러나 포르투갈 · 네덜란드 · 영국의 어떠한 배도 팔뤼 주교를 태워 동아시아로 떠나려고 하지 않았다. 이로 인해 그곳에 프랑스 무역회사를 설립하자는 제안이 나온 지 얼마 후 '동인도 회사'가 설립되고, 프랑스 선교활동에 필요한 성직자들을 조달하기 위해 1663년 파리에 '외방전교회Missions étrangères가 설립되었다(이 교회의 정초식은

1683년에 거행되었다). 1685년에는 콜베르Colbert의 권유와 요청에 따라 학식이 높은 많은 선교사가 베이징으로 갔다. 이는 강희제에게서 얻어 낸 영향력을 더욱 넓히고 외관상 완벽해 보이는 계획을 공고히 하기 위함이었다.

그러나 이내 먹구름이 끼기 시작해 폭풍우가 몰아치더니 결국 전성기를 맞은 개종 사업은 급속한 종말을 고하게 되었다. 심지어 예수회원들 가운데에서도 하나님에 대한 중국식 이름과 제례 의식의 허용 문제, 특히 공자와 조상 숭배 문제에 대해 대부분 미신과 우상숭배의 의미를 부여하지 않은 마테오 리치의 견해에 동조하긴 했지만 의견이 분분하였다. 이에 반해 광신적인 도미니크회 수도사들은 전혀 다르게 판단하였으며, 나중에는 나사로회 수사들과 '외방전교회'가 이들에게 동조하였다. 이들은 모두 예수회원들의 관대한 견해를 비기독교적이라고 준엄하게 비판하였다. 결국 교황에게 이러한 분쟁에 대한 해결을 간청하기에 이르렀다. 1645년에 이노센트 10세는 도미니크회의 손을 들어 주었으며, 1656년에 알렉산데르 7세는 예수회원의 손을 들어 주었다. 그리고 이노센트 11세는 논란의 불씨가 된 제사 문제가 우상숭배 의식이 아니라 일반 민중의 의식으로 간주될 경우에 흔헤 용인함으로써 어느 정도 예수회원의 손을 들어 주었다. 교황의 결정은 그 어느 쪽도 만족시켜 주지 못했기 때문에 선교사들 간의 싸움은 계속되었다. '외방전교회' 소속으로 1684년 팔뤼 주교가 죽기 전에 중국 선교사업의 총책임자로 임명한 샤를 메그로Charles Maigrot 주교ー그는 소르본 대학에서 박사 학위를 받았다ー는 1693년에 난징에서 예수회원들에 반대하는 성명서를 발표하고 교황의 결정도 반대한다고 선언하였다. 그는 교황에게 예수회원들의 주장은 여러 가지 점에서 사실과 부합하지 않는다고 주장하였다. 예수회원들은 교황의 결정을 인정하지 못하고, 1699년에는 직접 강희제를 찾아갔다. 이는 비난의 표적이 된 제사 문제의 의미에 관해 강희제의 권위 있는 설명을 듣기 위함이었다. 그사이 로마에서는 계속 이 문제를 다루면서 중국 현지에서 예수회원들을 이해시키기 위해 안티오크의 대주교 투르농Tournon을 교황의 특사로 임명하여 베이징에 파견하였다. 한편 종교재판 이단심문소에 이 문제에 대한 조사를 맡겼다. 여기에서도 예수회원들에 대해 위헌 결정을 내렸으며, 교황 클레멘스 11세는 1704년 11월 20일 이 결정을 추인하였다. 베이징에서 교황의 칙령을 받은 투르농은 그곳에서 감히 이를 공표할 용기가 없었다. 그는 이미 '하늘天'이라는 명칭이 하나님에 대한 동의어로 인정되지 않으므로 강희제와 다시는 치유하기 힘든 단절이 초래될 것임을 잘 알고 있었다. 예컨대 베이징에 있는 예수회원들의 교회에 강희제가 하사한 대리석판에는 다음과 같은 말이 새겨져 있었다. "임금은 하늘이다" "하늘에 기도할지어다".

투르농은 타협안을 찾아내었다. 그는 메그로와 예수회원 드 비스들루de Visdelou를 베이징으로 불러들였다. 투르농은 논란을 빚고 있는 문제에 관한 구두상의 논의를 통해 비스들루가 예수회원들로 하여금 교황의 결정을 따르도록 하자는 동료들의 견해와 다르다는 사실을 알고 있었다. 그러나 교황의 칙령은 중국 기독교도들에게도 알려졌으며, 결국 강희제도 알게 되었다. 강희제는 공식적인 접견과 행사가 있을 때 투르농에게 이 문제를 화제로 삼았다. 투르농은 메그로를 전면에 내세워 강희제에게 그를 접견할 것과 문서상의 해명을 요구하도록 했다. 메그로가 자신의 해명서에서 오로지 교황좌의 권능에 속하는 문제에 대해 강희제를 재판관으로서 인정할 수 없다고 덧붙인 부대조항은 단절을 가속화시켰다. 메그로는 중국에서 추방되었으며, 투르농은 빨리 베이징을 떠나라는 명령을 받았다. 메그로는 마카오에서 배조차 탈 수 없어 영국 배를 타고 아일랜드로 도망가야 했다. 투르농은 난징으로 갔다. 그는 중국 황제와 교황 간의 단절을 치유불능 상태로 만들지 않기 위해 계속 교황의 칙령을 공표하려고 하지 않았다. 결국 그는 교황의 결정을 하나의 지시사항으로 요약하여 자신의 이름으로 모든 선교사에게 발송하였다. 선교사들 가운데 몇 명은 이러한 명령에 반대하여 교황에게 소명서를 제출하였다. 그러자 교황은 1710년에 그 소명서를 받아들여 추인하였으며, 여러 교단의 총회장들에게 소명서에 따르도록 지시하였다. 실제로 문제가 된 유일한 교단인 예수회 교단도 교황의 지시를 따랐다. 강희제는 투르농이 취한 조치를 듣자마자 그를 체포해 마카오로 끌고 오도록 했다. 마카오에서는 포르투갈인들에게 투르농을 감옥에 가두라는 명령이 하달되었다. 포르투갈인들은 이러한 명령을 신속하게 이행하였다. 투르농은 1710년에 죽었다. 강희제의 결정에 복종할 의무가 없다고 생각하는 선교사들은 모두 중국에서 추방당했다.

클레멘스 11세는 중국에 거주하는 예수회원들의 수그러들지 않는 저항과 여러 논박서를 통해서 야기된 분노를 종식시키기 위해 마침내 1718년 '사도헌장Ex illa die' 칙서를 공포하였다. 이 칙서는 사실상 1704년의 공의회 결정을 따르지 않는 자는 누구든지 대★파문에 처한다는 내용이었다. 이와 동시에 클레멘스 11세는 알렉산드리아의 대주교 카를로 메차바르바Carlo A. Mezzabarba를 다시 교황 특사로 임명하여 중국에 보냈다. 이번에는 포르투갈과의 모든 분쟁을 피하기 위해 리스본을 경유하여 중국에 보냈다. 1720년 베이징에 도착했을 때 메차바르바는 예수회원들이 표면적으로는 교황의 뜻에 완전히 복종한 것처럼 보였지만 그가 예상하고 우려하던 것보다 상황이 훨씬 심각함을 알았다. 강희제는 그가 중국에 도착하자마자 다음과 같은 요구사항을 전달하였다. "이전의 선교사들을 중국에 남겨 둘 것, 교황의 칙령을 따르는 것은 선교사들의 자유이지만 이는 중국인에게 해당되지 않는다는 것, 여타의 모든 유럽인의 경우 교황이 원하는 대로 명령할 수 있는 로마로 데려갈 것." 이것이야말로 황제 자신의 철회할 수 없는 칙령과는 모순관계에 있는 규정을 따르도록 해 주는 유일한 대안이라는 것이었다.

예수회원들이 선언한 바와 같이 선교활동의 즉각적인 중단을 초래하지 않기 위해 메차바르바는 교황의 칙서에 여덟 개의 약관을 첨가하기로 결심했다. 내용은 크게 논란이 된 모든 풍습(특히 제사 문제)이 순수하게 일반 백성들의 행위로 간주될 경우에는 허용한다는 것으로 요약될 수 있다. 그러나 이러한 타협안도 황제의 호의를 살 수는 없었다. 메차바르바에게는 예의를 갖추긴 했지만 단호한 방식으로 그가 데리고 온 선교사들과 함께 중국을 떠나라는 명령이 내려졌다. 로마에서는 당연히 강희제의 태도를 특히 예수회원들의 사주에 의한 것으로 믿고 있었지만, 이보다 오히려 특사의 행동에 대해 훨씬 더 불만을 표시하였다. 베네딕트 14세는 메차바르바가 발표한 성명서를 인정할 수 없다고 선언하고 '각 경우에 따라서Ex quo singulari'라는 칙서를 통해 클레멘스 11세의 결정을 재차 확인시켰다. 이 칙서를 통해 싸움은 결국 예수회원들의 주장과는 반대되는 결정이 내려졌다.

우리가 이 문제에서 예수회원들의 태도에 대해 어떻게 생각하든지 간에 이들이 교황의 결정을 가톨릭 선교의 미래를 위한 고육지책이었다고 올바로 판단했음은 부인할 수 없다. 탁발 수도회와 예수회원들 간의 싸움으로 일본에서 기독교 몰락을 가져왔듯이 한편으로는 도미니크회 수도사 및 나사로회 수도사들과 외방전교회, 다른 한편으로 예수회원들이 벌인 이전투구는 결과적으로 가톨릭 교회가 투르농을 파견한 이래 중국에서 받은 박해에 상당히 영향을 끼쳤다. 강희제의 후계자인 옹정제雍正帝(재위 1722~1735) 치하에서 선교사에 대한 조치는 더욱 엄격한 양상을 띠었다. 건륭제乾隆帝(재위 1735~1795)는 1773년에 발생한 수도회의 봉기로 인해 사제 신분에서 일반인 신분으로 강등된 베이징에 거주하는 예수회원들에 대해 개인적인 호감을 여전히 가지고 있었으며, 심지어 그들에게 1775년에 불에 탄 교회의 재건 비용을 대 주기도 하였다. 그러나 그의 치세 아래에서 박해가 점점 심해지더니 신앙을 고수한 대가로 순교한 희생자의 수는 점점 많아졌다. 가경제嘉慶帝(1796~1820) 치하에서는 토착 기독교도에 대한 박해와 몰래 중국에 체류하였거나 숨어 들어온 외국 선교사들에 대한 박해가 계속 이어졌다. 1844년과 1845년에야 비로소 변화의 조짐이 일기 시작했다. 도광제道光帝는 프랑스 공사 드 라그르네de Lagrené의 항의로 본토에서 중국인이 기독교 활동을 할 수 있도록 허용하였다. 그러나 선교사의 활동은 개방한 항구에만 제한되었다. 선교사들이 내륙으로 들어올 경우에는 범죄자로 다루지 말고 추방만 해야 한다는 추가조항이 마련되었다. 1858년과 1860년의 조약을 통해 비로소 선교사에게 내륙으로 들어갈 수 있는 길이 다시 허용되었다.

오늘날 중국에는 서른한 명의 사목 보좌신부들이 있다. 이들 가운데 여덟 명(만주, 쓰촨성 동부, 쓰촨성 서부, 쓰촨성 남부 두 명, 윈난성, 광시성, 광둥성)은 '파리 외방전도회' 소속, 다섯 명(즈리성 북부, 즈리성 서부, 저장성, 장시성 남부, 장시성 북부)은 나사로회 수사, 네 명(즈리성 남부, 즈리성 동부, 장난성)은 프랑스 예수회원, 여섯 명(산둥성 북부, 산시성山西省, 후베이성 북부, 후베이성 서부, 후베이성 동부, 산시성陝西省)은 이탈리아 프란체스코회 수사, 한 명(후난성 남부)은 이탈리아 개혁파 소속 프란체스코회 수사, 두 명(후난성과 홍콩)은 이탈리아 '밀라노 외방전도회' 소속, 한 명(푸젠성과 포르모사)은 스페인 도미니크회 수사, 한 명(후난성 북부)은 마닐라에서 온 스페인 아우구스티누스파 수사, 두 명(몽골와 간쑤성)은 벨기에 '외방전교회' 수사, 한 명(산둥성 남부)은 슈타일러 가家의 독일 선교사이다. 이에 반해 마카오에는 포르투갈 주교구가 설립되었다.

서른한 명의 보좌신부들 가운데 프랑스인이 열일곱 명이고 이탈리아인 아홉 명, 스페인인 두 명, 벨기에인 두 명, 독일인이 한 명이다. 유럽 선교사 수는 약 530명에 이르며, 토착 가톨릭 기독교도 수는 53만 5,000명을 넘는다.

중국에서 가장 오래된 선교단으로는 1624년에 네덜란드 주도로 포르모사에 세워진 선교단을 들 수 있다. 이 선교단은 포르모사 섬의 원주민 가운데 약 9,000명을 개종시키는 것을 목표로 삼았지만 그만 싸움에서 패하고 말았다. 콕싱가Koxinga[90]가 이 섬을 점령하여 네덜란드인들을 몰아 냄으로써 전쟁은 막을 내렸다. 콕싱가의 손자가 강희제에게 굴복한 해인 1684년에 최종적으로 살아남은 네덜란드 포로들과 이들의 자식들이 풀려났다. 이 밖에도 얼마 전부터 발굴되기 시작한 몇몇 저작물들은 개신교 선교활동에 대한 이러한 초기의 에피소드를 상기시켜 주고 있다.

　　이러한 시도가 실패로 끝난 지 거의 150년이 지나 최초의 개신교 선교사로서 영국인 모리슨Morrison 박사가 중국 대륙으로 왔다. 그러나 그의 활동 역시 선교 사업과 관련지어 보면 말라카 · 싱가포르 · 피낭 · 자바에 설립된 선교단의 활동과 마찬가지로 당초에 품은 기대에 훨씬 미치지 못했다. 사람들은 이들 선교단이 그곳에 살고 있는 중국인 가운데에서 멋진 성공을 거두어 나중에는 중국 본토에까지 전파할 수 있기를 바랐다. 중국에서는 1842년까지 여섯 명, 같은 시기에 인도차이나의 섬과 대륙에서는 약 150명의 중국인들을 기독교로 개종시킬 수 있었다. 개신교 선교단의 비교적 성공적인 활동은 1843~1845년에 난징 강화조약이 체결된 뒤 홍콩과 중국 본토로 건너감으로써 비로소 시작되었다.

오늘날 중국의 개신교 선교단에서 활동하는 사람은 3만 7,287명에 이른다. 반면에 선교 사업에는 589명의 남성과 391명의 기혼자, 316명의 미혼 여성들이 참여하고 있다. 이들 가운데 40명은 미국·영국·독일의 여러 단체 소속 회원이며 국적별로 영국인 724명, 미국인 513명, 독일인 59명이다.

선교 학교에서 배우고 있는 학생 수는 1만 6,836명에 달했다. 16개 병원과 44개 약국이 생겨났으며, 1889년에 이들 시설에서 치료를 받았거나 약을 받은 환자의 수는 34만 8,439명에 이르렀다. 선교단의 비용에 대한 토착 기독교인들의 분담금은 3만 6,884달러였는데, 이는 개종자 한 명당 1달러가 못 되는 액수였다. 이에 반해 개신교 선교단이 지출한 비용은 100만 달러를 훨씬 상회한 것으로 추산해도 전혀 무리가 아닐 것이다.

3

앞에서 간략히 언급한 역사적인 개요에서 알 수 있듯이 초기에 중국에서 큰 성공을 거둔 세 개의 기독교 선교사, 즉 네스토리우스파와 14세기의 로마 가톨릭 및 17세기에 포르모사에서 활동한 개신교 선교사들의 시도는 아무런 흔적도 남아 있지 않을 정도로 그동안 이룩한 것이 완전히 파괴되었다. 따라서 우리는 외국인과 기독교도에 맞선 적대적인 당파들이 아전인수 격으로 역사적 유추를 하여 이와 같은 성공의 가능성을 지금 도달할 수 있는 목표로 삼을지라도 놀라서는 안 된다. 14세기에 중국에서의 기독교 선교의 몰락이 이방인 몽골 왕조 추방과 동시에 일어났다는 사실에서, 이른바 정치적 목적을 추구하는 비밀 단체의 경우 현재 권력을 쥐고 있는 이방인 만주 왕조에 맞선 선동과 기독교도 및 외국인에 맞선 선동이 서로 맞물려 있음을 알 수 있다. 청 왕조는 이와 같은 정황을 잘 알고 있었다. 또 청 왕조는 1891년 양쯔강 계곡에서 기독교 선교단에 가한 공격으로 촉발된 조약 강대국들과의 협상에서 연기와 정상참작을 요구하는 등 이를 외교적으로 이용할 줄 알았다. 보통 때라면 청 왕조는 결코 이러한 요구를 하지 못했을 것이다.

기독교 선교단, 선교사, 개종자들에게 씌워진 죄목은 미신적 죄목, 종교적 죄목, 정치적 죄목, 사회적 죄목 이 네 가지로 구분해 볼 수 있다. 첫 번째 미신적 관계에서는 선교사들이 병자와 죽은 자의 눈 및 다른 신체 부위를 예컨대 돈을 벌기 위한 마법 도구와 사진을 찍기 위한 도구로 사용한다는 비난이 가해졌다. 이러한 누명은 전혀 새로운 것이 아니다. 이것은 이미 수백 년 전에도 있었으며, 그 뒤에도 특히 기영薔英[91]이 도광제道光帝에게 보낸 보고서와 1840년대 중반 도광제의 칙령 및 최근의 행정 문서에도 등장한다. 나중에 기영은 기독교를 전파한 중국인들이 "여자와 (다른 사람의) 딸들을 유혹하여 거짓말로 환자 눈에서 동공을 훔쳐 냄으로써" 그들의 파렴치한 행위를 은폐하기 위한 수단으로 삼았다고 보고하고 있다. 1891년 우후蕪湖 지방 태수의 보고서에는 이러한 누명이 선교사를 겨냥한 것으로 교회의 둥근 천장을 조사할 때 눈이 빠진 몇 구의 시체를 찾아냈다고 분명히 언급되어 있다. 이 태수의 소환 및 징계 문제에 관한 총리아문總理衙門 대신들과의 협상에서 적어도 이들 대신 가운데 몇 명은 이 태수의 고발이 전혀 근거 없는 것이라 생각지는 않는다는 인상을 받을 수 있었다. 가톨릭과 개신교가 운영하는 고아원과 병원에 대한 고발도 이러한 범주에 해당된다. 이들 기관이 그와 같은 목적으로 아이들을 사들이거나 환자들을 악용한다는 것이었다. 아이들을 데리고 온 사람들에게 고아원 측에서 사례금을 지불한 일은 이러한 소문을 퍼뜨리는 데 적잖이 기여했다. 그러나 예컨대 베이징의 남당—중국인들은 이곳에서 자발적으로 환자의 간호와 장례에 대한 문제 및 비용을 수녀들에게 일임하고 있었다—에 있는 '성聖 빈센트 드 폴 자혜병원慈惠病院'에서는 사람들이 이미 입관되어 있는 고인을 방문하려면 먼저 시체에 눈이 있는지를 확인하는 절차를 거쳐야만 한다. 전염병이 발생할 경우 외국인도 전혀 안전할 수 없다. 올해 홍콩에서 페스트가 맹위를 떨쳤을 때 오랫동안 외국인 가정의 시종으로 있던 중국인들조차도 식민지 정부가 그들의 병든 동포들을 살해하려 한다고 믿었다. 광저우에서는 거리에서 죽어가는 사람들을 보살펴 주던 두 명의 여자 개신교 선교사들이 의혹에 가득 찬 군중에게 갈기갈기 찢겨 죽을 뻔하였으나 천신만고 끝에 위기를 모면할 수 있었다. 온갖 계몽과 교육에도 불구하고 독일에서도 유대인의 피의 의식을 신봉하는 사람이 상당수 있음을 생각하면 이와 같이 터무니없는 미신의 폐단에 대해 이상하게 생각할 필요가 없다. 또 전염병이 일어날 경우 샘물 오염에 대한 소문과 이로 인한 난동 역시 유감스럽지만 드문 일이 아니다. 어리석은 소문일지라도 무턱대고 무시하는 것은 옳지 않으며, 이러한 소문을 부채질하는 것을 막는 데 최선을 다해야 할 것이다.

두 번째 종교적 관계에서 중국 지식인들을 종종 이들이 신봉하는 터무니없는 미신에 따라 단정하는 경향이 있는데, 이들의 수준이 아주 낮다고 생각한다면 이는 상당히 잘못된 일이다. 강희제와 건륭제가 교황의 특사 및 선교사들과 벌인 논쟁은 중국 쪽에서는 흔히 토론술의 걸작이라 할 만하다. 그리고 근대의 중국 문인들이 성경의 교리에 대해 언급한 논거들을 보면 종종 콜렌소Colenso 주교의 논거와 마찬가지로 상당히 기지가 번뜩인다. 앞에서 언급한 1890년의 선교사 회의에서 에드킨스Edkins 신부는 중국인의 현대 문학—기독교에 적대적인 경우에 한정하여—에 관한 강연을 하였는데, 이 강연은 많은 정보를 제공하고 있다. 어떤 작가는 고도가 높아질수록 공기가 희박해진다는 점에서 승천의 가능성을 부인하고, 어떤 작가는 해와 달과 별이 지구 때문에 창조되었다는 성경의 천지 창조 이야기를 공격한다. 또 다른 작가는 불교의 우주발생론을 기독교의 그것보다 더 선호한다. 불교는 영겁의 시간에 따라 계산하지만, 기독교는 단지 날수에 따라 계산하기 때문이다. 그러나 하나님의 강생降生과 성모 마리아의 무염수태無染受胎에 관한 믿음에 대해서는 하나같이 이구동성으로 이의를 제기한다.

기독교 문제에 심각한 해를 입힌 커다란 과오는 성서, 특히 구약성서의 많은 부분의 번역과 판매 및 배포에 있다는 점을 부인할 수 없다. 게다가 신약성서의 많은 구절조차도 현재의 번역으로는 중국인이 이해할 수 없다는 점을 들 수 있다. 1890년의 선교사 회의에서 한 강연자가 인용한 것에 따르면 마가복음의 첫 구절인 "하나님의 아들 예수 그리스도 복음의 시작이라"는 문장이 중국어 번역문에서는 "하나님의 아들 예수 그리스도의 행복한 음성의 시작이라"로 되어 있다. 이 문장에 쓰인 각각의 단어는 모든 중국인에게 있어서 하나의 수수께끼가 아닐 수 없다. 여기에서 우리는 '하나님'이라는 단어의 번역에 대해 여러 상이한 종파 간의 다툼을 생각할 필요가 전혀 없다. 이 문제에 관해서는 개신교 선교사들 간에도 아무런 합의에 도달하지 못했다. 1880년에 일반 선교사와 최고의 선교사들이 막스 뮐러Max Müller 교수를 매섭게 공격한 적이 있었다. 동양의 신성한 책 모음집에 들어 있는 중국 고전에 대한 번역에서 그가 레게Legge 교수에게 '상제上帝'라는 단어를 '하나님'으로 번역하는 것을 허락하였기 때문이었다.

세 번째 정치적 관계에서 선교사에게 가해지는 호된 질책은 다름 아닌 기독교의 관용을 무력으로 강요했다는 것이다. 이러한 주장은 대체로 근거가 희박하다. "우리는 만인에게 똑같은 호의를 표한다"라는 문장은 청 왕조의 오랜 원칙이다. 청 왕조는 기독교도·마호메트 교도·불교도들에 대해 이들의 선전이 정치적 색채를 띤다고 생각한 경우에는 이러한 원칙을 따르지 않았다. 토착 기독교도들은 종종 옳든 그르든─이는 밝혀내기 어려운 문제이다─'백련교파' 및 다른 비밀 정치 결사단체와 결부되어 있었으며, 이로 인해 박해를 받았다. 일반적으로 가톨릭 선교사들은 중국의 국내 문제에 관해서 언제나 충성스러운 모습을 보였다. 이에 반해 개신교 선교사들은 유감스럽게도 태평천국 난(1850~1864)이 일어났을 때 사려 깊지 못했을 뿐 아니라 믿음직스럽지도 못했다. 하지만 중국의 위험은 선교사들을 외국의 보호 아래 두겠다는 것, 특히 프랑스가 이러한 보호를 가톨릭 선교단에 대한 보호권 형태로 요구하고 있으며 실제로 독일을 제외한 모든 나라에 대해서도 요구하고 있다는 데에 있다. 실제로 중국인의 눈에는 프랑스가 이와 같은 보호권을 행사할 때 분명히 정치적인 목적을 추구하고 있는 것으로 비쳐지고 있으며, 다른 한편으로 이러한 위험은 중국이 안남과 통킹의 사례를 염두에 두고 있는 것보다 훨씬 더 크게 느껴지고 있다. 안남과 통킹 같은 나라들에서 선교사 문제는 이들의 정치적인 독립 상실에 대한 서곡이자 계기로 작용하였다. 따라서 중국은 1886년에 총독 이홍장이 신뢰하는 던Dunn을 바티칸에서 교황 특사나 대사로 임명하여 파견해 줄 것을 촉구했다. 교황 레오 13세는 이 계획을 싫어하지 않았다. 교황의 복안은 예상컨대 중국이 바라는 해결책, 다시 말해서 전체 가톨릭 선교단을 종교적 권위 아래에 두면 문제의 돌파구를 찾을 수 있을 것이고, 반면에 개별 선교단의 구성원에 대한 보호는 프랑스가 보복 위협으로 교황청과 중국 간의 합의를 방해하지 않을 경우 각 나라의 공사관에 맡기면 된다는 것이었다.

전체 선교사 문제에서 가장 어려운 문제 가운데 하나는 선교사들이 내륙으로 들어가는 것을 허용하느냐와 그곳에 지속적으로 체류할 수 있는 권리를 부여하느냐이다. 이러한 권리는 지금까지 어떠한 외국인에게도 부여한 적이 없으며, 오로지 1860년 프랑스와 청나라가 맺은 조약 제6조에 근거를 두고 있을 따름이다. 1858년에 체결한 조약 제13조를 통해 선교사들은 다른 모든 프랑스인과 동등한 지위를 부여 받았다. 다시 말해서 이들은 영사관에서 발행한 통행권을 가지고 수시로 내륙으로 들어갈 수 있게 되었다. 1860년에 맺은 조약 제6조에서 조약에 따라 프랑스에만 적용되는 문서에는 선교사를 전혀 언급하지 않았으며, 이미 1846년에 도광제가 자발적으로 행한 약속, 즉 박해 기간에 기독교인으로부터 빼앗은 토지와 건물을 이들에게 되돌려 준다는 약속을 이제 이행해야 한다는 규정만 담고 있었다. 그러나 이 조항의 청나라 쪽 문서에는 프랑스 선교사에게 제국의 모든 지역에서 토지를 사거나 임대하여 그 위에 건물을 세울 수 있도록 허용한다는 부대조항을 담고 있었다. 양측 문서가 이렇게 차이가 나는 데에는 프랑스 선교사의 쇄도에 대해 십중팔구 바론 그로Baron Gros 대사 몰래 공사관의 통역자 쪽에서 권한을 위임 받지 못했으면서도 이들이 추가조항을 넣었기 때문이었다. 중국인들은 패전에 따른 압력으로 이 추가조항에 동의하지 않을 수 없었다. 중국인들이 사태를 알아차리고 나서 프랑스 측 문서에 담긴 규정의 인정을 거부했을 때 프랑스 공사관은 다시 협상을 벌이게 되었다. 이 협상에서 사실상 중국 측 문서는 그대로 유지하기로 하였다. 그러나 선교사가 아니라 기독교 교구만이 부동산을 취득할 수 있고, 선교사에게는 공사관의 특별 통행증을 발행한다는 부대조항을 첨가함으로써 일단락되었다. 1865년에 이루어진 협정은 관례대로 당시 프랑스 공사인 베르테미Berthemy 이름으로 체결되었다.

청 왕조는 가톨릭 선교사에게 부여한 권리를 자발적으로 개신교 선교사에게도 부여하였다. 물론 청 왕조는 개신교 측에서 이러한 권리를 행사할 때 훨씬 더 빈번하고 더 큰 폐해를 끼치리라는 점을 알고 있었다. 가톨릭 선교사는 확고한 조직의 일원이었으며, 자신이 속한 선교원의 보좌신부 감독을 받는다. 보좌신부는 수십 년 전부터 중국에 거주해 오면서 중국의 풍습·관습·편견 등을 잘 알고 있었다. 보좌신부는 언어 지식과 이 밖의 교육을 통해 선교사들에게 알맞은 곳을 지정해 준다. 개신교 선교사는 40개나 되는 상이한 단체에 소속되어 있다는 사실을 제쳐 두고라도 어느 정도 독립적이다. 이들을 파견하는 단체는 유럽이나 미국에 소재지를 두고 있다. 현지에 파견된 나이 든 선교사들은 종종 그에 걸맞은 권위를 지니고 있지 못하거나 칭찬할 만하지만 지나친 열성을 제어하는 데 필요한 분별력을 갖추지 못한 경우가 많았다. 이로 인해 항상 미국인과 영국인 사이에서 벌어지는 경쟁을 살펴보면 이는 조금도 놀랄 일이 아니다. 양자 간에는 우위 쟁탈전이 벌어지고 있으며, 이는 필시 중국 관청과 백성들의 갈등을 초래할 것이다. 실제로 이러한 갈등은 이미 빚어지고 있다. 많은 청춘 남녀가 미국과 영국 출신이고, 얼마 전부터는 덴마크와 스웨덴에서도 오고 있다. 하지만 이들은 중국 언어와 풍습을 알지 못하며 새로운 직업에 대한 아무런 기초지식도 갖추지 못하고 있다. 단지 이들에게 중국 옷을 입혀 중국의 풍습과 예의범절에는 전혀 신경 쓰지도 않은 채 열 명 혹은 그 이상의 여자들을 한 남자의 보호 아래 내륙으로 보내고 있다. 이로 인해 야기되는 나쁜 인상에 대해서는 전혀 알지 못하고 있으며, 맹목적인 광신만이 판을 치고 있을 뿐이다. 이제는 각국 선교단의 지도자들이 다른 문제와 마찬가지로 이 문제에 대해서도 고삐를 좀 더 단단히 쥘 때가 왔다고 생각한다. 또 다른 아주 나쁜 상황은 모든 토착 기독교인이 외국 선교사와의 관계를 일정한 보호관계로 생각하지 않는다는 사실이다. 외국 선교사들은 이교도를 믿는 나라 사람들과 당국에 대해 종교적 박해나 사적 분쟁 문제 및 사건이 있을 때마다 종종 보호관계에 호소하곤 했다. 이러한 정책은 선교사 쪽에도 많은 책임이 있기 때문에 엄청난 노여움을 사고 있다. 백성과 관할 당국이 저지른 수많은 탈법행위의 원인은 바로 이러한 분노에서 찾을 수 있다.

네 번째 사회적 관계에서 볼 때 선교사 활동은 중국 민중의 생활에 깊이 관여하며 영향을 미치고 있다. 이는 도미니크회 수도사와 예수회원들이 서로 싸울 당시의 조상 숭배 문제, 즉 전도 사업을 계속 수행하는 데 심각한 해를 끼치고 방해가 되는 제사 문제와 마찬가지로 이교도와 기독교도 간에 벌어지는 모든 다툼과 불화의 원인이 되고 있다. 가톨릭 선교사의 경우 이 문제는 교황 베네딕트 14세의 칙령에 의해 사실상 종결되었다. 비록 선교사 가운데 많은 이가 교황의 결정이 과연 현명했는지에 대해 의문을 품는다 하더라도 각자는 맹세하여 그 결정에 따라 행동할 의무를 지고 있다. 개신교 선교사의 절대 다수는 교황 입장을 지지한다. 1890년에 개최된 선교사 회의에서 이른바 베이징 대학, 즉 동문관同文館[92] 총장으로 있던 마틴Martin 박사―그는 교양이 있으며 중국 관계에 정통하다―는 이 문제에 대해 중국의 견해를 고려해야 한다고 주장했다. 그러나 그의 주장은 준엄한 비판에 직면하였으며, 총회 투표에서 두 표를 제외한 전원 반대로 나타났다.

이 문제의 종교적 측면을 논의하는 것은 여기에서 적절치 않다. 하지만 "네가 건강하고 오랫동안 이 땅 위에 사는 한 부모를 공경하라"는 계율을 가진 종교가 이러한 토대 위에서 중국의 견해와 소통할 수 있는 수단과 방법을 찾아내지 못한다는 것은 참으로 이상한 일이다. 조상 숭배는 중국에서 가정생활과 가문의 공통 관심사를 결집하기 위한 정신적 구심점일 뿐 아니라 조상을 모신 사당은 가문의 행 및 불행과 관련된 여러 대소사를 논의하고 결정짓는 회합 장소이기도 하다. 조상을 모신 사당은 가족의 혼백을 모시고 있으며 가문의 족보를 보관하고 있다. 가문 공동의 재산은 조상의 사당과 밀접한 연관을 맺고 있다. 조상 숭배 포기는 중국인에게 있어서 가족과 가문에서 탈퇴한다는 것을 의미한다. 다시 말해서 이는 수천 년 전부터 내려오는 가장 값진 모든 것과의 단절을 뜻한다. 가족과 가문에서 탈퇴한 자가 예전에 분할하지 않고 공동으로 소유하고 있던 재산에 대해 자신의 지분을 요구할 경우 문제는 더욱 어려워진다. 그의 요구를 들어줄 경우 이는 공동체에 해가 되므로 공동재산에서 그의 지분을 배제시킬 것이다. 이때 선교사가 개종자 편에 가담하여 관청에서 그의 요구를 도와줄 경우 소송문제는 일단락된다. 기독교를 신봉하는 중국인과 교구 및 선교단체에 대한 대부분의 공격은 바로 이러한 연유에서 기인한다.

청나라 조정은 여러 차례 선교사 활동으로 빚어지는 폐단을 외국 열강들에 주지시키려고 하였으며, 이러한 폐단을 막기 위해 여러 가지 제안을 내놓았다. 예컨대 1871년에 청 왕조는 외국 대표자들에게 총 8개항에 이르는 외교 문서를 제출하였다. 하지만 이 조치는 별다른 대안 없이 실패로 끝났다. 이른바 톈진 대학살과 유럽에서 프랑스가 패배한 지 1년밖에 안 되어 시기를 잘못 선택하였기 때문이었다. 또 그 조항은 전부 가톨릭 선교사만을 겨냥한 것이었고, 이 밖에도 개별 제안에 대해 제시한 근거에는 수많은 오류와 미숙하기 짝이 없는 내용으로 이루어져 있었기 때문이었다. 그렇다고 8개 조항에 들어 있는 청조의 불만사항들을 전혀 근거가 없는 것으로 치부할 수는 없다. 이 8개 조항은 좀 더 자세히 언급할 필요가 있다. 관청에서는 자기들 특유의 고집을 되풀이하다가 마침내 1891년에 다시 문제로 삼았다. 8개 조항은 다음과 같다.

1. 고아원은 아예 짓지 않거나 기독교도 아이들만을 위해 짓고, 이 경우에도 관할 당국의 허가와 감독 없이는 지을 수 없다.

2. 여자들이 교회에 다니는 것은 더 이상 허용할 수 없으며, 자비회 소속 수녀들이 중국에서 기독교 교리를 가르치는 것은 허용하지 않는다.

3. 중국에 살고 있는 선교사는 중국의 법과 관습에 따라야 한다.

4. 외국인과 중국인은 죄를 범한 때 각자 자기 나라의 법에 따라 처벌을 받는다. 그러나 외국인의 경우 죄를 지은 자를 처벌하는 것 외에 또 다른 손해 배상을 요구하는 것은 허용하지 않는다.

5. 프랑스 선교사에게 발부되는 통행권에는 앞으로 체류 장소와 가는 길을 정확히 밝혀야 한다. 선교사가 목적지 이외의 다른 곳으로 가는 것은 불허한다.

6. 범죄자가 아니라는 것을 확인하지 않고서는 그 누구도 기독교도로 받아들여서는 안 된다.

7. 선교사는 행정상의 특권을 부당하게 행사해서는 안 된다.

8. 교회 부지를 매입하고자 할 경우 선교사는 사전에 관할 관청에

계획을 통지하여 아무런 문제가 없음을 확인 받아야 한다. 또 선교사는 지금부터 예전 교회에 소속되어 있던 부지에 대한 반환을 청구해서는 안 된다.

이상에서 열거한 제안들 가운데 몇 가지는 수용되기 어려운 게 분명하다. 하지만 다른 몇 가지는 실행 가능하고 바람직한 개혁의 싹을 담고 있다. 이를테면 특히 선교사의 내지內地 여행과 체류, 고아원의 건립 등이다. 그러나 난관은 현재 청나라 조정과 조약 강대국 정부가 서로 합의를 이끌어 낼 수 있느냐보다 이러한 합의 결과를 실제로 이행할 수 있느냐에 있었다. 청나라와 바티칸 간의 협상에서 합의가 도출될 경우 가톨릭 선교사들에게는 문제가 훨씬 쉬워질 것이다. 프랑스의 보호령 아래에서 이것이 불가능하다는 것은 프랑스 교회의 이해관계에서 기인한다. 가톨릭 선교사들의 미래는 로마 교황청이 잘 판단하여 시의 적절하게 중국과 직접적인 관계를 터는 조치를 취하느냐에 달려 있다.

개신교 선교사의 경우 지금까지 통용되는 원칙을 개정하려면 정부를 통해야 한다. 그러나 이것이 아주 쉬운 문제라고 생각하면 큰 오산이다. 자력으로 전도사업을 추진하는 사람들의 수를 제쳐 둔다 하더라도 영국과 미국의 대다수 선교 단체들은 상당한 정치적 영향력을 지니고 있다. 따라서 두 나라 정부는 이러한 문제에 관여하기보다 가능한 한 충돌을 피하려고 할 것이다. 커즌Curzon은 앞에서 든 자신의 책에서 영국 교회의 한 고위 성직자 말을 인용했다. 그 성직자는 엑서터 대성당 홀에서 커즌이 중국에서의 기독교 선교 문제에 대해「타임스」와의 인터뷰에서 행한 발언과 관련하여 기독교 선교 문명에서 생겨나는 이득이나 손실은 선교사 문제가 아니라는 의견을 피력했다. 즉 "선교사는 전 세계의 모든 정치인과 외교관보다 더 높은 주님의 종이다. 선교사를 외교관으로 생각하는 것이 아니라 외교관을 선교사로 생각해야 한다!" 이와 유사한 교만과 현실 상황에 대한 이해 부족을 우리는 종종 영국과 미국에서도 보게 된다. 따라서 이 문제에 관심이 있는 정부들은 괜히 민감한 가톨릭 교회라는 벌집에 손을 대어 곤경에 빠지기보다 되는대로 두고 보자는 심사를 가지고 있었다. 그러나 선교사를 비롯한 외국 정부들은 선교단과 토착 기독교도들에 대한 공격이 점점 강화된 형태로 나타날 때조차 별반 놀라지 않을 것이다. 청나라 조정은 이러한 공격을 저지하거나 처벌할 생각이 거의 없어 보인다. 조약 강대국들의 정부가 조약에서 맡은 의무를 중국에 이행하도록 요구할 권리가 있다면, 중국은 선교사들이 중국의 재판을 받지 않았지만 외국의 재판권도 행사될 수 없는 지역에 갈 수 있는 권리를 요구하는 상대측에 대해 최소한 도덕적 의무를 이행하고 그에 대한 보상을 하도록 요구할 수 있기 때문이었다. 이러한 딜레마에서는 청나라 정부와 공동으로 규정을 공포하는 것 외에 다른 방책이 없다. 이에 대한 전제조건은 선교사들이 이 규정을 준수할 경우에만 내륙으로 갈 수 있는 통행권을 발부한다는 것이다. 외국 열강들의 보호를 포기하고 중국 당국의 지시를 따르자는 선교사 단체의 제안은 내막을 아는 사람이라면 아무도 진지하게 받아들일 수 없기 때문이었다. 중국 형법전은 선교사에게 적용할 수 없는 것으로 여겨지는 일련의 규정들을 담고 있다. "당국의 허가 없이 종교적인 건물을 지어 시설을 유지하고 기부하는 자는 곤장 100대에 처한다. 그자가 신부인 경우에는 성직 신분을 박탈하여 영원히 국경 밖으로 추방한다. 그자가 수녀인 경우 조정에서 부리는 노예의 벌에 처한다. 종교 단체에 기부한 모든 재산은 몰수한다. 조정의 허락 없이 사제가 된 자는 곤장 80대를 맞고 세속적인 신분으로 되돌아가야 한다. 법을 어기면서 사람들을 받아들이는 수도원의 구성원과 책임자들은 똑같은 벌에 처한다." 선교사 단체의 제안은 자국 정부의 감독을 피하고, 중국 정부의 감독도 받지 않으려는 생각만 갖게 할 수 있다. 따라서 어떠한 정부도 이것을 보장해서는 안 되며, 최종적으로 위기의 순간에 닥치더라도 선교사에게 약속해서는 안 된다.

4

그러나 선교사 문제보다 더욱 시급하면서 중국보다 조약 강대국들에 있어 더욱 중요한 문제는 동아시아에서 전개되는 정치적 상황이었다. 19세기에 외국과 긴밀한 관계를 맺은 이래 둔감하고 방어적인 거대한 중국이 자신의 이해관계에서 벗어나 있는 무리한 요구를 막아내는 데 진력하다가 실패한 반면에 일본은 동아시아에서 공격적인 세력을 대표하고 있다. 오늘날 중국과의 분쟁 역시 바로 이 때문이었다. 일본의 대중국 정책은 지난 20년간 두 번이나 방향을 바꾸었다. 그다지 까다롭지도 않고 만만한 상대였지만 심각한 분쟁을 야기할 뻔했다. 류큐와 일본의 정크선들이 포르모사 남단 해역에서 좌초됐을 때 배에 타고 있던 선원들은 그곳에 거주하는 섬의 원주민들에게 살해당하였다. 중국은 특유의 미숙함을 드러내면서 이 사건에 대해 책임지기를 거부하였다. 이는 1874년에 일본 원정대가 포르모사 남쪽으로 들어오게 하는 빌미를 제공하였다. 이 원정은 두 세력 간의 협약을 통해 종결되었다. 중국은 일본의 행동 방식을 자국 국민을 보호하기 위한 정당한 것으로 인정하였다. 따라서 중국은 살해당한 선원 가족에 대해 10만 냥, 포르모사 남부에서 일본인들이 닦은 길과 그 밖의 시설물에 대해 40만 냥의 배상금을 지불하는 한편 앞으로 일본 배들이 왕래할 때 야만인들의 공격에 시달리지 않도록 안전을 보장하기로 약속했다.

포르모사로 원정하는 데 일본이 500만 달러의 비용을 지출하였고, 700명의 군인들이 병으로 죽었다고 주장한 한 지일파(그리피스)의 통계가 맞을 경우 일본 정치인들이 그 속에 담긴 교훈을 잘 이용할 줄 몰랐던 것은 유감스러운 일이다.

류큐 왕국은 예나 지금이나 많은 아시아 국가가 그러했듯이 1609년부터 중국과 일본에 동시에 조공을 바쳤다. 일본에 대해서는 사실상 그해에 류큐 섬을 공격하여 큰 성공을 거둔 사쓰마 번주에게 조공을 납부하였다. 1872년에 일본 정부는 류큐 왕에게 도쿄로 사신을 보낼 것을 명령하였다. 일본 정부는 사신에게 류큐 왕을 그곳의 통치자로 임명하는 책봉권을 내릴 것이고, 앞으로 그 섬의 행정에 관해 직접적인 지배권을 행사하겠다고 통보하였다. 류큐 왕은 이러한 무자비한 횡포에 대해 항의했지만 왕위 책봉권은 받아들일 필요가 있다고 보았다. 류큐 왕은 그에 대한 전제 조건으로 일본에 류큐의 체제나 정부 형태가 바뀌어서는 안 된다는 점을 승인해 줄 것을 요구하였다. 이러한 협정을 맺었지만 류큐의 사절단은 1872년과 1874년에 관례적으로 조공을 바치기 위해 중국으로도 갔다. 그러나 1875년에 일본 정부는 중국과 이러한 관계를 더 이상 계속하지 못하도록 금지시켰다. 류큐 왕의 항의에서 보듯이 류큐의 전 백성은 이를 일본이 배신한 것으로 간주하였다. 이러한 항의와 더불어 수백 년간 지속된 관계를 하루아침에 바꿔서는 안 된다는 백성들의 강력한 염원에 대해 일본 정부는 1876년에 류큐 왕의 왕위를 박탈함과 동시에 그를 도쿄로 이송할 것이며, 류큐 왕국을 일본의 36번째 행정구역으로 병합한다는 답변을 보냈다. 청나라 정부는 이와 같은 일본의 조치로 인해 깊은 상처를 받았다. 청나라 정부는 당시 세계일주 여행을 하고 있던 미국 전 대통령 그랜트Grant 장군의 중재를 요청하였지만 무위로 끝났다.

그리고 보면 일본이 중국의 역사적인 요청을 무시한 첫 번째 계기는 조선 원정이 아닌 셈이다. 어떠한 군사적 또는 정치적인 성공도, 수도에 억류된 조선의 왕에게 강요한 어떠한 양보도, 어떠한 외교상의 궤변도 일본의 속셈을 숨길 수 없다. 일본은 단지 자신의 이기적인 이익만을 얻기 위해 도발하지 않을 것이고, 이웃 나라와 평화롭게 지내길 원하며, 이웃 나라의 백성들이 싫어하고 정부가 요청하지 않을 경우에는 공격하지 않을 것이라고 천명하였지만 이는 모두 거짓이다. 이러한 사실에 비춰 볼 때 조선이 독립을 원치 않을 것이라는 것과 피를 흘리지 않고서도 이루어 낼 수 있는 개혁을 도입하겠다는 모든 구실은 터무니없는 주장이다. 일본의 조치는 독일의 자유를 수호해 주겠다는 구실을 내세운 리슐리외, 루이 14세, 나폴레옹 1세의 조치를 연상시킨다. 중국과 신성로마제국의 비교 역시 전자에서는 지방관과 총독, 후자에서는 개인적인 이해관계에 봉사하는 군주와 도시들을 통해 묘사되고 있긴 하지만 아주 적절한 편이다.

청나라는 청한 바도 없고 예상하지도 못한 싸움에 일본이 끼어듦으로써 점차 군대 조직의 미비함을 알게 될 것이다. 대체로 위기 때에 그러하듯이 그에 대한 책임은 청나라 정치인 가운데 유일하게 위험을 인지하여 사전 조치를 취한 사람에게 맡겨지게 된다. 즈리성의 총독직을 맡고 있던 이홍장이 바로 모든 관리 가운데 유일한 사람이었다. 그는 청나라 수구파의 저항과 베이징의 미약한 지원에도 불구하고 새로운 전술에 부응할 수 있는 육군과 해군을 창설하였다. 다른 18개 지방과 만주·몽골의 총독 및 지방관들이 이와 같이 자신들의 의무를 다하였다면, 청나라는 오늘날 일본보다 훨씬 우월한 해군과 육군을 통솔하고 있을 뿐 아니라 이러한 군대 보유만으로도 불온한 이웃이 조선에 대해 공격하지 못하도록 막을 수 있었을 것이다. 그러나 그렇게 되지 못한 것은 주로 베이징에서 영향력을 행사하는 자들의 무지와 교만 때문이었다. 다시 말해서 황궁과 만주족 때문이라기보다 옛날부터 물려받은 조직의 우수성에만 매몰되어 있던 중국인들 때문이었다. 1883~1885년 프랑스와의 충돌에서 빚어진 실패에서도 아무런 교훈을 얻지 못했다. 이와는 반대로 중국인들이 받은 유일한 인상은 영국과 다른 나라의 보고자들이 말한 것처럼 중국 군인들이 그렇게 형편없지는 않다는 것이었다. 중국인들은 자국 군대가 프랑스인을 물리칠 수 있을 것이라고 믿었기 때문이다. 이러한 확신은 1885년부터 청 왕조의 태도에 상당한 영향을 미쳤다. 청 왕조가 일본과의 전쟁을 시작한 이래 경험한 수많은 실망은 이와 같은 아전인수 격의 과대평가에서 기인한다. 이에 대해서는 종종 우스꽝스럽기 짝이 없는 여러 사례가 있다. 이를테면 통킹 출신의 중국 장군들은 오래된 중국 화승총이 외국에서 들여온 후장총後裝銃보다 휴대하기가 훨씬 낫다고 보고하였다. 대개 외국 총의 경우 중국 병기창에서 공급한 탄환의 호환성이 좋지 못한 데서 기인하기 때문에 정확한 조사를 해야 했지만 총리아문에서는 이러한 보고에 절대적인 신뢰를 보냈다.

수도의 안전을 위해 베이징이 위치한 지방의 총독 자격과 즈리성의 지정학적 위치 때문에 조선과의 관계에 대해서도 책임을 맡고 있던 이홍장은 불완전한 군대 조직에 도사리고 있는 위험을 오판하지 않았다. 군대 조직을 개편하려는 그의 노력이 때로는 기존의 이해관계, 즉 대부분의 군대 지휘관들이 옛 상태를 유지할 때 갖게 되는 개인적인 이해관계와 때로는 중앙정부의 무관심 및 통찰력 부족으로 인해 좌초되었기 때문에 이홍장은 최소한 자신이 예상한 실패에 스스로 휘말리지 않으려고 하였다. 이를테면 프랑스와 청나라가 분쟁에 빠졌을 때 그는 갈등을 남쪽 지역에 한정시키기 위해 모든 노력을 기울였다. 또 그는 일본과의 싸움을 외교적 영역에 한정시키려고 하였다. 그가 이 것을 이루어 내지 못한 이유는 일본인들의 무자비한 행동과 영국 국 적의 가오슝Kowshing(高升)호에 대한 공격으로 촉발된 베이징의 분위기 때문이었다. 그러나 베이징에서 군대의 향상 문제를 거의 고려한 적 이 없었다는 것은 다음의 사실에서 알 수 있다. 군대 고위 장교의 시험 에 대한 규정을 변화된 관계에 따라 맞추자는 이홍장의 청원서는 1890년에 죽은 량광兩廣 총독 증국전曾國筌의 지지를 받았지만 베이징에 서는 두 번이나 거부되었다. 그 결과 비록 대부분의 군대가 현대식 후 장총으로 무장하고 있다 하더라도 이러한 군대의 통솔을 맡은 지휘관 들은 오늘날에도 여전히 활쏘기, 무거운 돌 던지기, 잡다한 곡마술 등 으로 시험을 보고 있는 실정이다!

일본과의 전쟁은 결말이 어떠하든 이러한 관계에 있어서 변화를 초 래할 것이다. 프랑스와의 분쟁으로 제국 전체에 전신電信 시설이 도입 되었고, 러시아에 대한 불안으로 만주 철도가 건설되었듯이 일본과의 전쟁은 수많은 전략적인 철도와 군대의 재편을 가져다줄 것이다. 군 대를 재편함에 있어 인적 자원은 부족하지 않다. 북부지역의 중국인 과 중부지역의 중국인·만주인·몽골인은 이러한 목적을 수행하기에 신체적·도덕적 특성에서 전혀 나무랄 데가 없다. 이들은 용감하고,

인내심이 강하며, 검소하다. 다만 이들이 훌륭한 군인이 되기 위해서는 그에 걸맞은 지도력이 필요하다. 또 이를 위해 베이징에서 외국인 군사 고문에게 이론적인 수업뿐 아니라 젊은이들 스스로가 교관과 지휘관 역할을 떠맡을 수 있을 때까지 군사적 교육을 맡길 결심을 한다면 좋은 방책이 될 수 있을 것이다. 지난 30년 동안 역경이 있을 때마다 중국인들은 외국인에게 도움을 구하였다. 그러나 위기의 순간이 지나면 중국인들은 비록 외국인이 이루어 낸 성과를 높이 인정하면서도 서둘러 외국인에게서 벗어나려고 했다. 중앙정부는 이러한 모든 일을 지방의 수령과 총독에게 맡기고 있다. 또 지방 쪽에서는 이러한 군사 고문에 대한 비용을 개별 군대 지휘관에게 전가시키고 있다. 군대 지휘관들은 때에 따라 이러한 이유와 불쾌한 통제에서 벗어나기 위해 외국 장교들이 가르치는 내용을 모두 배웠다며 이들의 해임을 요구하고 있다. 이로 인해 중국의 육군과 해군은 최상의 고문관들을 잃게 되었다. 다른 많은 부문에서와 마찬가지로 이 점에서도 군대 개편을 위한 비용을 낭비하지 않으려면 획기적인 변화가 일어나야 할 것이다. 그러나 무엇보다 베이징, 즉 수도에서 일을 주도하고 군대 재편성에 대한 염려와 함께 그에 대한 책임을 지는 습관을 가져야 할 것이다.

이와 같은 모든 일을 수도에 집중시키고자 할 때 가장 큰 방해 요인은 모든 것을 지방 관청에 떠맡기려는 옛날의 습관과 관리들의 불성실에 있었다. 그러나 중국에서는 최근의 경험에 따라 많은 것을 바꾸는 한편 재정 문제에서 다른 세력, 특히 정부의 절대적인 신뢰를 받아야 할 것이다. 어려운 일이긴 하지만 개선을 이루어 내는 것이 전혀 불가능하지는 않을 것이다. 나는 많은 유럽인이 생각하는 교양 없는 중국인들의 신뢰성을 가늠해 볼 수 있는 사례를 직접 몇 가지 경험하였다. 이는 교양 있는 유럽인이나 미국인들을 부끄럽게 만든다. 총리아문 대신들의 단지 구두상 약속 때문에 수천 마르크가 아니라 수십만 마르크의 손해 배상금을 지불한 경우는 제쳐 두기로 하고, 여기에서는 불과 몇 년 전에 일어난 이야기 한 가지를 하고자 한다. 독일의 한 기업이 어떤 지방의 태수와 차관을 체결한 적이 있었다. 이 태수는 차관으로 받은 돈을 행정에 사용하였다. 이 차관은 합의에 따라 일정한 금액의 이자를 지불해야 하고, 얼마 뒤에는 분할상환을 해야 하는 것이었다. 첫 번째 분할금은 상환되었다. 태수가 죽었을 때 그의 개인 재정은 파산 상태였으며, 그 지방 역시 막대한 부채를 지고 있음이 밝혀졌다. 공적이 많아 명망이 높고 성실했던 이 태수는 추후에 제공될 국고금으로 돈을 빌려 행정상의 목적에 사용했다는 점에 대해서만 비난을 받았다. 그 독일 기업은 나를 찾아왔고, 나는 총리아문으로 갔다. 그곳의 대신들은 나에게 자기들은 전체 내막에 관해 전혀 아는 바가 없지만 필요한 조사를 하여 그 결과를 나에게 통보해 주겠다고 말했다. 그러면서 그들은 나에게 이 사건에 대한 서류를 두고 가라고 하였다. 몇 주가 지나자 대신들은 나에게 총리아문으로 오도록 요청하였다. 그곳에서 대신들은 나에게 문제가 된 차관은 정부 모르게, 정부의 허가를 받지 않고 체결되었다고 말했다. 하지만 조사 결과 그 돈은 행정상의 목적에 사용되었으며, 독일 기업은 전적으로 태수를 믿고 거래하였다고 대신들에게 말하자 그들은 정부가 지불할 것이며, 첫 지불금은 며칠 내에 이루어질 것이라고 답변했다. 나는 독일 기업에게 2주간의 말미를 청나라 정부에 주라고 요청하였고, 추후의 모든 지불금이 정해진 기간에 정확히 이루어질 것이라고 전했다. 그리고 실제로 그러하였다. 얼마나 많은 정부가 이와 같이 청나라 정부처럼 그들의 명예에 걸맞은 행동을 보여 줄 수 있을까? 이때 간과하면 안 될 것은, 중앙정부가 값싼 이자로 엄청난 금액을 제공함으로써 쉽게 이용할 수 있는 온갖 유혹을 스스로 뿌리쳤을 뿐 아니라 이러한 점에서 가볍게 생각하던 지방 관청에도 정부의 허가 없이는 외국인과 차관이나 선불금 사업을 체결하는 일을 금하였다는 사실이다. 따라서 중국의 신용은 오늘날 전혀 문제가 없다. 일본과의 전쟁으로 발생한 재정적 손실은 지금까지 적어도 무역과 장사에서 간접적으로 입은 것에 비하면 그다지 심각하지 않은 것으로 여겨진다.

그러나 평화가 다시 찾아온 뒤 청나라는 또 다른 문제로 화폐제도 개혁과 관세율 개정이 외국인에게도 가장 중요한 사안에 속한다는 사실을 알게 될 것이다. 화폐제도에 관한 한 청나라 정부는 이미 1876년 마가리 피살 사건에 대한 배상 문제를 협상할 때 외국을 본보기로 삼아 화폐 주조소를 설치하겠다고 선언하였다. 영국 측 교섭자 토머스 웨이드Thomas Wade 경은 협약서의 어느 부분에 넣어야 할지 몰랐기 때문에 그러한 제의를 받아들이지 않았다. 당시 한 번 놓친 기회는 두 번 다시 오지 않았다. 광저우 총독이 은화銀貨와 동화銅貨의 주조를 국부적으로 시도한 것은 문제의 해결책으로 간주될 수 없었기 때문이었다. 여기에 심각한 난관이 도사리고 있음은 의심의 여지가 없다. 모든 관리와 토착 은행과 외국 은행이 여러 종류의 중국 화폐들끼리, 그리고 달러로 환산할 때 벌어들이는 이익은 강력한 저항에 부닥칠 것이다. 중국에 널리 퍼져 있는 화폐 위조는 남부에서 이른바 극성을 부리고 있었다. 즉 달러가 사용될 때마다 모든 상인은 달러에 스탬프를 찍게 되었는데, 이러한 화폐 위조 역시 과소평가할 수 없는 장해 요인이다. 이 밖에도 외국 상인과 토착 상인 계급에게 해당 규정의 정확한 준수 여부에 필요한 보증과 순도純度 확인을 해 주기 위해서는 적어도 외국인이 화폐 주조국의 관리가 되어야 할 것이다.

관세율 개정 문제는 은銀의 시세 때문에 더 이상 피할 수 없게 되었다. 당초 가치의 5퍼센트로 산출된 고정 관세율은 1858년에 합의한 요율에 근거하고 있기 때문에 은 가격 하락에도 불구하고 관세율을 정할 당시 시세의 40퍼센트에도 미치지 못하고 있다. 따라서 이러한 관세 수입 감소로 인해 구매력이 현저하게 줄어들게 된 청나라 정부는 관세율 개정에 관심을 기울이게 되었다. 조약 열강들이 이러한 관세율 개정에 저항하는 것은 옳지 못한 일일 것이다. 오히려 이들은 이 점을 개방적으로 받아들여 교역을 연장하는 데 필요한 승인을 요구할 수 있는 기회로 활용하여야 할 것이다. 즉 개별 내륙 수로의 개방, 예를 들어 특히 광저우 서쪽—수입 관세의 50퍼센트—강의 개방과 내국 관세 문제에 대한 규정이 필요하다. 마지막에 언급한 내국 관세의 경우 수입항에서 징수되는 통과 관세는 내국 물품들이 원래의 포장 상태로 있는 한 보상해 준다는 점에서 그러하다. 이 점에 대한 협상은 조약 자체만큼이나 오래됐다. 이 협상은 아무런 결론을 이끌어 내지 못하였다. 상인들이 청나라 정부의 보증을 신뢰하지 않았기 때문이다— 이에 대한 협정을 맺는 문제에 대해서는 총리아문에서 적절한 답변을 하였다. 그리고 조약 정부들은 독자적으로 행동할 용기가 없었다. 러더퍼드 앨콕Rutherford Alcock 경에 의해 체결되었지만 영국 정부 측에서 비준하지 않은 1869년의 조약에는 이 점에 대한 합의를 진행할 수 있는 조짐이 엿보인다.

전략적 목적과 주로 경제적 목적을 위한 철도 착공(이는 산악지역을 개발하고 이곳에서 주기적으로 반복되는 기근난을 없애기 위한 것이다), 정부 공장의 증설과 확장, 좀 더 광범위하고 합리적인 광산 개발 등은 관세율 상승으로 초래될 수 있는 무역과 산업의 손실을 충분히 메워 줄 것이다. 물론 우리는 특수한 독일의 이해관계를 상기시키기 위해서라도 특히 임박한 협정에서 손해를 보지 않도록 감시를 잘해야 할 것이다. 최근의 영국과 일본의 통상조약은 다른 쪽이 그들의 이해관계를 위해 얼마나 신경 쓰는지를 보여 주는 좋은 사례이다. 영국은 스테이플 품목에 대해 낮은 관세율을 계속 유지하기로 보장 받았지만, 자율 관세에 대한 일본의 요구를 수용하여 적은 수량의 모든 수입 품목에 대해서는 제외하기로 하였다. 독일의 산업은 바로 이러한 품목에서 가장 큰 비중을 차지하고 있다.

인력 문제 측면에서가 아니라 우리의 통상과 산업, 중국에 거주하고 있는 동포들에게 제공해야 할 보호를 위시하여 중국에서 우리의 이해관계를 대변하는 문제를 진지하게 고려할 필요가 있다.

독일은 많은 수고와 적지 않은 비용을 들인 끝에 개별 기술자들을 양성하는 데 성공했다. 이들은 개인적인 능력, 중국어와 중국 관계에 대한 지식에서는 기대에 미치지 못할 수도 있다. 하지만 이렇게 도달한 결과에 대한 실제적인 평가는 의문시되고 있다. 지금까지 이러한 목적을 위해 지출되는 금액－앞으로는 매년 1만 2,000~1만 8,000마르크를 넘지 않을 것이다－이 결정적인 부분에서 삭감될 것이기 때문이다. 이때는 중국에서 우리 산업을 전문지식에 입각하여 대표할 필요성이 두 배로 느껴지는 순간이다. 동시에 중국에서 20년 전부터 지켜온 원칙－즉 중국어에 능통하지 못한 사람은 누구도 영사 업무를 맡을 수 없다－이 흔들리게 될 것이다. 이것은 법률 업무나 통역 업무에서 배출된 영사관 관리들 간의 해묵은 싸움이다. 이러한 다툼은 모든 나라에서 일어나고 있고, 불합리하게도 내각은 대개 전자의 편을 든다. 중국에서 채용된 모든 영사관 공무원의 경우 현지어에 대한 지식을 고수하고 있는 영국에서도－중국어 시험을 볼 때 외교관은 매년 100파운드의 보너스를 받는다－가장 성공한 영국 외교관들 가운데 몇 명이 통역사 출신이라 하더라도 외교 업무에 있어서는 아직 이러한 편견으로부터 자유로울 수 없다. 커즌은 이에 대해 다음과 같이 적고 있다. "동아시아에서 우리의 외교 대표성 문제와 관련하여 가장 신경을 써야 할 몇 가지 사안이 있다. 외무성은 흔히 이러한 포스트 가운데 몇몇을 단지 부수적인 정도로만 생각하고 있는 것 같다. 즉 다른 곳에서 아무런 성과도 내지 못했거나, 동아시아에 대한 특별한 자격을 갖추지 못한 사람들을 위한 한직閑職 정도로 여기는 것 같다. 내 생각에는 중국과 일본 궁정에서의 직책은 그 무엇보다 중요하다. 비록 정도가 낮긴 하지만 이는 시암에서도 마찬가지다. 하지만 동양과 아무런 개인적 면식도 없거나 문제에 대해 전혀 알지 못하는 사람들을 이러한 자리에 임명하여 문제를 처리하도록 하는 일이 잦아지고 있다 [……] 내 생각에 동양에서 외교적 경력을 쌓기 위한 자리는 아직 많이 있어 보인다. 우리는 도쿄·베이징·방콕 등지에서 이른바 통역사 요원들을 양성하고 있다. 이들은 예비 시험에 합격한 뒤 동양으로 보내져 생애 대부분을 보내게 될 나라의 언어 수업을 철저하게 받게 될 것이며, 그런 다음 영사 업무를 맡게 될 것이다. 이들 가운데 지금은 고인이 된 해리 파크스 경—그의 이름은 중국과 일본에서 너무나 잘 알려져 있고 또 많은 사람으로부터 존경 받고 있다—과 현재 탕헤르Tanger[93]의 영국 공사 어니스트 새토Ernest Satow, 그 밖의 사람들도 통역 요원 출신인데 누구나 이들의 이름을 기억하고 있다. 오늘날에는 예전보다 이와 같은 사람들을 배출할 기회가 훨씬 많고, 이들에 대한 필요성도 더욱 높아지고 있다. 동아시아는 적어도 몇 년 동안은 배워야만 습득할 수 있는 지식을 요구한다. 외교적 소양은 부분적으로 현지 분위기에서 배우지 않으면 안 된다. 비슷한 코스를 밟은 고故 윌리엄 화이트William White 경이 콘스탄티노플에서 얻은 높은 지위는 보스포루스 해협에 대한 지배와 성 소피아 성당의 소유보다 훨씬 중요한 지역적 문제가 현안이 되는 나라들에서도 이룰 수 있다.”

여기에서 커즌이 동아시아에서 영국의 외교 업무에 관한 전제조건으로 말한 것은 중국에서 독일의 영사 업무에 더욱 잘 들어맞는다. 중국으로 가는 사람은 자신의 공적 경력을 위해 외교 업무를 수행한다는 것을 알아야 하고, 자신의 출세는 중국어 지식과 현지에 대한 적응 능력에 달려 있다는 점을 알아야 한다. 이는 그리 가혹한 일이 아니다. 급여는 다른 나라들보다 훨씬 높으며, 적어도 물질적인 생활 역시 괜찮은 편이다. 복무 기간의 산정 방식을 보면 공직에 몸담은 지 20년이 지나면 퇴직하여 연금을 받을 수 있다. 국가에서는 교양을 갖춘 한 사람을 위해 많은 인센티브를 제공하므로 누구도 자신의 정신적 능력의 쇠퇴를 걱정할 필요가 없다. 중국어 지식을 동아시아에서의 출발과 입신을 위한 결정적인 전제 조건으로 삼고, 몇몇 인물들을 위해 어떠한 예외도 허용하지 않을 경우에만 우리는 동아시아에서 복무에 필요한 훌륭한 자원을 갖출 수 있다. 중국에서 근무하는 일이 보편적인 이해관계를 해치면서까지 더 빨리 출세하려 하고 또 해야 하는 사람들을 위해 거쳐 가는 곳이 되어서는 안 된다.

중국에 체류하는 독일인들의 물질적 보호는 이들의 생명이나 재산의 안전을 위협할 수 있는 모든 내외적 분규 때문에 항상 대두되는 문제이다. 물론 이러한 보호는 단지 군함을 통해서만 유지될 수 있다. 그러나 개방을 한 대부분의 항구, 즉 톈진 · 광저우 · 한커우漢口의 경우 수심이 얕기 때문에 그곳에 접근하기 위해서는 물에 잠기는 폭이 낮은 배만이 이러한 임무를 수행할 수 있다. 지금까지 동아시아에 주둔하고 있는 포함砲艦 일티스Iltis호와 볼프Wolf호는 내항성, 전투 준비 태세, 승무원의 숙박 등 여러 문제에서 상당히 개선할 점이 많았지만 이러한 목적을 완벽하게 수행하였다. 따라서 이들 군함을 대체하고자 할 경우에는 동일한 깊이를 가진 유사한 군함에 의해서만 가능할 것이다. 그렇지 않을 경우 독일은 상하이 다음으로 가장 큰 자치단체를 이루고 있는 톈진과 광저우에서 자국 국민 보호를 계속 다른 나라 배에 의존해야 한다. 이것은 독일의 이해관계뿐 아니라 위신에도 맞지 않는다. 이때 전시에 독일 배의 항해에 대한 방어는 문제가 되지 않는다. 1894년 4월 영국은 장갑함 2척과 어뢰정 6척을 포함하여 총 22척, 프랑스는 장갑함 2척을 포함하여 23척, 러시아는 11척의 배들을 동아시아의 바다에 주둔시켰다. 이는 태평양에서 이들 열강의 전대戰隊를 제외한 숫자이다. 이러한 전투력에 비해 식량 공급, 선박 수리, 석탄 적재를 위한 기지를 갖추지 못한 2~3척의 작은 배들은 그다지 의미가 없다. 따라서 허상을 좇아 실질을 포기하는 것은 바람직하지 못한 일이다. 다시 말해서 지금의 국제관계에 비춰 볼 때 모든 수단을 동원한다 하더라도 전시에 동아시아 바다에서 독일 군함의 항해가 불가능했지만, 이를 보호한다는 명분으로 중국에 있는 독일인의 보호를 포기하는 일은 바람직하지 못하다.

　동아시아 상황에서 전개될 수 있는 정치적 문제는 앞에서 다루지 않았다. 이러한 문제는 본질적으로 일본과의 전쟁에서 보여 줄 수 있는 중국의 인내력, 일본에는 조선과 관련하여 처음의 기본 방침을 고수할 수 있는 가능성, 조선의 정치적 변화에 의해 이해관계에 영향을 받는 강대국들의 태도 등에 달려 있을 것이다. 독일에 있어서는 전쟁이 발발하기 이전의 상태를 유지하거나 여러 강대국의 보장 아래 조선을 중립화하는 것이 바람직한 해결책일지 모른다. 조선과 관련해서는 기존의 통상권과 항해권을 유지하는 문제가 아니라면 직접 개입할 수 있는 아무런 명분이 없다. 사실상 통상권과 항해권은 현재 그다지 중요한 문제가 아니지만 그 위상을 분명하게 명시해 두는 것이 여러 모로 좋을 것이다. 또한 동아시아에서 우리의 판로販路는 어떠한 정치적 변화에 의해서도 제약을 받아서는 안 될 것이다.

제7장
동아시아 영국 영사―해리 파크스(1895)*

최근에 영국 맥밀런 출판사에서 유명한 영국 영사이자 외교관인 해리 파크스Harry Parkes 경의 생애를 다룬 두 권짜리 책이 출간되었다.** 독일 독자와 여러 정황을 고려할 때 1,000여 쪽의 분량이 꽤 많은 편이다. 그러나 고인이 활동한 시기는 세계무역을 위한 동아시아의 개방 시기에 해당되고, 그가 이러한 개방을 이끌어 낸 여러 사건에서 주도적인 역할을 수행하였으며, 중국과 일본이 지난 시기에 또다시 엄청

---

* 이 글은 1895년 「전망」지 88권, 257쪽 이하에 실린 것이다.
** 『중국과 일본 주재 영국 공사 해리 파크스 경의 생애』 전2권. 초상화와 지도를 곁들인 제1권은 스탠리 레인풀에 의해 편찬되었고, 지도를 곁들인 제2권은 F.V. 디킨스와 S. 레인풀에 의해 편찬되었다.

난 주목을 끌었기 때문에 이 책의 내용을 일별해 보는 것은 일반 독자에게도 흥미가 있을 것으로 여겨진다.

1

해리 스미스 파크스는 1828년 영국 스태퍼드셔에 있는 한 작은 마을에서 소규모 대장간 주인의 막내아들로 태어났다. 그의 부모는 그가 태어난 지 얼마 안 있어 1832년과 1833년에 각각 사망했다. 졸지에 고아가 된 세 명의 아이, 즉 두 명의 누나와 해리를 아버지의 하나뿐인 동생인 삼촌이 거두게 되었다. 이들의 삼촌은 퇴역한 해군 장교였는데, 영국 해군의 승리와 넬슨 제독의 영웅적 행위에 관한 그의 이야기는 조카들의 성격 형성에 적잖게 영향을 미친 것으로 보인다. 그러나 이러한 해리의 보금자리도 얼마 뒤 사라지게 되었다. 삼촌이 그의 많은 식솔을 곤궁한 상태로 남겨 둔 채 1837년에 죽었기 때문이다. 이후 해리의 두 누나는 1838년 8월에 유명한 중국학자 귀츨리프Gutzlaff와 결혼한 사촌언니의 초대를 받아 중국으로 갔다. 1841년 6월에 어린 해리가 이들을 뒤따라갔다. 해리는 귀츨라프와 그사이에 큰 누나와 결혼한 선교의사 윌리엄 로커트William Lockhart의 노력으로 곧 일자리를 얻게 되었다. 이것은 오늘날 통역 견습생이라고 부를 수 있는데, 영국 전권 대사이며 무역 총책임자인 헨리 포팅저Henry Pottinger의 비서이자 일급 통역사인 모리슨J. R. Morrison의 휘하에서 일하게 된 것이다.

당시 열세 살이던 어린 파크스가 중국에 당도한 시기는 특히 청나라와 영국, 그 밖의 전 세계 나라들 간의 관계에서 활발한 교류가 이루어지던 중요한 때였다. 외국 무역을 위해 중국에서 유일하게 개방된 광저우의 상황은 악화일로에 있었으며, 도광제의 특사 임칙서林則徐가 그곳의 업무를 맡은 뒤 기존의 수많은 불만을 평화적으로 수습할 수 있는 가능성이 사라졌다. 특히 선교사 단체에서는 당시 청나라와 영국 간의 전쟁을 초래한 난관들을 점점 아편 수입에 대한 허가를 무력으로 강요하려는 영국의 계획 탓으로 돌리곤 하였다. 앞에서 언급한 책 『해리 파크스 경의 생애』에서는 사실관계에 전적으로 모순되는 이러한 주장에 대해 적극 반박하고 있다. 아편 무역의 최대 적은 청나라 정부와 지배층이었다. 하지만 이는 단지 민족적·경제적 이유에서 그러하였다. 매년 이러한 기호품의 수입 증가로 인해 막대한 양의 은이 중국에서 유출되었고, 이로 인해 무역수지가 실제 체감할 수 있을 정도로 중국에 불리하게 되었기 때문이었다. 그러나 동시에 청나라 정부와 지배 세력은 이러한 마약 수입에 의해 중국인의 몸과 영혼의 파멸을 우려하는 사람들의 동정을 사기 위해 모든 외국 것에 맞선 혐오와 저항을 아편 밀무역에 대한 도덕적 분노 속에 감출 정도로 영악하였다. 사실상 임칙서의 조치에서 중요한 것은 전혀 다른 곳에 있었다. 그것은 중국과의 교역을 단순히 수용하는 차원을 넘어 당연한 권리라고 생각하는 영국인들의 오만한 요구를 중국에 가서는 완전히 말살시키는 것이었다. 그러나 외국과의 무역을 억압해서는 안 되었다. 그것은 고위직에서부터 말단직에 이르기까지 광저우의 모든 관리 및 외국 상인과의 교역만을 허가 받은 홍콩의 상인들에게 너무 많은 이익을 가져다주었다. 하지만 영국인처럼 권리를 주장하는 외국인들의 교만은 철저하게 배척하였다. 외국인은 아무런 보호를 받지 못한 채 중국 재판권, 즉 만주족의 전횡 및 공갈 협박에 복종하느냐와 많은 위험 및 멸시에도 불구하고 사실상 막대한 이익을 가져다준 교역을 포기하느냐 하는 선택의 기로에 직면하게 되었다. 마침내 이와 같은 선택을 내릴 상황이 되었다. 중국과의 모든 갈등을 피하려고 주춤하며 미온적인 태도를 취하던 영국 정부조차도 중국에 대해 지금까지 묵묵히 참고 기다리기만 하던 관용의 역할에서 벗어나 무력 사용에 대한 결단을 내려야만 했다.

파크스는 당시 중요한 역할을 맡은 사람들과 나중에 그러한 역할을 함께 수행하게 될 수많은 사람을 만나게 되는 행운을 얻었다. 붉은 머리칼에 푸른 눈의 원기 왕성한 파크스는 비록 어린 나이임에도 불구하고 이성과 용기, 결단력을 지닌 인물로 주변의 모든 사람에게서 사랑을 받았다. 무엇보다 그는 친아들처럼 대해 주는 전권대사 헨리 포팅저의 총애를 받았다. 파크스는 당시 1842년에 일어난 전쟁을 한 발짝 물러난 방관자의 입장에서 경험했으며, 마침내 난징에서 영국과 청나라 고위 관리들 간의 교환 방문에 참가하였다. 청나라의 전권대사 기영耆英 · 이리포伊里布 · 우감牛鑒 등이 2층으로 된 콘월리스Cornwallis호를 처음 방문했을 때 파크스는 황제의 특사들 가운데 한 명을 소개 받았다. 그 특사는 파크스가 자신의 일기에서 적고 있듯이 '실제 붉은 머리칼의 야만인'에게 호감을 느껴 그를 어루만져 주었고 특별대우를 해 주었다. 1842년 8월 29일에 체결된 난징조약으로, 흔히 아편전쟁이라 불린 전쟁이 종식되었다. 그동안 아모이 · 닝보 · 저우산췬다오 · 상하이 · 진장錦江은 영국의 배와 군대에 의해 이미 점령당한 상태였고, 중국인들이 항복을 결심했을 때는 난징에 대한 공격 준비를 마친 상태였다.

　난징조약은 앞의 책에서 아주 적절하게 언급되고 있듯이 중국과 영국 사이에서 획기적인 변화를 초래하였다. 중국인들은 역사상 처음으로 잘못을 정식으로 인정하였다. 사실상 그들은 '외국 악마들'에게 당한 패배를 공식적인 문서에서 공개적으로 시인한 것이다. 지금껏 중개를 통해서만 토착 상인들의 길드에 들어갈 수 있었던 영국 상인들을 더 이상 청원자로 보지 않게 되면서 그들은 처음으로 영국과 국가 대 국가로 협상할 준비가 되어 있었다.

영국 및 세계와 교역하기 위해 처음으로 다섯 개 항구가 개항되었다. 이 모든 것이 중국인들의 사상에 있어서 엄청난 변혁이었다. 희망으로 부푼 목격자들은 옛 쇄국정책의 붕괴와 외국의 진취적 기상을 받아들이기 위한 중국 전역의 개방을 예언하였다. 이러한 희망은 아직 시기상조였지만, 나중에 상당한 기대를 갖게 하는 조약의 토대 위에서 전개될 시기가 올 것이다.

파크스는 민간 특사로 활동하고 있던 귀츨라프와 함께 저우산천다오로 갔다. 이 시기에 파크스가 쓴 일기에는 인상적인 대목이 많이 나타난다. 예컨대 그는 그 섬에서 영국 수비대를 통솔하는 셰드Schoedde 장군에 관해 다음과 같이 적고 있다.

"이 노신사는 항상 자신의 물건을 직접 구입한다. 그는 모든 물품에 대해 다른 사람들보다 두 배나 비싼 가격을 부르는 중국인들에게 번번이 사기를 당한다. 하지만 물건에 정가가 붙어 있는데도 장사꾼이 그 가격보다 조금 더 요구할 경우에는 비록 몇 푼밖에 안 될지라도 그는 한참 동안이나 값을 깎는다. 마침내 자신의 잘못이 아님을 확신한 경우에는 장사꾼을 체포하여 판사에게 데려간다. 그곳에서 사건은 신속하게 처리된다. 나는 문제의 액수가 10냥 정도밖에 안 되는 광경을 목격하기도 했는데, 이는 우리 돈으로 환산하면 0.5페니에 불과하다. 그러나 그 장군은 진장錦江에서 돌격대를 지휘할 때 보여 준 것같이 점잖고, 정직하며, 신의 있고, 용감한 노신사이다. 이보다 더욱 빛나는 것은 그가 하나님을 경외한다는 사실이다."

1843년 9월에 파크스는 광저우로 파견되었다. 그곳 영사관에서 그는 일반적인 사무를 배울 기회를 가졌다. 1844년 6월에는 아모이에 있는 영사관의 통역관으로 임명되었고, 이듬해에는 같은 자격으로 푸저우福州로 옮겼다가 1846년에 상하이로 전근 갔다. 마지막 장소인 상하이에서 그는 전에 아모이에서 모신 적이 있는 자신의 상관인 러더퍼드 앨콕—그는 나중에 앨콕 경卿이라는 칭호를 부여 받았다—을 만났다.

중국에서의 상황은 여전히 개선할 점이 너무나 많았다. 난징조약의 규정을 완전히 무시하거나 가능한 한 회피하려는 시도는 논외로 하더라도 영국인을 차별대우하며 그들에게 모욕적인 언사와 폭력을 일삼을 뿐만 아니라 이들의 재산과 생명에도 위협을 가하거나, 특히 중국의 도시를 비롯해 주변 지역으로 자유롭게 이동할 수 없도록 방해 공작을 펼치는 등의 행태는 매우 심각한 문제로 떠올랐다. 항의를 하더라도 아무런 소용이 없었다. 개별적이고 진상이 명백한 경우에는 천신만고 끝에 금전적인 배상을 받아 낼 수 있었지만 책임자에 대한 처벌은 이루어지지 않았다. 당시 상하이 근처에서 안전하지 못한 곳으로 악평이 나 있는 지역에서 선교사 세 명이 신약성경 등을 배포하다가—영국 영사는 자국 선교사들에게 그곳을 방문하지 못하도록 분명히 경고를 하였다—푸저우에 정박해 있는 일단의 정크선 선원들에게 무자비한 공격을 받아 모든 물건을 약탈당하는 일이 있었다. 가해자들을 처벌해야 한다는 앨콕 영사의 요구에 대해 중국 당국이 아무런 답변 없이 무시했을 때, 그는 요구한 배상이 이루어질 때까지 어떠한 정크선도 상하이 항을 떠나지 못하도록 하겠다고 선언하였다. 앨콕의 위협과 용기를 올바르게 평가하기 위해서는 당시 공물인 쌀을 싣고 북쪽으로 갈 1,400척의 곡물 정크선과 50척의 전투용 정크선이 상하이 항구에 정박해 있었다는 사실을 알아야 한다. 이에 반해 앨콕 영사에게는 '칠더스Childers'라는 프리깃함 한 척과 곧 합류하기로 한 범선 에스피글Espiegle호 뿐이었다. 관할 관청이 계속해서 머뭇거리기만 하자 앨콕은 며칠 뒤 그곳의 총독에게 상황을 전하고 태수의 소환을 요구하기 위해 부副영사 로버트슨과 통역사 파크스를 태운 에스피글호를 난징으로 파견하였다. 이로 인해 지방 관청은 숙고를 거듭한 끝에 가해자들을 체포하였다. 피해자들로부터 대질심문을 받은 그들은 나무로 된 칼을 목에 차고 한 달 동안 서 있는 벌을 받았다. 이후 난징으로의 선교도 성공적으로 이루어졌으며, 관할 관청의 태수는 다른 관리로 대체되었다. 난징에서와 마찬가지로 상하이에서도 파크스의 상관들이 책임자로 있었지만 성공을 이루어 내는 데 있어서 중요한 일익을 담당한 사람은 파크스였다. 그는 중국어를 말하고 쓸 수 있는 유일한 사람이었기 때문이었다. 그는 자신의 직속상관인 앨콕 영사를 비롯하여 홍콩에 있는 새로운 통상 책임자인 보넘Bonham과 파머스톤 경卿으로부터도 인정을 받았다. 이때부터 파크스는 자연스럽게 중국에서 가장 유능하고 열정적인 관리들 가운데 한 사람이라는 명성을 얻었다.

1849년에 파크스—바로 직전에 아모이 소재 영사관의 통역사로 임명되었다—는 휴가를 받아 인도를 경유하여 고향으로 돌아갔다. 그곳에서 당시 외무성 차관으로 있던 파머스톤 경으로부터 전혀 예기치 못한 영접을 받은 파크스는 나이와 지위에 비춰 볼 때 과분한 영예를 누렸다. 파머스톤 경은 그와 오랫동안 중국의 정세에 관해 이야기를 나누었다. 파머스톤 경은 광저우의 전면적인 개방이 모든 중국 문제의 핵심이라는 스물한 살의 젊은 관리의 명확한 설명에 대해 깊은 인상을 받은 것으로 보인다.

파크스는 정세를 올바르게 읽고 있었다. 전쟁과 조약 체결에도 불구하고 광저우에 가려는 외국인의 허가 요청을 지방 관청들이 여전히 받아들이지 않고 있는 게 문제의 핵심이었다. 보수적인 중국인들―당시 모든 중국인이 보수적이었다―은 이러한 비협조로 거둔 성공을 단호함과 조용한 인내심이 영국의 사나움을 제압할 수 있다는 실제적인 증거로 이용했기 때문이다.

파크스가 1851년 봄에 도착하여 아모이에 체류한 기간은 불과 얼마 되지 않았다. 그러나 그는 그곳에서도 자신의 용기와 재능을 입증할 수 있는 기회를 갖게 되었다. 그는 영사와의 불편한 논의를 피하기 위해 외딴 곳에 은거한 부副태수를 만나기 위해 120마일을 달려가 자신의 뜻을 관철시켰다. 그사이 태수로 임명된 그는 아모이로 가서 오랫동안 묵혀 있던 여러 문제를 처리하였다.

파크스는 1852년부터 1854년까지 광저우에 있는 동안 영사 업무를 대부분 혼자서 처리하느라 많은 스트레스에 시달렸지만 결국 커다란 결실을 맺을 수 있었다. 그는 당시 통상책임자이자 현재 귀족 칭호를 받은 조지 보넘 경에게 공석이 된 부영사직을 채워 달라는 항의서를 보냈다. 보넘 경은 다른 사람을 임명함으로써 파크스를 물러나게 할 생각이 없으며, 그의 급여를 인상시켜 주겠다는 답변을 보내 왔다. 그러나 사실상 이러한 처리 방식에는 통역관에게 통상적인 영사 업무를 맡기려는 속셈이 있었던 것 같다. 이는 합당하고 납득할 만한 사유는 아니지만 오늘날에도 관청을 비롯해 통상적으로 자주 접하는 바람직하지 않은 관례로 행해지고 있다. 파크스는 상관의 답변에 만족하지 않고 외무성을 찾아갔다. 이곳에서 그는 자신의 명예를 회복할 수 있었다. 외무성에서는 보넘 경의 지시를 취소하고, 파크스가 영사관 업무를 관장하며, 결원이 생길 경우 그를 부영사로 임명하기로 결정하였다. 얼마 안 있어 파크스는 1854년 봄에 스물여섯 살의 나이로 아모이 영사로 임명됨으로써 런던에서 누리던 존경과 신뢰를 입증 받았다. 이러한 영예는 한 젊은이가 친구나 가족 등 누구의 도움도 받지 않고 홀로 이루어 낸 너무나 값진 것이었다. 영국 정부가 그를 영사로 임명한 것은 국가에 봉사한 노고를 치하한 특별 증거로 간주되기 때문이었다.

파크스는 곧 홍콩으로 가라는 임무를 받았기 때문에 아모이에서 활동한 기간은 그리 길지 않았다. 이는 1급 비서로 새로 임명된 통상책임자인 존 보링John Bowring 경과 함께 시암으로 가 그곳에서 합의한 최초의 화친 조약과 통상 조약 및 항해 조약의 체결을 돕기 위함이었다. 파크스의 편지와 일기에서 보이는 첫 번째 국왕 프라 파라멘더 마하 몽꿋Phra Paramender Maha Mongkut과의 교제에 대한 묘사는—5년 뒤 프로이센 선교단의 수장인 프리드리히 오일렌부르크 백작도 밝혔듯이—대단히 상세해서 나이 든 국왕의 신의 있는 모습을 잘 전해 준다. 독특한 성격의 이 국왕은 놀라운 영어 실력과 함께 대단히 흥미 있는 인물로, 대신들과 전 귀족의 반발을 뒤로 하고 시암 개방을 위해 전심전력했다.

시암 국왕에 대한 나의 개인적인 기억을 여기에 적어 보기로 한다. 1861년에 국왕이 나의 상관에게 베푼 첫 번째 사적인 접견 자리에 나 역시 선교단의 다른 수행원들과 함께 참석하였다. 국왕은 몸에 꼭 맞는 비단으로 된 저고리를 입고 있었으며, 다리를 넣고 뒤로 걷어 올린 다음 혁대로 고정시킨 사롱Sarong[94]은 꼭 맞는 비단 반바지와 함께 그리 나쁘지 않았다. 다리 아랫부분은 아무것도 걸치지 않은 채 그대로 노출되어 있었다. 발은 맨발인 채 금실로 수를 놓은 빌로드로 된 슬리퍼를 신고 있었다. 일종의 스코틀랜드 모자를 쓰고 있었으며, 별 모양의 훈장을 단 왼쪽 가슴에는 커다란 에메랄드 브로치가 반짝이고 있었다. 첫 번째 환영 후 우리가 기다란 식탁에 좌정하자 국왕은 참석자 모두에게 방문 기념 엽서를 나누어 주었다. 우리 상관은 직접 손으로 쓴 엽서를 받았으며, 신분이 낮은 우리는 인쇄된 엽서를 받았다. 당시 젊고 자신감으로 가득 차 있던 나는 이 기념품이 마음에 들지 않아 상당히 불만족스러운 표정으로 그것을 쳐다보고 있었는데, 그만 국왕의 눈에 띄고 말았다. 국왕은 엽서에 못마땅한 점이 있는지를 물어 왔다. "다만 소인은 친필이 적힌 전하의 존함을 가질 수 있다면 더할 나위가 없을 줄로 아룁니다." 이것이 나의 답변이었다. 국왕은 한바탕 웃더니 먹물 통을 가져오게 하여 우리가 받은 엽서에 일일이 그날의 날짜를 적어 넣기 시작했다. 이것은 상당한 시간을 요하는 일이었다. 국왕이 글을 적는다기보다 그리는 일이 더 많았기 때문이었다. 회담을 마친 뒤 나는 상관으로부터 당연한 질책을 받았다. 나의 상관은 접견 시간을 방문 엽서를 쓰는 데보다 다른 곳에 더 잘 활용할 수 있었을 것이라는 생각이었다. 그러나 말은 이내 사라지지만 글은 남아 있다. 나는 오늘날까지도 흰 코끼리 왕국의 국왕이 적어 준 엽서를 간직하고 있다.

시암 왕국과의 조약 협상에서도 파크스는 엄청난 업무 부담과 적지 않은 책임감을 지고 있었다. 공사로 있던 보링 경은 학식이 풍부했지만 좀 특이한 인물이었다. 예컨대 그는 행사 때면 한사코 그로닝겐 대학의 문학 박사 학위복을 입으려고 했다. 그는 자기 이름 뒤에 약 50개의 약자를 붙일 수 있으며, 때로는 영국 지식인협회의 회원임을 의미하는 약자를 붙이기도 했다. 잉글랜드 북동부의 도시 헐Hull에 있었다면 '폴란드 문학협회 회원'이라는 약자를 달았을 것이다. 이 밖에도 학자로서의 보링의 명성은 실제 협상을 유리하게 이끄는 데 적잖이 기여하였다. 시암 국왕이 산스크리트어와 팔리어Pali[95]에 능통한 전문가이고, 외방전교회 수사들과 라틴어로 소통하였으며, 온갖 학문에 대해 지대한 관심을 기울이고 있었기 때문이다.

조약을 종결지은 뒤 파크스는 본국의 비준을 받고, 시암 국왕의 선물과 서신을 여왕에게 전달하기 위해 영국으로 돌아갔다. 온갖 일로

눈코 뜰 새 없이 바쁜 와중에도 그는 장래 자신의 아내가 될 파니 플러머Fanny Plumer를 만나 결혼할 기회를 갖게 되었다. 젊은 남편의 일에 대한 열정과 쉼 없는 활동으로 신혼여행 기간은 고작 이틀이었다. 결혼식(1856년 1월 9일)을 올린 지 8일 만에 시암으로 돌아가기 위해 영국을 떠난 것만 보더라도 그가 어떠한 사람인지 충분히 짐작할 수 있다.

싱가포르에서 배가 전복되어 시암 국왕을 위해 마련한 선물 대부분이 분실되거나 망가지는 바람에 파크스가 조약의 비준서를 교환하기 위해 방콕으로 떠난 여정은 불리하게 진행되었다. 그러나 파크스는 특히 자신이 시암 국왕으로부터 얻은 개인적인 영향력을 바탕으로 체결한 첫 번째 조약을 정확히 이행하도록 관철시켰을 뿐 아니라, 5월 13일에 자신이 조인한 추가 협약서에서 합의한 새로운 여러 승인도 얻어 낼 수 있었다. 클래런던Clarendon 경이 적고 있듯이 시암에서의 그의 활동과 국왕 및 대신들과의 협상에서 보여 준 재능·인내심·전술 등에 대해 영국 정부 측에서는 엄청난 칭찬을 아끼지 않았다.

중국으로 돌아간 파크스는 앨콕 영사가 휴가를 떠났기 때문에 광저우의 영사관 행정업무를 처리해야만 했다. 앞으로 동아시아에서 명성을 날리게 되고, 20년 동안 결정적인 정책을 담당하는 가장 유명한 대표자가 된 파크스의 활동은 여기에서 시작되었다.

2

광저우에서의 상황은 파크스가 그곳에 처음 발을 디딘 이래 전혀 나아지지 않았다. 계속되는 시도에도 불구하고 영국인들은 중국의 도시로 접근하는 데 실패했으며, 무역을 방해 받지 않고 관청과 자유로운 교류를 얻어 내는 데도 실패하였다. 사실상 이러한 모든 사항은 난징조약을 통해 확약을 받아 낸 것이었다. 하지만 광저우로 접근해 오는 태평천국 난의 반란군은 새 량광 총독 섭명침葉名琛[96]에게 큰 걱정거리가 되었다. 그는 영국인들의 도움을 요청하면서도 보링 경이나 파크스를 영접하기를 단호하게 거절하였다. 보링 경에 대해서는 너무 바쁘다는 핑계를 댔으며, 파크스에 대해서는 총독이 일개 영사를 영접한 전례가 없다는 이유를 내세웠다. 백성들은 관청이 지시한 선례를 따랐다. 7월 초에는 광저우 거리에 익명의 방榜이 나붙었다. 거기에는 중국 지역을 돌아다니는 모든 외국인을 때려죽일 것과 "하늘의 노여움을 잠재우고, 자신의 충성과 애국심을 실천하며, 나라에 평화와 안정을 되찾아 줄 것"을 요구하는 글귀가 적혀 있었다. 파크스는 이러한 공고문을 제거해 달라고 요구했지만 관청은 아무런 답변도 하지 않았다. 며칠 후 광저우 외곽에서 말을 타고 가던 영국인 두 명이 한 무리의 군중으로부터 돌 세례를 받은 사건이 발생해 파크스가 가해자들을 처벌해 달라고 했으나 역시 아무런 성과가 없었다.

　1856년 10월 8일에는 네 명의 청나라 관원들이 수많은 부하를 거느리고 광저우의 항구에 정박해 있던 영국 국기를 단 애로Arrow호의 깃발을 끌어내리고 열두 명씩 조를 이루어 선원들을 모두 끌고 갔다. 이 사건 당시 현장에는 없었지만 소식을 듣고 즉각 달려온 애로호 영국 선장이 항의했지만 씨도 먹히지 않았다. 선원들의 석방을 요구하기 위해 군함에 오른 파크스는 엄청난 욕설과 함께 폭행을 당하였다. 총독에게 포로들을 영사관에 인계할 것을 문서상으로 요구하였지만ー이 문서에는 포로들에게 제기한 소송 문제 조사를 중국 관리의 입회 아래 진행할 수 있다는 내용이 담겨 있었다ー이 역시 아무런 성과를 거두지 못했다. 량광 총독 섭명침이 직접 심리를 맡아 세 명에게는 유죄를 선고하고, 나머지 아홉 명은 영사관으로 곧 돌려보내겠다고 밝혔다. 섭명침은 비난이 쏟아지자 그 배는 영국 배가 아니므로 그 배의 선원들도 중국의 재판 관할에 있다고 응수하였다. 보복 조치로서 보링경의 명령에 따라 군함 한 척을 빼앗았지만 아무런 효과를 거둘 수 없었다. 관청과 백성들은 영국인들이 그와 같은 수단으로 총독을 굴복시킬 수 있겠냐며 비웃었다. 중국인들의 저항과 함께 다른 선택의 여지가 없었던 영국인들의 요구 사항 또한 점차 커져 갔다. 영국인들은 처음에 선원들의 인도로 만족하려고 했지만 10월 21일에는 24시간 이

내에 배에 억류되어 있는 선원들을 돌려보낼 것과 이 사건에 대한 청나라 당국의 배상을 요구하였다. 섭명침은 이제 먼저 열 명을 풀어 준 뒤 모든 포로를 영사관에 인도할 준비가 되어 있다고 밝혔다. 그러나 파크스는 자신들이 밝힌 대로 포로들을 석방할 것과 요구한 배상을 이행할 것을 고수하였다. 섭명침이 이에 동의하려 하지 않았기 때문에 10월 23일 영국 함대 최고사령관 마이클 시모어Michael Seymour 장군은 광저우 앞의 요새에 대한 공격을 개시하였다.

파크스의 행동 방식은 영국으로부터도 계속 신랄한 비난을 받았다. 사람들은 파크스에게 그럴 필요가 전혀 없었는데도 중국과 영국 간의 관계를 끊을 구실만을 찾는다고 비난했다. 이러한 비난에 대해 『해리 파크스 경의 생애』라는 책에서는 행정 문서와 파크스의 개인 서신에 들어 있는 내용을 토대로 반박하고 있다. 파크스는 모든 영국 관리 및 중국에 있는 모든 외국인과 마찬가지로 조약의 존재나 외국인의 재산 및 생명이 문제되지 않는 한 더 이상 지금과 같이 진행되어서는 안 된다고 확신하고, 이때의 문제들을 가능한 한 철저하게 해결하기 위해 처음으로 유리하게 전개되는 기회를 이용하기로 결심하였다. 또 그는 신중하고 위엄 있게 일을 처리하였다. 그는 자신의 책임 아래 먼저 조치를 취한 다음 상부 지시에 따라 행동하였다. 홍콩의 통상책임자에서부터 외무성에 이르기까지 파크스의 상관들은 그의 행동을 인정하였을 뿐만 아니라 영국의 법학자들도 그의 견해와 애로호 문제 처리를 국제법의 원칙에 부합되는 것으로 보았다. 파크스는 영국뿐 아니라 중국에 있는 영국인들과 많은 중국인으로부터 핵심 인물로 간주되었다. 바로 이 일 때문에 그는 엄청난 중상과 모략을 당하는 한편 커다란 명성과 존경도 함께 누렸다.

시모어 장군이 취한 조치들—10월 23~24일에는 광저우에 있는 몇몇 요새가 파괴되고, 27~28일에는 총독의 관아官衙가 폭격을 당하고 도시의 성벽이 무너졌으며, 10월 29일에는 장군이 관아를 방문하였다. 11월 3~5일에는 다른 정부 건물에 대한 폭격이 이어졌고, 12~13일에는 보그 요새를 점령했다—과 광저우의 유력인사 및 홍콩 상인들의 요청, 부하 관리들의 중재도 섭명침의 고집을 꺾을 순 없었다. 그러기는커녕 섭명침은 10월 28일 포고문을 내걸어 전 백성에게 영국인에 맞서 싸우도록 선동하고 영국인 머리 한 개에 30달러의 포상금을 내걸었다.

그러는 가운데 시모어 장군은 외국인에게 도시를 개방하는 문제를 논의의 대상에 포함시켰다. 그런데 섭명침은 첫 만남에서 파크스의 의도—1847년에 데이비스 공사가 제기한 요구를 재논의하는 것 외에는 다른 방법이 없다—를 잘 알고 있었다고 말했다. 그러나 섭명침은 백성이 국가의 토대를 이룬다는 것과 광둥 백성은 다른 지방 백성과는 전혀 다르다는 사실을 파크스 영사가 알지 못하는 것 같다고 덧붙였다.

영국의 군사행동 실패－중국의 관청과 백성들은 단지 개별 거점의 일시적인 점령과 배를 타고 상륙한 선원 및 해군의 계속 되풀이되는 철수를 달리 해석할 수 없었기 때문이다－는 섭명침의 고집을 더욱 강화시켰다. 12월 14일에 광저우의 영국 공장들은 중국인들이 지른 불에 모두 불타 버렸으며, 얼마 뒤에는 황푸黃浦의 거주지들도 같은 방식으로 파괴되었다. 심지어 홍콩의 거리에는 매일 포고문이 나붙었다. 여기에는 이제 백성들에게 영국인 머리 하나에 포상금을 100냥으로 인상한다는 내용이 적혀 있었다. 한 중국 빵장수는 영국 수비대와 다른 외국인들을 비소砒素로 독살하려는 시도를 감행하였다. 이 사건으로 홍콩 섬에 살고 있던 중국 주민들은 모두 추방당해야만 했다.

파크스는 섭명침의 고집불통을 확신한 뒤 싸움을 광저우로 한정시키자고 제안했다. 그는 베이장北江 하구로 배를 보내어 황제에게 광저우 사건에 대해 알릴 것과 섭명침에 맞서 단호하게 싸울 것을 권고하였다. 섭명침에게 최종적인 패배를 안기는 것은 분명히 파면을 초래할 것이기 때문이었다. 동시에 파크스는 영국 정부에 군대 파견을 요청하겠다고 밝혔다. 이에 대해 처음에는 보링 경뿐 아니라 시모어 장군도 결정을 내릴 수가 없었다. 이들은 이전의 사건에 비춰 볼 때 자국 정부가 이와 같은 요청을 상당히 불쾌하게 여길 것임을 잘 알고 있었기 때문이었다. 1857년 1월 파크스가 예전에 권고한 조치를 더 이상 연기할 수 없게 되자 보링 경은 자신을 보호하기 위해 영국에서 광저우 사건에 대해 문책이 있기 전에 파크스를 사건 현장에서 멀리 떨어진 아모이로 전출시키고자 했다. 시모어 경의 명예에 대해서도 언급하지 않을 수 없다. 시모어 경은 이러한 보링 경의 조치에 대해 알게되었을 때 이것을 철회시키기 위한 조치를 취하였는데, 이는 자신이바라는 대로 되었다. 이 밖에도 그는 해군 사령부에 파크스가 그동안보여 준 탁월한 업적을 주지시킬 기회를 놓치지 않았다.

런던에서는 광저우 사건이 예상보다 더 큰 파장을 일으켰다. 의회에서 야당은 이 사건을 주요 쟁점으로 삼았으며, 코브던Cobden이 주도적으로 관여한 긴 논쟁에서 내각은 소수파였다. 그러나 영국 국기가보장해 주는 보호 문제가 이슈로 될 경우 유권자 대다수가 자기편에설 것이라고 판단한 파머스톤 경은 의회를 해산시켰다. 새 선거는 그가 옳았음을 확인시켜 주었다. 중국 특사로 엘긴Elgin 경이 임명되었다.그는 정예부대 파견을 결의하였고, 광저우에 대한 협상에서는—여전히 이 문제를 국지화하기를 희망했다—파크스를 내세울 것을 분명하게 지시하였다.

엘긴 경이 중국에 도착했을 때 그는 영국 관리와 상인들에게 특별한 인상을 심어 주지 못했다. 그는 전체 분규와 특히 발단이 된 애로호 사건을 실책으로 생각하였으며, 홍콩 사람 쪽보다는 가난한 중국인 쪽에 더 많은 동정심을 드러내 보였다. 그는 홍콩 사람들에 대해 이들보다 더 잔인하고 난폭한 경우는 없을 것이라고 주장하였다. 특히 기회가 있을 때마다 그는 해군과 육군의 지휘관들에게 중국인에 대해 인도주의 원칙을 적용할 것을 권고하였다. 파크스의 행동에 대해 특별한 논평을 하면, 비록 중국인들이 그의 머리에 3만 달러의 상금을 내걸었지만 그는 광저우를 공격할 때 생명의 위험을 무릅쓰고 적진으로 나아갔다. 이는 중국인에 대한 공격이 개시되기 이전에 이들에게 물러날 것을 경고하고 요청하기 위함이었다. 그러나 중국에서 엘긴 경의 태도에 대한 이런저런 불리한 판단—이에 대해서는 나중에 파크스의 글에서 알 수 있다—이 아무리 합당하다 하더라도 파크스가 책임지고 출정을 결정한 군대를 도중에 세워 세포이의 반란이 막 일어난 인도로 이끌고 가려는 엘긴 경의 행동이 참으로 정치가다운 안목을 보여 주었다는 것은 부인할 수 없다. 흔히 주장하는 것처럼 이로 인해 영국을 위해 인도를 구하지 못했다 하더라도 엘긴 경이 분명 세포이 반란의 확산을 막고 신속하게 진압하는 데 지대한 공헌을 했음에는 틀림없다.

인도에서의 사건과 엘긴 경의 결심은 중국에서의 사건이 당초 생각한 것보다 더 더디게 진행되는 계기로 작용했다. 상황에 따라서는 시의 적절하게 광저우에 대해 단호한 조치를 취하고, 외국인 적대행위의 본거지를 장악하기 위해서는 좀 더 지켜보는 것이 적절할 것 같았다. 섭명침에게는 난징조약에서 결정한 사항들을 이행할 것과 특히 중국 도시로의 접근을 더 이상 막지 말라는 요구를 전달하였다. 이에 대해 불만족스러운 답이 왔을 때 그에게 수락시간을 48시간으로 제시한 다음 최후통첩 형태로 요구사항을 다시 한 번 보냈다. 그 시한이 만료되었을 때 약 5,000명의 영국과 프랑스 연합군이 공격을 개시하였다. 프랑스는 약 36시간 동안 사격을 퍼부었으나 별다른 성과를 거두지 못하자—사격은 1858년 1월 28일 도시에 우뚝 솟아 있는 요새로서 주로 넓은 평지를 덮고 있는 정부 건물을 겨냥했기 때문이었다—영국군의 공격에 가담하였다. 요새를 점령했을 때 연합군은 일궈 낸 성공을 어떻게 처리해야 할지 몰랐다. 그들은 감히 발아래에 놓여 있는 도시에 가볼 엄두도 내지 못한 채 섭명침이 이제 자신에게 부과된 조건을 받아들일 마음이 생길 것이라는 희망 속에서 일주일 동안 점령한 곳에 머물러 있었다. 그러나 이번에도 연합군의 기대는 빗나갔다. 결국 별동대를 조직하여 도시로 침투해 들어가는 방법 외에는 다른 선택이 없었다. 별동대는 얼마 후 이 지방 광둥 순무와 타타르족 장군을 체포하고, 실로 엄청난 돈이 들어 있는 금고를 압수하였다. 섭명침은 자취를 감추었다. 파크스가 이끈 분대가 오랫동안 수색한 끝에 작은 관청 건물의 담을 넘어 도망치려는 섭명침을 체포하는 데 성공했다. 그는 그곳 관아에 자신의 문서와 짐을 숨겨 놓고 있었다. 그가 소지하고 있던 문서 더미 속에서는 예전에 영국·프랑스·미국과 조약을 비준한 원본이 나왔다. 이것은 이미 오래전에 베이징의 국가문서보관실에 가 있을 것으로 생각한 문서였다.

파크스가 직접 적들을 체포하여 명예를 회복했지만 그의 어려움은 정작 이제부터 시작된다. 광저우를 점령하긴 하였지만 문제는 '어떻게 통치하는가'였다. 연합군이 이 일을 감당할 수 없다는 사실은 분명했다. 그들 가운데 중국어를 할 수 있는 사람은 파크스, 토머스 웨이드 경卿, 프랑스 출신 통역관 세 명에 불과했다. 이들 세 명이 그러한 임무를 수행하기에는 너무나 벅찬 일이었다. 그리하여 붙잡은 광둥 순무 백귀柏貴를 다시 가동하여 영국 장교 한 명과 프랑스 장교 한 명, 파크스 등으로 구성된 위원회—물론 이 위원회를 운영하는 핵심 인물은 파크스였다—가 그를 돕기로 결정하였다. 여기에서 돕는다는 말은 사실상 감독을 의미했다.

파크스의 임무는 결코 쉬운 일이 아니었다. 그는 종종 위원회 안팎에서 불만을 품은 프랑스인과 영국인들을 함께 일하도록 설득하고 격려해야 했으며, 종종 군인들의 부당한 요구를 잘 다독거려 물리쳐야 했다. 그는 무력을 사용하지 않고 조약의 규정과 외국 군대의 주둔에 필요한 조치를 이행하도록 중국 관청도 설득해야 했다. 그는 또 좋은 분위기를 유지하며 사령관으로 있는 스트로벤지Straubenzee 장군을 영접하고, 엘긴 경에게 보고하고, 특이한 상황으로 빚어진 끊임없는 다툼과 예기치 못한 무수한 사건을 중재하고 처리해야만 했다. 파크스는 이러한 온갖 요구를 공명정대하게 처리했다. 부하 또는 상관으로서 함께 일한 모든 사람이 지칠 줄 모르는 그의 활동, 중국 상황과 중국인의 기질에 대한 해박한 지식, 전혀 두려움을 모르는 대담성에 대해 전적으로 신뢰를 보낸 사실은 그에게 있어 명예로운 일이었다. 그가 대담성을 더불어 갖춘 것은 실로 행운이었다. 그의 머리에는 여전히 현상금이 걸려 있었으며, 그의 목숨에 대해 수많은 공고문이 나붙었으나 실로 우연에 의해 그것을 모면할 수 있었기 때문이었다. 한번은 도심의 거리에 위장하여 세워 놓은 몇몇 대포에서 전혀 예기치 못한 불길이 파크스를 덮쳤다. 주위에 있던 사람들은 모두 죽거나 부상을 입었지만 파크스 혼자 아무런 해를 입지 않았다. 어떠한 것도 파크스를 막지 못했다. 그는 낮이든 밤이든 홀로 또는 한두 명의 호위병만을 데리고 도심의 거리를 누비고 다녔으며, 직접 상황을 점검하였다.

그사이 광저우는 심각한 상황에 빠져들고 있었다. 도시 외곽 지역에서 결성된 중국 자원병 부대－영국인들은 이들을 '용감한 자들'이라 불렀다－가 점령군의 무위도식과 파렴치한 행동을 참다못해 마침내 도시를 공격해 들어갔다. 이러한 무뢰한들에 대한 공격을 허락해 달라는 요청에 대해 엘긴 경과 그로스 남작, 프랑스 대사는 누구도 도시를 1마일도 벗어나서는 안 된다는 명령을 하달하였다. 이로 인해 상황은 더욱 악화되었다. 북쪽에서의 연합군 승전보와 1858년 6월 26일에 체결한 톈진조약도 상황을 반전시키지 못했다. 결국 엘긴 경은 조약을 체결하기 위해 일본에 갔다가 돌아온 뒤 직접 남쪽으로 가 이전에 금지한 조치를 허용할 필요가 있다고 보았다.

'용감한 자들'은 힘다운 힘도 써 보지 못한 채 광저우 외곽의 주둔지에서 쫓겨났다. 곧 연합군은 광저우에서 약 30마일 떨어진 푸산佛山과 그 위 서쪽 강가로 군사 작전을 감행하였다. 서쪽 강가에 주둔한 원정대는 2월 18일부터 3월 3일까지 태평천국 난을 일으킨 폭도들에게 유린당하고 불과 얼마 전에 황제의 군대에 의해 해방된 지역들을 지나갔다. 파크스는 이들 원정대를 따라갔다. 연합군의 지휘관들이 중국 장군들과 화친 관계를 맺을 수 있었던 것은 모두 파크스의 활약 덕분이었다. 이것은 광저우 백성들의 태도에 과소평가할 수 없는 좋은 영향을 미치는 계기가 되었다.

1859년 3월 3일 엘긴 경은 중국과 일본에서 이룩한 수많은 영광을 안고 유럽으로 돌아가기 위해 홍콩을 떠났다. 같은 해 6월 20일에는 그의 사촌 동생 프리드릭 브루스Frederick Bruce가 새로운 영국 공사로 임명되었다. 그는 톈진조약의 비준서를 교환하기 위해 베이징으로 가려 했지만 다구大沽 요새에서 대포 공격을 받아 들어가지 못했다. 파크스는 개인적인 편지에서 늘 엘긴 경의 태도에 대해 좋게 쓴 적이 없었다. 그는 1858년 3월 18일 매형인 로커트에게 보낸 편지에서 다음과 같이 썼다. "저를 가장 당황하게 만드는 것은 우리의 대중국 정책입니다. 우리의 정책은 대부분 탄탄하지 못하고, 큰 성공을 거둘 가능성은 거의 없습니다. 제 소견으로 엘긴 경은 훌륭한 인물이 못 됩니다. 그는 정부의 마음에만 들려고 하고, 대단히 조심스럽게 행동하며, 언제나 유럽·의회·세계·대중 등을 마음에 담고 있는 사람입니다. 항상 그에게는 그 상황에서 무엇이 최선책인가 하는 문제가 아니라 정당들이 거기에 대해 무엇이라고 말하는가가 중요할 따름입니다. 따라서 그는 언제나 화해·온화함만을 내세웁니다. 이것이 (지역 공동체의) 각 가정을 평온하게 해 주고, 영국 국민을 만족시켜 준다는 것입니다."

파크스는 엘긴 경이 황제 접견을 강력히 요구하지도 못하고, 모든 문제를 처리할 때까지 계속 톈진을 점령한 채 단지 서류상의 조약 승인에 만족하여 북쪽을 비위 준 것에 대해 불만을 표출하였다. 나중에 엘긴 경이 상하이에서 중국의 특사들과 협상할 때도 영국 공사 한 명이 계속 체류할 수 있는 권리―이는 조약을 통해 보장 받은 사항이었다―를 포기하고, 단지 수도에서 공사의 일시적인 방문만을 고집한 것에 대해 상당히 불만족스러워했다.

엘긴 경의 이러한 유약한 태도는 베이징의 주전론자들에게 호기로 작용하였다. 이들의 궁극적인 목표는 다구 요새에서 영국과 프랑스 함대들을 격퇴시키고 새로운 전쟁의 필요성을 확보하는 것이었다.

그사이 파크스가 광저우에서 뒷짐만 지고 있었던 것은 아니었다. 그는 중국인들의 해외 이주를 지방관청의 허락을 받아 법적 절차에 따라 관철시켰다. 이로써 그는 파렴치한 유괴와 노동자를 사고파는 행위에 종지부를 찍기를 바랐다. 그러나 그의 바람은 무위로 끝났다. 또 그는 중국인과 조약을 체결하여 홍콩 맞은편에 있는 주룽九龍 섬을 영국 정부에 임대하도록 했다. 마침내 그는 이 관계를 자신이 단기간 상하이로 나들이할 수 있는 상황으로까지 발전시켰다. 그는 때때로 휴가를 보내는 한편 브루스와 상담을 하기 위해 상하이로 갔다. 하지만 주된 목적은 광저우에서 위원회가 해체된 뒤 자신의 담당구역으로 승인 받은 상하이를 다시 한 번 보기 위함이었던 것 같았다. 그는 상하이에서 저우산첸다오ㅡ그는 이곳 섬을 점령할 때 영국 사령관 호프 그랜트 경을 도왔다ㅡ를 거쳐 광저우로 돌아가 공무로 몇 차례 홍콩을 다녀오는 관계로 중단된 이전의 일을 다시 시작하였다. 이 일을 하면서 그는 그곳에 막 도착한 엘긴 경을 만나게 되었다. 두 사람은 지금까지 서로에게 호감을 느끼지 못했다. 엘긴 대사는 그의 첫 재임기간에 통역사들을 상당히 상명하달 식으로 다루었는데, 통역사들은 이것을 아주 기분 나쁘게 생각하였다. 이 밖에도 엘긴 경—그는 모든 영국계 중국인을 신뢰하였다—은 개인적으로 파크스를 난폭하고 야심으로 가득 찬 정책의 대표자로 여겼고, 자신이 올바른 평가를 받지 못한 애로호 사건 때문에 결코 그를 용서하지 않았다. 이에 반해 파크스는 엘긴 경을 거만하고, 특히 심지가 아주 약한 사람으로 생각했다. 파크스는 엘긴 경의 우유부단하고 좌고우면하는 정책에 동의하지 않았으며, 그의 귀환을 기꺼워하지도 않았다. 엘긴 경이 여행 중에 적은 일기 내용을 파크스가 읽어 보았다면—우리가 런던에서 기대하는 것은 신중을 기해 가능한 한 좋은 조건 아래에서 그러나 무엇보다 사건을 신속하게 처리하는 것이다—이와 같은 파크스의 생각은 더욱 굳어졌을 것이다.

하지만 이번에는 두 사람 간의 관계가 조금 나아지게 되었다. 엘긴 경은 파크스의 진가와 중요성을 알게 되었고, 자신이 생각하던 것보다 중국 문제가 풀기 어렵다는 것을 인식하게 되었다. 홍콩에서 몇 차례 이야기를 나눈 다음 파크스는 엘긴 대사로부터 광저우를 잠시 비울 시간이 있으면 북쪽으로 가는 데 자신과 동행해 달라는 문서상의 요청을 받았다.

청나라에 대한 영국 · 프랑스군의 출정과 파크스가 관여한 부분에 대한 이야기는 나의 기억 속에 생생하게 남아 있다. 이에 대해서는 좀 더 자세한 서술이 필요하다.

언제나 그러했듯이 파크스는 여러 군사 작전, 예컨대 다구 요새를 공격하여 베이탕北塘에 상륙할 때 맨 앞에 있었고, 강의 왼쪽 기슭의 보루가 무너졌을 때 단지 두 명만 대동한 채 강의 오른쪽 기슭으로 건너갔다. 그는 적군 병력의 한가운데에서 즈리성 총독을 방문하여 다른 요새도 양도한다는 명령을 내리도록 그를 설득하였다. 파크스는 정전 협정을 이끌어 내기 위해 흰 깃발의 보호 아래 퉁저우通州로 가는 도중 9월 17일 그곳에서 일어난 배신 때문에 포로신세가 되어 일부는 베이징, 일부는 내륙으로 끌려간 사람들 속에 있었다. 이것은 바로 파크스의 불굴의 의지력과 용기에 대한 반증으로 볼 수 있다. 출정 중에 그의 지휘관들 가운데 한 명이 전한 내용과 같이 그는 두려움을 몰랐다. 파크스는 중국인들이 자신을 얼마나 증오하는지를 잘 알고 있었다. 이로 인해 죽을지도 모른다는 생각이 들었겠지만 그는 엘긴 경에게 군사적 행동을 중지하도록 요청하거나 이러한 제안을 하도록 부탁하여 자신의 목숨을 부지하려고도 하지 않았다. 파크스가 포로로 지낸 3주 동안(9월 17일부터 10월 8일까지) 더 이상 아무것도 하지 않았다면, 그는 중국과 외세 간 관계의 역사에서 좋은 이미지로 남았을 것이다. 그는 자신의 동행인인 로크와 같이 석방되기를 희망한 날에 개인 신상에 관해서는 한마디도 언급하지 않은 채 중국인들과 두 시간 동안에 걸처 천문학 문제에 관해 토론을 벌였다. 두 시에 그 도시를 떠날 수 있을 것이라는 통보를 받았을 때도 그는 표정 하나 바꾸지 않고 중국인들은 달이 그 축 주위를 돈다고 생각하는지에 대한 문제로 넘어갔다. 이 장면은 그의 정신적인 힘과 자제력을 단적으로 입증해 준다. 그는 연합군의 진영에 도착하는 순간까지 예기치 못한 아주 사소한 사건이 그의 희망을 꺾어 목숨을 앗아갈지도 모른다고 말했어야 했다. 실제로 그가 도시를 떠난 지 15분 만에 러허熱河에서 그를 처형하라는 황제의 명이 떨어졌다.

3

중국 문제는 베이징에서만 만족스러운 답을 찾을 수 있다고 항상 주장하던 사람이 비록 포로 신분이었지만 베이징에 발을 들여 놓은 원정대의 첫 번째 사람이었다는 것 자체가 운명의 아이러니였다. 그러나 더욱 아이러니한 점은 앞에서 언급했듯이 '가난한' 중국인들에 대해 동정심을 가지고 있던 엘긴 경이 그들의 자존심에 가장 심한 생채기를 냈다는 사실이다. 엘긴 경의 명령으로 청나라 황제의 여름 별장인 원명원圓明園[97]을 파괴한 것은 퉁저우에서 일어난 배신 행위와 궁전으로 끌고 간 포로들에게 저지른 학대 행위에 대해 개인적으로 황제를 벌하기 위한 것이었는데, 이는 청나라 정부가 오늘날까지도 잊지 않는 하나의 교훈이 되었다. 궁전을 유린한 것은 각국 정부 및 대표자들의 모든 외교 문서·성명서보다 중국과 조약 강대국 간의 평화 유지에 크게 기여하였다.

그사이 파크스는 다시 한 번 실망을 경험해야 했다. 베이징에 즉각 영국 공사관을 설치하자는 그의 제안은 받아들여지지 않았다. 그러나 그는 적합한 한 건물, 즉 퉁저우의 배신에 주책임이 있던 J. 황자皇子의 궁전을 공사관으로 점유하여 그곳에 젊은 영사 한 명을 남겨 두자는 뜻을 관철시킬 수 있었다. 이는 적어도 외관상 공사 한 명을 지속적으로 수도에 체류하게 하기 위한 권리를 확보하기 위함이었다.

11월에 베이징에서 철수하고 톈진―이곳에는 다구와 상하이에서와 마찬가지로 최강의 수비대가 남아 있었다―에 주둔하고 있던 대부분의 원정군이 전함에 승선한 뒤 파크스는 엘긴 경을 수행하여 상하이와 광저우로 갔다. 이는 1861년 1월에 상하이로 돌아가 예정대로 호프Hope 장군과 양쯔강 상류를 둘러보고, 강변에 놓여 있는 지역들의 상황을 직접 살펴보기 위한 것이었다. 또한 베이징조약으로 개방된 항구에 영사관을 설치하고, 난징과 몇몇 다른 거점 지역들을 점령하고 있던 태평천국 난의 반란군으로부터 영국 선박의 자유로운 통행권을 얻어내기 위함이었다. 파크스는 이러한 모든 일을 능숙한 솜씨로 용의주도하게 열과 성을 다해 처리하였다. 난징에는 '천자'로 알려진 태평천국 난의 지도자가 있었다. 그는 하늘과 직접 교통하여 명령을 내렸다. 호프 장군이 무역을 보호하기 위해 난징에 영국 군함을 주둔시키고자 했을 때, 영국인과 협상을 벌인 '왕자들'은 천자가 하늘로부터 이를 금지하라는 계시를 받을 것이라고 주장하였다. 파크스는 "해보소서, 해보소서, 그렇지 않을 것입니다. 천자께서는 분명 다른 계시를 받을 것입니다"라고 응수하였다. 그러자 실제로 파크스의 말대로 되었다. 당시 양쯔강 유역 상황에 대한 파크스의 판단을 요약하면 다음과 같다. "태평천국 난의 반란군과 그 지도자들은 절대 다수의 백성들로부터 철저하게 미움을 받는 무뢰한이다. 그러나 청나라 고위 관리들은 지나가는 지역을 모두 초토화시키고 있는 이 반란군으로부터 백성을 보호해 줄 형편이 못 된다."

이 무렵 이와 비슷한 말을 기록한 사람이 1861년 5월 톈진에서 파크스를 알게 되었다. 그는 파크스가 장차 에도江戶와 베이징에서 자신의 동료가 되리라고는 전혀 예상치 못했다. 넓은 이마를 지닌 서른한 살의 이 젊은이는 당시 상황에 대해 허심탄회하게 말하였고, 프로이센 선교단의 수장에게 내가 항상 조언하던 정책을 고수하도록 촉구할 정도로 아주 신선하고 호감을 주는 인물이었다.

광저우에서 파크스가 벌인 최종 협상은 1861년 10월 21일에 그 도시를 중국 관청에 넘겨 주는 일에 관한 것이었다. 그는 자신의 명예를 회복할 수 있는 이 기회를 이용하여 중국 백성과 영국 수비대의 관계가 1858년을 제외하고 대단히 양호하다고 런던에 보고할 수 있었다. 이후 거의 3년이 경과하는 동안 영국군에 대한 공격은 단지 두 차례의 암살 기도로 끝났다. 이 두 사건의 주동자들에 대해서는 사형 선고가 내려졌다. 점령의 역사는 또다시 중국 백성들이 공평하고 온화한 대우에 얼마나 쉽게 영향을 받는가를 여실히 보여 주었으며, 여러 해 전의 사건들이 하층 계급 전체의 행동에서 보듯이 관청과 유력 인사들의 선동 탓이라는 사실을 입증해 주었다.

1862년 1월에 드디어 파크스는 오랫동안 열망하고 필요로 하던 영국 휴가 길에 오르게 되었다. 그곳에서는 최고의 영예가 그를 기다리고 있었다. 그는 이전의 상관인 앨콕과 현재의 상관인 브루스로부터 아무런 언질도 받지 못한 채 KCB, 즉 바스Bath 훈위勳位의 상급 기사騎士이자 해리 파크스 경卿이라는 칭호를 부여 받았다. 이때 그는 서른여섯 살이었다. 휴가 동안 그는 자기가 꼭 필요로 한 휴식은 갖지 못했다. 지난날 승승장구한 관직 경력과 다른 사람들이 그의 장래와 결부시킨 전망들—지금 벌써 인도 총독으로 임명될 가능성이 점쳐졌다—도 결코 지칠 줄 모르는 그의 공명심을 꺾을 수 없었다. 누구보다 파크스 자신이 이러한 것을 잘 알고 있었다. 1864년에 그는 예상한 것과 달리 대체로 조용하고 차분하게 중국으로 돌아왔다. 그는 고된 업무 속에서도 상하이의 영사로서 필요한 자제심을 찾게 되었다.

상하이에서의 체류는 '상승군常勝軍', 즉 외국인 장교들의 지도 아래 잘 훈련된 청나라 군대를 지휘하던 고든Gordon[98]의 마지막 활동 시기와 일치하였다. 성향과 성격이 대단히 비슷했던 이 두 사람은 서로에게 존경심과 우정을 느끼게 되었으며, 세월이 흐르거나 멀리 떨어져 있어도 마음은 식을 줄 몰랐다.

반란으로 인해 상하이에서 가장 가까운 주변 지역조차 안전하지 못했기 때문에 수많은 피란민이 상하이로 몰려들었다. 그들은 대부분 영국인 거주지의 외국인을 위해 지은 건물에서 살게 되었다. 이로 인해 건물 소유자들은 많은 돈을 벌게 되었다. 거주 자체에는 많은 위험이 따랐다. 중국 관청이 감히 그들에 대해서는 재판권을 행사하려고 하지 않았으며, 자치협의회에서는 그것을 법적으로 허용하지 않았을 뿐 아니라 실제로 그렇게 할 수도 없었기 때문이었다. 설상가상으로 상하이가 밀무역을 하기 위해 외국에서 몰려든 무뢰한들의 집결지가 됨으로써 그 해악은 더욱 심해졌다. 이러한 무리는 때에 따라 황제와 반란군에게 번갈아가며 봉사했다. 이들은 영사 재판권의 관할을 받지 않거나 온갖 거짓말과 구실을 갖다 붙여 이를 빠져나가는 법을 잘 알고 있었다. 파크스는 여기에도 적극 개입하였다. 그는 오늘날에도 여전히 현안이 되고 있는 자치협의회의 주권 요구에 대해 단호하게 반대했으며, 자치협의회로 하여금 먼저 아주 열악한 정착촌 재정비용을 스스로 해결하도록 했다. 그는 지방 관청으로 하여금 정착촌에 있는 중국인에 대해서뿐만 아니라 영사 재판권의 지배를 받지 않는 외국인에 대해서도 그들 관할의 재판권을 행사하도록 요구했다.

그러나 상하이에서 그의 활동은 오래 지속되지 못했다. 러더퍼드 앨콕 경이 베이징으로 발령 받음으로써 1865년 3월 일본 에도의 자리가 비게 되었다. 존 러셀 경은 그 자리에 파크스를 추천하였다. 파크스는 당시 일과 공직생활에 지쳐 몇 년 뒤 일본에서 은퇴하여 자유인으로 돌아가겠다고 공언했음에도 승진과 전직을 기쁘게 받아들였다. 당초 몇 년 정도로만 생각했던 공직생활이 18년이나 되었다. 그는 다시 한 번 공사 자격으로 중국에 돌아가고자 했다. 이는 그가 그토록 위대하고 결코 잊지 못할 일을 행한 중국에서 무수한 그의 경력에 종지부를 찍기 위함이었다.

중국에서 외교 활동을 처음 시작한 파크스의 25년간 이야기를 간략히 정리하려고 할 경우 우리는 중국인의 표리부동과 배반에 맞서 싸운 몇몇 통찰력 있고 유능하며 열정적인 인물들의 투쟁의 시기, 즉 영국 정부가 명령을 내리거나 허락하지도 않은 투쟁의 시기를 생각하지 않을 수 없다. 영국 정부는 폭력적인 상황이 빚어진 어쩔 수 없는 경우에만 싸움에 개입했다. 런던의 다른 권위 있는 인물들의 유약한 태도에서 벗어난 유일한 정치가는 바로 파머스톤 경이었다. 그는 주로 파크스가 전한 구두상 보고와 문서상 보고서를 바탕으로 중국 상황에 대해 대단히 정확한 상像을 갖게 되었고, 타고난 정력으로 하원에 있으면서도 영국의 품위와 이해관계를 지키기 위해 동아시아 문제에 발을 들여놓았다. 그러나 전쟁—파크스 · 앨콕 등과 같은 사람들이 십수 년 동안 수행하여 마침내 결정적인 성공으로 이끌었다—은 피할수 없었다. 여기에는 중국과 영국 간의 거리상 신속한 연결 부재에 원인이 있었다. 한 관리가 수개월 동안 답변과 지시를 기다려야 한다면, 그는 절반 정도 개화되었거나 전혀 문명화되지 않은 나라들에서와 마찬가지로 아시아 국가들에서는 종종 통상적으로 개인이 정부 소관의 조치를 먼저 취한 다음 그 책임을 질 수밖에 없다. 유럽과 동아시아, 정확히 말해서 중국 간의 전신 연결이 설치됨으로써 현지 관리들의 이러한 독자적인 판단 행위는 사라지게 되었다. 상업상 교역에서와 마찬가지로 정치에서도 같은 변화가 일어났다. 즉 유럽 관계의 영향은 중국 문제를 판단하고 다룰 때 상당한 효력을 미쳤으며, 결국 중국 문제에서 유일한 결정적인 잣대가 되었다. 그러나 이는 특히 주제넘은 비판가들이 여전히 인정하고 싶어 하지 않는 사실이다.

4

파크스가 1865년 6월 일본에 도착했을 때, 떠오르는 태양의 나라 사정을 아는 사람이라면 누구나 위기를 예상할 수 있었다. 다이쿤大君 또는 쇼군, 더 정확히 말해서 막부—이때 젊은 쇼군이 중병에 시달리고 있었으며, 그래서 일의 진척 상황에 대해 아무런 개인적인 영향력을 행사할 수 없었다—는 천황을 사로잡으려고 한 조슈長州 번의 시도를 수포로 돌아가게 했다. 그러나 오와리尾張의 이전 다이묘의 지휘 아래 반란을 일으킨 번을 물리치기 위해 파견된 진압군이 거둔 첫 성공은 곧 막부파—이렇게 말해도 된다면—의 패배로 빛을 잃었다. 절대다수의 서쪽 번에서는 분명 쇼군보다 반란군에 더 유리했다. 이 원인은 쇼군이 속해 있던 도쿠가와德川 가문과 이들에게 항복하진 않았지만 주종관계에 있으면서 예전에 서쪽을 다스리던 제국 직속의 위대한 번주들, 특히 사쓰마·조슈·도사土佐 번주들 간의 해묵은 적대관계에서 찾을 수 있다. 1860년 가몬노카미掃部頭를 맡은 섭정자 이이 나오스케井伊直弼의 살해와 1862년 추밀원에서 사직으로 빚어진 쓰시마노카미對馬守 안도安藤 대신大臣에 대한 공격 이래 쇼군의 이해관계를 지켜내는 일이 점점 약화된 반면에 막강한 번주들의 자신감은 기고만장했다. 쇼군에게서 예외적인 지위를 박탈하고 그의 조상과 같은 상태—천황의 세속적인 대리인으로서의 지위를 차지하기 이전 상태―로 되돌리려는 생각은 점차 학술적 차원의 논의에서 실제적 정치 영역으로 넘어가기 시작했다. 지난 몇 년 동안 막강한 번주들이 품은 불만에는 또 다른 이유가 있었다. 이들은 쇼군 정부가 외국인과의 교역에서 관세 등을 통해 어떻게 막대한 재정적 이득을 거둬들이는지를 보았을 뿐 아니라 육상과 해상의 방어력을 강화하기 위해 외국과의 관계를 어떻게 이용하는지를 알고 있었다. 이와 동시에 이들은 쇼군 정부가 질투심에 사로잡혀 영주의 외국과의 모든 접촉을 차단시키려고 한다는 의도를 잘 인식하고 있었다. 이러한 경향은 특히 1864년 파리에 파견된 사절단이 돌아온 뒤와 1864년 4월 새로운 프랑스 공사 M. 레옹 로슈가 도착한 뒤 더욱 뚜렷하게 나타났다. 로슈는 동양적 정서를 바탕으로 강력한 영향력을 행사하는 데 수완이 있었다. 예전에 그는 알제리에 있는 '아랍 전담부서'의 공무원이었다. 내가 받은 보고가 맞다면 그는 압델카데르의 포로로 잡혀 있다가 이슬람교로 개종하여 이슬람 왕의 한 친척 여인과 결혼함으로써 가까스로 죽음을 모면하였다. 포로에서 풀려난 그는 알제리에서 일어난 여러 사건 해결에 중요한 역할을 담당하였으며, 특히 이슬람교도가 기독교 세력의 신하일 수 있다는 파트와Fatwā[99]를 얻어 내기 위해 메카의 셰리프에게 파견되었다. 그는 대리공사로서 프랑스를 대표하고 있던 튀니지에서 곧장 일본으로 왔으며, 단기간 내에 쇼군의 친위 참모들로부터 폭넓게 신임을 받는 방법을 터득하고 있었다. 지금까지 어떠한 외국 공사도 로슈와 같은 신임을 받은 적이 없었다. 새로 부임한 이 프랑스 대표의 활동에서 거둔 첫 결실로는 쇼군의 군대 교관으로 프랑스 장교와 하사관들을 참여시킨 일, 프랑스의 지휘 아래 요코스카 만^灣의 부두 공사를 착수한 일, 프랑스에서 수많은 기계와 공구를 주문한 일 등을 들 수 있다. 그는 정치적 관계에서도 주도권을 쥐었다. 그의 영향력과 프랑스의 일본 주둔군 지휘관 조레스 해군 사령관의 영향력으로 미국·영국·프랑스·네덜란드 함대의 공동 원정대를 조직하여 조슈의 번주를 징벌하기 위해 시모노세키로 파견할 수 있었기 때문이었다. 이 원정은 쇼군 정부에 큰 도움이 되었으므로 쇼군은 모순된 상황이었음에도 불구하고 대단히 기뻐하였다.

영국의 새로운 대표를 반대 진영, 즉 현재 반대를 하고 있는 번주들의 진영으로 몰고 간 것으로 보아 당시 프랑스가 분명 한 수 위였던 것으로 보인다. 하지만 디킨스―『해리 파크스 경의 생애』라는 책의 제2권 발행인이며, 제1권은 스트랫퍼드 드 래드클리프 경의 전기작가인 스탠리 레인풀이 편찬했다―는 마치 해리 파크스 경이 그 다툼에 관여하지 않은 것처럼 서술하고 있다. 그러나 이는 사실과 다르다. 정부에서 신임장을 받은 한 대표가 자기 정부의 반대자들을 물색해 반대자들에게 자기 정부는 현재 당면하고 있으며 앞으로 예상되는 분규에서 엄정 중립을 지킬 것이라고 선언한다면 이미 그는 이 선언에서 중립성을 위반한 셈이다. 이와 같은 선언은 단지 하나의 격려로 간주될 수 있었는데, 실제로 해당 사건에서 그러하였다. 사건이 전개됨에 따라 기존의 것이 붕괴될 경우 다른 조약 열강 대표들의 전체적인 협동력과 강력한 결속력이 요구된다. 이는 영국 동료들 편에 가담한 선부른 공개적인 편들기를 막고, 외교 대표부가 외부를 향해 일치단결을 유지하려고 할 경우 압력 행사가 수포로 돌아가지 않도록 하기 위함이다. 이런 경우에만 현재 진행되고 있는 내적 변혁으로 말미암아 외적 갈등이 초래되는 것을 피할 수 있다. 번주들과 천황의 성공에 상당히 관여한 인물들 가운데 이미 위험은 내재되어 있었다. 예컨대 고베에 있는 외국인에 대한 대리인들의 공격, 사카이에서 프랑스 선원들에 대한 습격과 살해, 교토에서 해리 파크스 경에 대한 공격, 요코하마의 거리에서 천황 전권대사의 수행원이 나에게 가한 모욕 등이 이를 잘 입증해 준다. 새로운 권력자들 가운데 진보적 성향이 우세를 보인 것은 단지 외국 대표들―이들은 천황에 대해 반대 의사를 표명할 수 있었다―의 태도와 우려에 힘입은 것이었다. 이것은 외국의 이해관계뿐 아니라 일본의 이해관계에도 상당한 도움이 되었다. 이는 대다수 일본인과 국수주의자들도 전적으로 인정했다.

천황의 정부가 들어선 지 25년이 지난 오늘날에도 여전히 외국인에 대한 적대적인 감정과 견해가 지배적이다. 외국인에 대한 적대행위는 천황을 옹립하기 위한 전쟁 동안에 더욱 맹위를 떨쳤다. 이러한 적대행위는 유감스럽게도 지난 10년 동안 지도적인 일본 정치인들의 행동을 통해 더욱 심화되었다. 이들 정치인은 조약 개정 및 외국인의 내륙 접근 허용 문제와 결부된 민족 감정의 자극 등을 자신들의 개인적 목적을 위해 이용하였다. 그러나 조약 열강 정부들도 비난의 화살을 피할 순 없었다. 이들은 적어도 유럽 국가들에 의해 1875년까지 준수하기로 한 외국의 이해관계에 대한 공동 정책을 포기했으며, 이로 인해 일본인에게 다른 나라에 맞설 수 있는 빌미를 제공하였다. 그러나 일본 정치인뿐 아니라 외국 정치인 모두 신문과 집회에서 표현된 나라 안의 다양한 계층의 선동적인 격분 외에도 모든 외국인에 대한 인종적 증오에서 기인하는 혐오가 존재한다는 사실을 간과하였다. 이러한 혐오는 정치적 출세주의자의 음모 이상으로 중요한 의미를 지니고 있으며, 앞으로 틀림없이 지금까지보다 더 불쾌한 방식으로 울분을 풀게 될 것이다.

천황파의 최종적인 승리와 함께 파크스의 역할은 또다시 힘들고 보람 없는 것으로 되었다. 그는 그때까지 동료들과 자신의 정부에 비해 천황 문제에 대한 옹호자였지만 이제는 조언자 역할을 해야 했다. 그는 자신이 대표한 중요한 이해관계를 바탕으로 다른 사람들보다 훨씬 단호한 조약을 통해 외국인에게 보장한 약속을 철회하려는 일본 정치인들의 시도에 맞서야만 했다. 이로 인해 그가 일본인으로부터 거의 신망을 잃은 사실은 이상한 일이 아니다. 또 그는 일본인보다 미국과 영국의 언론인 및 정치인들 측에 의해서 가장 야비한 중상과 비방의 표적이 되었다. 이에 대해 항상 무언으로 외면한 것은 오히려 그에게 명예가 되었다. 그의 정부뿐 아니라 동포와 일본에 있는 모든 외국인—이들은 파크스를 합당한 이해관계의 옹호자로 여겼다—이 보여 준 신뢰는 그것을 보상해 주고도 남았다. 일본의 왕정복고와 통일의 후원자로서 행한 모든 공적에도 불구하고 그가 1883년에 공석이 된 베이징—이곳은 그가 오랫동안 희망하던 목적지였다—공사로 발령이 났을 때, 일본인들은 그가 떠나는 것을 속 시원히 여겼다.

5

　중국 정부가 영국 정부의 문의에 내해 파크스의 공사 임명에 동의한다고 회답한 뒤 1883년 3월 13일 해리 파크스 경의 중국 공사 임명이 공식 발표되었다. 그는 그해 9월 6일 상하이에 도착하였다. 상하이에서 파크스는 외국인 거류민단의 열렬한 환영과 영접을 받았다. 사람들은 그에게서 많은 것을 기대하였다. 불과 18개월 만의 갑작스러운 그의 죽음으로 인해 그가 마음속에 품고 있던 기대를 이행했을 것인가 하는 물음에 답을 하는 것은 불가능하게 되었다. 비록 그가 분명 전임자들 가운데 그 누구보다 동포의 일에 대해 더 전심전력을 기울였을 것이라고 생각하더라도, 상황 변화로 말미암아 정치적 영향력을 얻는 데는 실패했을 것이라고 짐작할 수 있다. 예전에 언급했듯이 지난 몇 년 동안 중국의 상황은 완전히 바뀌어 대표자 한 사람의 결단력으로 개입할 수 있는 여지가 거의 사라졌다.

1891년 양쯔강 계곡에서 일어난 선교사와 기독교인에 대한 박해에 관해 영국 정부가 공표한 청서靑書는 바로 이 점에 대해 흥미로운 많은 교훈적 내용을 담고 있는데, 이는 동아시아 문제 연구에 관심 있는 사람들에게 적극 추천한다.

해리 파크스 경 스스로 예전과 지금의 차이를 인식하고 있었다는 것은 의심할 나위가 없다. 또 그는 이미 정평이 나 있듯이 자신의 태도를 새로운 관계 속에 맞추어 갔지만 이 때문에 엄청난 스트레스에 시달리기도 했다. 중국을 떠나려는 결심은 죽음이 임박할 무렵에 이미 확고했던 것으로 보인다.

중국에서 그가 활동하던 때는 통킹 만을 두고 중국과 프랑스가 싸우던 시기였다. 그러나 두 나라의 싸움이 극단적인 양상으로 번지기 전에 파크스는 1882년 윌리스 장군이 조선과 체결한 조약—이는 주로 파크스 경의 강요에 의한 것으로 보인다—의 비준을 원치 않았던 자국 정부의 위임을 받아 조선으로 가야 했다. 이는 조선에서 동아시아에서 활동하고 있는 가장 유능한 관리들 가운데 한 사람인 독일 측 교섭자 차페Zappe—요코하마 주재 총영사로 재직 중 요절하였다—와 함께 새로운 조약을 맺기 위한 것이었다. 1883년 11월 26일에 파크스가 체결한 조약은 귀감이 되는 모범 문서로 간주될 수 있다. 그러나 그는 조선 정부와 외세 간의 다툼 및 분쟁을 막을 수 없었다. 특히 그는 조선 정부가 치르고 있는 내홍에 상당한 영향을 미친 것으로 보인다. 이것은 차라리 아니함만 못하였다.

통킹 문제는 프랑스 지도층 인사, 특히 쥘 페리Jules Ferry의 잘못된 상황 판단으로 프랑스와 중국 두 나라 모두 엄청난 물적·인적 피해를 초래하였으며 일촉즉발의 전쟁 직전까지 가는 양상을 띠었다. 베이징의 주전파는 1883~1884년 랑손Langson에서 일어난 사건에 이르기까지 결정적으로 우세를 보였다. 이 사건 이후 자신들의 성공에 대해 너무나 놀란 청나라 정부는 자발적으로 이홍장—푸르니에 협정을 이행하였다. 이로써 프랑스는 통킹을 차지하게 되었다. 특히 무능한 관찰자들의 피상적 판단에 의지하던 쥘 페리는 '방임 상태'에서 약간의 노력만으로도 엄청난 배상금을 옭아 낼 수 있으리라고는 생각조차 못했을 것이다. 배상금 요구에 대한 중국의 저항은 또 다른 분규를 초래하였으며, 이 갈등은 1885년 4월 4일의 협정과 6월 9일의 조약을 통해 종결되었다. 프랑스는 이러한 협정과 조약으로 1년 전인 1884년 여름에 별 다른 희생 없이 받아낼 수 있었던 것 이상을 받아내지 못했다.

랑손에서 충돌이 있기 전까지 베이징 주재 외국 대표자들의 상황은 한층 나았다. 외국인 적대자들―이 가운데 총리아문의 위원으로 임명된 장배륜張培倫이 대표적 인물이었다―은 호언장담하면서 중국 외교의 가장 나쁜 습성을 더욱 악화시키려고 하였다. 장배륜 측의 오만불손함과 모든 형식을 없앤 것은 총리아문에서 유감스러운 장면을 연출하는 계기로 작용하였다. 해리 파크스 경은 중국에서 이전의 지위 이력 때문에 다른 사람보다 더 심한 고초를 겪어야 했다. 다행히도 중국과 외국의 관계에 있어서 장배륜과의 악연은 재빨리 결말이 났다. 장배륜은 푸저우에서 보인 무능과 비겁함 때문에 파면당했으며, 최측근 인사들조차 그에게서 등을 돌렸다. 그 결과 지금까지도 장배륜은 국가 공직의 자리를 얻지 못하고 있다. 그의 실각과 더불어 총리아문의 태도도 바뀌었다. 총리아문의 대신들은 그때까지 수구파의 엄청난 후원을 누리고 있던 그 응석받이에게 맞서 감히 이의를 달지 못한 것이었다.

해리 파크스 경에게는 해야 할 일이 산더미처럼 쌓여 있었다. 광저우와 푸저우 주민들은 불안으로 몹시 떨고 있었다. 이는 광저우 총독이 통킹·사이공·싱가포르·페낭에 있는 중국인들에게 공식적인 포고문을 통해 프랑스 배들을 파괴하고 프랑스인들을 독살하도록 지시함으로써 더욱 고조되었다. 파크스 경은 강력히 항의하여 중국 정부에 이러한 인권 침해 행위를 철회하도록 함으로써 또 다른 분규를 사전에 막아 내는 데 기여하였다.

또 수년 전부터 해결이 안 된 동포들의 불평을 처리하기 위해서는 파크스가 절실히 필요했지만 지칠 줄 모르는 정신적 의욕으로는 더 이상 어찌할 수 없을 정도로 몸은 쇠약해져 있었다. 1885년 3월에 파크스 경은 베이징에서 흔하게 볼 수 있는 티푸스 말라리아 열병을 앓게 되었다. 상태가 그다지 우려할 만한 수준이 아니었지만 그는 3월 21~22일 밤에 뇌졸중으로 사망했다. 시중을 들던 중국 시종은 22일 아침에 그가 아주 온화하고 고통 없이 잠들어 있다고 생각했다. 결국 일이 그의 목숨을 빼앗아 간 것이다. 그는 죽기 전 36시간 동안 60여 개 보고서와 칙령을 검토하고 서명하였다. 당시 공사관에서 파크스의 비서였으며 현재 베이징 주재 영국 공사로 있는 오코너 O Conor가 쓴 글에 따르면 그를 죽인 것은 열이 아니라 머릿속에 지칠 줄 모르는 열의였다.

파크스는 조국에 인도와 식민지를 안겨 주었으며, 현재의 조국을 있게 한 전형적인 영국인 대표자 계층이다. 무엇보다 그는 휴식이 무엇인지, 휴양이 무엇인지에 대해 거의 알지 못했다. 그는 자신의 부하 직원들에게 많은 요구를 하였지만, 그들 모두가 한 것보다 훨씬 많은 일을 해냈다. 내적으로는 경건하고 신을 믿으면서 전혀 두려움을 몰랐다. 그는 당시 중국과 일본에서 다른 외국인보다도 더 많은 위험에 노출되어 있었지만 무사했다. 그는 대담한 용기를 지니고 있었으며, 책임지는 것을 겁내지 않았다. 이 때문에 그는 다른 사람들에게 자신의 책임을 떠넘기려는 생각을 결코 해보지 않았을지도 모른다. 그는 공명심이 높았지만 어디까지나 선의의 의미에서 그러했다. 그에게는 영국 및 영국의 이해관계가 전부였다. 이로 인해 그는 언제나 편안한 동료가 되지 못했지만 만인에게 진정한 조국애와 참된 의무감에 대한 귀감이 될 수 있었다.

파크스는 공직생활을 하는 모든 기간에 수많은 영예를 누렸다. 그는 이 모든 영광을 누릴 자격이 있었다. 그가 57세를 일기로 죽었을 때 영국의 여왕·정부·국민과 동아시아에 있던 모든 외국인은 그 무엇으로도 대체할 수 없는 엄청난 상실감을 느꼈다. 중국과 일본의 정부 및 정치인들도 그의 장례식에 참석하여 감사를 표하고 고인의 명복을 빌었다. 예전에 다른 두 사람과 함께 포로로 잡혀 짐수레에 실려 베이징으로 끌려왔던 파크스의 장례식에는 청나라 총리아문의 대신들과 때마침 청나라에 와 있던 일본 정부의 이토 히로부미 대신 및 특별 사절단을 비롯해 각국의 외교 사절과 외국 단체의 모든 구성원이 참석하였다. 그의 시신을 실은 배가 25년 전에 파크스가 할양을 받아 낸 다구 요새를 지나갈 때 배에서 마지막으로 그리고 영원히 중국과 이별하는 고인을 위해 예포가 발사되었다. 그러나 파크스 경에 대한 추모는 그를 본받는 한편 의지력과 결단력을 심어 준 것을 기억하기 위해 동아시아에서 오랫동안 이어질 것이다.

제8장
조선의 문제(1894)*

청일전쟁이 선포되어 첫 번째 희생자들이 생겨났다. 전쟁이 선포되기 전에 새로운 동양의 문제가 신문에 실린 것처럼 '작은 나라 조선'은 서구의 이해관계를 진지하게 이용하기 시작했다. 현재 다방면에서 들어오는 다양한 소식과 보고들을 보면 잘못된 내용이 많이 들어 있다. 솔직히 말하면 그 속에는 거의 대부분 잘못된 내용들로 넘쳐난다. 하지만 이러한 문제는 사실상 모든 의식적 또는 무의식적 과대포장에서 벗어나 역사적 발전의 토대 위에서 평가할 경우에만 올바른 판단을 내릴 수 있다.

---

* 이 글은 1894년 9월 「독일 전망」지에 실린 것이다.

일본이 조선에 대해 야욕을 품기 시작한 것은 조선의 역사만큼이나 오래되었다. 일본이 고구려와 신라에 대해 일으킨 전쟁은 이미 선사 시대 때부터 시작되었으며, 길고 짧은 휴전을 거듭하면서 계속 전개되었고, 급기야 16세기 말에는 거대한 원정대가 조선으로 출정하기에 이르렀다. 왜군은 조선에서 끔찍한 난동을 부렸으며, 승리의 징표로 살육한 조선 병사들의 귀와 코를 잘라 내어 교토로 보냈다. 조선 병사들의 귀와 코를 매장한 무덤은 오늘날에도 전해지고 있다. 조명 연합군이 왜군을 조선에서 몰아냄으로써 전쟁은 일단락되었다. 일본의 무력 사용에서 비롯된 이와 같은 불행한 결말은 당시 일본에서 일어난 정치적 소용돌이에 상당한 영향을 미친 것으로 보인다. 특히 다음 두 가지 사실은 이 전쟁에 대한 기억으로 남게 되었다. 하나는 일본인에 대한 조선인의 엄청난 증오이고, 다른 하나는 조선 통치권에 대한 일본의 요구이다. 이러한 요구는 사쓰마薩摩 번주에게 보낸 조선 사절단의 파견 과정에서도 종종 드러났다. 조선 사절단에게 조공 사절단이라는 이름을 부여할 정도로 일본의 자만심은 하늘을 찔렀다. 하지만 사절단의 인원 수는 실제로 국제법의 보호 아래 미미한 교역관계를 유지하기 위해 힘쓰던 서양 선교사의 수보다 많지 않았다. 막부의 권력 쇠퇴와 함께 일본은 점차 조선의 문제에 결정적으로 관여하려는 의지와 힘을 잃어 갔다. 결국 일본이 부산에 세운 거주지는 무역 관점에서 보면 완전히 몰락하였다. 그곳의 일본인 거주민들은 데지마出島에서 네덜란드인이 일본인으로부터 받은 것보다 더 형편없는 대우를 받은 것으로 보인다.

1868년에 일본에서 막부가 무너지고 천황 친정체제가 다시 들어섰을 때, 대부분 사무라이 계급과 하급 귀족들로 구성된 천황 옹립 운동의 주동자들은 동료들의 불안한 정신과 관심을 외부로 돌릴 필요가 있다고 판단하였다. 봉건제가 폐지되자 대부분의 하급 가신들이 일자리를 잃어 밥벌이를 제대로 하지 못하게 되자 이와 같은 필요성은 더욱 절실하게 되었다. 이미 당시에 권력자들의 의중에는 조선으로의 원정에 대한 생각이 자리 잡고 있었다. 조선의 지도를 보내 달라는 일본의 요구, 다시 말해서 조선이 일본에 조공을 바칠 의무가 있다는 요구에 대해 조선 조정은 조소와 경멸로 물리쳤다. 이는 일본이 조선에 대해 한층 더 분명한 태도를 취하도록 하는 데 적잖이 기여했다. 1872년 일본의 조선 출병을 막기 위한 외국 외교관들의 노력은 부분적인 성공만을 거두었다. 당시 일본 정부의 의지와는 반대로 나가사키에서 소집된 군대의 포르모사 원정은 오쿠마 시게노부와 사이고 다카모리의 야심 및 전쟁에 대한 사무라이들의 격정적인 열망을 충족시켜 주었다. 몇 년 뒤 조선인들은 조선의 해역에서 활동하던 일본 측량선을 공격했다ー그런데 일본은 자신들의 공해 상에서 외국 전함들의 측량 행위에 대해 끊임없이 항의하였다는 사실을 반드시 기억할 필요가 있다. 이 사건은 일본이 소규모 원정대를 조선으로 파견하는 빌미를 제공하였다. 이 원정은 강화도조약(1876)을 체결하고서야 끝이 났다. 조약의 서문에서 일본은 조선을 독립국으로 인정하였다. 이로써 일본은 자신의 의도와 바람대로 종주국인 청나라와 조공 의무를 지고 있는 조선 간의 관계에 첫 번째 쐐기를 박았다. 이때부터 조선의 내정에 간섭하려는 일본의 노골적이고 은밀한 시도가 끊임없이 이어졌다. 중립적인 제3자의 시각에서 보더라도 일본이 조선에 대한 통치권을 가지고 있다는 예전의 요구를 다시 인정받을 기회만을 호시탐탐 노리고 있다는 것에는 일말의 의심할 여지도 없다.

프랑스와 청나라가 갈등을 겪고 있던 1885년에 일본의 정치인들은 한 단계 더 나아갈 수 있는 순간이 왔다고 확신했다. 전직 총리이자 현 총리인 이토 히로부미伊藤博文가 청나라에 왔다. 협상한 결과 그는 이홍장과 톈진조약을 체결하였다. 이 조약에 따라 두 나라는 조선에 주둔하고 있는 자신들의 군대를 철수하기로 했다. 그리고 이 두 나라는 앞으로 상황에 따라 다시금 자국의 군대를 조선으로 파병할 필요가 있을 경우 조약을 체결한 다른 한쪽에게 그 사실을 통보해야 하고, 조선으로 군대를 파병하는 합당한 이유를 설명하기로 했다.

이때부터 조선으로 이주해 온 수많은 일본인들은 일본 대표들처럼 대단히 도발적으로 행동했다. 전승국에 예속당한 어떠한 민족도 조선인과 조선의 정부만큼 오만불손한 대우를 받은 적이 없었다. 핵심 인물은 일본 정부와 일본 언론의 극우파였다. 이들 극우파는 1892년 자신들의 추종자들 가운데 한 명[100]을 조선 공사로 임명하는 것을 관철시킬 수 있었다. 이로써 조선 정부를 상대로 일본 상인들이 제기한 문제들과 일본 정부가 지원한 요구 사항에 관한 문제에서 협상의 주도권이 이 공사에게 넘어가게 되었다. 조약에 따라 권한을 부여 받은 조선의 한 지방 관찰사는 자신의 행정 관할 지역에서 콩을 반출하지 못하도록 금지시켰다. 일본 정부는 이러한 조치의 적법성 문제에 대해 이의를 제기한 뒤 막무가내로 행동했다. 비록 조선 정부가 어떤 해에 문제가 된 지역에서 반출된 콩의 가격이 5만 달러를 넘지 않았다는 사실을 증명하며 이러한 전반적인 문제를 중재재판소에 회부하자고 제안했음에도 불구하고 일본은 계속해서 자국 상인들에 대한 손해 배상금으로 30만 달러를 요구했다. 하지만 이홍장이 이러한 너무나 지나친 일본의 요구를 들어주도록 조선 정부에 압력을 행사하지 않았다면 당시 1893년 여름에 이미 전쟁이 일어났을 것이다.

결국 그해 전라도 지방에서 일어난 폭동은 일본으로 하여금 조선에서 벌어지는 일에 관여할 수 있는 빌미를 제공하였다. 몇 년 전부터 전라도 지방에서는 폭동의 기운이 감돌고 있었다. 이러한 기운은 처음에 고종의 외국인 우호정책과 특히 기독교 선교의 허용 방침에 반발한 것이었지만, 관리들의 탐욕과 강탈로 말미암아 더욱 고조되었다. 1893년 봄에 이 지방의 폭도들이 수도 가까이에 왔다는 소문이 퍼졌다. 비록 서울에 있는 외국인 가운데 그 누구도 이 사실을 믿지 않았다 하더라도 모든 일은 일본 공사관 측의 공작에 의해 이루어졌다. 이는 폭동을 일본의 이해관계에 대한 중대한 위협으로 확대 해석하여 자연스럽게 일본의 개입을 끌어내기 위함이었다. 청나라 정부의 침묵으로 인해 당시 조선과 일본 두 나라 사이에 분쟁은 일어나지 않았다. 1893년 전라도 지방의 폭동은 아주 위협적인 양상을 띠었다. 지방 관리들이 맞아 죽거나 쫓겨나는 일이 발생했지만 폭동을 진압하기 위해 파견된 조선 관군은 무기력하기만 하였다. 어찌할 바를 모르던 고종은 후견인격인 청나라 황제에게 도움을 요청했다. 약 2,000명의 소규모 청나라 군대 파견만으로도 폭동을 진압하기에는 충분했다. 그러나 청나라가 조선으로 병력을 파병하겠다고 일본에 통보했을 때—이때 일본은 조선에서 철수를 준비하고 있었다—그사이에 자신들의 이익을 보호한다는 명분으로 1만 명의 군사를 한양으로 파견한 일본은 철수를 거부하고 여러 요구 조건을 내세웠다. 정확한 요구 조건이 무엇인지는 지금까지 불확실하다. 일본의 요구들로 인해 처음에는 피해가 그다지 대수롭지 않은 충돌 정도로 그쳤지만, 나중에는 급기야 두 나라의 전쟁으로 비화되었다.

이러한 일본의 행동과 청나라의 태도를 비교해 보면, 일본은 참으로 도발적인 공격 성향을 지니고 있다. 조선은 기원전 1,100여 년부터 중국에 조공을 바친 이래 거의 모든 역대 왕조가 중국에 대한 조공의 의무를 지고 있었으며, 이 대가로 중국은 한반도의 거의 모든 역대 왕조에게 정통성을 부여했다. 그러나 이러한 오래된 유사 이전의 기억과 요구를 제쳐 두더라도 현재 만주족이 세운 청 왕조의 초기 황제들은 명 왕조를 섬기던 조선을 무력으로 제압하여 자신들에게도 계속 조공의 의무를 다하도록 강요하였다. 당시 청나라는 다소 이러한 명분상의 주종관계를 이행하는 것 외에 조선에 대해 어떠한 요구도 하지 않았다. 그러기는커녕 황제가 가끔씩 보낸 사신들을 제외하고 모든 중국인에게 조선에 발을 들여놓는 일을 금지시켰으며, 이를 어길 경우 사형에 처했다. 국경 지역에 있는 거대한 틈새 공간에서 벌어진 장터를 제외하곤 전체 외교적인 왕래와 교역은 조선의 사절들을 통해 이루어졌다. 이들은 2년에 한 번 국경을 넘어 베이징으로 갔다. 하지만 이들은 정치적 성격보다 상업적 성격을 더 많이 띠고 있었다.

외국 열강들과의 조약이 체결된 뒤 서양 열강에 비해 조선에 대한 통치권을 강화할 기회가 있었지만 청나라는 조선의 내외적 일에 일절 관여하길 거부했다. 이를테면 프랑스와 미국은 조선에 대한 자구책을 마련하기 전에 청나라의 중재를 요청한 적이 있었다. 첫 번째 조일 조약이 체결된 뒤 이홍장은 청나라가 기존의 노선을 계속 고수할 경우 조선이 일본으로 넘어갈 것이라는 사실을 인식하기 시작했다. 청나라 정부가 외국과의 전반적인 교역관계와 해상 교역로를 이끌어 내기 위해 조선에 압력을 행사하려고 한 것은 주로 이홍장의 권고에 의해서였다. 이러한 정책의 결과 조선은 1882년에 미국·영국·독일 제국과 조약을 체결하였으며, 얼마 뒤에는 이탈리아와 러시아에도 문호를 개방했다. 이러한 조약 체결에 관한 모든 협상은 청나라 전권대사의 배석 아래 이루어졌다. 조선의 전권대사들은 조약에 서명하기에 앞서 고종의 서한을 건넸다. 이 서한에서 고종은 조선이 정치적·행정적으로 독립국임을 천명하였다. 하지만 동시에 고종은 청나라에 대한 조선의 오래된 조공관계를 변함없이 계속 유지할 것이라고 선언하였다. 주지하다시피 청나라 정부 입장에서는 조선과 더욱 활발한 외교관계를 이루어 냄으로써 어느 정도까지 조선의 외교 및 내정에 종전보다 더 큰 영향을 미치려는 바람과 욕구가 점점 커져만 갔다. 이러한 노선에 따른 일련의 조치는 유럽의 관점에서 보면 잘못되고 미숙하기 이를 데 없는 것이었다. 이를테면 이 조치들은 대부분 예전의 전통 의식을 엄격히 고수함으로써 조선 국왕의 종속적인 신분을 확고히 하려는 노력에서 극치를 이루었다. 이로 인해 이 조치들은 다방면에서 자주 충돌을 빚었다. 그러나 우리는 다음과 같은 점을 인정하지 않을 수 없다. 첫 번째 청나라는 완만하고 신중한 조선의 외교 발전에 어떠한 방해도 하지 않았다. 이는 일본과 조선 간의 무역이 교역량과 금액 면에서 볼 때 청나라와의 교역을 훨씬 앞질렀다는 사실에서도 잘 알 수 있다. 두 번째 청나라는 기회가 있을 때마다 어려움을 완화시키고 갈등을 없애려고 노력했으며, 또 그렇게 할 준비가 되어 있었다. 따라서 현재 일어나고 있는 충돌에 대한 책임은 전적으로 일본 정부에 있었다. 일본 정부는 급진파의 관심을 바깥으로 돌려 국내에 도사리고 있던 위험들을 피할 수 있는 실마리를 조선으로의 원정에서 찾았다.

조선의 문제에 관해 다룬 보고서들을 보면, 거의 매번 이홍장이라는 이름이 맨 앞에 등장한다. 하지만 청나라 정치인 가운데 가장 뛰어난 이 사람의 지위와 성격이나 그가 헤쳐 나가야 할 난관에 대해서는 대개 한마디도 없다. 이홍장은 총리도 아니고, 그렇다고 해군 함대나 육군에 대해 전권을 가졌거나 지휘권을 가진 사람도 아니다. 이와 같이 그와 관련된 모든 정보가 부정확하다. 이홍장은 즈리성 지방의 총독이며, 특히 수도를 방어하는 한편 조선과의 관계를 담당하도록 위임 받은 인물이다. 그는 가장 나이 많은 총독으로서 중국 최초의 민간인 관리이다. 그러나 총독청은 이미 오래전에 비중 있는 기능을 모두 내각대학사에 넘겨주었는데, 이 기관은 오늘날 유럽 국가들의 내각에 비견될 수 있다. 이홍장이 이와 같은 요직을 맡게 된 것은 태평천국 난을 진압할 때 그가 세운 군사적 공로 덕분이었다. 그는 당시 난을 진압하는 작전에서 불행하게도 한동안 황제의 노여움을 사기도 했지만, 바로 예전의 명예를 회복하였다. 하지만 그가 당시 1만 명의 군사를 이끌고 베이징으로 갔다는 주장은 아무런 근거가 없다. 그는 톈진에 살고 있었기 때문에 외국 대표들과 일련의 조약 및 협정을 체결해야만 했다. 이는 총리아문이 수도에서 외국에 적대적인 당파(수구파)의 비판을 다른 곳으로 돌리기 위해 그에게 협상과 관련된 모든 책임을 맡겼기 때문이었다. 이홍장은 외국의 세계관에 대해 눈뜨게 되었으며, 이렇게 얻은 경험들을 종종 자국의 이해관계에 이용할 줄 알았다. 그는 청나라 군대의 약점을 노출시키지 않을 정도로 지략이 뛰어났으며, 수도의 경비대장으로서 책임감을 잘 인식하고 있었다. 그는 모든 총독 가운데 유일하게 군대와 함대를 보유하고 있었다. 이 군대와 함대에 대해서는 유럽 입장에서 볼 때에도 그 가치를 인정하지 않을 수 없다. 그러나 이러한 전투력을 보유함에 있어 그에게는 커다란 위험이 도사리고 있었다. 그는 수도를 겨냥한 적의 공격에 대처하기 위해 전투 병력을 결속시켜야만 했다. 그는 사신의 진두 병력을 다른 전투에 투입함으로써 전부 또는 부분적인 손실을 보게 해선 안 되었다. 그가 언제나 반대파에 맞서 추진한 우유부단한 정치 역시 다름 아닌 이와 같은 필요성 때문이었다. 프랑스와 청나라가 충돌을 빚고 있는 동안 그는 전쟁을 남부에 국한시키려고 전력을 쏟아 부었다. 그는 또 일본과의 전쟁을 피하려고 갖은 노력을 다했다. 하지만 전쟁이 일어난 지금 그는 자신의 지방을 적에게 노출시킬 수도 있는 힘겨운 결심을 해야 할 것이다. 일본과의 협상 가능성이 여전히 남아 있지만 다른 한편으로 베이징에서 전쟁을 원한다 하더라도 다른 지역에서 오는 전투부대, 다시 말해서 다른 지방에서 징집된 자원군 부대가 도달할 수 있는 시간을 마련하기 위해 전쟁 발발을 최대한 지연시켜야 했다.

황제가 이홍장에게 하사한 최고 군사적 징표인 노란색 기마 저고리를 회수했을 때, 이것은 분명 그에 대한 황제의 불만 표시였다. 이러한 일은 불행한 지휘자나 관리에게 늘 있는 일이었다. 이홍장이 사건들에 대한 첫 보고에서 스스로 자신의 처벌을 요구했다는 것—이러한 일은 다반사이다—은 충분히 예상할 수 있는 일이다. 승리만이 실추된 자신의 명예를 회복시켜 줄 것이기 때문이었다. 이홍장은 청나라의 대다수 보수파에게는 눈엣가시 같은 존재이다. 그의 정적들이 그를 실각시키기 위해 호시탐탐 기회를 엿보고 있다는 사실은 전혀 근거 없는 말이 아니다. 그러나 이와 같은 노력들이 조만간 성공을 거둘 수 있을지는 의문이다. 외국인들이 이 문제에 개입한다 하더라도 이렇다 할 결정적인 영향을 미치지는 못할 것이다.

조선의 문제를 살펴보면—모든 조선인이 일본에 대해 품고 있는 원한은 제쳐 두더라도—조선은 단지 청나라 군대의 지원을 받아야만 전쟁에 가담할 수 있다. 그러나 최근에 들어온 소식통에 따르면 일본인이 고종의 아버지인 대원군을 지원할 것처럼 행동한다는 것이다. 대원군은 가장 격렬한 외국인 배척자이다. 그는 몇 년 전부터 그의 아들에게 반대하고, 특히 조정의 진정한 실세인 왕비에 대항하는 모든 음모 세력의 핵심 인물이다. 시기심에 사로잡혀 자국의 문호는 굳게 빗장을 걸면서도 조선의 내정에는 너무나 노골적으로 간섭하는 일본인들의 문화적 노력을 답습한 대원군이야말로 일본을 설명함에 있어 가장 좋은 본보기가 된다.

　　러시아와 영국은 당분간 전면에 모습을 드러내진 않을 것으로 보인다. 두 나라 모두 분쟁을 원치 않고 있다. 그들은 장·단기간에 걸친 분쟁을 통해 영국이 무엇을 가장 피하고 싶어 하는지, 러시아가 무엇을 연기하고 싶어 하는지에 대한 입장 표명을 강요 받고 있기 때문이다. 러시아의 경우 1885년에 톈진에서 발표한 성명서가 결정적으로 작용할 것이다. 이 성명서에서 러시아는 청나라가 조선을 관할하고 있는 상황에 변화가 없는 한 조선 영토에 대한 야욕이 전혀 없음을 천명했다. 영국의 경우 러시아의 남진에 대비해 동아시아에서 새로운 교두보를 마련하길 원하고 있다.

일본은 영흥만Port Lazareff[101]에 주둔하고 있는 러시아와 거문도Port Hamilton[102]에 주둔하고 있는 영국에 대해 이들이 조선의 주인이 아니라 청나라가 조선의 주인이었을 때를 간절히 바라고 있는지도 모를 일이다.

제 9 장
동아시아에서 해야 할 일(1894)*

동아시아의 사건들은 점점 더 큰 관심을 불러일으키고 있다. 유럽에 전해지는 동아시아에 관한 소식들이 부정확하고 신뢰할 수 없으면 없을수록 이러한 불충분한 정보들에 대해 광범위한 추론을 가미하는 것을 당연하게 여기는 사람들의 상상력은 더욱 기승을 부린다.

요컨대 일본과 청나라 간에 갈등이 있었지만 지금까지 아무 일도 일어나지 않았는데, 이는 상황을 잘 알고 있는 사람들 가운데 그 누구도 예상치 못한 일이다. 일본은 평화시에 한 우방국을 공격하여 우방국의 수도와 다른 지역을 무력으로 점령하였다. 1885년에 일본과 청

---

* 이 글은 1895년 11월 「독일 평론」지에 실린 것이다.

나라가 맺은 조약(톈진조약)에 따라 청나라 역시 조선으로 군대를 파견할 권리가 있었지만 일본은 그렇게 하지 못하도록 강력하게 저지했다. 그 결과 청일전쟁이 발발했다. 전쟁 개시는 1894년 8월 4일에서야 비로소 다른 열강들에 통지되었다. 일본 측의 첫 번째 도발은 7월 25일 청나라의 군함과 영국 국적의 증기선 가오슝호를 공격함으로써 시작되었다. 이와 동시에 일본군은 당초 전라도 지방에서 일어난 폭동을 진압하기 위해 야산崖山 섬[103]에서 조선에 파견한 소규모의 청나라 부대를 공격하였다. 초기에는 반격을 당했지만 후퇴하고 있던 청나라군의 후위를 노린 일본군의 두 번째 공격은 상당한 성과를 거두었다. 그러나 일본군의 전과에 대해서는 알려진 게 없으며, 약 4,000명에 이르는 청나라군이 8월 23일 야산에서 직선거리로 250킬로미터 떨어진 평양에 도착했다는 사실만 전해졌을 뿐이다. 사실상 거의 500킬로미터에 이르는 행군에서―이때 한양의 동쪽 길을 택하였다―청나라군은 퇴각할 때 적으로부터 아무런 방해도 받지 않은 것으로 보이며, 일본군의 방심에 대해서도 아무런 언급이 없다.

겉보기에는 화려하게 평양까지 나아갔지만, 실상은 나약하기 그지없던 일본 수뇌부는 8월 중순 북쪽에서 진격해 온 청나라군과 가벼운 전투를 치른 뒤 평양에서 쫓거나 남쪽으로 퇴각하였다.

만주에 집결한 청나라군의 전위 부대와 야산에서 온 군대가 합류한 뒤 불과 2만 명 규모—할리데이 매카트니_{Halliday Macartney} 경은 1만 2,000명으로 기술하고 있다—의 병력이 평양에 집결하였다. 청나라군은 한때 왕궁이 있었고, 16세기 때 명나라와 일본의 전쟁(임진왜란)을 통해 알려진 그 도시에 아무런 방어 시설도 구축하지 않았다. 그곳에서 그들은 삼면에서 몰려오는 훨씬 우세한 일본군에 9월 15일과 16일 이틀간에 걸친 공격을 받아 격퇴당했다. 양측에서 본 피해 규모는 일본군이 사망자 165명, 부상자 551명, 실종자 40명 등 모두 756명—이 가운데 장교가 41명이었다—이고, 청나라군은 사상자가 6,000명에 달했다. 매카트니 경에 따르면 청나라의 실제 피해 규모는 300명 정도에 불과했다고 한다. 일본 측이 당초 청나라 측의 피해를 1만 6,000명이라고 발표한 것은 과장된 것으로 보인다. 이후 일본 측의 공식적 보고에 따르면 특수부대 가운데 하나가 포로로 잡은 수는 611명—이 가운데 약 80명은 부상자였다—에 불과했기 때문이었다. 이러한 충돌과 거의 동시에 9월 17일에는 청나라와 조선의 국경을 이루고 있는 압록강 하구에서 청나라와 일본 함대 사이에 해상전투가 벌어졌다. 당시 청나라 함대는 수송선을 호위하는 임무를 수행하고 있어서 일부 함대만이 전투에 임했을 뿐이다. 중국인의 물질적 피해는 일본보다 훨씬 컸음에 틀림없다. 한편 일본 함대는 자신들이 시인한 것보다 훨씬 심각한 피해를 본 것으로 알려졌다. 그렇지 않고서는 일본 함대들이 엄청난 손실을 입은 중국 배들과 적어도 수송선들을 나포하거나 격퇴시키지 않은 이유를 설명할 길이 없다.

이때부터 더 이상 보고된 충돌은 없었다. 일본군 일부는 평양에서 북쪽으로 이동했다. 마지막 보고에 따르면 평양에서 북쪽으로 75~110킬로미터, 만주 국경의 마지막 경계 초소에서 50~90킬로미터 떨어진 안주安州와 구성龜城 사이에 주둔했다고 한다. 중국의 해안에 일본군이 정박했거나 정박하려고 시도했다는 등의 모든 보고는 현재까지 확인된 바가 없다. 청나라군의 주둔지와 병력 규모에 대해서는 아무것도 알려진 게 없다. 그러나 만주에는 5만~6만 명, 베이징과 바다 사이에 있는 즈리성에는 적어도 만주 병력의 두 배, 포르모사—이곳은 일본의 공격 대상 가운데 하나로 지목되고 있다—에는 3만~4만 명의 병력이 주둔하고 있다고 추정하면 틀림없을 것이다. 만주 수도 무크덴Mukden[104]은 일본군 주력부대가 주둔하고 있는 조선의 안주에서 직선거리로 약 400킬로미터, 베이징에서 약 550킬로미터 떨어져 있다. 자주 언급된 산하이관山海關은 베이징에서 약 300킬로미터 떨어져 있다. 험한 길과 만주의 얼마 되지 않는 주민, 이로 인한 군대의 식량 조달 어려움 등을 감안할 때 이것은 결코 만만치 않은 거리였다. 청나라군이 적에게 넘겨주어야 하는 지역을 황폐화시켰고, 그곳의 주민들을 다른 곳으로 데려감으로써 어려움은 더욱 가중되었다. 이러한 조치는 이미 몇 세기 전에 일본 해적이 습격해 왔을 때 단행하여 상당한 성과를 거두기도 했다. 이 밖에도 11월 중순부터 즈리성과 만주에는 땅이 얼기 시작하므로 적의 군대와 함대의 모든 연결로가 끊기게 된다는 점도 감안한 것이었다.

7월 말에서 9월 말까지 일어난 전투 결과를 도출하면 다음과 같다. 일본은 조선을 손아귀에 넣었으며 청나라는 1만 6,000~1만 7,000명의 병력―일본 측 보고에 의한 것임―을 잃었다. 청나라 해군은 보유하고 있던 배를 몇 척 잃었을 뿐 지상 병력은 전혀 피해를 보지 않았으며, 10월 1일까지 중국 땅에 발을 들여놓은 일본인은 한 명도 없었다. 일본군, 특히 장교와 고위 지휘관들이 청나라에 비해 우위를 보였다는 사실은 양측 군대를 잘 알고 있는 이들에게 있어서 하등 놀라운 일이 아니었다. 일본이 예전에 속전속결로 조선을 유린한 것도 중국과 일본 간의 전쟁에서 새삼스러운 일이 아니다. 1592년 5월 25일 부산을 공격함으로써 시작된 침략 전쟁(임진왜란)에서 일본은 불과 20일 남짓 만에 평양에 도달했다. 조선이 도움을 요청한 명나라군은 8월 중순이 되어서야 조선의 국경을 넘어왔다. 그러나 일본군은 1593년 2월에 평양, 같은 해 5월에 한양에서 쫓겨났다. 그들은 퇴각 전에 수도 한양의 방어를 쉽게 하기 위해 대부분의 가옥에 불을 질렀으며, 주민을 대량으로 무차별 학살하거나 추방하였다. 1599년 5월 10일 이후 조선 땅에서 더 이상 일본군을 찾아볼 수 없었다. 그러나 18만 5,738명의 조선인과 2만 9,014명의 명나라 군사들―이들의 귀와 코는 전리품으로 교토에 보내졌다―이 일본군의 칼날에 목숨을 잃었다. 이러한 역사적 기억들로부터 중국인들이 일본인의 첫 번째 승리에 겁을 먹었다거나, 조선인들이 일본 문명의 세례를 아주 열정적으로 받아들였을 거라고 확신할 순 없다.

전쟁의 결말을 예단하기에는 아직 이르다. 그러나 청나라와 일본을 잘 아는 대부분의 사람들은, 중국인들이 버텨 내기만 한다면 일본인들은 날이 갈수록 가중되는 어려움으로 전쟁을 일으킨 것에 대해 후회하게 될 것이라고 생각하였다. 일본군은 평시에 약 6만 5,000명의 병력을 보유하고 있으며, 예비군과 지역 민방위군은 약 2만 명에 이른다. 필요한 식량·탄약·수송대 등을 지원할 수 있다면 이 가운데 15만 명은 조선과 청나라를 상대로 한 전쟁에 투입할 수 있다. 병사들의 상당 부분은 농촌 주민 가운데서 차출되었다. 전쟁이 오래 지속되고 손실이 클수록 이들은 곧 전쟁에 염증을 느낄 것이다. 이들은 전쟁에서 어떠한 이득도 기대할 수 없을 것이며, 단지 세금 인상만을 기다려야 할 것이다. 일본 정부 역시 이 점을 감안하지 않으면 안 된다. 국립은행의 현금 보유액이 현저히 감소를 보이고 있고, 화폐 가치도 폭은 크지 않지만 8월에 이미 액면가 이하로 떨어졌기 때문이다.

특히 청나라에서 날아온 다음과 같은 급보는 아주 신중하게 받아들일 필요가 있다. "영국 전함 에스크Esk호가 도착한 지 며칠 만에 한커우漢口 지방은 엄청난 공황 상태에 빠져 들었다."[105] 에스크호의 규모는 330톤이고, 승선 인원은 52명이다. 한커우와 양쯔강 및 한수이漢水강이 합류하는 지점에 있는 다른 두 도시의 주민 수는 200만에 이른다. 따라서 외국인들의 공황 상태는 전혀 근거가 없거나, 에스크호의 입항이 그러한 혼란을 야기했다 하더라도 미미한 수준이었음에 틀림없다.

"결혼한 세관원들은 가족과 함께 베이징을 떠나고 있다." 즉 베이징에 거주하면서 외국 해관海關의 세관검사총국 소속 기혼 관리들이 다른 자리로 옮겨갔기 때문에 그곳은 미혼 관리들로 채워졌다. 이는 세관검사총국장을 맡고 있는 로버트 하트Robert Hart[106] 경이 취한 대단히 합리적인 조치였다. 동양인 간의 전쟁과 공격으로부터 무방비 상태로 노출되어 있는 도시에서 여자와 아이들은 늘 부담이자 걱정거리였기 때문이었다. 따라서 이 조치는 아무런 소란도 불러일으키지 않았다. 마지막으로 사례 한 가지만 들면, 지난번 영국 내각의 회의는 도저히 있을 수 없는 소문과 억측에 대한 빌미를 제공하였다. 이러한 소문은 조약을 맺은 열아홉 개의 모든 항구에 영국군 병영이 세워질 것이라는 데에서 극에 달했다.

현재는 열아홉 개가 아니라 스무 개의 개항지開港地가 있다. 베이징과 양쯔강 연안에 있는 여섯 개의 부두는 이에 포함되지 않았다. 그런데 영국이 이러한 점령지에 필요한 군대를 어디에서 조달한단 말인가? 홍콩에 주둔하고 있는 병력 수는 3,000명에 지나지 않고 싱가포르에는 1,000명 정도가 있지만, 이는 그곳에서 꼭 필요한 병력이다. 이 밖에도 청나라와 프랑스가 갈등을 빚고 있던 1884~1886년에 청나라 정부가 전적으로 평화를 유지하고 외국인을 보호할 수 있는 상황에 있었다는 점, 또 이 경우 그에 대한 의무를 외국 정부들에 분명하게 인정하고 받아들였다는 점을 까마득히 잊은 것 같다. 청나라에서 동요가 일고 있었다는 점과 많은 군대의 집결로 인해 이러한 동요가 더욱 고조되었다는 사실은 의심할 나위가 없다. 그러나 이는 다른 지역에서도 마찬가지였을 것이다. 이를테면 1891년에 일어난 것처럼 외국인에 대한 공격에 관해 지금까지 보고된 것은 아무것도 없다.

이홍장의 배신과 계략을 둘러싼 소문에 관해 살펴보자. 이홍장은 전쟁을 피하려고 최선을 다했다. 그는 지휘와 성공에 대한 책임이 자신에게 지워질 것이라는 점을 잘 알고 있었으며, 그의 나이—그는 지금 일흔세 살이다—를 고려할 때 그러한 책무를 면하고 싶었기 때문이었다. 이 밖에도 지난날의 섭정자 서태후와 쿵(공친왕) 왕세자 및 젊은 황제 역시 그의 가장 든든한 후견인인 반면에 수구파에 속하는 청나라 정치인들은 그의 끈질긴 정적들이다. 그렇다면 이홍장이 만주 왕조 몰락과는 어떠한 이해관계를 가지고 있을까? 그리고 황제와 조정의 신하들이 베이징을 떠날 경우 왜 왕조의 존립이 위협 받아야만 하는가? 1860년에 황제는 베이징을 떠나 러허熱河로 피신했다. 베이징은 그해에 영국과 프랑스에 의해 점령당했으며, 제국의 절반은 태평천국군·염군捻軍·회교도 폭도들의 손아귀에 있었다. 그러나 청 왕조는 이 모든 상황을 견뎌 냈다. 중국인과 만주인의 차이는 다분히 중국인과 마찬가지로 외국인의 머릿속에 있다. 그래서 나는 중국 정치 지도자 한 사람이 이러한 우발적인 사태를 진지하게 계획했으리라곤 생각하지 않는다. 현 왕조에 발을 들여놓을 수 있는 인물이나 당파가 없기 때문에 이와 같은 일은 일어나지 않고 있다. 모든 외국 열강 가운데 프랑스만이 유일하게 청나라에 불리한 전쟁 종결에 대해 관심을 기울이고 있다. 전쟁이 끝나면 혼란을 틈타 사욕을 취할 수 있고, 청나라를 미끼로 인도차이나에서 프랑스의 점령지를 확장시킬 수 있기 때문이었다. 러시아 입장에서는 동아시아의 두 세력, 즉 청나라와 일본 간의 갈등이 상당히 불편하다. 승리에 도취된 일본은 더욱 불편한 이웃이 될 수 있으며, 또 그렇게 될 것이다. 러시아는 조선에서 강한 세력을 용인하지 않으려고 할 것이기 때문이다. 그러나 패전으로 말미암아 정신을 차리고 사실상 군대를 전면 재편한 청나라는 예전의 전쟁을 치르지 않고 무장하지 않았을 때보다 러시아 측의 노력과 배려를 더 많이 필요로 할 것이다. 러시아는 청나라와 일본 간 전쟁이 이전의 상황을 회복함으로써 끝을 맺을 경우 가장 만족할 것이다. 따라서 시베리아 횡단 철도를 완공하면 러시아는 조선 문제를 최종적으로 매듭지을 때 결정적인 발언을 할 수 있게 될 것이다. 러시아는 또 영국이 적개심을 드러내는 것으로 보고 대단히 불쾌해하고 있다. 오늘날 영국은 일본의 힘을 새롭게 발견하고 일본으로부터 러시아에 대항하는 데 지원 받을 수 있길 희망하면서 최근에 발생한 일련의 사건에서 어떤 타협점을 찾고 있다. 미국은 주로 중국 노동자들의 자국 이주 문제 때문에 비록 공식적 의견에서는 일본에 공감을 할지라도 신중한 태도를 보이고 있다.

청일전쟁이 발발하기 이전에 영국과 러시아가 베이징 및 도쿄에서 전쟁을 피하고 타협을 이끌어 내려고 노력했다는 사실에는 의심의 여지가 없다. 하지만 이들의 노력은 물거품으로 돌아갔다. 전쟁을 원한 일본이 중국의 모든 양보에도 불구하고 끊임없이 새로운 요구를 해왔다. 또한 어느 외교관이 아주 정확하게 지적한 것처럼 두 열강은 중재에 대한 어떠한 비용도 지불하지 않으려고 했다. 같은 이유로 오늘날에도 적대행위를 끝내기 위한 열강들의 공동 조치가 취해지지 않고 있다. 이러한 순간은 조선에서 중국인을 몰아낸 뒤에야 찾아왔다. 베이징에서는 중재안을 흔쾌히 받아들이기로 했다. 도쿄에서는 외국 열강들이 중재안에 적대행위를 계속함으로써 발생하는 사건에 반대한다는 선언을 추가해야 했다. 이러한 조치를 취하기 전에 영국과 러시아는 한동안 머뭇거렸다. 그러나 다른 열강들은 동아시아 문제에 가장 이해관계가 많은 나라들을 위해 위험을 무릅쓸 이유가 없었다. 그들로부터 기대하거나 요구할 수 있는 것은 러시아와 영국의 조치에 가담하도록 하는 것뿐이다. 첫 번째 기회를 놓친 뒤−이와 같은 선언을 수반하지 않은 중재 시도들은 진지하게 받아들여질 수 없기 때문이었다−일본도 자신들이 입은 손실과 피해로부터 머지않아 좋은 교훈을 얻을 수 있기를 바랄 뿐이다.

청나라에서 외국인 보호 문제, 다시 말해서 외국인 정착촌이나 개항지에 살고 있는 외국인들에 대한 보호 문제는 조약을 체결한 열강들의 군함을 통해 쉽게 해결할 수 있다. 그것은 다름 아닌 외교 대표자들과 동아시아 해역에 있는 여러 함대 사령관이 모든 지역에 체류하고 있는 외국인의 수를 감안하여 그곳에 지속적으로 머물러야 할 배를 한 척 또는 여러 척 정박시키기로 합의하는 것이다. 외교 대표자들의 입장에서는 이러한 합의를 이루어 내는 데 분명 아무런 걸림돌이 없을 것이다. 하지만 주둔지 사령관들은 이와 같은 고려에 난색을 표하고 있다. 그들은 아주 고차원적 수법을 즐겨 쓰고, 이러한 목적을 위해 자신들의 함대를 가능한 한 한데 집결시켜 놓으려고 한다. 이러한 방향에 따라 명령을 내리는 일과 다른 한편으로 동아시아에서 함대 정박지의 병력을 증강시킴으로써 그 실행 가능성을 마련하는 일은 사실상 본국 정부들의 소관사항일 것이다. 그러나 적대행위가 7월 말에 시작되었지만 요구한 지원 병력이 10월 초에야 비로소 유럽에서 출발한다면—실제로 그러했다—이는 런던과 파리에서 동아시아의 중대 사건에 대해 얼마나 큰 오판을 했는지를 여실히 보여 준다. 특히 베이징에 있는 외교 대표들은 아무런 책임이 없다. 그들은 자신들의 정부에 청나라가 조선을 위해 싸우며, 청나라의 군대 조직이 형편없기 때문에 초반에 패배할 것이라는 점을 분명히 전했을 것이기 때문이다.

마찬가지로 청나라에 있는 외국인들의 생명이 위협을 받고 있는 것에 대한 책임은 본국 정부들에 있다. 본국 정부들이 수년 전부터 외국인의 생명과 재산이 침해 받아서는 안 된다는 점을 청나라 정부에 분명하게 상기시킬 수 있었던 기회를 제대로 활용했다면 이는 오늘날 지방 관청과 주민들의 머릿속에 깊이 각인되었을 것이다. 사실상 그때 대책을 강구했어야만 했다. 난동과 공격에 대한 처벌을 관리와 주민, 특히 유력 인사들(상류계층 사람들)에게 초점을 맞추었다면 외국인에 대한 폭력적인 공격 성향을 띤 증오의 기운은 오늘날 어떠한 곳에서도 발생하지 않았을 것이다. 이는 선교사 알렉산더 와일리Wylie[107]의 살해에 대해 신속하게 요구하여 완벽한 배상을 받아 낸 일에서 잘 입증되고 있다. 따라서 예전에 기회 있을 때 단호한 태도와 결연한 의지를 보여 주지 못한 조약 강대국들도 오늘날의 만족스럽지 못한 상황과 이로 인한 위험에 대해 책임을 져야 한다.

지금의 동아시아 상황에서 필요한 일은 청나라 개항지에 있는 모든 외국인을 공동으로 보호하기 위해 모든 열강이 합의하여 그곳에 전함을 계속 주둔시킴과 동시에 청나라 정부와 지방 관청에 대해 함대 사령관들이 필요한 경우 모든 난동을 무력으로 진압하거나 처벌할 권한이 있다고 분명하게 선언하는 것이다. 내륙에서 무방비 상태로 지내고 있는 선교사들에 대한 보호 문제는 그 일을 온전하게 수행할 수 있는 청나라 정부에 맡겨야 한다. 지방 관리와 특히 유력 인사들이 책임감을 느끼게 된다면 좋지 않은 곳에 자신들의 영향력을 행사하려는 위험은 훨씬 줄어들 것이다.

정치적 관계에서는 러시아와 영국이 일본과 청나라에 할 수 있는 공동의 제안에 관해 합의한 뒤 전쟁을 수행하는 당사자들 측에서 다른 조약 체결국들과 공동으로 그 제안을 수용하여 실행하게 하는 것이 가장 바람직하다. 이는 무작정 기다리기만 하다가 나중에 책임을 져야 하는 것보다 훨씬 쉽고 간단한 해결책이 될 것이다.

제 10 장
청일전쟁(1895)*

지금까지 청일전쟁의 진행 상황은 여러 관계를 고려할 때 대단히 놀라운 것이었다. 일본 군대가 무기 장비, 용맹함, 지도력 측면에서 청나라군보다 우세할 것이라는 점은 처음부터 예상한 일이었다. 태평천국 난(1850~1864)과 1860년 통킹 만陸[108]을 둘러싼 청나라와 영국·프랑스 연합군 간의 전쟁에서 얻은 경험에 힘입어 중국인들도 용감하게 싸울 것이며, 적어도 지형이나 보루와 방벽을 이용할 수 있는 곳에서는 일본군이 승리하기 어려울 것이라고 확신했다. 하지만 우리는 지금까지 이러한 상황을 완전히 잘못 판단하고 있었다. 수차례에 걸친

---

* 이 글은 1895년 2월 「독일 전망」지에 실린 것이다.

중국인들의 패배는 뤼순旅順에 대한 형편없는 방어를 비롯해 요새·정 박장 및 항구의 여타 시설들을 적에게 온전히 넘겨준 데에서 극에 달 했다. 그럭저럭 방어 시설도 괜찮았고 야전 진지에서 몇 달 동안 방어 망이 구축되지 않은 육지 쪽을 보강했으면 마땅히 적에 맞서 오랫동 안 버틸 수 있어야 했다. 작전을 잘 짜서 결코 요충지를 일본군의 손아 귀에 들어가게 해서도 안 되었을 것이다. 그나마 대단히 불리한 상황 속에서도 아주 잘 싸워 준 해군만이 다소 나은 형편을 보여 주었다. 또 한 만주에서 청나라 지휘관과 군대는 최후의 순간에 분발하여 일본군 진격에 대항하여 소기의 성과를 거두었다.

이와 같이 청나라가 거둔 부분적인 승리와 저항으로 말미암아 일본 군은 오늘날 여전히 영국과 프랑스 연합군이 1860년 베이탕北塘에 상 륙했을 때보다 베이징에서 더 멀리 떨어져 있다. 많은 사람이 예견한 대로 수도를 목표로 한 진격에서 이루어 낸 것은 아무것도 없다. 따라 서 청나라는 수도로부터 멀리 떨어진 지방에서 새로운 병력을 동원하 는 한편 군대 무기를 향상시키고 개선시키며, 외국 교관을 참여시켜 병사들에게 지금까지 부족한 자신감을 심어 줄 수 있는 시간과 기회 를 갖게 되었다.

따라서 청나라의 상황이 여러 곳에서 주장하는 것처럼 결코 그렇게 절망적인 것만은 아닐 것이다. 무너진 것은 청나라가 아니라 몇몇 개별 정치인들이다. 이들은 갈등 초기부터 방어를 위해 줄기차게 노력하는 가운데 안전한 수단을 찾으려고도 하지 않았고, 또 평화 수호에 대한 정당하고 명예로운 조건을 받아들이기는커녕 끊임없이 불평만을 일삼았다.

그러나 청일전쟁의 고전과 일부 정치인들의 형편없는 태도로 인한 청나라의 위기 상황은 일본의 군사적 성공에 있다기보다 중립적인 열강들과 마찬가지로 유럽에서 오랫동안 중국에 대해 제대로 평가하지 못한 데서 찾아볼 수 있다.

현재 일본 정치 지도자들은 결코 자신들의 결정을 자유롭게 내리지 못하고 있으며, 외국인에 대한 증오와 오만불손함으로 일관한 급진파의 압력에 상당한 영향을 받고 있다.

천황을 히로시마廣島로 납치한 것은 일본 국내 정치의 오랜 전통일 뿐이다. 천황이라는 인물을 붙잡고 있는 자는 자신의 의지를 합법적으로 대표할 수 있는 사람으로 여겨진다. 하지만 일본 정치인들 사이에서 천황은 이미 오래전에 모든 실질적 의미를 상실하였다. 나는 이미 1871년 당시 베를린에 머물고 있던 일본 대학생들―이들 가운데 대부분은 오늘날 높은 지위에 있다―이 일본을 위해 바람직한 정부 형태가 천황제냐 공화제냐는 문제를 논의한 끝에 대다수가 단지 편의주의적 이유에서 천황제를 결정했다는 사실을 기억하고 있다. 이에 반해 자신들의 입장을 전혀 반영하지 못하는 민중 입장에서 볼 때 천황은 여전히 엄청난 도덕적 영향력을 지니고 있으며, 천황이 추진한 근대화도 이와 같은 영향력을 완전히 제거할 수 없었다. 그러나 현직 대신들이 천황에게 충성을 맹세하고 있지만 급진파는 계획된 강화 협상 과정에 결정적으로 영향력을 행사할 것이다. 이토 히로부미伊藤博文 백작과 그의 동료들 가운데 어느 누구도 일본 의회에서 오쿠마 시게노부大隈重信 백작과 그의 정파의 요구를 무마시킬 수 있는 강화 안건으로 설득을 하지 못할 것이기 때문이다. 그 요구는 다름 아닌 베이징을 정복하여 청나라를 굴복시키는 것과 특별히 언급하지 않았지만 물질적 이익을 말한다. 물질적 이익으로는 언제나 무게 있는 인물들로부터 영향을 받는 일본 신문들이 보도한 바와 같이 막대한 전쟁 배상금과 포르모사·랴오둥반도 및 신징新京, 즉 만주의 남부 지역 할양을 들 수 있다. 청나라의 분할, 일본인에 의한 청나라 군대의 재편, 일본인들을 위한 교역 특혜와 같은 소문에 관해서는 여기에서 자세히 언급할 필요가 없을 것이다. 그러나 특히 영토 할양 문제에 관한 한 일본이 지금까지 이룬 성과들을 배제한 전혀 다른 것을 제시하기 전에는 청나라의 어떤 정치인도 기존의 조건들을 받아들이지 않을 것이다. 따라서 전쟁은 계속될 것이고, 일본은 지금까지 치른 것보다 더 큰 희생을 각오할 날이 오게 될 것이다.

일본이 외국으로부터 배운 많은 것 가운데 언론을 능수능란하게 이용하는 것을 제일로 꼽을 수 있다. 일반 국민들이 전쟁터의 소식을 접하기란 거의 불가능하다. 일본의 승리에 대해 의심을 품을 수도 없을 뿐 아니라 전쟁에서 거둔 전과가 수많은 희생을 치른 대가라는 사실은 철저하게 은폐된다. 그렇지만 지금까지 상당한 인명 피해가 있었다는 점과 정부 발표를 곧이곧대로 믿고 국민들이 적은 이자로 정부가 사용할 수 있도록 기꺼이 돈을 내놓았던 열광적인 분위기가 지금은 싸늘하게 식었다는 점을 감안하면 실상을 충분히 짐작할 수 있다.

전체적인 상황을 요약하면, 일본인들은 탄탄한 조직으로 착실히 준비한 군사적 성과들은 이루어 낼 수 있었지만 그렇다고 승자로서 중국인들로 하여금 무조건 굴복을 강요할 수 있는 상황은 아니었다. 반대로 청나라는 지금까지 대제국의 바깥 국경선만을 문제 삼던 이웃 나라들의 공격을 충분히 막아 낼 수 있고, 끈질긴 일본의 도발을 포기하도록 강요할 수도 있다. 하지만 이와 같은 성공—여기에는 중국의 크기와 인구수가 중요한 요인으로 작용할 수 있다—의 가능 여부는 근본적으로 청나라 정치인들이 굳건한 항전을 결심할 것인가, 터무니없는 일본의 요구에 굴복할 것인가에 달려 있다. 이러한 결심과 실행은 청나라의 이해관계뿐 아니라 조약 체결국, 특히 독일의 이해관계와도 맞물려 있다고 할 수 있다.

독일은 일본이 일으킨 전쟁에서 지금까지 청나라 편을 거의 들지 않았다. 그렇기는커녕 여론과 언론은 지난 1848년에 폴란드 편을 든 것처럼 오히려 일본 편을 들었다. 지금까지 진행되고 있는 동아시아의 상황 변화로 인해 독일의 이해관계는 앞으로 가장 많은 어려움을 겪을 것으로 보이기 때문에 이는 더욱 유감스러운 일이다. 먼저 일본과 관련하여 어떤 윤리적 요구 때문에 일본의 지배 계급이 유럽 문화를 수용—이것은 지배계급 또는 그들 가운데 일부에게만 문제될 뿐이다—했다고 보는 것은 전적으로 잘못이다. 오히려 여기에서는 가능한 한 빨리 외국의 문화와 전통 의상을 바탕으로 백인과 정치적 · 사회적 평등을 요구할 수 있다는 사실만이 중요했을 따름이다. 이 밖에도 일본인들은 예전 그대로였다. 우리는 이 아시아인에게 검은 프록코트와 꽉 낀 바지를 입으라고 할 필요가 전혀 없다. 대부분의 일본인들은 림프성 체질의 중국인보다 외국인을 더 미워하고 멸시한다. 게다가 산업 분야에서도 유럽인의 경쟁자인 일본인들은 특히 우리 독일 산업에 있어서 10년 전부터 국내에서 불공정한 경쟁이라 부르곤 하는 짓을 예사롭게 저질러 왔다. 다시 말해서 일본인들은 온갖 종류의 독일 등록상표를 거리낌 없이 표절했으며, 이로 인해 중국에서 우리 독일교역에 막대한 피해를 입혔다.

일본의 승리가 유럽, 특히 독일에 대해 어떤 이득을 가져다줄 것인지를 묻는다면 우리는 중국인들을 본격적으로 흔들어 깨워 서양 문화를 접할 수 있도록 해야 한다는 답을 자주 듣게 된다. 이것을 중국에서 서양 관점에 따라 군대국가나 산업국가를 만드는 것으로 이해한다면 사실상 어떠한 이득이 있을지 파악하기 어렵다. 약 여섯 명의 은행가들은 중국에 여신을 제공하여 상당한 이윤을 남길 것이고, 열두 명의 기업가들은 중국의 거대한 공장 시설에 기계를 판매함으로써 이윤을 얻을 것이다. 그런데 그다음에는 어떻게 한단 말인가? 우리가 중국의 산업 기업을 건설하고 장려하여 그곳으로 가는 우리의 수출품을 줄이고, 중국의 생산품을 우리 시장으로 끌어들여 우리 노동자들의 살아갈 방도를 빼앗아 가는 데 관심을 가질 것인가, 오늘날 각 국가들이 중국 노동자들의 이주를 반대하고 있는 것처럼 우리도 중국에서 만든 물품의 반입을 반대할 것인가? 그리고 군사적으로 강대해진 중국이 이러한 대우를 마땅하게 여기겠는가? 아니면 일본의 외무대신이 1894년 2월 14일에 영국 대리공사 번슨Bunsen에게 말한 것처럼 이러한 것들이 자신들의 권리라고 주장하면서 중국이 이를 관철시키기 위해 다른 수단을 사용하겠다고 천명하지는 않겠는가?

　일본이 청나라로 하여금 포르모사와 만주의 남쪽 및 랴오둥반도를 할양하도록 압박하는 또 다른 경우를 생각해 보자. 러시아가 만주의 또 다른 일부 지역과 새로운 지역을 강탈하고, 프랑스가 윈난雲南 및 광시廣西로 손을 뻗쳐 광둥까지 영향력을 확대하며, 영국이 청나라의 다른 지역을 획득함으로써 아무런 손해 없이 자신의 지위를 고수하기까지 얼마의 시간이 걸릴 것인가? 또 독일에서는 프랑스·러시아·일본의 지배 아래 있는 지역에서 청나라 때와 마찬가지로 방해 받지 않고 유리한 조건으로 교역과 항해를 할 수 있다는 것을 믿겠는가? 우리는 프랑스와 러시아가 보호관세를 적용하려는 추세에서 이미 그 의도를 알 수 있다. 또한 일본은 분명 이 두 나라보다 훨씬 더 지독한 보호관세주의자들이다. 이는 일본인들이 지금까지 바란 대로 자신들의 욕심을 결코 양보한 적이 없었다는 점만 보더라도 잘 알 수 있다.

그러나 일본은 적어도 개별 유력 정치인들이 바람직한 것으로 여기는 목표에 도달할 수도 있을 것이다. 즉 일본이 외국에 대항해 청나라의 보조 물자를 사용할 수 있도록 청나라와 타협하는 것이다. 우리는 '아시아인을 위한 아시아'라는 먼로Monroe 독트린을 동아시아에 전달하는 것이 마음에 내킬지, 이와 같은 연결로 인해 러시아에 미칠 수 있는 정치적 영향력이 필연적으로 입게 될 우리 무역의 손실을 메워 줄 수 있을 것인지에 대해 심각하게 생각할 필요가 있다.

중국 전체의 개방과 외국의 문명적 영향의 단계들은 상황을 잘 아는 이들에게 아무런 실용적 가치도 없다. 우리는 외국이 어떻게 영향을 미칠지 가까이 있는 터키를 통해 충분히 보았다. 터키인들은 유럽 문화의 영향을 가장 적게 받은 것을 최고의 자부심으로 여긴다. 나라 전체의 개방에 대한 여파는 개방을 제기한 이들조차 명확하게 인식하지 못한 요구일 수도 있다. 중국의 개항지들에서 수백 마일 떨어진 내륙에 거주하고 있을 문명의 개척자들은 지금까지의 모든 경험에 비추어 판단할 때 서구 문화 확산에 있어 최적의 인물이라고 할 수가 없다. 이 밖에도 이들은 모든 실질적 보호뿐 아니라 아무런 비전도 갖고 있지 못하기 때문에 자신들이 가진 권력을 종종 어떤 갈등이나 보잘것없는 사건에 남용하는 바람에 딜레마에 직면하게 된다. 게다가 지금까지의 대다수 개항지에서 유럽의 상점들은 극소수에 불과하다. 따라서 교역은 거의 중국인의 수중에 있다. 또한 간과해선 안 될 것은, 일본의 요구는 일본 정부 스스로 중국인이 일본 안으로 들어오는 것을 허용할 의도가 전혀 없다는 점에서 볼 때 아주 기이한 일이다. 이것은 최근에 체결한 조약들에서 외국인의 입국 허용에 대해 급진파가 어떠한 입장을 취할 것인가 하는 문제 역시 여전히 의문스럽다.

앞에서 조선의 상황에 대해서는 언급하지 않았다. 그러나 아무리 편견에 사로잡힌 사람이라 하더라도 지난 6개월 동안 일본의 문명이 조용한 아침의 나라 백성들을 오로지 무력으로 강압했다는 사실과 조선인들이 의회제도, 정치적 언론, 유럽식 의복을 받아들일 때까지는 수십만은 아니더라도 수만 명의 희생자가 생겨날 것이라는 사실을 잘 알고 있을 것이다.

문명을 전파하기 위해 왕국의 문호를 열게 하고 인도하는 데에는 대포와 총을 사용하는 것 외에도 다른 수단과 방법이 있다. 그리고 세계는 동아시아에서 국가가 탄생하는 데에는 관심이 없다. 다시 말해서 세계는 유럽의 프랑스처럼 길들여지지 않고 오랫동안 간섭 받지 않은 자만심·공명심과 영토에 대한 야욕에 사로잡혀 있어 이웃 나라들에 재앙이 되고 모든 국가에 지속적인 우환의 대상이 되는 나라가 생겨나는 것에 대해 관심이 없다. 그러나 일본이 청나라를 공격해 뜻한 대로 승리를 거둘 경우 일본 또한 프랑스와 같은 국가가 될 것이라는 점에 대해서는 심지어 일본의 우방국들조차 전혀 의심하지 않는다. 따라서 일본이 중국인들의 성공적인 저항이나 다른 외적 계기로 인해 자극 받은 자만심과 명예욕이 아주 나쁜 것이라는 점, 구속력을 지닌 윤리적 필요성에 의해서가 아닌 자의적인 도발의 시대가 동아시아에서도 지나가고 있다는 점 등을 기억한다면 자신의 번영에도 대단히 이로울 것임에 틀림없다.

제 11 장
동아시아 문제(1895)*

동아시아 비극의 제1부는 포르모사 공화국의 선언이라는 소극^{笑劇}으로 끝이 났다. 반항적인 포악한 군인들을 존립 기반으로 삼은 신정부는 곧 와해되었다. 그렇지만 폭동을 일으킨 군인과 백성들의 굴복은 일본인에게 물적·인적 면에서 막대한 희생을 치르게 할 것으로 보인다. 섬의 근간을 형성하고 있는 산맥의 서쪽 비탈 지역과 동쪽 언덕 전 지역에는 굴복하지 않은 종족, 이를테면 원래 말레이시아 출신의 주민들과 반야생 상태의 포르모사 원주민들이 거주하고 있다. 이들은 시도 때도 없이 자기들끼리 싸우고 있으며, 몇 곳에서는 특히 소

---

* 이 글은 1895년 7월 「독일 전망」지에 실린 것이다.

금과 같은 품목에 대해 일시적인 교역이 이루어지고 있긴 하지만 중국인과도 지속적인 전쟁 상태에 있다. 지금까지 중국인에게 예속당한 섬의 서쪽 지역에 살고 있는 주민들은 핑푸平浦족(펑후彭湖)·커자客家족·푸젠福建인으로 구성되어 있다. 고산지대 미개인인 핑푸족은 중국의 지배에 굴복하여 부분적으로는 중국의 풍습과 의복을 받아들인 원주민들이다. 이방인인 커자족은 12세기 몽골 지배 시기에 장쑤성江蘇省이나 산둥성山東省에서 남쪽, 즉 광둥성廣東省과 광시성廣西省으로 이주했다가 건너온 종족이다. 이들의 특징으로는 근면·정직·반항을 들 수 있다. 이들과 본지인本地人, 즉 원래 광둥성과 광시성에 정착하고 살던 중국인들 간에는 예나 지금이나 강한 적개심이 존재하고 있다. 태평천국 난을 주도한 인물들은 커자족 출신이었다. 이 주동자들은 동족무리 가운데 가장 용감한 추종자들을 선발하였다. 만주인과 본지인들의 박해와 학대를 피하기 위해서 커자족의 큰 무리는 포르모사로 이주했다. 그곳에서 이들은 원주민들을 상대로 어느 정도 중국 문명의 개척자 역할을 수행하였다. 이들 중국인의 포르모사에서의 발전은 끊임없이 동쪽으로 나아가며 부지런히 활동한 덕분에 가능했다. 포르모사로 이주한 커자족의 성격은 미지의 땅에서 야만인과 맞서 싸우는 가운데 더욱 단련되어 갔다. 여러 폭동의 원인이 관리들의 착취 때문이라는 사실이 최근에 밝혀진 것처럼, 커자족은 대단히 다루기 힘든 백성이다. 지금까지 중국의 지배 체제에 예속되어 있던 지역의 상황이 어떻게 전개될지는 사실상 일본 입장에서 이 주민들을 어떻게 취급하느냐에 달려 있을 것이다. 장사와 수공업에 종사하는 계층은 바다 건너편의 대륙에서 이주해 온 중국인, 즉 푸젠인으로 구성되어 있다. 비록 처음에는 신중한 태도를 보이며 섬의 새로운 지배자들을 불신할지라도 이들은 대단히 실용적인 상인이기 때문에 공정하고 대우만 좋다면 곧 예전의 교역을 재개할 것이다. 따라서 일본 관청이 이들의 신뢰와 동의를 얻을 경우 부패한 청나라 관청을 상대하는 것보다도 수월하게 대륙에서 일본의 선전 활동을 함에 있어서 크게 고무될 것이고, 상당한 정치적 의미도 얻을 수 있을 것이다.

이미 언급한 것에서 알 수 있듯이 이 섬에 있는 검은 깃발들과 퇴역 군인들로 인해 난관에 봉착한 일본인의 임무는 결코 쉬운 것이 아니었다. 특히 이들의 군대가 질병으로 인해 입은 손실은 때때로 이들이 눈독을 들인 점령지를 비싼 대가를 치르고 얻은 것처럼 보이게 할 것이고, 이는 야당과 언론에서 꼬투리를 잡으려고 핏대를 세우는 자들을 잠재우는 데에 기여할 것이다. 독일·러시아·프랑스의 개입으로 어쩔 수 없이 대륙에서 진행하고 있는 지속적인 영토 획득에 대한 야욕 포기와 시모노세키 강화조약의 조건들을 납득시키기 위해 일본 정부가 헤쳐 나가야 할 난관들로는 과도한 요구의 수준을 낮추거나 낮출 의향이 전혀 없는 급진파와 무책임한 여론 선동가들을 들 수 있다. 일본의 진정한 모든 우방국에 있어서 일본의 지속적인 번영에 대해 가장 심각한 위협이 되고 있는 것은 자신의 지식과 능력에 대해 과대 평가하는 것처럼 일본이 통제력과 자제력을 상실하고 있다는 데 있다. 다시 말해서 유럽인과 미국인으로부터 받은 과도한 칭찬과 이로 인한 정신적인 미숙(응석받이) 상태는 일본인들의 성격 형성에 크게 기여한 두 가지 특징이라 할 수 있다. 외국인에 대한 증오 문제와 관련하여 민중에게 계속 주지시켰지만 끊임없는 실타래처럼 이 위험은 줄어들지 않고 있다. 열한 명의 프랑스 선원들이 사카이에서 억울하게 살해당한 지 정확히 27년째가 되는 올해(1895년) 3월 18일에야 비로소 일본의 의회에 법안이 제출되었다. 이 법안은 1868년 3월 16일에 있었던 불명예를 죽음으로써 갚은 도사土佐 번주의 열한 명의 병사, 즉 천황을 위한 싸움에서 쓰러져간 군인들의 영혼을 기리기 위해 도쿄에 세운 사찰에 국비로 추모비를 세우자는 것이었다. 이 법안은 다수결로 가결되었으며, 집행하도록 정부에 넘겨졌다. 이러한 법안을 담은 진정서를 제출하고 대변한 사람은 전前 농상대신이자 현재 추밀원 위원인 육군 중장 다니 다테키谷干城 자작이다. 이는 그 자신이 도사 사람이고, 1867년과 1868년의 전쟁 기간에 그의 번주가 부과한 병력 차출에서 선두를 차지하였다는 사실에서도 잘 알 수 있다. 일본의 귀족원 의원

대다수가 이 법안에 동의하고 있으며, 어느 정도는 정치 깡패인 소시士士파와 동일시된다는 점을 감안할 때—이러한 신념에서 정치적 암살에 대한 정당성과 의무가 자리 잡는다—이러한 사실에서 바뀌는 것은 아무것도 없다. 그러나 이와 같은 사건이 일어날 수 있는 한 비록 개별 정치인들의 경우는 아니더라도 책임 있는 정치적 인물들에 대해서는 지혜와 선의를 의심하게 될 것이고, 외국인이 일본 재판권의 관할 아래 놓이게 되는 시기를 불안과 걱정으로 지켜볼 것이다. 이러한 점에서 볼 때 앞으로 5년 안에 이러한 문제와 맞물려 있는 보수파와 급진파 정치인들의 생각에 어떤 변화를 불러일으켜야 하는 일본 정부는 그 책임이 막중하다. 그러나 이러한 정부의 임무는 최근 일본 의회에서 드러난 것과 같이 그 노력들이 조약 강대국 정부 쪽에서 공동의 저항에 부닥친다면 훨씬 쉬워질 수 있을 것이다. 이러한 저항은 전보 통신이 생겨나기 이전에 행해진 이들 열강 대표 측의 유사한 권리 침해 행위들과 비교될 수 있다.

동아시아 문제는 아노토Hanotaux가 최근에 프랑스 상원에서 아주 적절하게 설명한 것처럼 유럽적 측면과 아시아적 측면을 동시에 안고 있다. 프랑스 정부로 하여금 중국의 자립과 생존, 동아시아와 유럽에서 평화 유지를 바람직하고 필요한 것으로 여기게 만든 일반적인 논거들은 독일 정부의 태도에 있어 결정적이었던 논거들과 일치한다.

그러나 독일·러시아·프랑스의 협력은 서로 다른 모든 개별 이해관계에도 불구하고 언제든지 유럽이 공통된 관심을 대변할 수 있는 영역과 방식을 찾을 수 있다는 것을 입증해 주었다. 따라서 이러한 노력들의 지속적인 발전과 실현은 환영 받을 것이다.

그러나 동아시아 문제는 아노토가 지적한 두 가지 정치적 측면을 제외하고라도 여전히 상업적 문제와 산업적 문제를 안고 있다. 이들 문제는 또다시 영향 측면에서 유럽 문제와 아시아 문제로 구분할 수 있다. 그러나 이러한 문제를 논의하기에 앞서 청나라가 포르모사를 잃은 데 따른 손실의 결과에 관해 잠깐 언급해 보자. 이 섬의 통행세 징수액은 외국 해상관세청이 집계한 내용에 따르면 약 110만 냥, 즉 350만 마르크에 달했다. 이 기관의 집계를 보면 1883년 이후 통행세 징수액이 두 배 이상 증가한 것으로 나타나기 때문에, 그 수입은 이 섬이 보유하고 있는 자원의 합리적인 이용에 중요한 기폭제가 되었을 것이라는 사실을 짐작할 수 있다. 이 섬을 관리하던 청나라 행정 당국의 수입이 지출에 비해 많은 이윤을 창출했는지는 불확실하다. 몇 년 전에야 비로소 독립적인 행정관청을 보유하게 된 포르모사는 항상 청나라에서 가장 행정이 낙후된 지방들 가운데 하나라는 평판을 듣고 있었다. 이 섬의 가장 중요한 수출 품목은 장뇌樟腦·설탕·석탄이다. 독일은 오로지 장뇌에 대해서만 직접적인 이해관계가 있다. 설탕은 오로지 일본과 홍콩에만 공급되었다. 동아시아 시장에서 일본 석탄과의 경쟁을 유리하게 하기 위해 1880년에 맺은 독일과 청나라 간 추가협정에서 수출 관세를 대폭 인하하기로 합의한 석탄의 경우 지룽基隆 지방 광산들의 낙후된 채굴 시설과 부실한 관리로 인해 아무런 경제적 의미를 찾을 수 없었다. 1892년에 석탄 수출은 1만 4,503톤이었다. 이는 약 15만 마르크에 해당한다. 같은 해 장뇌는 약 1만 7,500피쿨Pikul[109], 즉 210만 킬로그램 정도 수출되었다. 이는 85만 마르크가 넘는 액수이다. 장뇌 생산은 포르모사에서 대단히 중요하며, 특히 경제적 발전을 가능하게 해 줄 것이다. 그러나 이 섬이 일본에 넘어가면서 일본이 장뇌를 거의 독점하고 있다. 약한 연기를 내는 가루를 생산하기 위해 이 품목을 취급할 때 심각하게 고려해야 할 사실은 청나라와 체결한 조약들을 통해 포르모사에 있는 외국인들이 보장 받은 이윤 유지의 문제가 앞으로 외교적 논의에서 핵심 사안이 될 것이라는 점이다.

정치적 관계에서는 포르모사와 특히 펑후澎湖군도[110]ー이 섬의 항구는 중심 섬의 항구들보다 훨씬 매력이 있다ー의 일본 소유는 일본에 포르모사의 도로와 중국의 동해에 대한 지배 및 언제든지 남중국에 맞서 공격을 감행할 수 있는 가능성을 보장한다. 이는 청나라 정부로 하여금 이 해역에 위치하는 지방들의 축성술적 · 군사적 및 항해상의 방어에서 종전보다 훨씬 더 많은 주의를 기울이도록 할 것이다.

동아시아 문제의 상업적 측면을 살펴보면, 지금 해당 집단에서는 그토록 열망하고 기대하며 청나라의 개방에 걸던 희망들이 시기상조였음을 잘 알고 있다. 영국 신문들이 옳게 지적한 것처럼 청나라 정부는 낡은 보수적인 정책노선을 바꿀 생각이 전혀 없다. 청나라 정부로 하여금 철도 건설과 운영, 광산 채굴에 대한 허가권을 발부하도록 하기 위해서는 아주 강력한 압력을 행사할 필요가 있지만 어떠한 나라에서도 이러한 압력을 행사할 의향은 없어 보인다. 오히려 청나라 관청들이 앞으로 외국의 감독과 지도 아래 자원을 개발하는 일에 맞서 이전보다 더욱 크게 저항할 것이라는 점을 각오해야 할 것이다. 이는 지난해의 실패에도 불구하고 청나라로 하여금 독립을 온전히 지켜 냈다는 환상을 심어 줄 것이다.

일본의 산업 활동의 지속적인 발전과 중국 지역으로의 이전—중국의 자원과 경우에 따라서는 유럽 자본을 이용하기 위해—이 유럽의 산업에 미칠 수 있는 결과들에 대해서는 수차례 언급했으며, 특히 헤세바르테크Hesse-Wartegg도 이 문제를 상세하게 다루었다. 헤세바르테크와 몇몇 다른 사람들 및 내가 제기한 주장들은 많은 비판을 받았다. 비록 이러한 비판이 전적으로 어리석음의 소치라 하더라도 이에 대해 해명하고 바로잡는 일은 일반적인 관심사에 해당하므로 한편으로는 기쁘기도 하다. 고도의 발전을 이룩한 나라가 언제나 저개발 국가보다 훨씬 나은 구매자(고객)라는 사실은 이론적으로 논박할 수 없는 명제이다. 그러나 이 명제가 실제로 지켜지기 위해서는 이에 상응하는 개개인의 욕구 상승, 다시 말해서 지위와 재산을 가진 개개인이 아니라 거대한 소비자들의 욕구도 뒤따라야 한다. 그러나 지난 10년간 일본 노동자들의 욕구는 거의 오르지 않았다고 해도 과언이 아니다. 앞으로 10년 뒤에도 나아질 기미는 없어 보인다. 따라서 일본 산업이 지금까지 이룩한 발전은 주로 일본 시장과 다른 동아시아 시장에서 외국 생산품들을 몰아낸 뒤 일본산 제품으로 대체한 결과이다. 또 정도의 차이만 있을 뿐 머지않아 일본이나 다른 동아시아 산업의 지속적인 발전 결과도 분명해질 것이다. 개별 고가 품목을 제외하면 유럽 시장에서 유럽 제품과 일본 제품의 경쟁은 현재까지 우려할 수준이 아니지만, 동아시아 시장에서의 경쟁—이곳에서 일본은 섬유제품, 방사紡絲, 면 소재와 다른 대다수의 품목들에서도 영국과 인도의 매출을 훨씬 앞지르고 있다—은 독일 제품에 엄청난 손실을 끼치고 있다. 이러한 관계에서 볼 때 모든 유럽의 산업에서보다 훨씬 저렴하게 생산하고, 더 적은 운임료와 보험료 등을 지불하는 모든 동아시아 산업의 발전으로 말미암아 유럽은 큰 손실을 보게 될 것이다. 물론 이 경우에도 금은金銀 양본위제와 특히 은이 확실한 교환수단으로 여겨진다. 그러나 비록 "금산국들이 은산국인 때보다 그들 제품에 대해 더 돈을 적게 번다"는 명제에 대해 이론적으로 아무런 반박을 하지 못한다 하더라도, 이번에도 계산은 실제와 맞지 않을 것이다. 이때 늘 간과하는 점은 금과 은의 비율이 다른 요인들―예컨대 원자재, 석탄, 값싼 노동력, 거리상의 차이와 이에 따른 운송료 및 보험료, 기타 부대 비용―보다 훨씬 영향을 적게 받는다는 사실이다. 30년 전에는 동아시아에서 가장 중요한 지불 화폐인 멕시코 달러가 5실링 이상의 가치를 지녔지만, 오늘날에는 2실링의 가치도 안 된다. 그러함에도 중국과 일본에서 대다수 내수용 소비재 가격은 오르지 않았다. 유럽과의 수입과 수출은 양과 총액 면에서 볼 때 꾸준히 증가했다. 유럽 도처에 온갖 종류의 새로운 공업 회사가 생겨났으며 나날이 증가하는 추세이다. 솔즈베리 경도 최근에 브래드퍼드Bradford에서 강조한 것처럼 과잉생산에 따른 손실 해결책은 아무도 결과를 예측할 수 없는 관리외환 시세에서보다 새로운 시장 개척에서 찾아야만 한다.

그러나 청나라와의 계속적인 교역 발전과 증대 가능성은 전적으로 청나라 정부, 좀 더 정확히 말하면 청나라 정부를 손아귀에 쥐고 있는 사람들이 군대와 재정의 재편을 진지하게 생각하고 있느냐 또는 이와 관련된 조치의 필요성을 강조하는 선에서 상투적인 황제 칙령으로 끝내고 마느냐에 달려 있다. 우리는 청나라가 이와 같은 두 가지 가장 중요한 행정 분야에서 개혁의 불가피성을 인식하지 못하고 있고, 옛날부터 그랬던 것처럼 가래보다 호미로 커다란 구멍들을 메우려 하면서 자비로운 하늘의 섭리가 결국 최악의 상황을 막아 줄 것이라는 막연한 희망으로 문제를 방치하려 한다는 것을 여러 정황에서 미루어 짐작할 수 있다. 제국은 이와 같이 몰락해 가고 있으며, 특히 국경에서는 위협적인 이웃 나라들이 유산 상속을 목 빠지게 기다리고 있다. 그러나 이러한 유산 상속에 앞서 진행되는 시간들은 우리의 현대 문명이 이것을 평화적인 거래로 만든 뒤부터 일반적으로 무역과 항해에 있어 전혀 유리하지 않는 것이 예사이다.

제 12 장
솔즈베리 내각과 동아시아 문제(1895)*

솔즈베리Salisbury 경卿[1]은 몇 달 전 브래드퍼드에서 그의 동포들에게 영국의 불가피한 선택, 즉 반半문명적이고 전혀 문명화되지 않은 지구 상의 나라들에서 새로운 판로를 개척할 필요성이 있음을 역설하였다. 나아가 이러한 노력들이 대영제국과 정부에 새로운 책임감을 부과할 경우 이것은 영국의 생존과 직결된 문제이므로 회피해선 안 된다고 주장하였다. 그는 그렇게 짧은 시간 안에 자신의 계획이 실행될 수 있으리라곤 생각조차 못했을 것이다. 그와 보수당이 이러한 방향에 따라 정부를 인수했지만 더욱 어려운 당면 과제는 상반된 바람과 요구

---

* 이 글은 1895년 8월 「독일 평론」지에 실린 것이다.

또한 받아들여야 한다는 것이었다. 산업과 무역을 발전시키기 위해 참여한 대다수 영국 노동자들은 기존의 과잉생산에도 불구하고 여전히 증가일로에 있는 각종 공산품의 판로를 찾기 위해 새로운 시장을 갈구하고 있으며, 자본가들은 자국 산업에 커다란 매출을 가져올 것으로 희망을 걸고 있는 동아시아 일부 지역에서 자금을 유리하게 투자할 수 있는 기회를 보장해 줄 것을 요구하고 있다. 동아시아에서 안고 있는 산업 문제는 일본에 거주하는 외국인들에 대한 영사 재판권 폐지만으로 만족하지 못한 일본 정부가 일본과 유럽 간의 교역에 있어서 중개자 역할을 하고 있는 외국인 문제를 원만하게 처리하기 위해 대단히 진지한 노력—일본 정부가 직접 나서서 일본의 소비자와 유럽의 생산자 간의 직접적인 관계를 이루어 내려는 노력—을 기울이더라도 쉽지 않을 것이다. 지금까지 이러한 노력들은 여러 곳의 일본 공사관과 영사관에 내린 공식적인 훈령에 한정되어 있었다. 그러나 「맨체스터 가디언」지에 따르면 이 문제는 대단히 절박한 단계로 접어들었기 때문에 일본 농상부가 이것을 전담하게 되었다. 농상부는 영국의 제조업자들로 하여금 도쿄와 오사카에서 일본 정부의 보호와 지원 아래 대리점들을 세우게 하기 위해, 그리고 가장 실적이 좋은 일본은행의 보장 아래 일본 구매자들과 직거래를 하도록 유도하기 위해 페럿 포쇼Perrott Forshaw라는 대리인을 내세워 영국에서 직접적인 조치를 취하였다. 공식적 계획에 따르면 주로 중소기업을 위한 기계류 생산 업자와 철도 원료가 중요할 것이기 때문에 여기에서도 외국 상인뿐 아니라 외국 제조업자에게 경쟁을 유도할 수 있는 명분이 있다. 이것 이 부분적으로나마 성공을 거둘 것이라는 데에는 의심의 여지가 없 다. 사소한 개인적 이득에 현혹되어 막대한 국가적 손실에 대해서 눈 을 감는 사람은 늘 엄청나게 많으며, 정치인 스스로 자주 간과하는 것 을 개인에게 요구할 순 없기 때문이다. 일본 정부는 영사 재판권 폐지 를 가로막고 있는 외국 상인들의 저항에 대해 노골적인 불만을 표출 하고 있다.

　일본에 있는 대다수 외국인들의 생각과는 달리 소위 친독일적 일본 인들의 정서가 독일의 언론과 여론에서 큰 반향을 불러일으킨 것에 눈길을 돌려 보자. 우리는 일본 정부가 독일로부터 보장 받은 기회들 을 철저하게 이용하여 군사적·학문적 분야에 대한 우리 연구의 결실 들을 별로 힘들지 않게 습득하였을 뿐만 아니라 외교 관계에 있어서 도 일본이 한낱 공허한 수사에 지나지 않는 우호국 선언 정도에 머무 르고 있다는 사실을 인식하지 않으면 안 된다. 여러 해 전부터 달리 조 달할 수 없었던 화약 수송 계약 건을 제외하면 일본 정부는 독일에 전 쟁 물자와 철도 자재를 주문하지 않았을 뿐만 아니라 독일로 가는 선 박 이용에 대한 문의도 한 적이 없다. 어떤 독일인도 일본의 이 점에 대해 적개심이나 경멸감을 나타내지 않을 것이다. 그러나 지나친 동정이나 우려에 대해서는 사실 그대로를 기억하는 것이 좋을 것이다.

정치적 관계에서도 동아시아에서 솔즈베리 내각의 과제가 결코 쉬운 문제는 아니다. 우리는 외교부의 신임 차관보 커즌Curzon이 자신의 책 『동아시아 문제』에서 쓴 이론과 「아시아 비평」에 실린 육군 대령 벨Bell의 논박과 같이 영국이 청나라를 보호국으로 채택하려는 바람에서 쓴 이론에 특별한 의미를 부여할 필요는 없다. 그러나 로즈베리 경의 우유부단함으로 빚어진 결과에 대한 책임을 심각하게 받아들이지 않을 경우 우리는 러시아·프랑스·청나라의 차관借款 및 프랑스와 청나라 간의 국경조약이 보수적 내각으로 하여금 동아시아 문제에서 더욱 커다란 불행을 초래할 것이라는 생각을 금할 수 없다.

시모노세키조약 제4조에 따라 청나라는 전쟁 배상금으로 일본에 2억 냥(약 7억 마르크)을 여덟 차례에 나누어 갚아야 한다. 처음 두 번의 분할 상환에서는 5,000만 냥에 해당하는 금액을 6개월 이내에 갚아야 하고, 나머지 여섯 번의 분할 상환에서는 동일한 비율로 매년 갚아야 한다. 다시 말해서 전체 전쟁 배상금을 7년 이내에 모두 지불해야 한다. 지불하지 않은 배상금에 대해서는 첫 번째 분할금의 지불 만기일, 즉 승인이 이루어진 지 6개월 이후부터(올해 5월 8일) 5퍼센트의 이자가 붙는다. 그러나 전쟁 배상금을 일부 또는 전부를 명시한 시기보다 더 일찍 지불하는 것은 청나라의 소관사항이다. 3년이 경과되기 전에 전쟁 배상금을 모두 갚을 경우에는 이자를 지불할 필요가 없으며, 이미 지불한 이자는 반환 받을 수 있다.

시모노세키조약 8조에는 합의 사항을 실행하기 위한 보증으로 일본 정부가 산둥성山東省 지방의 웨이하이웨이威海衛[112]에 임시로 군대를 주둔시킬 권리를 가진다고 규정하고 있다. 청나라 정부가 배상금 잔액 지불에 대해 해상 관세권을 담보로 약속하고, 조약에서 합의한 대로 청나라와 일본 간의 통상조약과 해운조약이 그사이 체결되어 비준될 경우 처음 두 번에 걸친 전쟁 배상금의 상환이 이루어진 즉시 일본군은 웨이하이웨이 주둔지에서 철수할 것이다.

이 밖에도 시모노세키조약의 부대 조항 제1조에 따르면 청나라는 일본군이 웨이하이웨이에 주둔하는 동안 연간 50만 냥을 일본에 지불할 의무를 진다.

이 조약에 명시된 대로 실행된다면 청나라는 앞으로 7년 안에 7억 마르크의 원금과 1억 마르크가 넘는 이자 및 주둔 비용을 지불해야만 한다. 일본이 랴오둥반도 반환에 대해 1억 냥, 즉 3억 5,000만 마르크—개별 공채의 재매입에 필요한 금액은 약 1억 5,000만 마르크이다—를 요구할 수 있다는 것과 청나라가 앞으로 군대 및 함대를 재편하는 데 1억 마르크의 비용이 소요된다는 것을 함께 계산에 넣으면 약

13억 마르크라는 금액이 산출된다. 이 금액에 대해 청나라는 유럽과 미국의 금융시장에 의지하고 있다. 이 금액은 청나라의 중요한 이해관계에 속하기 때문에 가능한 한 신속하게 마련하지 않으면 안 된다. 전쟁 배상금을 지불해야만 일본의 웨이하이웨이 주둔에 종지부를 찍을 수 있으며, 주둔 비용과 전쟁 배상금의 이자를 절약할 수 있기 때문이다.

그러나 러시아·프랑스·청나라의 3억 2,000만 마르크 차관과 같이 전쟁 배상금을 갚기 위해 필요한 전체 차관에 대한 협정 체결을 부분 차관을 통해 어렵게 만들거나 불가능하게 하는 것은 청나라 입장에서 볼 때 경제적 실책일 뿐 아니라 정치적 실책이기도 하다. 이것은 일본에 대한 종속 기간을 연장시킬 뿐만 아니라 러시아에 대한 종속 또한 심화시키기 때문이다. 베이징에서 이러한 계획의 결과에 대해 마지막 순간에야 비로소 분명하게 인식했다는 것─비록 청나라의 중요한 인물들이 이러한 낮은 이자율에 비해 지나치게 많이 지불해야 한다는 사실을 분명하게 알고 있었다 하더라도─은 이들이 주어진 상황을 제대로 판단하지 못하고, 유익해 보이는 4퍼센트 차관과 같은 사업의 유혹을 뿌리치는 데 얼마나 무능력했는지를 충분히 입증하고도 남는다.

6월 20일에 베이징에서 조인된 것으로 보이는 프랑스와 청나라의 국경 조약과 관련하여 영국 언론은 독일·러시아·프랑스의 공동 행동을 참작하려고 했다. 이는 전적으로 사실과 모순관계에 있는 견해로 간주해야 한다. 1885년부터 통킹-안남-청나라 간의 국경선을 확정하기 위해 청나라와 프랑스의 담판이 진행되고 있다. 1887년 콘스탄스Constans에 의해 체결된 조약을 통해 국경 문제에 대한 부분적인 규정의 기초가 된 지도 위에 이전에 프랑스가 안남의 영토라고 요구한 지역이 메콩강까지 미치는 것으로 표시되어 있었다는 사실은 공공연한 비밀이었으며, 영국 외교부도 이를 잘 알고 있었다. 이러한 점에서 볼 때 얼마 전에 합의한 협정에서 요구한 양보─통킹 만에 건설한 철도와 전신선을 청나라로 연장할 수 있다─는 이미 1885년의 조약에서 합의한 협정을 이행하는 것일 따름이다. 당시의 협정을 통해 이미 청나라 정부는 이러한 경우 프랑스 산업을 믿고 의뢰하겠다고 선언했다. 해결되지 않은 문제들에 대해 지금 프랑스가 희망한 대로 결말을 찾았다면 그것은 영국 외교부가 로즈버리Rosebery 경의 지휘 아래 프랑스와 시암의 문제뿐 아니라 청나라와 일본 간의 갈등에서도 '중요하지 않은 것'으로 입증되었기 때문이라 할 수 있고, 프랑스 정부와 공사관 측에서 청나라의 속수무책인 상황을 이용했기 때문이라고도 할 수 있다. 이는 쓰촨성에서 기독교도 박해 때문에 제기된 항의를 대변할 때 보여 준 힘을 통해 총리아문에 위압적인 영향력을 행사하기 위한 것이었다. 이러한 항의를 지원하기 위해 우쑹吳淞에 결집한 프랑스 함대는 청나라의 랴오닝성을 구하기 위한 작전에 참여한 것에 대해 청나라로부터 감사를 받았으며, 이는 프랑스의 외교적 성과에 상당히 기여했다.

그러나 보수적인 영국 내각에서는 진보적인 내각의 실수를 만회하는 것이 중요할 것이다. 러시아 정부의 카스피해 횡단 철도를 타슈켄트까지 연장하려는 결정과 시베리아 철도 출발점을 황해의 해안가로 이전하려는 분명한 노력은 영국 외교부에 있어서 능숙한 수완과 추진력을 요하는 임무이다. 일본이 랴오닝성과 웨이하이웨이에서 철수하는 문제, 일본의 포르모사 정착에 관한 문제, 조선의 국제적인 위상 문제, 무엇보다 독립적인 청나라의 생존력에 대한 문제는 솔즈베리 내각이 앞으로 풀어야 할 과제들이다. 이러한 과제를 훌륭하게 수행하는 것은 영국이 이 문제에 관심을 기울이는 열강들에도 진보적 내각의 결의안보다 더 단호한 결심과 지속성에 대한 확신을 심어 줄 수 있을 경우 영국의 이해관계와도 부합할 것이다.

그러나 독일의 언론과 국민들은 동아시아의 정치적·경제적 상황 변화를 고려하여 인도차이나 반도와 중국 연안에서 영국 정치가 실패한 사례를 교훈으로 삼아야 할 것이다. 몇 년간에 걸친 소모적인 의회의 다툼과 정파 간의 이해관계가 국가의 이익보다 앞서고─이는 영국과 같은 세계적 열강을 수백 년 전부터 차지하고 있는 지위에서 쫓아내고 경계를 허술하게 하도록 만들 것이다―동아시아 문제에서 결정적인 정치의 가능성이 오늘날에도 새 의회에서 솔즈베리 내각의 보수파와 연합파가 과반수를 차지하느냐에 따라 좌우된다면 동아시아에 다가오는 위기에서 경제적·정치적 이해관계를 뒷전으로 밀어 둘 위험이 있다. 세계 강국으로 이제 막 날개를 펼치기 시작한 독일은 이러한 위험에 직면해 있다. 25년 전에 탄생한 독일 제국의 창설이 끝이 아니라 시작을 의미한다는 각오로 모든 독일인이 일치단결할 경우에만 이러한 위험을 피할 수 있을 것이다. 그러나 신생 제국의 계속적인 발전은 세계 열강으로서의 역할을 공고히 하고 단호하게 이행할 경우에만 가능하다. 이 점에 대해서는 좁은 국내정치의 틀을 넘어서지 못하고 다른 민족의 운명에서 자신의 조국을 위해 아무런 교훈을 삼지 못하는 이들을 제외하고는 그 누구도 의심하지 않을 것이다.

제 13 장
두 명의 아시아 정치가(1896)[*]

청나라와 일본이 분쟁을 겪는 동안 가장 자주 언급된 인물들 가운데 시모노세키下關 강화 협상의 두 주역인 일본의 총리 이토 히로부미伊藤博文[113]와 청나라 즈리성直隸省 총독 이홍장李鴻章보다 더 큰 관심을 끈 사람은 없다. 이 두 사람은 무無에서 출발하여 가장 높고 영향력 있는 관직을 획득하였으며, 비록 의미는 다를지라도 그들 조국의 근대화를 위해 노력한 전형적인 대표자임에는 틀림없다. 따라서 이들의 이력을 간략하게나마 살펴보는 것은 이 두 인물뿐 아니라 지난 30년 동안 일본과 중국의 국내외 정치가 진행된 과정을 평가하고 비교함에 있어

---

[*] 이 글은 1896년 8월 「독일 전망」지 87권 230쪽 이하, 88권 30쪽 이하에 실린 것이다.

다른 어떤 설명보다 유익할 것으로 여겨진다.

이토 히로부미

특히 1863년은 일본과 외국의 관계에 있어 다사다난한 한 해였다. 1862년 9월 14일 시마즈 사부로島津三郎―그의 아들은 사쓰마薩摩 번藩의 영주였다―휘하의 부하들이 영국인 리처드슨Richardson을 살해하였다. 이를 계기로 영국 정부가 일본 막부 정부에 한 요구들이 여전히 아무런 성과가 없었던 반면에 흔히 나가토長門의 다이묘大名 또는 조슈長州의 다이묘라 불린 또 다른 번주의 선박과 포병대가 1863년 6~7월에 문제를 일으키지 않고 시모노세키의 수로水路를 지나가던 외국 상선과 전함에 공격을 감행하였다. 이는 사건 발발 당시부터 천황이 쇼군에게 '추악한 야만인들'을 추방하라는 명령에 따라 일어났다는 소문이 무성했으며, 이 사실은 나중에 조슈 번주의 해명을 통해 입증되었다. 외국과의 우호적인 관계를 지탱할 능력이 없었던 쇼군 정부가 공식적으로 요코하마에 있는 외국 열강들의 철수를 요구하는 등 외국인들의 상황은 쉽사리 나아지지 않았다.

이러한 위협적인 상황에서 1863년 8월 15일 영국 함대가 사쓰마 번의 수도인 가고시마鹿兒島에 사격을 가한 것은 더 나은 상황을 이끌어 내기 위한 작전이었다. 하지만 영국의 작전은 군사적 성공으로 간주될 수 없었다. 영국 함대는 자신들이 내세운 요구 조건을 관철시키기 위해 세 척의 일본 상선을 담보로 받아 놓고 있었지만 일본 포병대의 보호 구역 안에 무방비 상태로 정박해 있는 상황에서 갑자기 태풍이 불어 닥치는 틈을 타 일본 포병대의 격렬한 포격을 받았다. 비록 영국 함대가 닻을 올린 뒤 강력하게 응사했지만ー이때 일본 포병대 뒤에 있는 도시의 대부분이 불길에 휩싸였다ー양측 가운데 어느 쪽이 더 크게 피해를 보았는지는 확인되지 않았다. 아무튼 일본인들은 영국 함대가 다음 날 아침 공격을 속개하는 듯하다가 단 한마디의 통첩도 없이 가고시마 만을 떠났을 때 더욱 승리를 자신한 것처럼 보였다. 그렇지만 전쟁의 도덕적 성과는 결정적인 것이었다. 『일본사』라는 책을 저술한 애덤스Adams가 기술한 것처럼 쌍칼을 찬 사쓰마 사람들은 처음으로 일본이 세계에서 가장 강한 나라가 아니라는 것과 더 강하고 더 문명화된 또 다른 민족들이 있다는 사실을 알게 되었다. 이때부터 그들은 외국인에 대해 경멸적인 시선으로 깔보는 행위를 그만두게 되었고, 그들 스스로 말하듯이 비로소 제후국을 '개방'했다.

이러한 변화는 먼저 사쓰마 번주가 몇 달 뒤 영국이 요구한 배상금을 실제로 지불했다는 점에서 감지할 수 있었다. 그의 부하들도 이에 영향을 받았으며, 이 때문에 1864년 8월 조슈 사람들이 교토에 있는 천황을 사로잡으려고 한 시도는 실패로 돌아갔다. 또 사쓰마 사람들의 세력은 도시의 길거리와 천황의 궁성 주변에서 서서히 약해지고 있었다. 이는 전쟁에서 방어자 입장에 있던 막부(쇼군 정부)에 유리하게 작용하는 데 크게 기여했다. 막부는 승자가 되었으며, 이들의 강력한 적인 조슈 번주와 그의 추종자들은 추방되었다. 천황의 궁궐에서도 쇼군에 대한 호의적인 감정이 일기 시작했다. 그러나 막부는 그때까지 여전히 외국인과의 교역을 폐쇄한 시모노세키의 거리를 재개방하는 일에 착수하지 못하였으며, 일본 공사가 파리에서 3개월 내에 개방을 재개하겠다고 한 약속도 비준하지 못하고 있었다. 따라서 조약 체결국 대표들에게는ー당시에는 영국·프랑스·네덜란드·미국만이 에도에 외교관을 두고 있었다ー시모노세키 거리의 개방을 스스로 착수하는 것 외엔 다른 방법이 없었다. 그러나 이러한 목적을 수행하기 위해 집결한 함대가 요코하마를 떠나기 전에 조슈 번주와 결탁하려는 시도가 있었다. 당시 이토 슌스케伊藤舜輔[114]라 불리던 이름이 처음으로 외국인에게 알려지게 된 것은 바로 이때였다.

1863년 조슈 번주는 막부 허락을 구하지도 않은 채 가신 가운데 다섯 명의 젊은 무사들을 선발하여 이들을 교육시키기 위해 영국으로 파견했다. 시모노세키 거리에서 일어난 사건에 대한 소식이 유럽으로 전해졌을 때 그들 가운데 두 명, 즉 이토 슌스케와 이노우에 가오루#上馨는 요코하마로 돌아왔다. 이들이 영국에서 조슈 번으로 급히 돌아온 것은 외국 열강의 요구에 맞서 저항하는 일이 쓸모없다는 사실을 그들의 번주에게 확신시키기 위함이었다. 이들은 영국 공사관과 접촉하였으며, 당시 공사관의 책임자인 러더퍼드 앨콕Rutherford Alcock[115] 경은 조약을 체결한 네 나라의 장교와 관료들―이들은 자국 대표들의 문서 수발을 담당하였다―과 함께 이들을 영국 전함 두 척에 태워 시모노세키 거리로 보냈다. 예상대로 이토와 이노우에의 노력은 수포로 돌아갔다. 조슈 번주는 시모노세키 수로를 통한 항해를 허용하지 않겠다는 결심을 고수했다. 영국 선박들은 목적을 이루지 못하고 요코하마로 돌아갔다. 며칠 뒤인 8월 29일 내륙으로 가기 위해 연합 함대―영국 전함 9척, 프랑스 전함 3척, 네덜란드 전함 4척과 임대한 미국 상선 1척으로 이루어져 있었다―가 이곳 정박장을 떠났다. 여기에서 주목할 점은 일반적인 견해와 달리 이 원정을 실행한 사람이 영국 대표나 장군이 아니라 프랑스 공사 레옹 로슈Léon Roches 및 해군 소장 조레스Jaures였다는 것과 조레스가 마지막 순간에 외국인의 요코하마 정착의 안전 문제와 관련하여 자신이 직접 그에 대한 책임을 지겠다고 밝혀 영국 장군의 우려를 잠재웠다는 사실이다.

9월 5일에 있었던 짧은 교전은 조슈 번주의 포병대를 침묵시키고,

그에게 경각심을 일깨우기에 충분했다. 조슈 번주는 앞으로 자유로운 항해를 더 이상 방해하지 않을 것이고, 괴멸된 포병대를 재건하거나 무장하지 않을 것이며, 원정에 소요된 모든 비용을 배상하겠다고 약속했다.

가고시마의 포격이 심어 준 인상은 시모노세키에서의 교전을 통해 갈음된 셈이다. 분명히 말할 수 있는 것은 외국인에 대한 증오가 현재 진행되고 있는 유신운동의 지도부 가운데 많은 사람에게 주요 동기로 계속 작용하고 있을지라도 이들 가운데 좀 더 합리적인 사람들은 이 때부터 외국인을 추방하기 위하여 지금까지 사용한 것과 다른 수단이 필요하다는 것과 잠정적으로나마 공조체제modus vivendi를 마련하기 위해 노력해야 한다는 것을 인식하게 되었다는 점이다.

이토는 비록 보잘것없는 사무라이의 후손, 즉 조슈의 하급 귀족 가문에서 태어나기 했지만 타고난 재능으로 유신운동의 가장 중심적인 지도자인 기도 준이치로木戸純一郎의 부친의 눈에 띄었다. 이토는 유럽에 체류한 경험과 나이와 사회적 지위에 비해 유럽 사정에 대한 해박한 지식으로 동료들에게 커다란 영향을 미쳤다. 그는 조슈·사쓰마·도사土佐·히젠肥前·오와리尾張·에치젠越前의 번주들이 타협을 이루어 내는 데 적잖은 기여를 하였다. 이들 수장은 일차적으로 막부에 비판적인 태도를 취했다. 1866년 이후 무거운 짐을 떠안게 된 사람은 정적들로부터 그의 일본식 이름인 요시노부慶喜를 중국식으로 발음하여 게이시라고 불린[116] 히토쓰바시—橋 영주였다. 그는 동포들 가운데 가장 신뢰할 수 없으며, 가장 변덕이 심한 인물로 몇 년 동안 막부에 대항하는 도구로 이용되었고, 막부의 권한과 권력을 축소시키는 데 가장 많은 기여를 하였다. 그는 쇼군에 선출되어 쇼군직을 유지하는 일에 몰두해야 했다. 동포들이 보기에 스스로 죽음을 선택함으로써 자신의 명예를 지킬 줄 몰랐던 것은 운명의 아이러니였다.

서로 다른 가문의 지도자들 간 타협이 어떠한 토대 위에서 이루어졌는지에 관해서는 말하기 어렵다. 일본의 복잡한 국내 정치와 음모가 난립하는 상황에서 어떠한 외국인도 올바른 길을 찾아내지 못했으며, 믿을 만한 일본 내의 보고서도 없었다. 그러나 막부 폐지, 천황 지배체제 재건, 외국인 추방, 1865년에 천황이 조약을 비준했지만 외국인과의 교역을 최소한으로 제한한 점, 개별 집단의 이해관계를 공식적으로 대표하는 제도를 마련하는 일 등이 타협의 핵심을 차지했다고 보면 틀리지 않을 것이다. 집단 이익에 대한 대변은 1868년 막부가 무너지고 천황이 다시 권력을 잡은 뒤 행정부 이외 협의 기관인 조시徵士[117]와 고시貢士[118]를 둠으로써 이루어졌다. 4년 임기로 선출된 조시의 대표들은 숫자 제한을 두지 않고 보통 선거로 선출되었으며, 312명의 고시 대표들은 개별 봉토 제후국이나 영주국의 크기에 비례해서 사무라이들 가운데 선출되었다. 따라서 이미 막부와 개별 영주들 때부터 있던 기관—비교적 중요한 문제에서는 영주와 여타의 봉건 제후, 고위 관료와 하급 관료들은 여기에서 조언을 구했다—이 어느 정도 의회적 기초 위에서 세워진 것이다.

쇼군의 군대가 후시미(伏見) 전투[119]에서 패배한 뒤 동맹 세력 가운데 외국인에 대해 적대적인 세력이 전면에 떠올랐다. 고베(神戸)에서의 분란, 사카이(堺)에서 일어난 프랑스 선원 살해 사건, 교토에서 해리 파크스 경의 호위대에 대한 공격 등이 일주일도 안 돼 연속적으로 일어났다. 이러한 일련의 사건은 외국인에 대한 적대적 감정이 분출된 것이었다. 그러나 이러한 운동의 지도자들은 이와 같은 폭력 행위에 이끌려 천황에 맞선 외국인의 가담이 쇼군의 추종자들과 함께 결정할 수 있는 최종적 싸움의 중지에 미칠 수 있는 영향을 잘 알고 있었다. 이는 지원은 아니더라도 적어도 조약 체결국들의 호의적인 중립성을 보장하기 위함이었다. 곧이어 공격과 살인 행위에 대한 처벌이 단행되었다. 그리고 천황은 공개적인 선언에서 추후 개정을 할 수 있다는 부대 조항과 함께 외국과 체결한 조약들을 정당한 것으로 인정했다.

문신 귀족인 구게(公家)와 봉건 영주들의 집회에 앞서 1868년 4월 6일에 행한 천황의 맹세는 일본의 내적 발전에서 중요하고도 획기적인 의미가 있었다. 그것은 자문 위원회를 소집한다는 것과 모든 정부의 조치를 여론을 통해 결정한다는 내용이었다. 천황의 이러한 조치는 분명 자신에게 실질적인 통치권을 가져다준 유신운동의 총명한 지도자들의 권고에 따른 것이었다. 이는 여러 번藩의 질투로 인한 분쟁의 위험성을 없애고, 막부를 무너뜨리기 위해 결집한 모든 세력 간에 타협을 이루어 내려는 의도에서였다. 하지만 이러한 것들은 상당히 차이가 심하고 모순적인 방식으로 이루어졌다. 지위와 외관상의 명예는 크지만 재력과 실질적인 영향력이 적은 구게 집단은 쇼군 몰락에서 두 가지 모두를 얻기ᆞ기대했다. 구게에 소속된 가장 총명한 사람들은 극단적인 외국인 혐오자들이었다. 이들 가운데 일곱 명─나중에 총리가 된 산조 사네토미三條實美를 비롯하여 중요한 정치적 역할을 맡은 히가시쿠제東久世・사와佐和 등이 포함되어 있었다─은 1863년 조슈 번주에게로 피신해야만 했으며, 교토에서 쇼군을 추방하기 바로 직전에야 겨우 천황의 궁궐로 돌아왔다. 이들 계급의 대다수는 무능력하고 비열하게 궁정 음모를 일삼는 호색한이었으며, 단호한 개혁을 착수함에 있어 신뢰할 수 없는 자들이었다. 무사 귀족과 봉건 영주 및 가신들의 경우 세습과 그들이 빠져든 규방에서의 삶, 격리된 생활은 지방 영주뿐 아니라 가신에게서도 거의 예외 없이 육체적으로나 정신적으로 타락한 가문을 만들어 내는 데 일조했다. 그렇지 않을 경우 세습 지위와 권력을 가진 자는 명예 영주나 가신으로서 대개 이전에 가지고 있던 관직보다 더 큰 영향력을 행사하기 위해 그러한 직책을 서둘러 포기했다. 일반적으로 실권은 사무라이 가문의 능력 있는 인물들의 손아귀에 있었다. 이들은 영주와 가신들을 움직일 수 있는 영향력을 지니고 있었다. 유신운동이 신속하게 이루어질 수 있었던 것은 바로 이 때문이었다. 몇 명을 제외하면 이들 대부분은 1868년에 일어난 혁명의 정신적인 주창자와 지도자—이토 히로부미도 이들 가운데 한 명이다—였다.

막부 및 이와 결탁한 지방 영주들에 맞선 싸움이 지속되는 동안(즉 1869년 5월 말까지) 천황 정부와 그 추종자들은 적을 제압하는 일 외에도 다른 계획을 수립하느라 무척 분주하게 움직였다. 하지만 외국인에게 있어서 적대적인 당파는 기독교 전도에 대한 금지조치를 복원시키고, 외국 대표들의 저항에도 불구하고 이를 부분적으로나마 관철시킬수 있었다. 그러나 천황에 맞선 폭도로 간주된 아이즈會津와 센다이仙臺의 영주들에 대한 제압과 에조蝦夷 섬[120]—현재 이토 히로부미 내각의 대신으로, 나중에도 종종 언급되는 에노모토 다케아키榎本武揚[121] 함장은 짧은 기간이나마 이 섬에 공화국을 세웠다—재탈환과 함께 대부분의 개혁당 지지자들의 외국인에 대한 적대적인 태도는 더욱 심화되었다. 외국인에 대한 공격과 비방은 점차 증가했으며, 공개적인 포고문을 통해 외국인의 추방을 요구하였다. 천황의 두 대신大臣인 요코이 헤이시로橫井平四郎(본명은 요코이 쇼난橫井小楠)와 오무라 마스지로大村益次郎[122]는 외국인에게 호의적인 인물이라는 혐의를 받고 살해당했다. 심지어 교토에서 에도로 여행 중이던 천황도 몇 시간 동안 '외국인 추방자들' 단체의 손아귀에 있었다. 이와 같이 흥분한 사람들의 사나운 충동과 공격을 막기 위해서는 외국과의 평화를 우선시하는 정치 지지자들의 단호한 조치가 필요했다.

이와 동시에 가장 강력한 몇몇 동맹 영주들 쪽에서 광범위한 파급효과를 지닌 조치가 나왔다. 1869년 2월 사쓰마·조슈·도사·히젠의 번주들은 그들의 땅과 부하들을 천황에게 바치겠다고 선언했다. 이제부터 일본에서는 오로지 천황의 의지와 법만이 권위를 지니는 것으로 선포되었다. 일본의 국내 문제들이 공정한 토대 위에서 처리될 경우 일본은 세계 유수의 나라들과 어깨를 나란히 할 수 있고, 그에 걸맞은 자리를 차지할 수 있다는 것이었다.

276명의 지방 영주들 가운데 절대다수에 해당하는 241명은 신속하게 모범을 보였다. 천황은 이들 봉토 소유자를 위해 봉건법을 채택하였으며, 이전의 지방 영주들은 천황의 총독이 되어 자신들의 지역으로 되돌아갔다. 이들은 이전의 수입 가운데 10분의 1은 개인적 비용으로 사용할 수 있었지만, 그 나머지는 국가적 목적을 위해 사용해야만 했다. 동시에 천황의 칙령을 통해 궁정귀족인 구게와 지방 영주들 간의 차이를 폐지시켰으며, 이전에 다이묘가 행사하고 있던 모든 관료의 임명권을 천황이 갖는다고 선포하였다.

어떤 이유로 일본의 고위 귀족들이 그들의 역사적 지위와 특권 및 재산을 포기하게 되었는가 하는 질문을 제기할 경우 일본 측 자료들에서는 문제의 당사자들이 자신들 번의 몇몇 사람들의 수중에 놀아나는 꼭두각시에 불과했기 때문에 어떻게 해야 할지 전혀 방도를 알지 못했다는 답을 하고 있다. 이러한 설명은 타당한 것으로 여겨진다. 그러나 같은 신분의 동료, 즉 대다수의 사무라이들이 자신들의 견해를 교환하기엔 너무나 밀리 떨어져 있었기 때문에 이런 상황 속에서 배후에 있는 인물들의 영향력은 더욱 커져만 갔다. 예를 들어 1869년 4월 에도에서 열린 의회에서 276명의 의원 가운데 과반수가 할복자살과 쌍칼 소지의 폐지 주장에 반대표를 던졌으며, 기독교 허용과 교역관계 확대에도 반대표를 던졌다. 이와 같이 보수적이면서 외국인에게 적대적인 성향에 대한 또 다른 예로는 자국의 토착 기독교인에 대한 더욱 강력하고 가혹한 박해를 들 수 있다. 이러한 박해는 비록 외국 대표들의 항의에도 불구하고 1870년에 극에 달했다. 일본 정부가 자칫 국가의 존립 기반이 흔들릴 수 있다는 이유를 들어 자국 국민들의 기독교 신봉을 억압하기 위해 마련한 조치를 철회할 수 없다고 선언하였기 때문이었다.

이러한 우려는 전혀 근거가 없는 것이 아니었다. 여러 번藩의 사무라이들로 구성하여 1870년 6월에 소집된 두 번째 의회는 다시 해산하지 않을 수 없었다. 의원들이 모든 실질적인 문제를 처리함에 있어 대단히 미숙한 모습을 보였으며, 대부분의 시간을 소모적인 논쟁에 허비하였기 때문이었다. 이에 반해 태정관太政官[123]—이전의 구게출신 세명, 히젠 사람 세명, 조슈 사람 두명, 사쓰마와 도사 사람 각 한 명으로 구성되었다—즉 내각의 구성 방식은 특히 사쓰마 및 도사의 지도자와 구성원들이 민감하게 반응하는 데 있어서 실마리로 작용하였다. 이들은 곧 이와 같은 조직 확대를 천황 정부의 존속과 심지어 천황의 통치가 심각하게 위협 받을 수 있는 것으로 받아들였다. 이에 따라 1871년 1월 구게 중에서 가장 정력적이고 지적인 이와쿠라 도모미岩倉具視를 사쓰마 사람 오쿠보 도시미치大久保利通와 함께 가고시마로 보냈다. 하지만 스스로 조슈 사람이라 칭한 기도 다카요시木戶孝允는 천황의 지배권을 다시 세우는 데 상당한 지분을 가지고 있던 번들 간의 타협을 이끌어내기 위해 그의 고향으로 갔다. 이로써 사쓰마·조슈·도사의 번들은 새로운 거주지인 에도나 도쿄에서 천황을 보호하기 위해 일단의 군대를 공동으로 조직하게 되었다. 내각은 장차 두 명의 구게 출신인 산조 사네토미三條實美·이와쿠라 도모미와 사쓰마·조슈·도사·히젠 번 출신 대표 각 한 명, 사이고 다카모리西鄕隆盛, 기도 다카요시木戶孝允, 이타가키 다이스케板垣退助, 오쿠마 시게노부 등으로 구성하여 재편하였다. 그러나 이러한 조치들이 이루어지기 전에 여러 곳에서 반란이 일어났다. 이는 주로 나중에 농민들에게 높은 금액의 이자 공제를 한 다음 지폐를 지방마다 분배했기 때문이었다. 천황의 또 다른 대신인 히로자와 효스케廣澤兵介(본명은 히로사와 사네오미廣澤眞臣)가 살해당했으며, 복잡하게 얽힌 공모가 발각되었다. 선두에는 두 명의 구게가 있었다. 가담자들은 천황의 측근 고문들을 제거하고 외국인을 추방하거나 살해하는 것 외엔 다른 의도가 없었다. 유사한 사태가 되풀이되는 것을 막기 위해 정부는 가능한 한 많은 젊은이를 유럽과 미국으로 파견하기로 결정했다. 그러나 이러한 조치도 소용이 없을 뿐 아니라 오히려 위험한 것으로 판명되었다. 이들이 성공적으로 외국 문물을 배우는 한편 외국의 고도화된 문명의 정신적 유혹에 저항할 수 있는 사전 지식과 강한 카리스마는 결여되어 있었기 때문이었다. 할 수 없이 다시금 내부 개혁에 착수했다. 행정을 일원화하고 막번체제에서 나타난 폐단이 되풀이되는 것을 미연에 방지하고, 궁극적으로는 번을 폐지하기 위해 그 영역을 지방으로 전환시키기로 결심했다. 이전의 지방 영주들, 즉 각 번의 현 총독들을 도쿄로 소환하여 1871년 8월 29일 천황의 칙령을 통해 조직 개편 시행령을 하달하였다. 이는 대단히 과감한 조치였지만, 효과는 일시적인 것에 지나지 않았다. 농민들은 수 세기 전부터 수동적인 복종에 익숙해져 있었으며, 하급 도례귀족刀禮貴族들[124]의 충성 역시 굳건하였다. 이전의 지방 영주들은 자칫 외관상 권력의 화려함과 장엄함으로 인해 잃어버렸을지도 모를 독립과 자립을 획득했다. 예를 들어 토지나 현금 수입에서 나오는 사무라이들의 세습 소득을 어떻게 폐지하고, 어떠한 방식으로 종신연금 생활에 대한 자본을 조달하느냐 하는 중요한 문제는 지금도 해결되지 않은 채로 남아 있다. 연간 총액의 네 배에 이르는 종신연금 마련과 연간 총액의 여섯 배에 이르는 일반소득 확보 방안─종신연금의 경우 8퍼센트 이자의 국채, 일반소득의 경우 절반은 현금으로 나머지 절반은 국채로 마련한다는 것이다─은 참여자들로부터 동의를 얻지 못했기 때문이었다.

번을 폐지한 뒤 행정 기구는 새롭게 조직되었다.[125] 이전의 태정관, 즉 내각은 지금 행정부의 최고기관인 추밀원樞密院으로 되었다. 추밀원은 이전의 태정관과 마찬가지로 동일한 구성원들로 이루어졌으며, 동일한 기능을 수행하였다. 여러 차례 의회 대표기관이 해체된 뒤 일종의 자문기관인 좌원左院[126]이 들어섰다. 이 기관의 의장과 위원은 천황에 의해 임명되었다.

그러나 지도부에 있는 사람들은 이러한 내적 변화보다 외국과의 관계 및 부분적으로 일본을 서구 열강들과 대등하게 보이게 하기 위해 무엇보다 외국인의 치외법권적 재판권 폐지를 요구한 국민당의 기개를 더 중요하게 생각하는 것 같았다. 조약 개정은 1872년 7월로 예정되어 있었다. 천황 정부는 그 전에 불편한 규정들을 폐지하는 데 조약 체결국들의 동의를 얻을 수 있기를 희망했다. 이러한 희망사항 외에도 특히 일본에 적용시키는 문제와 관련하여 여러 열강의 공공 기관들을 더욱 자세하게 연구하려는 바람도 가지고 있었다. 마침내 1871년 12월에 구미歐美 사절단이 일본을 떠났다. 이 사절단은 이와쿠라 전권대신과 기도 · 오쿠보 · 이토 · 야마구치 등 네 명의 부사副使 및 40여 명의 관리로 구성되어 있었다.[127] 이로 인해 이 사절단에는 처음부터 불화와 반목의 싹이 배태되어 있었다.

천황의 통치권이 복원된 뒤 이토 히로부미의 이름은 앞에서 보았듯이 일본 국가제도의 발전 개요에서 그다지 자주 언급되지 않았다. 이는 그가 나이와 직책에 비해 정부에서 비교적 큰 지분을 갖지 못했기 때문에 그런 것은 아니었다. 그는 자신보다 나이가 많고 영향력 있는 인물들 뒤로 물러나 있어야 했다. 1868~1871년의 시기를 그의 정치적 견습 기간으로 본다면 크게 틀리지 않을 것이다. 그는 효고현兵庫縣의 총독으로서 해리 파크스Harry Parkes 경과 함께 고베에 있는 외국인 거주지에서 모든 유사한 공공단체에 모범이 될 수 있는 규정을 만들기로 합의하였다. 그는 재무대신이 되어 요코하마와 에도를 연결하는 철도를 건설할 목적으로 최초의 외국 차관을 도입하였으며, 나중에 내무

대신에 임명되었다. 1870년에 그는 미국 재무부에서 재무행정을 배우기 위해 단기간 미국을 방문했으며, 돌아온 뒤에는 조세 국장이 되고 곧 공공 부문 담당 차관이 되었다.

그는 사절단 가운데 영어에 능통하였기 때문에 핵심 요직을 맡을 수 있었다. 그는 미국 정부가 샌프란시스코에서 사절단에 베푼 만찬에서 처음 생긴 기회를 이용하여 긴 연설로 일본 정부의 계획을 설명하였다. 그의 연설은 "이롭게 보이는 모든 외국 제도의 수용과 발전"이라는 말로 요약될 수 있다. 그는 사절단의 임무는 "국민의 권리와 이익을 보호하는 것"이라는 조심스러운 말로 조약의 제한규정 폐지에 대한 바람을 피력하였다. "일본 국기에 있는 붉은 원은 더 이상 폐쇄적인 나라의 봉인封印이 아니라 세계 문명국가의 한가운데에서 위를 향해 그리고 앞으로 힘차게 나아가며 떠오르는 태양의 모습을 나타내는 것입니다"라는 말로 연설을 끝맺었을 때 우레와 같은 박수갈채가 쏟아졌다.

일본 사절 대표들은 곧 자신들의 기대가 잘못된 것이었음을 알게 되었다. 그들은 가는 곳마다 친절한 환대를 받았지만 조약 체결국들 정부에 치외법권적 재판권 폐지를 위한 동의를 구하기 위해서는 단순한 바람과 약속 이상이 필요함을 확신하게 되었다. 조약 개정 과정에서 민족적 자만심과 공명심의 만족에 대한 희망이 점차 사라진 반면에 일본 상황은 더욱 어려워져 갔다. 꼭 필요한 지출, 무엇보다 사무라이들의 소득과 연금에 지출할 돈이 부족했다. 많은 지역에서 다시 봉건제로 돌아가고자 하는 움직임이 눈에 띄기 시작했다. 정부의 요직에 있는 대신들 가운데 나이 많은 사이고 다카모리, 소에지마 다네오미副島鍾臣, 에토 신페이江藤新平, 고토 쇼지로後藤象二郎, 이타가키 다이스케板垣退助 등은 호의적이긴 했지만 부분적으로 편협한 견해에 사로잡혀 있었다. 특히 소에지마와 이타가키 같은 이들은 의회를 소집하겠다는 천황의 약속이 곧 실행될 것이라는 희망을 가지고 있었던 반면에 사이고 같은 또 다른 부류의 사람들은 동요하는 사무라이들을 고용하여 이들을 달래기 위한 수단으로 조선과의 전쟁을 촉구하였다. 그러나 모두 외국인에게 나라 전체를 개방하는 문제에 대해서는 더 이상 거부하지 않았다. 일본을 찾아오는 외국 왕자들은 최상의 존경과 함께 유럽 의식에 가까운 방식으로 환대를 받았다. 1872년 8월 천황은 남쪽 지방으로 순시를 단행했다. 이때 이미 앞에서 언급한 사쓰마의 마지막 번주 시마즈 사부로島津三郎의 부친이 천황에게 진정서를 올렸다. 여기에는 반드시 필요하다고 생각되는 개혁, 특히 일본법과 외국법의 분명한 차이점에 대한 확인 등을 강력하게 요구하는 내용이 들어 있었다. 이러한 요구에 몹시 화가 난 정부는 이듬해에 진정서를 쓴 사람을 강제로 에도로 보내 추밀원 위원직을 받아들이게 했다.

조국에서 벌어지는 사건들은 유럽에 체류하고 있는 사절단에게 많은 걱정을 안겨 주었다. 오쿠보와 이토는 급히 일본으로 돌아왔다. 일본 측 자료에 따르면 이토는 외국인을 일본 재판권에 따르도록 하고, 그 대가로 일본에서 기독교 금지를 폐지하자는 제안서를 내각에 제출하였다. 이러한 제안을 관철시키지 못했을 때 그는 다시 이와쿠라의 사절단에 합류했으며, 1873년 9월에야 비로소 사절단 일행과 함께 일본으로 돌아왔다. 얼마 뒤 일본에서는 지금까지의 내각 구성원과 사절단원들 간에 심각한 불화가 일어났다. 여기에는 초기에 사퇴한 모든 사람과 이와쿠라, 사쓰마 사람 데라지마 무네노리寺島宗則, 오쿠보, 이토, 이전 쇼군의 봉신 가쓰 가이슈勝海舟 아와노카미安房守 등이 들어 있었다. 유럽에서 겪은 실망으로 말미암아 새로운 내각의 노선은 분명 외국인에게 불리한 것이었다. 그러나 일본 내부의 일들로 말미암아 곧 서구 열강들과 충돌을 빚어서는 안 된다는 입장을 취하게 되었다. 1874년 1월에 이와쿠라는 자기를 노리는 세력의 공격을 받아 중상을 입고 가까스로 목숨을 건졌다. 이후 얼마 안 되어 전 법무대신 에토 신페이의 지휘 아래 규슈의 히젠에서 폭동이 일어났다. 이 반란은 초창기에 폭도가 성공을 거두었지만 결국 수많은 희생자를 낸 뒤 진압되었다. 몇 달 뒤 일본 정부는 통상 조약과 항해 조약을 체결한 청나라와 심각한 갈등에 직면하게 되었다. 해외 원정에 대한 사무라이들의 집요한 요구를 어느 정도 들어주기 위해 정부는 포르모사 남부지방으로 원정대를 파견하기로 결심했다. 이는 그곳의 독립적인 원주민 부족들을 정벌하기 위해서였다. 그러나 마지막 순간에 계획을 철회해야만 했다. 하지만 나가사키에 주둔하고 있던 함대 지휘관들은 정부의 명령을 따르지 않고 독자적인 행동을 개시했다. 이때 거둔 군사적·외교적 성과로 말미암아 정부는 어느 정도 인기도 얻고 국내 문제도 조정할 수 있었다. 입법기관인 좌원左院이 폐지됐다. 대신에 오늘날 상원의 전범이 된 원로원元老院이 들어섰다. 동시에 이토 히로부미가 의장으로 있는 현縣 지사들의 회의가 소집되었으며, 행정 개혁에 대한 심의안을 제출 받았다. 그러나 내각에서의 합의는 그리 오래 걸리지 않았다. 시마즈 사부로와 이타가키 다이스케는 앞으로 추밀원의 어떠한 위원도 대신의 자리를 맡아서는 안 된다는 자신들의 제안이 받아들여지지 않았다는 이유로 탈퇴하였다. 그러나 실제로는 이들(특히 시마즈)은 새로운 상황에 계속 불만을 가졌으며, 예전의 봉건체제로 돌아가기를 원했기 때문이었다. 남쪽에서는 분위기가 험악했으며, 격렬한 흥분으로 들끓었다. 규슈의 구마모토熊本에서는 1876년 10월 사무라이들의 반란이 일어났지만 손쉽게 진압되었다. 그러나 1877년 1월에 모든 일본 사무라이의 우상인 나이 많은 사이고 다카모리가 사쓰마에서 반란의 깃발을 치켜들었다. 정부 집계에 따르면 사이고의 반란을 진압하기 위해 정부는 1억 8,000만 마르크의 비용을 소비했으며, 1만 7,000명의 사상자가 발생했다. 한편 반란군의 피해는 사망 7,000명, 부상 1만 1,000명으로 집계되었다.

그러나 정부의 성과는 단지 표면적인 것에 지나지 않았다. 잿더미 속에서는 여전히 불씨가 희미하게 살아 있었다. 1878년 5월 14일 사이고의 가장 집요한 정적이자 그의 죽음의 원흉으로 지목되던 추밀원 고문 오쿠보는 암살 단체의 장난에 놀아나고 있었다. 이들은 범행 후 경찰에 출두하여 단지 반역자를 응징했을 뿐이라고 해명했다. 도사의 사무라이들은 정부에 청원서를 제출했다. 청원서에서 그들은 특히 다음과 같은 점에 대해 정부를 질타했다. 첫 번째 황실의 고문관들이 지금까지 천황이 약속한 헌법 수립을 방해했다는 것, 두 번째 서구 열강들과 체결한 조약들이 아직까지 개정되지 않았다는 것, 세 번째 러시아(사할린을 러시아에 양도했음)·조선·포르모사 문제와 관련하여 정부가 나라의 명예를 실추시켰다는 것 등을 들었다. 이러한 불만의 징후들을 감안하여 1881년 천황은 1890년에 헌법을 공포하겠다고 천명하였다. 이와 동시에 이전에 이타가키가 제안한 바에 따라 추밀원과 대신의 직책을 분리하였다. 이후 얼마 안 있어 이토 히로부미가 추밀원의 권한대행으로 임명되었다. 천황이 이에 동의함으로써 일본 국내 상황에 평화의 순간이 찾아왔다. 정치인과 여러 정당은 이제 오로지 조약 개정 문제에만 관심을 기울이게 되었다. 이미 1877년에 일본은 이러한 목적을 위해 개별 열강과 특별 교섭 방식을 택하기로 했다. 그러나 이러한 방식은 단지 미국에서만 성공을 거두었을 뿐이며, 게다가 1878년 7월에 미국과 맺은 조약은 실질적인 성과가 없었다. 이 조약은 그 속에 담겨 있는 규정에 따라 다른 서구 열강들이 워싱턴에서 한 것과 동일한 양보를 승낙할 경우에만 비로소 효력을 발생한다고 되어 있었기 때문이었다. 1879년 열강들에 제시한 세율표를 기초로 관세 문제에 대한 협정을 맺고자 한 시도 또한 성과가 없었다. 이것은 일본이 몰래 서구 개별 열강과 새로이 협정을 체결하려고 했기 때문에 좌초되었다. 1882년 도쿄에서 외국 대표들과 일본의 전권대사들이 함께 논의한 협상도 이렇다 할 성과를 거두지 못했다. 이 문제는 1886년 독일과 영국이 연대하여 재판권 문제를 규정하는 조약의 초안을 제출할 때까지 중단되었다. 이 초안은 몇 차례의 협상과 개정을 거친 뒤 일본의 외무대신 이노우에 가오루에 의해 1887년 4월에 수용될 수 있을 것으로 보였다. 그러나 일본 내각에서는 이 조약 서명에 반대하는 목소리가 높아져 갔다. 당시 통상·농림대신으로 있던 다니 다테키谷干城 자작이 조약에 규정된 외국 재판관의 초빙에 대해 아주 강한 반대 의사를 표명했다는 사실은 일본 상황에 비춰 볼 때 특이한 경우로밖에 볼 수 없다. 그는 한 해 전인 1886년 3월 프랑스 해군 살해자들을 위한 추모비 건립 청원서를 원로원 의회에 제출하고 거기에 찬성한 사람이었다. 이후 언론과 이노우에의 반대 세력이 사태를 장악하였으며, 협상은 조약 서명으로 종결된 것이 아니라 대신 실각으로 끝이 났다. 일년이 지나서야 비로소―이때 오쿠마가 외무대신의 자리를 맡았다―진보적 내각이 협상을 재개하였다. 이번에 재개된 협상에서는 서구 열강들 쪽에서 양보하여 독일 및 미국과의 조약 체결과 서명으로 이어졌다. 그러나 이와 같은 일본 정치의 확고한 성공에도 불구하고 언론과 여론에서 보낸 초창기의 환호는 그리 오래가지 못했다. 이번 조약들에서 잠정적으로 보장한 외국 재판관 채용을 반대하는 목소리가 크게 나타났다. 그러나 오쿠마가 다른 서구 열강들과 대등한 토대 위에서 협상을 계속 진행했을 때, 그는 1889년 10월 다이너마이트 테러를 당해 중상을 입었다. 이로 말미암아 일본 정부는 이미 체결한 조약의 비준을 단념하였다.

비록 이토가 조약 개정 문제의 핵심인 일본 당파 음모의 움직임에 중요한 역할을 했다 하더라도 그는 이러한 모든 협상에 겉으로는 두드러지게 참여하지 않았다. 그는 천황이 1890년에 공포하기로 한 일본의 헌법을 만들라는 임무를 부여 받았다. 이를 위해 그는 1882~1883년 유럽을 다시 방문하는 기간에 유럽 헌법을 공부하여 작업하려고 했다. 주로 독일 헌법을 기초로 하여 1889년 2월에 공포된 일본 헌법은 아주 유용한 것이었음을 부정할 수 없다. 이것은 헌법 주창자들 가운데 가장 중요한 인물인 이토의 정치적 소신과 신념에 명예를 안겨 준 작업이었다. 모든 헌법 가운데 가장 최근에 제정된 일본 헌법에서는 다른 나라들의 경험에 비춰 천황과 의회 간의 가장 빈번한 갈등의 원인이 된 것들을 피하려고 하였다. 이를테면 매년 모든 지출의 대부분을 의회 승인이 필요 없도록 하였고, 헌법 개정은 천황의 발의에 의해서만 이루어질 수 있도록 하였다. 그러나 이러한 예방조치도 불충분한 것으로 밝혀졌다. 일본 의회의 짧은 역사는 극심한 갈등, 상호간의 고발과 탄핵, 대신의 실각과 의회 해산으로 점철되었다. 따라서 이러한 관계에서 보면 신생국 일본은 오래된 유럽을 조금도 부러워할 이유가 없다. 그것은 두 번이나 해산된 의회에서 다수를 차지하고 있는 급진파의 태도와 이들이 요구한 조약의 해지에 따른 걱정, 즉 정부가 어떠한 외적 이유에 의해서도 정당화될 수 없는 청나라와의 전쟁을 추진한 데 따른 걱정이다. 이토 히로부미가 1885년 봄에 특사 자격으로 청나라의 이홍장과 톈진에서 체결한 협정을 전쟁에 대한 구실로 이용해야 했다. 이 협정에서 일본과 청나라는 현재 조선에 주둔하고 있는 군대를 철수하기로 합의하였으며, 두 나라 가운데 어느 한 나라가 차후에 다시금 조선으로 군대를 파견할 필요가 있을 경우에는 상대측에 미리 통보해야 한다는 데 합의하였다.

청일전쟁 발발로 이어진 사건들은 여전히 생소하여 좀 더 자세히 살펴볼 필요가 있을 것이다. 총리 자격으로 체결한 협정에서 일본이 청나라에 대해 군사적 승리를 거둔 정치적 힘은 텐진조약의 일본 측 교섭자인 이토 덕분이었다. 그러나 시모노세키조약의 공동 서명자(이홍장)에게 화친을 제의하는 것은 그에게 명예 회복이 될 수 있을 것이다. 이토는 대단히 노련한 정치가임에 틀림없다. 그는 일본의 이해관계에 비춰 제3국의 이해관계를 무시하는 태도로 말미암아 조국에 닥쳐올 내외적 위험들을 충분히 인식하고 있었다. 그의 정치적 이력을 보면 이토는 단지 이룩할 수 있는 것만을 위해 노력하고 있음을 알 수 있다. 그러나 1868년의 혁명으로 이어진 상황들과 이후 상황들에 대한 앞에서의 논의에서 볼 때 유감스럽게도 그가 현재의 정파들과 대다수 주요 정치인들로부터 온건한 중도 정치에 대한 충분한 지원을 얻어 내리라고는 거의 기대할 수 없는 실정이다.

일본 역사에서 여러 번藩들 간의 싸움은 너무나 자주 특정한 영향력을 행사했으며, 암살은 하나의 정치적 제도가 되다시피 했다. 이 두 요소는 최근의 일본 역사에서도 자주 접할 수 있으므로 조금도 놀라운 일이 아니다. 일본의 국내 상황은 1868년의 승자와 패자, 즉 남쪽의 번들과 북쪽의 번들 간의 실질적인 화해가 이루어지지 않았다. 이것은 지금도 몇몇을 제외하면 행정부·육군·해군의 모든 중요한 자리가 남쪽 번의 손아귀에 있기 때문에 더욱 긴장 상태로 남아 있으며, 심지어 남쪽 번들, 즉 조슈·히젠·사쓰마·도사 번의 사람들 간에도 오랜 시기와 알력이 오늘날까지도 남아 있다. 또한 모든 음모와 정치적 연합에서 고려의 대상이 되는 인물이 어느 번 소속이냐 하는 것은 결정적이진 않지만 중요한 역할을 하고 있다. 사무라이들도 지금의 상황에 전혀 만족하지 못하고 있다. 비록 그들 중 일부가 소시壯士(정치 깡패)로서 정치적 난동을 부리고 난폭하고 과격한 행동을 서슴지 않았다 하더라도 정치적 변혁이나 외적 갈등에서 올바른 길을 가려는 사무라이도 적다고는 볼 수 없었다. 따라서 정치 선동가는 늘 이와 같은 점을 염두에 두어야 했다. 이토 히로부미가 이러한 모든 난관에 맞서 지금까지 능숙하게 행한 중도 정치를 계속 수행해 나갈 수 있을지에 대해서는 회의적이다. 키가 작고 땅딸막하며, 인품에서도 아무런 외경심을 불러일으키지 않는 이 사무라이는 근대 일본의 전형적인 인물이다. 그는 미천한 가문에서 태어나 최고의 목표를 이루었다. 일군의 영주와 백작들이 상류 귀족원의 명부에서 최근에 후작으로 임명된 이토보다 여전히 서열에서 앞선다 하더라도 이토만큼 조국에 봉사했거나 유사한 영향력을 발휘하는 법을 아는 사람은 없을 것이다. 국민들이 이에 대해 어떻게 생각하는지는 이케다 주고로池田周五郎가 1887년에 펴낸 몇몇 일본 유력 정치인들에 대한 전기에서 알 수 있다. "이토 히로부미 백작은 대단히 고귀한 성품의 소유자이고, 결코 사소한 것에 집착하지 않는 넓고 인내심 있는 성품을 지녔다. 이러한 훌륭한 성격으로 말미암아 많은 유력 인사의 마음을 사로잡을 수 있었다. 지금은 고인이 된 기도木戸 대신이 한번은 '이토 히로부미는 조슈 사람들 가운데 가장 훌륭한 사람'이라고 말한 적이 있다. 그러나 나는 그가 일본 전역에서 가장 능력 있는 인물이라고 생각한다." 어쩌면 이케다의 이러한 결론이 옳을지도 모르겠다.

이홍장

내가 당시 유명하던 중국 정치인을 알게 된 것은 1875년 4월이었다. 1893년 동포들이 나를 위해 톈진에서 마련한 이임 송별회에 참석했을 때 그는 이렇게 말했다. "비록 우리가 토론할 때 서로 견해가 달라 종종 다투었다 하더라도 언제나 우리의 관계는 좋았고, 이러한 우정은 상충되는 이해관계를 대표할 때조차 손상을 입지 않았습니다." 이홍장[128]을 보기 전에 나는 그에 관해 많은 이야기를 들었다. 그런데도 첫 번째 방문 때 그의 집무실 안쪽 문에서 나보다 머리 하나 정도는 더 큰 위풍당당한 모습과 조우했을 때—나는 결코 키가 작은 사람 축에 속하지 않는다—와 머리를 단정히 자른 정력적인 얼굴에서 나오는 총명한 눈빛으로 나를 시험하듯이 쳐다보았을 때 나는 적잖이 놀랐다. "당신이 마치 우리의 총독처럼 보이는구려." 이것이 그의 첫마디였다. 그러나 나는 그것이 인사치레에 지나지 않는다는 것을 알았다. 나는 이미 베이징에 있는 총리아문總理衙門에서 그와 같은 말을 들었으며, 그것이 전적으로 나의 기다란 흰 수염 덕분이라는 것을 알았기 때문이다. 하지만 우리가 자리에 앉자마자 이홍장이 한 두 번째 말은 다소 놀라웠다. "일본에서 당신네 영사 한 명이 살해당했지만 당신은 아무런 금전적 보상도 요구하지 않았소. 그것은 잘한 일이었소. 당신은 내 사람이오"라며 대화를 시작했다. 이 말 속에 나타나 있듯이 내 행동방식을 인정받긴 하였지만 나는 앞으로의 여러 가능성을 고려하여 입장을 분명하게 밝히는 것이 바람직하다고 생각했다. 나는 다음과 같이 대답했다. "맞습니다. 그 살인 사건에는 일본 정부의 잘못이 없습니다. 일본 정부는 살인자를 체포하여 처벌하는 등 의무를 다했기 때문입니다. 이러한 상황에 비추었을 때 일본 정부에 어떠한 방식의 금전적 배상과 같은 벌금을 부과할 이유가 없었습니다." "벌금이라고 했소?"라고 이홍장이 물었다. "예, 벌금입니다." 나는 계속 이어갔다. "그것은 모든 정부가 범죄에 대해 처벌할 의무가 있지만 의무를 다하지 않은 경우에 부과하는 것입니다. 앞으로 제가 청나라 정부에 그러한 요구를 하는 일이 결코 없기를 바랍니다." 이홍장은 눈을 동그랗게 뜨고 나를 쳐다본 다음 화제를 바꾸었다. 그러나 우리는 이때부터 항상 좋은 친구가 되었다. 첫 만남에서 내가 그에게 피력한 요구를 실행함에 있어서 그가 반대한 적은 한 번도 없었다. 다행스럽게도 내가 그러한 요구를 청나라 정부에 대표한 경우는 단 한 차례뿐이었다.

이홍장은 1823년 안후이성安徽省의 재산도 권세도 없는 문인 집안에서 태어났다. 젊은 시절에 그는 세 차례에 걸친 예비 시험에 합격했으며, 마지막 시험을 치른 다음 한림원翰林院의 편수編修가 되었다. 그러나 그의 경력을 보면 공직생활의 처음 몇 해 동안에는 안전거리를 확보하여 군사를 이동시키고, 전쟁터에서 적을 만나는 일이 거의 없도록 이끄는 등 거의 군사적 업무만을 맡았다.

태평천국 난(1850~1864)을 일으킨 반란자들은 그들의 근거지인 광둥성廣東省과 광시성廣西省에서 양쯔강에까지 나아가 1853년에는 난징南京을 점령하였다. 황제의 관군은 반란자들에 맞서 싸우면서 너무나 무기력한 모습을 보였다. 일단의 병사들이 반란군에 맞서 저항하지 않았다면 정부는 양쯔강 계곡을 잃었을 것이다. 이들은 처음에 독자적인 방법으로 전쟁을 치렀으며, 태평군과 일진일퇴를 거듭한 끝에 마침내 승리를 거두었다. 이러한 병사들 가운데 가장 뛰어난 인물은 1807년 후난성湖南省에서 태어난 증국번曾國藩이었다. 그는 자원병으로 구성된 소규모 군대[129]를 이끌고 태평군에 맞서 작전을 수행했다. 이홍장은 이때 중국번 군대의 일원이었는데, 승리를 거둠에 따라 1859년에 타오타이道台(군 행정의 수반이자 행정 수반)라는 직위를 부여 받고 1862년에는 장쑤성江蘇省 순무사巡撫使로 임명되었다. 순무사 신분으로 그는 유럽 장교들로부터 훈련과 지휘를 받고 있던 '상승군常勝軍'의 지휘관인 고든Gordon[130]과 함께 장쑤성에 있는 주요 거점들을 탈환하였으며, 마침내 쑤저우蘇州 지방에서 반란군을 완전히 몰아내었다. 여타의 청나라 정치인과 마찬가지로 이홍장은 외국인의 가치를 잘 알고 있었다. 그는 자신이 판단컨대 국가와 자기 자신의 이해관계에 위험 부담이 없는 한 외국인을 이용할 준비가 되어 있었다. 청나라 군대의 훈련을 책임지고 있던 지휘관 버제빈Burgevine[131]의 반항적인 행동과 자신들이 조직한 소형 전함 부대를 청나라 당국의 지배를 받지 않으려는 레이Lay 및 오즈번Osborne의 시도가 있은 뒤 이러한 걱정은 기우가 아니었다. 이홍장과 고든의 관계를 제대로 이해하려면 이를 간과해서는 안 된다. 태평군을 진압하는 데 고든을 이용했지만, 그의 개인적인 성공을 지나치게 부각시켜 이홍장의 업적이 빛을 바라게 해서는 안 되었다. 동시에 그에게 맡긴 군대의 힘이 정부에 위험이 되지 않도록 절제를 시켜야 했다. 고든은 분명 조직 장악력에 있어 탁월한 재능이 있었다. 그는 개인적인 용맹함과 정직성 및 공평성을 통해 대단히 이질적인 인물들로 이루어진 장교들과 이전의 반란군으로 이루어진 군사들을 장악할 수 있었다. 그러나 다른 한편으로 그는 다소 돈키호테적 기질이 있었다. 이러한 기질로 말미암아 쑤저우를 점령할 때 이홍장과 사이가 벌어져 거의 최악의 상태로까지 치달았다. 열 명의 반란군 지도자들ー이들은 이른바 왕王, 즉 태수라 불리었다ー가운데 대다수는 고든과 결탁되어 있었고, 이들 중 가장 용감무쌍한 무왕Mu Wang을 제거하는 데 성공할 경우 그 도시를 넘겨주기로 약속했다. 이는 포위망을 돌파할 때 지휘권을 무왕에게 위임한 뒤 그가 도시를 떠나자마자 성문을 닫는다는 것이었다. 하지만 이 계획은 실행되지 않았다. 의심을 품고 있던 무왕이 동료 지휘관들을 회의에 소집했는데, 회의가 진행되는 동안 그들에게 살해당했기 때문이었다. 그런 뒤 다른 왕들이 성문을 열었고, 반란군 지도자들은 고든에게 반란군의 목숨을 살려 주겠다고 약속한 이홍장에게로 갔다. 하지만 이홍장은 반란군 지도자들을 체포하여 처형시켰다. 고든은 이홍장과 맺은 협정이 파기된 것에 대해 너무나 격분한 나머지 그를 사살하기 위해 총을 들고 찾아다녔다. 이홍장은 고든을 피해 몸을 숨김으로써 화를 면할 수 있었다. 고든은 더 이상 군대 지휘권을 갖지 않겠다고 말했다. 이 두 지휘관의 불화는 더욱 심각한 상황으로 치달았으며, 아무것도 하지 말라는 강요로 말미암아 고든의 군대에서는 반란의 기운이 감돌기 시작했다. 외국 해관海關의 세관장으로 있던 로버트 하트 경이 이홍장의 해명을 토대로 타협을 이끌어 낼 수 있었다. 이홍장은 고든이 쑤저우를 넘겨준 뒤 사건에서 멀리 떨어져 있었기 때문에 당초의 협정에 위배되긴 하지만 자신이 반란군 지도자들의 즉각적인 처형을 명령할 필요가 있었다고 해명했다. 그들은 너무나 뻔뻔스럽게도 자신들의 추종자들이 지금까지 유지해 온 편대 방식대로 황제의 군대에 편성해 줄 것과 심지어 자신들에게 고위 지휘관의 자리를 넘겨줄 것을 요구함으로써 앞으로의 불행을 미연에 방지하기 위해서라도 단호한 조치를 취하는 것이 불가피했다는 것이었다.

이러한 이홍장의 해명은 실제 정황들과 일치했던 것으로 보인다. 그는 불과 얼마 전에 태평군에 의해 점령당한 도시의 수비대가 투항한 뒤 불시에 황제 군대를 습격하여 무고한 사람들을 학살한 사실을 근거로 내세웠다. 고든은 심사숙고 끝에 그러한 주장이 옳다고 확신하게 되었다. 그는 청나라에서 소임을 마친 뒤 이홍장과 친구로서 작별했기 때문이다. 고든은 리바디아Livadia 조약[132] 비준 문제로 러시아와 청나라가 갈등으로 치닫고 있던 1880년에 청나라로 돌아와 달라는 이홍장의 부름을 주저하지 않고 받아들였다.

이홍장은 쑤저우를 점령함으로써 명예 외에도 황금 조끼를 하사 받았고, 고든 역시 얼마 뒤 청나라에서 복무를 마치고 떠나게 되었을 때 그것을 받았다. 최근에 '황금 조끼'에 관해 수없이 회자되었기 때문에 이를 살펴보는 것도 대단히 흥미로울 것이다. 고든이 이홍장에게 자신도 그와 같은 영광을 입을 수 있는지를 물었을 때 이홍장은 그에게 다음과 같은 서신을 보냈다. "황금 조끼는 지금의 왕조에서 우선 왕자, 유력 정치인, 훌륭한 장군들에 대한 답례품으로 도입한 것이오. 그것을 맨 먼저 받은 이들은 '세 명의 폭도들'―남부와 서부 지역에서 만주족의 지배에 대항하여 반란을 일으킨 세 명의 태수들―에 맞서 싸워 반란 지역을 다시금 평정한 사람들이었소. 함풍제咸豊帝 시대―흔히 말하듯이 1851~1861년에 재위한 황제의 통치 이래―때부터 이러한 포상을 받은 사람은 극소수에 불과하오. 하지만 청나라에 군사적 봉사를 한 구미 열강 출신의 사람들 중에서 당신만이 열과 성을 다해 충성과 봉사를 바쳤으므로 당신은 이와 같은 고귀한 상을 받을 수 있는 적임자로 생각되오."

태평천국 난을 진압한 뒤 이홍장은 자신의 지방에서 오랜 전쟁으로 말미암아 부상을 입은 사람들을 보살피는 데 전심전력하였다. 한편 북중국에서 일어난 염군捻軍 난[133]을 계기로 그는 황제 군대의 수장에 임명되어 곧 그곳으로 파견되었다. 그러나 그곳에서의 행운은 장쑤성에서만큼 따라 주지 않았다. 그가 산둥반도에 가두어 놓기를 바란 반란군은 정크선 몇 척을 탈취하여 배후로 빠져나가 이홍장의 병력 세력권에서 벗어났다. 이홍장이 취한 이후의 작전들도 별다른 성과를 거두지 못하였다. 그는 총사령관직을 내놓고 새로운 보직ー그사이 그는 후난성湖南省 및 후베이성湖北省의 총독이 되었다ー으로 옮기라는 명을 받았다. 그는 전력을 다해 그러한 좌천을 막을 수 있었다. 그러나 운명은 여전히 그에게 가혹한 시련을 안겨 주었다. 그는 이전에 하사받은 '황금 조끼'를 다시 박탈당하였다. 기율 감찰관들은 이홍장이 태만했다는 이유를 들어 격렬한 공격을 퍼부었다. 이홍장과 부하 지휘관들이 염군에 결정적인 패배를 안겨다 주는 데 성공하지 못했다면 그는 자신의 영향력과 명성에도 불구하고 그러한 탄핵의 희생양이 되었을 것이다.

우창武昌에서 새로운 보직을 받은 이홍장은 자신의 권한 내에서 청나라에 이로운 근대적인 산업의 성과를 받아들이기 위해 지대한 관심을 기울였다. 그는 난징에 정부 병기창을 건립하고, '상승군'에서 장교로 복무하기도 했다. 런던 주재 청나라 공사관의 영국인 비서로 있는 매카트니 박사ー지금은 할리데이 매카트니Macartney 경으로 불리고 있다ー에게 병기창의 감독 업무를 맡긴 것은 무엇보다 이홍장의 결단력 덕분이었다. 이홍장이 장쑤성 순무사와 후난성 및 후베이성 총독을 맡은 시기의 영국 영사 보고서에는 그에 관한 호의적인 내용이 거의 없으며, 그를 외국인 및 외국과의 이해관계에 아주 적대적인 성향의 인물로 묘사하고 있다. 하지만 1870년 봄에 프랑스 영사와 일군의 프랑스 성직자 및 수녀들, 여타 프랑스인과 몇몇 러시아인들이 톈진에서 폭도 반란으로 살해되었을 때 그는 난징 총독으로 임명된 증국번 대신 즈리성 총독으로 임명되었다. 그곳에서 이홍장은 대량학살의 주모자들을 처벌하지 않는 대가로 해당 당사국들이 요구한 충분한 보상을 수용하기로 프랑스 및 러시아 대표들과 합의하였다. 독일에 맞선 전쟁 대신 청나라에 맞선 전쟁에 프랑스가 원정대를 파견하기 위해 1870년 6월 21일의 사건에 대한 소식이 제때에 파리에 도달했다면 지난 25년간의 역사가 어떻게 전개되었을까 하는 것은 독자들의 상상에 맡겨 두기로 한다. 이홍장은 어머니의 임종을 지키기 위해 1882년 자리를 비운 단 한 차례의 공백을 제외하곤 1870년 이래 줄곧 수도가 있는 지방의 총독이었으며, 핵심적이지는 않다 하더라도 중요한 역할을 하는 직책에 임명되었다. 바다와 수도 사이에 있는 그 지방의 상황은 거의 모든 새로운 조약의 체결뿐 아니라 정치적 혼란을 초래하여 황궁의 안전이 위협 받을지도 모르는 모든 문제 해결에서 그가 주도적 역할을 맡았다. 이 밖에도 베이징에 있는 청나라 정부는 그에게 모든 협상을 맡길 수 있었다. 이러한 협상에서는 들끓는 여론을 감안하여 그 바람과 부합하지 않는 해결책에 대해 책임질 수 있는 용기가 필요했다. 1875년 윈난성雲南省에서 영국 통역관 마가리Margary가 피살된 뒤 이홍장은 이듬해 영국 공사 토머스 웨이드Thomas Wade 경과 즈푸芝罘 조약을 체결하는 데 성공했다. 이 조약은 온갖 내용을 담고 있었지만 많은 조항이 영국 정부에는 만족스럽지 못했기 때문에 오늘날까지 대부분 비준되지 않은 채로 남아 있다. 1878년 쿨자固勒札[134] 문제는 이홍장에게 자신의 영향력을 결정적으로 관철시킬 수 있는 새로운 기회를 제공하였다. 테케 계곡에서 후이족回族의 일파인 둔간족東干族[135]의 봉기가 일어난 가운데 그 지역의 국경지대를 담당하고 있던 러시아 군대의 지휘관 콜파코프스키Kolpakowski 장군은 성도省都인 쿨자와 함께 그곳의 일부를 점령할 필요가 있다고 여겼다. 러시아 정부는 이에 대해 청나라 정부에 통보했다. 이와 동시에 러시아 정부는 중국인의 소요 사태를 진압한 뒤에는 국경선 안전을 위해 임시로 점령하고 있던 그 지역을 청나라에 되돌려 줄 용의가 있음을 통보했다. 야쿠브베그칸 죽음과 함께 카슈가르를 재정복한 뒤 청나라 정부는 1878년 북부지역 교역을 담당하는 최고책임자의 직책을 이홍장의 전임자인 숭후崇厚에게 맡겨 그 지역의 반환 문제에 대한 협상을 하기 위해 그를 러시아로 파견하였다. 그는 1870년 6월의 대량학살이 자행되는 동안에도 그 직책에 있었다. 숭후는 그 지역의 가장 중요한 부분을 러시아에 넘겨주는 리바디아 조약을 체결하고 청나라로 돌아왔다. 귀국 직후 그는 수도에서 탄핵 상태에 직면하여 투옥되었다. 이것은 중국에 있어서 전형적인 방식이었다. 실질적인 위법 행위, 즉 불리했다거나 어떤 것에 의해서도 정당화되지 못한 조약 체결 때문이 아니라 황제의 허락 없이 자신의 직책을 사임했기 때문이었다. 숭후에 대한 분노는 대개 조정 내에 머물러 있었다. 그는 사형을 언도 받았다. 하지만 판결이 집행되기 전에 외국 공사들의 단호한 개입과 숭후의 처형으로 필시 러시아와의 전쟁을 불러일으킬 것이라는 정부의 판단으로 그는 목숨을 구할 수 있었다. 그러나 상황은 계속 긴박한 상태로 남아 있었다. 러시아는 수년 전부터 해결되지 않은 조약 위반과 국경선 침해에 대한 수많은 소송을 청나라가 계속 질질 끌고 있었기 때문에 불만을 제기하는 걸 당연하게 여겼다. 당시 러시아에서 엄청난 환대를 받은 숭후를 배척하는 청나라 정부의 행태와 리바디아 조약에 대한 비준 거부는 이와 같은 불만을 해소시키기에 적합하지 않았다. 다른 한편 이러한 경우에 흔히 그러하듯이 외국의 상황에 대해 전혀 알지 못하던 청나라 군부는 러시아와의 일전-戰을 촉구하였다.

군부에 일종의 보상을 해 주는 한편 청나라가 진심으로 전쟁을 할 의지가 있음을 러시아로 하여금 믿도록 하기 위해 이홍장은 당시 리펀Ripon 총독의 수행 비서로 인도에 있던 고든 대령에게 톈진을 방문해 달라고 요청했다. 고든이 왔지만 이홍장의 기대에는 미치지 못했다. 그가 처음부터 이홍장뿐 아니라 총리아문이 러시아에 맞서 저항하는 것은 아무 소용이 없는 일이라고 말했기 때문이었다. 이홍장은 고든의 태도에 마음이 상했으며, 며칠 뒤 나와 함께 톈진에서 러시아와 청나라 간의 협상을 재개하기로 합의하였다. 그는 나에게 고든이 떠남으로써 청나라 정부를 궁지에 몰아넣지 말도록 설득해 줄 것을 부탁하였다. 하지만 그사이에 고든은 베이징을 떠났으며, 우리의 만남은 베이장에서 이루어졌다. 이 강가에서 이루어진 두 시간 남짓한 만남은 이미 당시 나에게 고든의 체념―개인적인 예감에 대한 믿음을 이렇게 부를 수 있다면―에서 알 수 있듯이 이홍장을 모든 계획에서 대단히 위험한 지도자로 만들 것이라는 확신을 심어 주었다. 이러한 확신은 나중에 차르툼을 포위 공격할 때 가장 간단한 예방조차도 취하지 않은 데서 사실로 입증되었다. 고든은 총리아문에 비우호적인 인상을 심어 주었고 또 수도를 보호하기 위해 이홍장이 취한 대비책, 이를테면 베이장 하구의 축성과 그곳을 대포로 중무장하는 것이 불필요할 뿐만 아니라 심지어 불리하다고 주장했다. 이 때문에 이홍장은 총리아문의 추궁에 엄청 시달려야 했지만 결국 러시아와의 분쟁에 대해 평화로운 해결책을 모색하는 데 성공했다. 협상은 증기택曾紀澤 후작에 의해 체결된 이리伊犁조약(일명 상트페테르부르크 조약)으로 종결되었다. 이 조약에 따라 러시아는 점령 비용에 대한 보상을 대가로 쿨자를 청나라에 반환하였다. 그러나 고든은 이때에도 다시금 전형적인 영국인으로서 자기 조국의 이익을 위해 활동했다. 그는 과연 어떤 나라가 모든 역경에도 불구하고 중국인들을 도울 수 있을 것인가—물론 영국이다—를 심사숙고하도록 충고했으며, 그 열강에 함대에서 필요한 장교들을 청나라로 파견해 줄 것을 요청하도록 조언하였다.

1882년 조선에서 일어난 소요 사태(임오군란)는 무엇보다 일본 공사관을 겨냥한 것이었으며, 그 교사자로 흔히 대원군이라 불리는 고종의 아버지를 지목한 것은 무리가 아니었다. 그 폭동은 평화의 파괴자에 대해 이홍장이 자신의 힘을 입증하는 계기가 되었다. 대원군은 청나라 진영으로 유인당해 그곳에서 체포되어 청나라로 압송되었다. 그는 그곳에서 오랜 기간 즈리성 지방의 수도인 바오딩保定[136]에서 포로로 수용되어 있었다. 마침내 대원군은 고종의 요청으로 조선에 돌아갈 수 있었다. 고종은 유교에서 가르치고 있듯이 자식된 도리라는 의례적인 규범 때문에 이 문제에 개입했을 뿐이었다. 이홍장이 고종의 부탁을 들어준 것은 실책이었다. 그것은 조선의 상황에 심대한 영향을 끼쳐 청나라와 일본 간 갈등의 구실로 작용했다. 이홍장은 연로한 옛 섭정자이자 음모가로부터 적어도 일본의 야망—당시 조선 문제로 일본과의 충돌은 불가피한 것이었다—에 맞설 수 있는 신뢰할 만한 조력자를 찾았다고 생각했다. 돌이켜 보면 이러한 위험에 대비해 더 나은 무장을 주장하여 족히 10년 이상이 걸렸을 전쟁을 피할 수 있었던 것은 분명 이홍장의 공로였다. 하지만 임박한 전쟁의 발발에 대처하기 위해 그가 취한 준비 조치들은 아주 불충분했으며, 막상 사용하려는 순간에는 작동하지 않았기 때문에 큰 가치를 부여할 수가 없다. 그 이유에 대해서는 나중에 재론하기로 한다.

　최근의 사건들을 제외하면 이홍장은 1883년에 프랑스가 통킹 만에서 취한 적극적인 조치로 인해 발생한 프랑스와 청나라 간의 갈등 속에서 가장 힘든 상황을 맞았다. 이홍장과 프랑스 함장 푸르니에Fournier가 1884년에 체결한 조약─여기에는 청나라가 통킹 만을 포기하는 내용이 담겨 있다─은 제대로 이행되지 않았다. 프랑스 정부가 나중에 추가로 청나라에 통킹 만을 속히 비워 줄 것을 요구했기 때문이었다. 이때의 조약이 제대로 이행되지 않은 또 다른 이유는 프랑스 교섭자가 필요한 해명을 하지 않았거나, 이홍장이 그러한 요구를 베이징에 전달할 엄두를 내지 못했기 때문이었다. 베이징에서는 이미 체결한 조약에 대해 격렬한 반대가 일어났다. 적대행위가 진행되는 동안 이홍장이 보여 준 태도는 파리에서 유익한 평화를 얻기 위해 이홍장의 협력을 기대할 수 있으리라 생각한 그대로였다. 이는 적어도 이홍장의 관할 아래에 있는 지역에서는 적대적인 기도가 일어나지 않을 것이라는 믿음 때문이었다. 전쟁이 없는 곳에 대해 평화라고 말할 수 있다면 마침내 이홍장이 협상 파트너로 나서 톈진에서 체결한 최종적인 강화 협정—이에 앞서 로버트 하트 경의 중재에 의해 파리 의정서에 대한 서명이 이루어졌다—은 프랑스에서 물적·인적 피해 없이 실행되었을 때의 1884년 '이홍장-푸르니에 협정'에 훨씬 미치지 못했다. 프랑스와 청나라 간의 갈등이 지속되는 동안 일본의 태도는 청나라에 있어서 엄청난 골칫거리였다. 어떠한 방식으로든 프랑스를 도와 달라는, 특히 식량 보급 기지를 허락함으로써 지원해 달라고 수차례 일본에 요구했지만 일본 정부는 내내 엄정한 중립을 고수했다. 파리와 베이징 간의 강화 협상이 진행되고 있을 때에야 비로소 일본 정부는 급진파의 압력에 굴복하여 청나라 및 조선 문제를 논의할 필요가 있다고 보았다. 이토 백작은 협상을 지휘하라는 위임을 받아 1885년 4월 18일 톈진에서 이홍장과 조약(톈진조약)을 체결했다. 이 조약에는 양국이 자신들의 군대를 조선에서 철수해야 하고, 조선에서 평화를 유지하기 위해 조선 국왕에게 일본과 청나라의 장교가 아닌 외국 장교로 하여금 군대를 양성하도록 권고한다는 내용이 담겨 있었다. 동시에 양국 가운데 어느 한 나라가 앞으로 조선에 군대를 파병해야 할 필요가 있다고 판단될 경우 상대국에 그 사실을 통보해야 한다는 것에 합의하였다.

일본이 이 마지막 조항을 1894년 조선 침략에 대한 빌미로 이용했다는 것은 익히 잘 알려진 사실이다. 이홍장은 조약 체결 당시 일본의 야심을 의식하지 못했거나, 더 이상 무력으로 조선 내정에 관여해야만 하는 상황이 없으리라 생각했다. 그러나 베이징에서는 실질적으로 가능한 비준에 관한 규정이 담겨 있지 않은 협정은 국제적인 효력이 없고, 단지 이홍장과 관련된 사적 의무로 간주하는 것으로 위안을 삼았다. 차후의 결과에서 엄청난 중요성을 지니는 이 조약은 조선 문제에 대해 러시아와 청나라 간의 충돌을 초래하였다. 이때 러시아는 청나라가 침해하지 않는 이상 조선의 지분에 대해 어떠한 변화도 꾀하지 않을 것이라고 천명했다.

조선에서 일어난 새로운 소요 사태로 인해 청나라와 이홍장은 난관에 부닥쳤으며 잠정적인 해결책으로 시모노세키 강화조약을 체결하였다. 청나라의 패배 원인에 관해서는 많이 이야기되었고 글로도 많이 발표되었다. 대개 패배의 진정한 이유에 대해서는 심도 있게 다루지 않은 채 일반적으로 청나라 관료집단의 부패로 지목한 것을 답습하는 데 그쳤다. 부패가 심해, 심지어 청나라 고관들의 부패보다 더 심하다고 하더라도 군대는 제대로 돌아갔으리라는 점을 신뢰할 만한 사례를 들어 비판가들에게 납득시켜야 했을 것이다. 따라서 청나라의 군사적 실패에 대한 원인은 다른 곳에서 찾아야 할 것이다. 이는ー한 목격자, 이를테면 하네켄Hanneken의 보고서에 의해서도 입증되고 있듯이ー근대 중국인들의 본질에서 기본적인 특징을 이루고 있는 이해의 부족과 오만함 및 잘못된 절약 정신에서 찾아야 할 것이다. 이러한 실패는 어떤 원칙의 이론적인 중요성을 유지함에 있어서 실제적인 적용을 위한 판단 가능성을 잃은 모든 교조주의자에게 귀중한 본보기가 되었다.

나는 예전에 중국인들이 전쟁에 대한 대비가 되어 있지 않다는 것과 위에서 하달되는 엄명에 따라 육군 및 해군의 모든 행정 분야에 만연되어 있는 잘못된 절약 정신에 대해서 큰 관심을 가지고 언급한 적이 있다. 관료 입장에서 단지 결탁과 착취만이 중요했다면 이들은 직접 외국 산업설비를 주문할 때 수량과 범위에 따라 최대한 늘리는 데 혈안이 되었을 것이다. 그러나 이와 같은 일은 전혀 일어나지 않았다. 전함들은 어뢰망을 가지고 있지 않았다. 이와 같은 어뢰망은 전쟁이 발발한 뒤에야 비로소 주문되었다. 탄약은 턱없이 부족한 상태였으며, 특히 모든 종류의 포탄과 관련해서는 더욱 그러했다. 얼마 되지 않는 것을 다 썼을 때 추가 요청을 결정하는 데에는 몇 주가 아니라 몇 달이 걸렸다. 군대의 부장 상태는 대부분 비참하기 이를 데 없었다. 그러나 이는—특히 영국 측에서 수차례 보고한 것처럼—비싼 돈을 주고 형편없는 물품을 구입했기 때문이 아니라 기존에 있던 좋은 무기들을 제멋대로 다루고 또 제대로 감독하지 않았기 때문이었다. 또한 나중에 전국 방방곡곡에서 모여든 신병들에게 지급할 식량은 턱없이 부족했으며, 그 많은 수를 부양할 수도 없었다. 이러한 모든 것에 대해 정부는 이홍장에게 책임을 물었다. 사실상 이홍장이 이러한 책임의 일부를 져야 한다는 것은 분명하다. 그러나 그에게 과중한 책임을 지우는 것은 부당한 일이다. 이홍장은 문사 계급에 속하는 중국인과 마찬가지로 외국인에게 우호적인 인물이 아니다. 그러나 여러 상황으로 인해 그는 자신이 바라고 생각한 것 이상으로 외국인과 교류하지 않을 수 없었다. 그는 외국인으로부터 배우기 위해, 자신과 조국의 이해관계에서 최대한 이들을 이용하기 위해 어쩔 수 없이 이러한 교류를 이용했다. 이러한 그의 행동을 청나라에서는 악의적으로 해석하였다. 그가 문사뿐 아니라 대다수 백성에게서 기독교와 외국인에 대한 우호적 인물로서 평판이 아주 나쁘다면 이는 일차적으로 그에게 비난을 가한 외국인과의 교류, 서구적 사고방식의 습득, 자원, 자신의 지방을 올바로 유지시킨 질서 때문이었다. 불신과 증오에 둘러싸여 핍박을 받고 있던 이홍장은 외국의 물자와 자원을 이용함에 있어−상명하달식으로 항상 새로이 의무를 지우고, 때로는 보잘것없는 기존의 물자에 대한 경비 절감 명령은 제쳐 두고라도−곱절로 주의를 기울여야만 했다. 그러나 그는 군대를 조직했고, 북부 함대를 창설했으며, 해안 경비를 강화하는 등 일을 훌륭하게 수행했다. 이 모든 것이 위험한 순간에 그것들에 의지하고자 하는 손에 상처를 입히는 비수로 입증될 경우 또다시 악의적인 비판가뿐 아니라 호의적인 비판가들도 전혀 고려하지 못한 두 가지 이유를 생각해야 할 것이다. 군대의 고위 지휘관들은 대부분 이홍장이 태평군과 염군에 맞서 전쟁을 치르던 시절의 옛 전우이다. 그는 중앙정부와 마찬가지로 이들에 대해 어느 정도 배려해야 했으며, 실제로 그렇게 했다. 육군과 해군에서는 청나라 전역과 모든 중국인에게 강력한 영향력을 발휘하는 연고제─중국에서는 오로지 가족과 가문의 이익만이 중요하다─를 논외로 한다 하더라도 지방 세력이 맹위를 떨치고 있었다. 이것은 용맹성과 공격성에서 일본의 번藩 세력에 조금도 뒤지지 않았으며, 오히려 그보다 더 나쁜 결과를 초래하였다. 이홍장의 군대는 그가 아니면 그 누구도 감당하기 어려운 안후이성安徽省 사람들이었다. 해군은 사실상 푸젠성福建省, 특히 푸저우福州 사람들이 압도적이었다. 이들은 무리를 선동하여 영국 교관 랭Lang 함장을 몰아낸 것처럼 언제 어디서나, 심지어 전쟁터에서도 최고사령관인 팅Ting 장군과 푸젠성 출신이 아닌 장교들을 적대시하며 해를 입히려고 했다. 수백 개의 연줄로 조정의 최고위 인사들에게까지 닿아 있던 이러한 세력에 대해 이홍장조차도 무력하기만 했다. 그는 무능력하며 일부 반항적인 인물들과 함께 일하지 않으면 안 되었다. 이런 이유로 그는 종종 또 다른 마찰을 피하기 위해 되는대로 내버려 두었다.

이홍장은 군인이 아니다. 그는 처음부터 청나라가 전쟁에서 육군과 해군 모두 일본에 뒤진다는 판단을 하고 있었다. 그러나 그는 베이징에서와 마찬가지로 일본이 청나라를 감히 공격하지 못할 것이라고 생각했다. 최악의 경우라도 조선을 점령한 뒤 압록강에서 멈출 것이라고 믿고 있었다. 그렇게 되면 협상으로 '청나라의 체면을 살릴 수 있는' 방책을 찾을 수 있을 것이라고 생각했다. 그러나 이러한 예상이 빗나가자 이홍장에게는 단지 두 가지 사안만이 중요했다. 배가 난파당할 때 자신만큼은 부상당하지 않아야 한다는 것과 서구 열강의 중재를 끌어들여야 한다는 것이었다. 첫 번째 사안과 관련하여 그는 한편으로 군대의 총사령관직에서 벗어나고자 했다. 따라서 다른 사람을 총사령관으로 임명할 경우 이홍장의 패배를 믿던 자들의 예상은 빗나간다. 이와는 반대로 이홍장은 그것을 관철시키기 위해 막대한 돈을 투입할 것이다. 다른 한편으로 그는 직접적인 공격으로부터 수도를 구하려고 했으며, 개인적인 책임감에서 벗어나고자 강화에 매진했다. 혹시 있을지도 모르는 외국 열강들의 간섭과 관련하여 그는 전쟁 동안에는 그러한 일이 일어나지 않을 것이라고 확신하기에 이른다. 일본의 터무니없는 요구는 동아시아 운명에 있어서 이해관계에 있던 서구 열강들의 개입을 필히 초래할 것이라고 믿고 있었으며, 또 그러기를 바랐기 때문에 강화를 더욱 권고했다. 더욱 확실하게 자신의 목적을 달성하기 위해 이홍장 스스로 이러한 요구를 고조시켰다는 사실은 근래에 나온 유언비어로 보인다. 이와는 반대로 그는 지금까지 일반적으로 알려진 것 이상으로 일본에 양보한 것들을 제3의 열강들의 반대를 통해 축소시키거나 완전히 폐지시키려고 엄청난 노력을 기울였다.

　이홍장의 이력에 관해 앞에서 간단히 언급한 내용에서 즈리성 총독으로서의 활동에 대해서는 별다른 언급을 하지 않았다. 그는 자신의 행정 관할 구역에 속하는 일부 몽골 지역에서 발생한 몇 차례의 폭동 및 메뚜기·가뭄·홍수 등으로 인한 가격 폭등 및 기아 상황에서도 유능한 행정가임을 보여 주었으며, 자신의 지역 복지를 향상시키기 위해 다른 어떤 사람보다도 더 많은 일을 했다. 이홍장은 예를 들어 중국 상인조합의 증기선 협회, 가이핑蓋平의 석탄 광산으로 향하는 톈진 철도,—이 철도는 랴오닝성의 무크덴Mukden까지 계획되었으나 산하이관山海關까지 이어졌다—외국의 모범을 따른 광산의 채굴 시설 개선, 면사 방적 공장 건립 등 여러 시설을 건립하였다. 이러한 시설들이 당초 계획대로 재정적 성과를 거두지 못했다면, 그것은 예나 지금이나 여전히 힘 있는 가문과 문중 세력 탓이었다. 이홍장 역시 이에 대해 속수무책이었다. 아무튼 그는 통찰력에 있어서 대부분의 동포들보다 뛰어났음을 스스로 입증하였다. 따라서 외국인의 영향력을 제한하기 위한 수단으로 여러 계획을 구상하여 정부와 막강한 관료 집단에 권고했을 때 아무도 그를 의심하지 않았다.

이홍장은 지금 일흔네 살이다. 따라서 절대적으로 필요한 육군과 해군의 재편, 청나라의 재정을 재조직하는 문제에서 그가 커다란 역할을 하리라고 기대할 수는 없는 실정이다. 하지만 그는 자기 권한의 영역을 침범하지 않는 한 불가피한 변화들과 관련해서 대다수 관료들보다 훨씬 호의적인 태도를 취할 것이라고 본다. 어떠한 경우에도 그는 무시할 수 없는 중요한 인물이다. 그가 언젠가 정부에서 은퇴할 경우 종종 그의 합리적이고 공평무사한 영향력을 그리워하게 될 것이다. 그는 태평군과 염군 진압, 윈난성·간쑤성·투르게스탄 등지에서 발생한 회교도 반란군의 진압과 같은 혁혁한 성과를 거둔 시간이 지난 뒤 조국 몰락의 시작과 함께 안남·통킹·류큐열도·조선·포르모사의 상실을 경험했다. 그러나 그가 이러한 일련의 사건들에 대한 책임에서 완전히 자유롭진 못하다 하더라도 청나라가 발전된 모습을 보이고 있지 못한 것이 결코 그의 탓이 아니라 다른 상황에서 비롯되었다는 사실은 역사가 증명해 줄 것이다. 그를 가까이에서 잘 알고 지낸 다른 많은 사람과 마찬가지로 나에게도 이홍장은 흥미롭고 대단히 중요하며 정감이 가는 인물로 남아 있을 것이다.

제 14 장
이홍장의 세계 여행과 청나라의 외교(1896)*

1895년 말 모스크바에서 열리는 대관식에 특사를 파견하는 문제가 발생했을 때 청나라 정부는 이번 기회에 지난날 임시 사절로 러시아에 머문 적이 있는 왕지춘王之春을 황제의 대리 자격으로 위촉할 생각이었다. 하지만 러시아 측에서는 왕지춘이 청나라 관료 조직에서 차지하고 있는 서열을 고려할 때 그러한 임무를 맡기엔 적합하지 않고, 황실의 태자들 가운데 한 사람을 파견하는 것이 일반적인 관례에 비춰 보더라도 더욱 합당할 것이라고 주장했다. 이때 러시아는 우선적으로 총리아문의 총리대신을 맡고 있는 칭Ching(경친왕) 태자를 염두에 두었

* 이 글은 1896년 11월 「독일 전망」지에 실린 것이다.

음이 분명하다. 이러한 생각은 이홍장과 당시 베이징에 머물고 있던 난징 총독 유곤일劉坤一의 적극적인 지지를 받았다. 그러나 종종 중국에서 그러하듯이 옛 규범과 관습은 이와 같은 생각을 실천에 옮기는 데 있어서 걸림돌이 되었다. 만주 왕조의 법령은 황실의 태자들이 반란 운동의 선봉에 설 수 있다는 우려 때문에 수도를 벗어나는 일을 금하고 있었다. 이 때문에 사실상 그러한 임무를 맡을 수 있는 태자들은 모두 개인적으로 꺼려하게 되었다. 가장 훌륭한 청나라 고관들 가운데 한 사람은 이러한 상황을 다음과 같이 요약하였다. "황제는 그것을 명하지 않을 것이다. 황제가 명한다 하더라도 태자는 가지 않을 것이다." 이렇게 되자 외국 입장에서는 이전의 많은 경우에서처럼 다시 이홍장을 떠올렸다. 노老정객의 반대자와 정적들은 한동안 그로부터 벗어날 수 있고, 타의에 의해 자리를 비운 사이 영원히 그를 제거할 수 있는 호기였기 때문에 이러한 생각을 아주 열렬하게 받아들였다. 이홍장은 자신을 사신으로 임명하도록 촉구한 이들이 바로 자신의 정적들이었다는 것을 알았다. 따라서 그는 자신에게 베풀어진 명예를 사력을 다해 거절했다. 그의 노력은 성공하는 것 같았다. 그는 그해 2월 6일 가까운 주변 사람들과 몇몇 친구들에게 사절의 위임을 막아 내는 데 성공했다고 말했다. 하지만 얼마 뒤 러시아로 가라는 황제의 명을 받았을 때 이는 명백히 그의 정적들의 완승을 의미했다. 그는 자신의 임무를 마친 이후를 대비해 만발의 준비를 하였다. 그것은 그때까지 새로운 직책을 부여 받지 못할 경우 안후이성安徽省에 있는 그의 고향으로 돌아간다는 것이었다.

이홍장은 모스크바의 황제 대관식에 특사 자격으로 참석하라는 명을 받고 베이징을 떠났다. 그는 러시아 황제와 독일 황제 및 프랑스 공화국 대통령에게 랴오둥반도 반환과 관련하여 이들이 베풀어 준 도움에 대한 청나라 황제의 감사 서신을 전달하는 임무, 가능한 한 다른 조약 체결국 특히 영국과 미국 공사관을 방문하는 임무, 조약 체결국 정부의 제안에 응해 통관세를 올리는 문제를 협의하는 임무 등을 부여 받았다. 간단히 말해서 그에게 부여된 임무는 청나라 정부가 관심을 기울이는 모든 문제에 대한 정보를 수집하라는 것이었다. 그러나 그는 어떠한 외교적·경제적 또는 여타 다른 업무에 대한 체결의 전권을 가지고 있지 않았다. 조약 체결국 정부들과의 관계에서 잘못된 견해들이 있었다고 한다면—이는 있을 법하지 않은 일이다—그것은 전적으로 각국 정부 대표자들의 불완전한 보도에서 기인한다. 그들은 무역·산업·경제 부문에서 이홍장이 즉각 주문을 하고 계약을 체결할 것이라는 희망에 사로잡혀 있었다. 이는 적어도 중국 상황에 밝은 기업과 은행들이라면 상상도 할 수 없는 일이었다. 이들 기관은 이홍장이 무엇을 위임 받았는지를 현지에 있는 밀정을 통해 알고 있었다.

하지만 사람들은 개인적·객관적으로 볼 때 지나칠 정도로 이홍장에게 가능한 한 좋은 인상을 심어 주려고 애를 썼다. 이들은 지난 20년 동안 가장 중요한 임무들이 그의 손을 거쳐 진행되었기 때문에 앞으로도 그러한 임무는 이홍장의 소관사항일 것이라고 생각했다.

이홍장이 러시아로 떠나기에 앞서 막후에서는 몇 가지 사소한 일이 발생했다. 이 의미를 과장되게 해석할 필요는 없지만, 이후 청나라에서 일어난 일련의 사건들에 대한 징후로서 충분히 언급할 가치가 있다. 이홍장의 여행에 대해 베이징 주재 러시아 공사관에서는 모든 안전 대책을 강구했다. 그는 상하이에서 프랑스의 메시저리Messageries nationales 해운회사의 증기선을 탄 뒤 포트사이드Port Said[137]에서 러시아 함대 배를 타고 바로 오데사Odessa[138]로 가기로 되어 있었다. 첫 번째 난관은 이미 톈진에서 벌어졌다. 이홍장은 유럽의 의술을 신임하고 있으며 또한 미신을 믿는다. 지금 톈진에는 그와 수년 전부터 친하게 지내는 영국 의사가 살고 있다. 이 의사는 그를 여러 차례 치료했으며, 그때마다 매번 결과가 좋았다. 이홍장이 일본에 갈 때 단 한 번 다른 의사를 데리고 갔는데, 자신을 노린 살인미수 사건에서 부상을 입은 적이 있었다. 곧 다가올 긴 여행에 이 영국인을 데리고 가는 것보다 더 안전한 게 어디 있겠는가? 하지만 거의 협박에 이를 정도로 러시아인들의 분노가 엄청났기 때문에 영국 의사의 러시아 입국은 허용되지 않을 것으로 보였다. 그러나 결국 러시아는 영국의 일을 폭로할 수 있다고 보았기 때문에 영국 의사의 입국을 더 이상 거부하지 않았다. 특히 베이징 주재 프랑스 공사 제라르Gerard를 통해 지나칠 정도로까지 널리 공표한 프랑스와 러시아 간의 화친조약entente cordiale에도 불구하고 상하이에서는 이홍장으로 하여금 유럽 대륙에서 먼저 프랑스 땅을 밟도록 하려는 시도가 있었다. 흑해의 좋지 않은 날씨, 마르세유Marseille까지 계속 같은 배를 타고 갈 수 있는 편리함, 유럽을 통과하는 철도 여행의 장점 등은 이홍장에게 있어서 너무나 놀랍고 매력적인 것으로 여겨졌다. 그는 베이징에 이 루트를 택하겠다는 생각을 전했다. 이홍장 자신이 러시아로 향하는 여행 루트를 직접 짜고 싶어 한다는 러시아 공사관의 전보를 통해 그 저의를 둘러싼 의혹은 쉽게 일단락되었다. 운이 좋은 쪽은 홍콩에 있던 프랑스인들이었다. 홍콩에서는 그곳에 만연한 페스트에 대한 징후와 차후에 개항하기로 한 항구들에서 전염병 예방을 위한 격리 조치 가능성, 그에게 매우 적대적인 광둥성 출신 토착민들의 분위기에 대한 우려 등으로 인해 이홍장은 홍콩 총독의 초대를 거부하고 그곳에 가지 않기로 결정했다. 프랑스인들은 맨 먼저 사이공에서 그를 위한 공식적인 환영 만찬을 준비할 수 있는 영광을 누리게 되었다.

이홍장은 러시아에서 극진한 환영을 받았다. 그것은 모든 동아시아의 유력 인사들 가운데 가장 저명한 사람이 받은 예우를 훨씬 넘어선 최상의 것이었다. 이홍장의 개인적인 자만심과 청나라의 국가적 자존심을 세워 주는 것 이외의 다른 목적이 있었다면 사람들은 그의 칭호를 '부왕副王'이라 불렀을 것이다. 그러나 이와 같은 칭호는 중국의 풍속과 관습에 비춰 볼 때 전혀 맞지 않는 것이다. 중국인은 8~9명의 부왕만이 있는 것으로 알고 있으며, 이들은 직책상 다른 전체 관료들과 서열이 같거나 뒤지는 것으로 생각하기 때문이었다. 그러나 러시아의 태도는 다른 열강들의 판단에 대한 척도가 되었다. 이홍장은 진정 군주답게 유럽 일주 여행을 마무리 지었다. 독일에 관해 살펴보면, 모든 증거를 감안할 때 분명 독일 황제가 이홍장에게 베푼 첫 번째 성대한 접견식은 모든 유사한 의식과는 비교가 안 될 정도로 참으로 깊은 인상을 심어 주었다. 그러한 인상이 이후에 약화되었는지에 관해서는 알 길이 없다.

이홍장이 여행에서 받은 일반적인 정치적 인상은 우려한 대로 청나라와 외국 간의 계속적인 관계 발전에 대해 사람들이 다양하게 추측하는 것만큼 그다지 호의적이지는 않아 보인다. 그는 바로 얼마 전에 아주 작은 나라와의 싸움에서 치욕적인 패배를 당한 나라의 대표 사절로서 왔다. 당시 자신의 조국은 그가 방문해야 했던 열강들 가운데 몇몇 나라의 중재를 통해 다른 커다란 손해를 면할 수 있었다. 지난 몇 년 동안의 교훈은 흔적도 없이 청나라 정부에서 사라졌다. 심지어 백성들 가운데에는 해당 지역에서 몇 마일 떨어져 있는 경우 사정을 거의 알지 못했으며 전쟁이 일어났는지, 그 결과가 어떻게 되었는지에 대해 아무것도 모르고 있었다. 비교적 젊은 관료 세대는 이른바 베이징의 개혁 집단 일원들로서, 외국인과의 관계를 중요시하는 지역 관청의 자문 위원들로서 어느 정도의 영향력을 행사하려고 부단히 노력했다. 교육 정도, 성격, 직위를 고려할 때 이들은 다가올 미래에 지역과 주민 수가 늘어날 거대한 제국의 관청이나 정부에서 지도적 위치를 차지하기에는 적합하지 않았다. 청나라의 방어력이 염려스럽다면 이홍장으로 하여금 청나라의 존립을 위해 다른 여러 열강의 지원에만 의지─이는 중국에서 흔히 볼 수 있는 통치 스타일이다─하지 않도록 진지하게 주의를 환기시키고 권고해야 했을 것이다. 이를테면 1874년에 임명된 추밀원 위원들 가운데 대다수는 청나라가 외국에 대해 두려워할 필요가 전혀 없다고 큰소리쳤다. 이들은 시기심으로 인해 청나라가 어떤 한 열강으로부터 가혹한 피해를 당하도록 내버려 두지 않을 서구 열강들이 항상 있을 것이라고 믿었기 때문이었다. 이와 같이 제대로 대비하지 못한 것은 이홍장이 영국에서 거둔 성과들 가운데 하나로 유럽의 열강, 즉 동아시아에서 3국 동맹을 맺은 열강들이 청나라가 다른 나라의 공격으로 피해를 보는 것을 좌시하지 않을 것이라고 분명히 언급했기 때문이었다. 이것은 일차적으로 청나라에 있어서 너무나 위험한 생각이다. 유럽 나라들은 아시아에서 두 번째로 병든 환자를 계속해서 돌볼 생각이 없을 뿐 아니라 엄청난 천연 자원에도 불구하고 외국의 도움에 의지한 채 스스로 자립하려는 준비가 되어 있지 않은 나라에 대해서 주도권을 행사할 의도가 전혀 없을 것이기 때문이었다.

이홍장은 언제나 인터뷰하는 사람에게 별로 달갑지 않은 대상으로 명성을 얻었다. 그는 지금 자신의 여행 기간에도 또다시 이를 여실히 보여 주었다. 어느 미국 신문 여기자는 런던에서 이홍장으로부터 초대 받은 자리에서 다음과 같이 외쳤다. "그런데 제가 이곳에 온 이유는 제가 질문을 받기 위해서가 아니라 각하께 질문을 드리기 위해서입니다." 수많은 기자와 다른 사람들도 청나라의 스핑크스(이홍장)를 방문한 뒤 그렇게 생각했을 것이다. 자신에 대해서 뿐 아니라 자신의 조국에 대해서도 훌륭한 아이디어가 결여되어 있던 이홍장—중국의 비스마르크라는 호칭은 그 자신 또는 그의 측근으로부터 나온 것으로, 최근에 그를 흠모하는 한 독일인이 즉흥적으로 붙인 것이라는 주장과는 달리 이것은 적어도 20년은 됐다—은 점점 거만한 모습을 보였으며, 이와 같은 성향을 충분히 보여 주었다고 생각되는 사람들과는 결코 어울리지 않았다. 그가 베를린으로부터 멀리 떨어져 있으면 있을수록 이러한 감정은 더욱 심해진다. 독일 쾰른에서 그는 점점 더 형식에 걸맞은 표현을 찾았다. 그러나 프랑스에서는 기분 내키는 대로 행동했으며, 영국에서는 더욱 그러했고, 미국에서는 그야말로 마음대로 무지막지하게 행동했다. 또 그는 황금에 눈이 먼 사람들을 가차 없이 놀림감의 대상으로 삼았다. 이홍장을 너무나 극진하게 환대하고 정부의 특사 대우를 한 것에 대해 독일인들을 심하게 질타한 영국 신문 기사를 읽은 사람은 현명한 영국인이 어리석은 독일인보다 멋진 행동을 보였다는 점에서 일종의 고소해하는 기분을 억누르지 못할 것이다. 그러나 이홍장이 미국에서 보인 행동은 그가 유럽에서 받은 인상과 비교할 때 아주 특이한 것이었다. 그는 미국에서 미국의 정부와 국민을 싸잡아 모욕하는 일을 주저하지 않았다. 이홍장이 보인 편파성은 중국인 이주 문제에 대한 미국의 행동과 최근의 전쟁 기간에 신랄한 표현을 사용하긴 했지만 여전히 일본에 우호적인 그곳의 분위기 때문이었다. 그러나 유럽에서 받은 대우에서 청나라가 항상 몇몇 열강들의 지원을 기대한다는 주장에 대한 근거를 찾지 못했다면 그는 이러한 편파성을 드러내지 않았을 것이다. 이전의 파리 주재 청나라 대리 공사 진계동陳季同이 펴낸 『중국의 자화상Les Chinois peints par eux-mêmes』과 『중국인의 눈에 비친 파리Les Parisiens peints par un Chinois』라는 책을 읽은 사람은 그 속에서 우월한 도덕성과 신랄한 조소의 어조를 느꼈을 것이다. 이들 책에서 저자는 이홍장이 붉은 머리칼을 지닌 야만인의 나라에서 이들과 교류한 것을 기술하였으며, 이것을 청나라에서 신임장을 받은 외국 외교관이 청나라 정부와 교류할 때 갚아야 할 아주 결정적인 실수로 간주했다.

이홍장 자신은 이러한 세계 일주 여행에서 커다란 성공을 거두었다. 가는 곳마다 그가 받은 환대에 관해 상세하게 베이징에 보고한 것은 그곳에서 자신의 지위를 더욱 고양시키고 강화시켜 주었을 것이다. 전쟁에서 패배한 청나라의 특사로서 모든 예우를 받아 내는 데 능숙했던 이홍장은 반대 세력에게조차 외국에 맞서 청나라의 이익을 위해 노력한 훌륭한 대변자로 비처질 것이다. 그는 이전의 섭정자인 서태후의 총애를 계속 받고 있었으며—이홍장은 이화원頤和園의 여름 별장을 재건하길 원하는 서태후의 소망에 따라 즈리성 총독 자리에서 사임한 뒤 그녀를 성심껏 도왔기 때문에 황후의 총애를 받았다—청나라로 돌아간 뒤에도 다시 관직을 제수 받을 것이 분명하다. 베이징에서 계속되는 알력에 결정적인 영향력을 행사할 수 있는 입장에 있지 않았기 때문에 가능한 한 다시 즈리성의 독립적인 직위에서 일하기를 원하는 그의 바람은 반드시 이루어질 것이다. 그가 수도를 벗어나 전력을 다할 수 있을지는 지난 20년간의 경험에 비춰 볼 때 의문의 여지가 있다. 이는 정적들이 끊임없이 이전에 그가 권고하여 도입한 개혁 정책이 사실상 실패했다고 몰아붙일 것이기 때문에 더욱 그러하다.

물론 이홍장보다 그들이 실패에 대한 책임을 더욱 많이 져야 하지만 이홍장도 완전히 자유로울 수 없는 입장이다.

비록 이홍장의 세계 여행이 이렇다 할 실질적인 결실을 보여 주지 못했다 하더라도 이 여행은 유럽의 주요 정치인과 많은 국민에게 그와 접촉할 수 있는 기회 및 그의 '속셈'을 가까이에서 알 수 있는 기회를 제공하였다. 그들은 이 청나라 외교관이 서양의 외교관을 훨씬 능가했다는 말로 경탄을 표시하였다. 이홍장이 취한 매끄럽고 유연한 대처 능력과 미사여구로 일관한 태도를 감안하면 그가 서양 외교관보다 나았다는 주장은 어떤 면에서 이론이 들어설 여지가 없다. 하지만 청나라는 20년 사이에 류큐열도·버마·통킹·안남·조선에 대한 지배권을 상실했으며, 포르모사를 잃었다. 비록 소용이 없다 하더라도 자신들의 요구가 묵살당할 때조차도 한 번도 당당히 맞서 명예를 지켜 내지 못한 청나라의 정치는 이와 같은 임무를 담당하는 특별 외교관을 가질래야 가질 수 없는 구조였다. 청나라 외교가 자랑해 마지않는 수동적 저항의 성공 역시 동아시아 정세에 문외한인 사람들의 눈에도 훤히 보이는 이러한 사실을 속일 수 없다. 사실 이러한 수동적인 저항은 청나라 외교의 특징이다. 따라서 이러한 청나라 외교는 주로 외국 외교관들이 속아 넘어가 관심을 갖거나, 이론적인 논의에서 이제 자신들의 견해와 요구를 실행하는 데 관심을 가지지 않을 때 성공을 보여 주었다. 1840년대에 외국과 처음 접촉한 이래 청나라 외교는 요구 범위와 외교를 실행하는 데 필요한 물적 수단들 간에 존재하는 차이를 제대로 이해하지 못했다. 이러한 실수는 1842년, 1858년, 1860년, 1885년의 굴욕으로 이어졌으며 결국 청나라와 일본 간의 갈등 및 시모노세키 강화조약으로 이어졌다. 그러나 청나라 외교가 이러한 관계에서 단지 실패만을 노정시켰다고 한다면, 다른 한편으로는 특히 유럽의 유력 정치인들의 눈을 속이고 베이징 주재 외국 외교관들의 임무를 무의미한 헛수고―이 경우 외국 외교관들은 타인이 전가한 것에 대한 비난을 감수해야 할 것이다―로 만드는 노련미를 갖추었다고 할 수 있을 것이다. 지금까지 다시는 만회할 수 없는 유럽 외교의 가장 큰 실수는 빈춘斌椿과 미국인 벌링게임Burlingame의 인솔 하에 1868년에 파견된 최초의 청나라 사절단이 내세운 요구에 동의해 준 것이었다. 이들의 요구는 앞으로 분쟁 문제는 더 이상 현지에 있는 영사를 통하거나 전함의 도움으로 해결할 것이 아니라, 흔히 통용되는 방식으로 베이징 주재 공사가 청나라 정부에 호소하여 해결해야 한다는 것이었다. 이와 같은 정당한 요구에 대해 동의할 때 그에 대한 필연적 귀결로 전제 조건―이를테면 청나라 정부도 그에 걸맞은 의무를 다해야 하고 외국인이 더 이상 영사와 전함을 동원할 필요가 없을 정도로 이들에게 안전을 보장해야 한다―을 다는 것을 잊지 않았다. 그러나 계속해서 이러한 전제조건이 이행되지 않을 경우에 대비한 조치를 취하지 못했다. 거의 30년 전부터 외국과 청나라 간의 관계는 이러한 사실로 인해 어려움을 겪고 있다. 외국인의 생명과 재산에 대한 만성적인 불안 상태는 청나라의 어떠한 지역에서도 해소되지 않고 있다. 청나라 정부와 지방 관청은 청나라가 수행할 능력도 의지도 없는 보호 문제를 모든 열강이 공동으로 행사할 것이라는 확신에 이를 때까지 아무런 변화가 없을 것이다. 청나라에서 이러한 행동에 대해 확신을 얻는 날부터 이에 대한 필요성은 사라질 것이다. 청나라 정부가 원할 경우 질서를 유지할 수 있다는 것은 결코 방해 받지 않을 때 가능하기 때문이다. 다시 말해서 외적인 복잡한 문제들로 인해 다른 열강들과 새로운 갈등을 피하는 것이 바람직한 것으로 여겨질 때 가능하다. 그러나 예컨대 1891년의 선교사와 기독교인 박해에 적극 가담하고 외교 사절단의 요구로 자리에서 물러난 우후蕪湖[139]의 예전 태수의 경우에서처럼 이러한 사건이 죄를 지은 사람에게 손해가 아니라 이익이 된다면―관련 당사자는 내각의 한 부서인 공혜청의 부대신이기 때문이다―유사한 사건이 계속 발생하는 것에 대해 전혀 놀랄 필요가 없을 것이다.

청나라 외교는 1876년에 외국으로 사절단을 파견한 이후 본질적으로 개별 정부들에 보장한 안전 측면에서 볼 때 외국의 이해관계를 약화시키는 데 크게 기여했고, 베이징으로부터 부여 받은 임무를 분명 자국 정부에 만족스러운 방식으로 해결했다. 또 청나라 외교는 본질적으로 관계 발전에 대한 자국 정치인들의 무지와 모든 일을 직접 자신의 손으로 처리하려는 외무 관청들의 경향, 지리적으로 멀리 떨어져 있는 분규에 등을 돌리는 정치인들의 태도 등에 힘입고 있다. 청나라 외교가 스스로 많은 것을 배웠는지에 대해서는 의문의 여지가 있다. 청서靑書(영국의 의회나 정부의 문서)와 황서黃書(프랑스 외교 공보 문서), 그 밖의 공적인 출판물에서 드러나는 것을 보면 예나 지금이나 구제 불능의 신뢰 상실과 오만함을 인식시켜 줄 뿐이다.

청나라 외교관의 입장에서 볼 때 외국에서 자신들의 업무를 파악함에 있어 특징적인 것으로는 몇 년 전까지 영국·프랑스·벨기에·이탈리아 주재 청나라 공사로 있던 설복성薛福成이 쓴 기록물을 들 수 있다. 이것은 지난날과 오늘날 외국 열강 및 외교관들이 청나라에 대해 취한 입장에 관한 기록이다. 그는 다음과 같이 기술하고 있다. "외국 열강들은 예전에는 불안을 야기하기 위해 힘을 사용했다. 자신에게 이익이 되는 일이라면 그들은 부당하고 비이성적인 압력을 행사했다. 외국 열강들은 자신들의 목적을 달성하기 위해 베이징에 맞서 싸웠다. 그들은 더 강한 압력을 행사하기 위해 서로 조약을 체결했다. 그들이 어떤 이권을 인가 받으면서도 이에 대해 전혀 고마워하지 않았다. 베이징에서 그들에게 아량을 베풀어 줄 것을 요청했을 때 그들은 성의를 보이지 않았다. 청나라는 외국인들을 일정한 경계 내에 머물 도록 하기 위해 조약을 체결했지만 그들은 그 조약을 반드시 준수할 필요성을 느끼지 못했다⋯⋯."

"1893년 현재, 상황이 달라졌다. 외국의 정치인들은 더 이상 청나라에 대해 경멸적으로 생각하지 않는다. 여기에는 네 가지 이유를 들 수 있다. 첫 번째 통킹만 문제로 야기된 프랑스와의 전쟁에서 청나라가 배상금을 지불하지 않은 채 전쟁이 종결된 점—이것은 청나라가 더 이상 단순한 위협에 굴복하지 않는다는 점을 입증해 주었다. 두 번째 외국에 청나라 공사관을 건립한 것—이것은 외국의 정치인과 청나라 외교관의 입장에서 볼 때 업무의 전반적인 상황을 훨씬 개선시켰다. 세 번째 청나라 해군과 해안 지역 방어 시설의 엄청난 발전—이것은 청나라의 위신과 국력을 증대시켰다—을 들 수 있다. 네 번째 외국으로 파견된 청나라 유학생들의 성공이 심어 준 좋은 인상—이것은 중국인을 외국인과 정신적으로 대등하게 여기는 데 상당한 기여를 했다."

대부분 이러한 착각들은 일본과의 전쟁에서 패함으로써 철저히 무너졌다. 하지만 청나라 외교가 여전히 느릿느릿한 만만디 정신으로 승승장구하는 적에게 무엇을 할 수 있는지 알고 싶은 사람은 청나라와 일본 간에 맺은 통상 조약에 관한 협상의 결말에서 흥미롭고도 교훈적인 설명을 찾을 수 있을 것이다.

시모노세키 강화조약 제6조에서는 다음과 같이 규정돼 있다. 첫 번째 일본인이 청나라에서 생산한 모든 물품은 국내로의 발송, 내국 관세, 세금, 운임 비용 등에 관한 한 일본에서 들여온 물품들과 똑같이 취급한다. 두 번째 추가 규정이 필요한 경우 앞으로 체결될 통상 조약과 항해 조약에 반영한다. 일본 측에서는 공장을 짓기 위해 내륙에서 들어오는 원자재에 대한 과세 규정을 강화조약에 포함시키는 문제를 간과하였고, 중국인들은 이것을 이용하여 상호 조약 문안에 그에 대한 규정을 포함시켰다. 아주 노련한 일본 측 교섭자가 할 수 있는 모든 노력을 기울이고 일본 군대가 웨이하이웨이威海衛를 점령해 통상 조약이 체결될 때까지 주둔할 수 있다고 하더라도 청나라의 소극적인 반대는 일본 정부를 기진맥진하게 만들었다. 그 결과 일본 정부는 청나라 정부가 독자적으로 생산한 생산품에 대해 10퍼센트의 부가가치세를 도입하게 함으로써 문제를 일단락지었다. 하지만 원자재에 대한 보관세와 이금세釐金稅[140]의 제정 문제는 지방 관청에 맡겼다. 총리아문이 이 문제에 관해 황제에게 제출한 청원서에서 시모노세키조약을 통해 비로소 외국 상인이 중국산 물품을 생산할 수 있는 권한을 가진다고 주장한다면 이는 단지 청나라 외교의 뻔뻔스러움에 대한 새로운 증거가 될 뿐이다. 1858년 이후 체결된 모든 조약은 관련 국가 국민들이 청나라에서 상업 활동과 산업 활동을 할 수 있는 규정을 담고 있기 때문이었다.

아주 유사한 방식으로 이홍장과 청나라 정부는 수입 관세의 인상 요구와 관련하여 이미 개시된 협상을 자신들의 바람대로 연기하기로 했다. 이미 받은 양보를 특혜로 여기기는커녕 이홍장과 청나라 정부는 오히려 이것을 외국인들이 필수적인 것이라고 말한 개혁, 특히 청나라에서 철도 도입을 위한 선결조건으로 주장하고 있다. 예를 들어 영국 정부가 버마와 청나라 간의 국경선 확정 문제와 관련해서 이루어진 양보 내용―프랑스에 위탁했던 청나라의 일부 지역 양도 기간은 1895년 7월에 만료되었다―을 설명하려고 했을 때 서쪽 강의 개항을 올해 1월에 영국 정부에 승인해 준 사실을 잊는 사태가 또다시 벌어졌다.

이러한 상황 아래에서 조약 체결국 정부들은 일의 전개 상황과 자신들의 양보 범위 및 요구와 목표가 분명하지 않으면 청나라가 원하는 협상을 시작하지 않기로 하였다. 무엇보다 우리에게 중요한 것은 계속 주의를 기울이고 조심하는 것뿐이다. 우리는 영국과 프랑스 측을 특별히 고려할 이유가 없기 때문이다. 이 두 나라에서 시끄러워진 언론 보도를 보면 정치적뿐 아니라 상업적 영역에서도 불편한 경쟁자를 궁지에 몰아넣는 일을 마다하지 않을 것이라는 점을 잘 알 수 있다.

제 15 장
프랑스와 시암의 강화조약 체결(1893)*

10월 1일에 방콕에서 조인된 조약을 통해 시암과 프랑스 간에 계류 중이던 협상이 종결되었다. 시암은 조약 제1조에서 메콩강의 왼쪽 기슭의 전 지역과 그 섬에 대한 모든 권리를 포기하였다. 제2조에 의거하여 시암은 '거대한 호수', 즉 메콩강과 이 강 지류의 25킬로미터 이내에서 무장한 차량이나 선박을 수리 또는 통행시켜서는 안 된다는 의무를 지게 되었다. 제3조에 의거하여 바탐방Battambang과 시엠리아프 Sien Reap 지역 및 메콩강 오른쪽 강변에서 25킬로미터 이내의 관할 구역에 어떠한 방어 초소나 군사 주둔지를 세워서는 안 되었다. 이 지역 내

---

* 이 글은 1893년 「독일 전망」지에 실린 것으로, 이 책 제5장 「중국과 인도차이나 및 조약 강대국 간의 관계」라는 글을 좀 더 자세히 이해할 수 있도록 추가한 것이다.

에서 지방 관청은 꼭 필요한 최소 인력으로 치안을 유지해야 할 것이다. 그러나 제4조에 따르면 정규군이든 비정규군이든 어떠한 병력도 그곳에 발을 들여놓아서는 안 되었다. 조약에 첨부된 협약서 제1조에 따라 시암 군대는 메콩강 좌측 연안과 제3조에 명시된 메콩강 우측 연안에서 한 달 내에 철수해야 하고, 우측 강변에 설치한 방어 시설을 제거해야 한다.

이상은 조약에서 합의한 사항들이다. 이러한 합의 내용의 파급 효과를 제대로 평가하기 위해서는 바탐방과 시엠리아프 지역―또는 이 지역들과 함께 협정에도 명시되어 있는 앙코르 지역―이 거대한 호수의 동쪽과 서쪽 연안에 위치하고 있다는 사실을 기억해야 할 것이다. 캄보디아의 앙엥Ang Eng 왕은 1785년경에 안남인들에 맞서 싸울 때 원조를 제공한 대가로 그 지역을 시암에 양도하였다. 시암 정부는 이를 적어도 공식적으로는 현재 캄보디아 왕의 대관식과 프랑스의 보호국을 설치할 때 천명했다. 다른 보고에 따르면 앙엥 왕이 큰 은혜를 입고 있던 청나라의 고관 변Bien에게 두 지방 정부를 양도하기로 되어 있었지만 1812년에 앙엥 왕이 죽었을 때 시암인들이 불법적으로 두 지방을 점령하였다고 한다. 그러나 캄보디아의 왕이 안남에 조공을 바친 금세기 초부터 시암의 신하에 지나지 않았다는 사실에는 의심의 여지가 없다. 캄보디아 왕은 시암으로부터 책봉을 받아 자신 또는 관리들의 이해관계에 따라 나라를 다스렸다. 메콩강 중류에 이르기까지 프랑스의 영향력과 무역을 확장함에 있어서 시암 측의 방해 및 난관에 종지부를 찍기 위해 프랑스는 1864년에 캄보디아의 보호국임을 자처하였다. 이는 노로돔 왕[141]의 궁전에서 프랑스 외교관 드 라그레de Lagree 사령관이 유약하고 겁이 많은 왕으로 하여금 시암에 대해 좀 더 분명한 태도를 취할 것을 요구하고, 프랑스의 지시에 고분고분 따르도록 영향력을 행사했기 때문이었다. 결국 시암은 노로돔 왕에게 이러한 목적으로 온 특사를 통해 오래전부터 내주지 않고 있던 왕위 책봉권을 돌려줌으로써 그 조치에 동의했다. 그러나 시암이 이와 같이 결정한 데에는 프랑스 정부가 시암에 모종의 약속―이는 추후에 그대로 이행되었다―을 해 준 것이 결정적으로 작용하였다. 그것은 바탐방과 시엠리아프 지역을 시암의 영토로 인정해 준다는 조건과 캄보디아에서 프랑스의 영향력 외에도 시암의 영향력을 유지하도록 해 주겠다는 조건 때문이었다. 이러한 희망과 당시 얻어 낸 양보가 얼마나 기만적이었는지는 전자의 경우 지난 25년간의 역사, 후자의 경우 최근의 역사가 각각 여실히 보여 주고 있다. 시암은 이미 오래전에 프놈펜Pnom Penh 궁에 대한 영향력을 완전히 상실하였다. 이로 인해 시암의 사주에 의해 왕자들과 친인척이 모의한 반란은 성공을 거두지 못했다. 10월 1일에 체결된 조약에서 시암은 두 지방, 즉 바탐방과 시엠리아프를 잃게 되었다. 이곳에 시암의 군대가 주둔하지 못할 경우 이웃 국가에 빼앗긴 영토를 주장할 수 없다는 것은 명약관화하기 때문이다. 머지않아 바탐방과 시엠리아프 지역에서 소요가 일어날 것이다. 프랑스는 홀로 그 소요를 진압할 수 있기 때문에 그에 따른 비용과 희생의 대가로 이미 안남과 캄보디아에서 실시하고 있는 것처럼 이들 지역에 대한 보호국이 되고자 할 것이다.

무역 및 교역에 관한 한 조약과 거기에 첨부된 협약서에는 이 두 지역과 국경 지역에서의 무역의 경우 6개월 이내에 개시하기로 한 협상에서 관세 도입이 체결될 때까지 무관세로 한다는 규정을 담고 있었다. 동시에 1856년에 맺은 프랑스와 시암의 조약을 개정하기로 하였다. 프랑스는 메콩강 우측 연안에다가 교역에 필요한 모든 시설물을 설치할 수 있었다. 프랑스인이나 프랑스의 피보호자인 시암인은 이 지역에서 아무런 방해도 받지 않고 자유롭게 다닐 수 있으며 장사도 할 수 있다. 시암 전역에 프랑스 영사관을 설치할 수 있도록 허용하였으며, 코랏Korat과 무옹나우Muong Nau에서는 이미 영사관 설치가 확정되었다.

이 밖에도 추가 협약서에는 프랑스 정부가 불만을 제기한 것들에 대해 어느 정도 배상을 보장하고 있고, 합의한 모든 사항이 이행될 때까지 프랑스가 찬타분Chantabun[142] 지역을 점령한다는 것으로 되어 있다.

이 조약은 기대 이상으로 프랑스에 많은 것을 가져다주었다. 시작한 일이 아직 목표에 도달하지는 못했지만 프랑스가 1858년에 발을 들어놓은 이래 큰 진전을 의미한다는 것만은 부인할 수 없다. 당시 리고 드 즈누이Rigault de Genouilly 제독은 콜레라로 인해 줄어든 자신의 군대를 투란Tourane[143] 만에서 메콩강 하구로 이끌고 가 사이공Saigon의 군사 시설을 공략하였다. 35년 뒤 프랑스 제2제국과 공화국은 인도차이나 왕국을 건설했다. 이 왕국의 범위는 경도 102~109도, 위도 9~23도로 메콩강과 송카Sonka강의 삼각주에서 땅이 가장 비옥한 지역 두 곳을 포함하고 있다. 이로써 프랑스는 성공을 거두게 되었다. 정부와 행정 관청의 모든 실책, 의회와 언론의 온갖 트집, 모든 적대 행위와 선동 및 중상모략에도 불구하고 프랑스는 목표대로 앞만 보고 나아갔으며 그 결과 영국의 영향력과 무역을 위협할 수 있는 확고한 위치를 차지하겠다는 목표를 이루어 내었다. 이것이 중요하다는 것은 너무나 분명하기 때문이었다. 오늘날 프랑스는 이미 루이 14세와 루이 16세가 올바르다고 판단하여 채택한 정책만을 계속 추진하고 있다.

루이 14세와 시암 간의 관계는 너무나 잘 알려져 있다. 이러한 관계는 프라나라이Phra-Narai 왕 치하의 시암 궁에서 한동안 전권을 휘두른 콩스탕탱 폴콘Constantin Phaulcon과 프랑스 예수회 회원들의 중재를 통해 이루어졌다. 당시의 예수회원들로는 특히 1662년부터 아유타야Ayuthia[144]에 거주하고 있던 베리테Berythe의 주교 모트랑베르Motte-Lambert, 1679년에 모트

랑베르가 죽은 뒤 헬리오폴리스Heliopolis의 주교 팔루Pallu와 메텔로폴리스 Metellopolis의 주교를 꼽을 수 있다. 최초의 구체적인 성과는 슈발리에 드 샤몽Chevalier de Chaumont을 대사로 임명하여 아유티아 궁에 파견한 것이었 다. 로파부리Lophaburi의 수렵용 별궁에서 샤몽과 폴콘 간의 협상이 개최 되었다. 협상 결과 샤몽 대사와 예수회 회원 타샤르Tachard가 세 명의 시 암 고위 관리들을 데리고 프랑스로 갔다. 이들은 시암 국왕을 위해 루 이 14세에게 프랑스 예수회 소속 수학자 열두 명의 파견을 요청하는 임 무를 띠고 있었다. 루이 14세는 폴콘의 비밀 임무에 따라 훨씬 더 많은 인원을 허락해 주었고, 루베르de al Loubere와 세베레Ceberet를 수장으로 하는 새로운 사절단 일행 및 5척의 군함, 파르주Farges 원수와 브뤼앙Bruant 장 군의 통솔 아래 프랑스 군단 병력을 파견하였다. 협약서에서 합의한 대 로 프랑스인들은 교관으로서뿐 아니라 왕과 정부를 보호하는 임무를 맡았으며, 이러한 목적을 위해 특별히 마련된 두 곳을 할양 받았다. [145]

1687년 10월 프랑스 함대가 시암에 들어왔다. 새로운 협정이 조인 되었지만 그 내용에 대해서는 아무것도 알려진 게 없었다. 군대가 도 착하여 당시 몇 개의 요새만을 가진 마을에 불과하던 방콕과 메르귀 지방 테나세림Tenasserim 해안가에 진을 쳤다. 그러나 이 모든 것이 프랑 스 장교와 선교사를 가장 우대하는 국왕에게는 충분치 않아 보였다. 국왕은 사절단과 함께 되돌아왔다가 일군의 시암 상류층 자제들을 교육시키기 위해 파리로 다시 돌아간 타샤르를 통해 루이 14세에게 200명의 정예 부대를 파병해 줄 것을 요청하였다.

그사이 폴콘의 참모들과 프랑스인에 대한 비난이 들끓었다. 왕은 병이 들었으며, 후계자를 둘러싼 다툼이 일어났다. 오래전부터 준비해 온 음모가 발각되었다. 폴콘은 체포되어 1688년 6월에 처형됐다. 볼모로 억류된 일부 선교사들을 제외하고 프랑스인은 모두 시암에서 추방당했다. 이때부터 프랑스는 1856년에 조약이 체결될 때까지 아무런 정치적 역할도 수행하지 못했다. 하지만 프랑스의 목적이 바뀌지 않았음을 입증해 주는 증거가 최근에 발견되었다.

루이 16세 치하에서 코친차이나Cochinchina(交趾支那)와 안남[146]의 관계는 첫 번째 단계를 넘어서지 못했다. 그러나 1787년에 체결된 협정은 1858년 프랑스의 행동에 대한 구실을 제공했다는 점에서 커다란 의미를 갖는다. 이때에도 정치에 사전 작업을 하고, 아시아의 지배자들과 모든 기독교 왕의 중재자 역할을 맡은 자는 다름 아닌 프랑스 선교사들이었다. 1780년 당시 안남의 지배자인 지아 롱Gia long(嘉隆)은 타이손西山 농민 반란으로 심각한 위협을 받았으며, 닥쳐오는 몰락에서 벗어나기 위해 자신의 아들을 당시 코친차이나의 교황청 대리 대사이자 아드란의 주교이던 피뇨 드 베엔Pigneaux de Behaine 예하猊下에게 맡겼다.[147] 이 주교는 젊은 왕자를 교육시키기 위해 외방전교회가 있는 파리로 보냈다. 네덜란드와 영국에 지원을 요청하려는 지아 롱의 의도는 피뇨 주교에게 애국심을 불러일으켰다. 피뇨 주교는 시암 왕에게 프랑스가 도와줄 것이라고 약속했다. 그러나 피뇨 주교가 프랑스로 가서 젊은 왕자를 프랑스 궁전에 소개한 1787년에야 비로소 일이 진척을 보이기 시작했다. 이때 제출한 보고서에서 피뇨 주교는 안남에 식민지를 건설할 것을 제안했다. 그는 보고서에서 인도에서 영국의 영향력에 맞설 수 있다는 점을 강조하였고, 그러기 위해서는 코친차이나에 정착촌을 세우는 것이 가장 바람직하다고 주장하였다. 그렇게 되면 평시에는 중국에서 영국과 경쟁함으로써 영국의 무역에 손해를 줄 수 있고, 전시에는 중국으로의 진입을 봉쇄함으로써 타격을 줄 수 있다는 것이었다. 또 코친차이나는 선박을 수리하고 무장시키기에 가장 이상적인 곳이고, 그곳에서 육군과 해군 병사들을 모집할 수 있으며, 무엇보다 서쪽으로 계속 확장하려는 영국인들의 노력에 빗장을 걸 수 있다는 것이었다. 마침내 피뇨 주교는 정착하기에 가장 적합한 곳으로 대형 선박이 입항할 수 있는 두 개의 강 하구 옆에 위치한 투란 만灣을 제안하였다. 루이 16세는 피뇨 주교의 계획을 유용한 것으로 받아들였다. 1787년 11월 28일 프랑스 왕을 대신한 몽모랭Montmorin 백작과 베르젠Vergennes 백작, 코친차이나의 왕을 대신한 지아 롱의 아들과 피뇨 주교 간에 조약이 체결되었다. 이 조약으로 프랑스 왕은 동맹국에 일단의 군함 및 유럽 군대, 2개 연대 병력의 식민지 군대 및 탄약과 무기 등을 제공할 의무가 있었다. 이에 대해 코친차이나 왕은 자신의 나라가 안정을 되찾은 뒤에 프랑스에 파이포Fai Fo 및 하이웬Hai Wen 섬과 함께 투란 항구 및 그 일대를 양도하고, 전국 곳곳에 프랑스 영사관 설치를 허용하기로 약속하였다. 또한 14척의 정기선을 만드는 데 필요한 자재를 제공하고, 1만 4,000명의 군사를 징집할 수 있도록 허용하며, 이들이 코친차이나에서 공격을 받을 경우 그보다 네 배에 이르는 군대를 프랑스 장군의 지휘 아래 두기로 약속하였다. 이 밖에도 종교의 자유를 보장하기로 약속하였다.

퐁디체리Pondichery 총독 콘웨이M. de Conway는 네 척의 호위함과 1,600명의 군사 및 이에 상응하는 야포들을 코친차이나에서 프랑스의 전권 대표로 임명된 피뇨 주교에게 내주라는 명령을 받았다. 그러나 콘웨이는 이러한 명령을 이행하지 않고, 자신이 취할 수 있는 모든 이의를 제기했다. 결국 퐁디체리 주민들이 그 일을 직접 떠맡게 되면서 두 척의 배와 일군의 지원자들을 무기 및 전쟁물자와 함께 안남으로 보냈다. 몇 달이 지나서야 비로소 콘웨이는 한 척의 호위함과 몇 명의 장교들로 하여금 첫 번째 원정대를 뒤따르도록 결정했다. 프랑스 혁명 발발로 본국으로부터의 계속적인 지원이 이루어지지 못했는데, 이는 영국인에게 여간 다행스러운 일이 아니었다. 안남에 있는 프랑스인들의 행동을 통해 영국은 인도에 있는 자신들의 재산과 회사의 무역에 손해를 주려는 프랑스의 의도를 간파하고 있었다.

프랑스로부터 받은 원조가 보잘것없었지만 그것은 지아 롱(또는 당시와 1802년까지 부르던 이름인 응구옌 푹 안Nguyen Phuc Ahn(阮福暎))에게는 엄청나게 유용한 것이었다. 그는 프랑스의 후원, 특히 프랑스 장교들의 도움으로 자신의 군대와 함대를 재정비하고 폭도를 물리쳤으며, 승리자로서 다시 수도에 입성했다. 1799년에 피뇨 주교가 서거하고, 이로부터 2년 뒤 그의 제자이자 왕위 계승자인 카우Cauh 왕세자도 죽었다. 선교사들이 전하고 있듯이 카우 왕세자는 이교도로 살았지만 사망할 당시에는 기독교도였다. 이 두 인물의 죽음과 통치권 강화로 말미암아 지아 롱 왕과 프랑스인 및 그곳에서 태어난 기독교인의 관계는 느슨하게 되었다. 하지만 그는 두 명의 프랑스 장교인 바니에르Bannier와 세뇨Chaigneau를 고위 관직에 임명하였으며, 1804년에는 영국계 인도 총독이 요구한 이들의 해임을 단호하게 물리쳤다. 또 그는 기독교도에 대한 박해를 용납하지 않았지만, 피뇨 주교에게 해 준 약속의 이행을 두 번이나 거부했다.

루이 18세는 1787년의 조약을 다시금 부활시키기 위해 투란 지방의 할양을 요구하였다. 아무런 군사력의 지원을 받지 못한 이러한 요구는 안남인들의 불신만 초래하였으며, 프랑스와의 무역을 막기 위해 여러 항구를 폐쇄하는 결과만을 초래하였다. 지아 롱이 죽은 뒤 상황이 위급하게 진행되어 바니에르와 세뇨는 1825년에 안남을 떠났다. 이때부터 외국인과 기독교인에 맞서 많은 칙령이 공포되었다.

제2제국 치하에서야 비로소 프랑스는 다시금 인도차이나의 역사에 적극 관여하기 시작하였는데, 또다시 선교사들이 이에 대한 계기를 제공하였다. 1857년에 본쇼즈de Bonnechose 추기경은 나폴레옹 3세에게 다음과 같이 말했다. "우리는 해외에서 우리의 선교사들을 지원할 것입니다. 그리고 안남·통킹·코친차이나와 맺은 이전의 조약을 관철시킬 것입니다. 나아가 우리는 이들 나라의 항구와 해안가에 확고한 기반을 구축할 것입니다." 즈누이 장군이 1858년 투란에 나타나 사이공을 점령한 뒤 1859년 5월부터 9월까지 벌어진 협상에서는 투란에 대한 프랑스의 예전의 권리 인정 문제가 주요 쟁점 가운데 하나였다. 1874년 3월 15일의 조약에서 규정하고 있듯이 프랑스는 안남의 왕에게 5척의 증기선, 대포당 200발의 포탄과 함께 7~16센티미터의 대포 100문, 총 1,000정, 탄환 50만 발 제공, 안남의 독립 인정 및 안정과 질서 유지, 모든 공격으로부터의 안남 보호 의무를 지고 있었다.

이상의 내용은 안남과 시암에 대한 프랑스의 계획들이 순간적으로 떠오른 것이 아니라 이미 100년 전부터 오랫동안 심사숙고한 것에서 비롯되었음을 보여 준다. 이러한 계획들은 첫 번째 본질적으로 영국의 영향력과 무역을 겨냥한 것이었다. 두 번째 프랑스 선교사들—나는 굳이 가톨릭 선교사라고 말하진 않겠다—은 도처에서 그리고 모든 시대에 걸쳐 정치적 역할을 수행하였다. 나는 교회가 세속화된 하나의 좋은 수출품에 불과했음을 기억하고 있다. 이를테면 그들은 정부·왕·황제 그리고 공화국의 대표자였다. 세 번째 프랑스 선교사와 국민의 돈을 그러한 일에 사용한 것은 스페인·벨기에·이탈리아와 같은 다른 나라 정부 입장에서 보면 어리석기 짝이 없는 짓이었다. 오늘날에도 대다수의 가톨릭 선교사들은 프랑스의 보호 아래 있고, 매년 수백만 명의 사람들이 신앙이나 교회의 이익을 위해서가 아니라 단지 프랑스의 이익을 장려하기 위한 선전 활동의 일환으로 리옹Lyon에 가고 있기 때문이다.

주

1 당빌J. B. B. D' Anville : 프랑스의 지리학자.
1737년에 그가 그린「조선왕국전도Royaume
de Corée」에는 독도(우산국)가 조선의 영토
로 되어 있다.

2 프톨레마이오스(85?~165?) : 프톨레미
Ptolemy라고도 불림. 그리스의 천문학자 ·
지리학자 · 수학자로서 삼각법과 투영도
법 등에 대한 방대한 저술을 남겼다. 지구
를 중심으로 모든 천체가 움직인다는 그의
천동설은 코페르니쿠스의 지동설이 등장
하기 전까지 오랫동안 널리 받아들여졌다.

3 스리랑카Sri Lanka의 옛 이름이자 인도양에
있는 스리랑카 공화국을 이루는 섬(실론
섬). 스리랑카는 2,500년의 오랜 역사적 전
통과 문화를 바탕으로 독자적인 발전을 해
왔지만 16세기 초부터 약 440년간 외세의
지배를 받았다. 이후 1948년 영국 연방의
일원으로서 실론Ceylon이란 국명으로 독
립했다가 1972년 공화국헌법을 채택하면
서 스리랑카 공화국으로 출범하였다.
Sri(눈부시게 현기증이 날 정도로 찬란히
빛나며 아름다운)와 Lanka(땅 · 표적 · 섬)
의 합성어인 Srilanka는 이름 그대로 인도
양에 떠 있는 보석처럼 빛나며 눈물방울 모
양을 한 섬 나라이다. 이 남방의 섬을 그리
스와 로마는 타프로바네Taprobane, 아랍 상
인들은 세렌딥Serendih, 포르투갈은 셀라
오Ceilao, 네덜란드는 코일란Coylan, 영국

은 실론Ceylon으로 각각 불렸다. 그러나 이
섬에 사는 원주민들은 항상 스리랑카라는
단 하나의 이름으로 불러 왔다.

4 토스카넬리Paolo Toscanelli dal Pozzo
(1397~1482) : 피렌체에서 태어나 지구구
형설地球形說을 믿었으며, 유럽에서 대서
양을 서쪽으로 항진하여 인도로 가는 신항
로의 존재 가능성을 콜럼버스에게 시사하
였다. 또한 포르투갈 국왕에게도 진언하여
국왕이 르네상스 시대의 해양 개척에 선도
적 역할을 할 수 있도록 하였다.

5 중세 유럽에서 북중국을 가리키던 말로,
거란어契丹語의 서구식 표기인 Kithay 또는
Khitan에서 유래한다. 칭기즈칸(1155?
~1227) 시대의 몽골족은 북중국을 키타이,
남중국을 만즈蠻子(Mangi)라고 불렀다. 오
늘날에도 러시아어로는 중국을 여전히 키
타이Kitai라고 부른다.

6 마르코 폴로가 일본을 가리킨 말로, 치핑
구Çipingu · 지밍구Jimingu라고도 불림.

7 중세기의 몽골 · 터키 · 달단(타타르) 종족
의 원수元帥에 대한 칭호로서, 역사적으로
몽골족의 통치자나 군주를 일컫는다.

8 칼리프는 '후계자'라는 뜻으로서, 이들이
이슬람 교단을 통솔하던 시대를 '정통 칼
리프 시대'라고 일컫는다. 칼리프는 대행
자라는 뜻의 아라비아어 '하리파'가 와전
된 말이다.

9 요한 폰 플라노 카르피니Johann von Plano Carpini(1182~1252) : 이탈리아명은 조바니 데 피아노 카르피니Giovanni de Piano Carpini. 이탈리아 페루자 출신의 프란체스코회 수도사. 교황 이노센트 4세는 몽골에 사전을 파견하여 몽골군의 유럽 침입을 저지하고 그리스도교로의 개종을 꾀할 목적으로 몽골의 내정을 살피도록 했다. 이 사절로 케룬의 프란체스코회 수도회 관구장인 카르피니가 임명되었다. 카르피니는 1245년 3월 교황의 서신을 가지고 리옹을 출발했다. 키에프를 경유하여 카스피해 북방에 있는 바투를 방문했으며, 이듬해 7월 구유크 칸의 본영에 도달했다. 여기에서 구유크 칸을 만나 4개월을 머무른 뒤 교황에게 몽골에 복속할 것을 요구하는 답신을 들고 귀로에 올라 1247년 11월 리옹으로 돌아왔다. 그의 견문기는 당시의 몽골을 유럽에 알린 최초의 책이다.

10 빌헬무스 뤼브뤼키Wilhelmus Rubruquis (1215~1270) : 독일 카셀 출신으로, 프란체스코회 선교사이자 연구 탐험가로서 몽골 문화를 연구한 최초의 유럽인 가운데 한 명으로 꼽는다.

11 발두치 페골레티Balducci Pegoletti : 1315~1340년에 활동한 피렌체의 무역상. 당시에 이루어지던 무역과 여행의 모습을 훌륭히 묘사한 『무역실무론Pratica della Mercatura』이라는 책의 저자로 유명하다.

12 니콜라스 디 콘티Nicolas di Conti(1395~ 1469) : 베네치아의 상인이자 탐험여행가.

13 이탈리아 역사가 조바니 바티스타 라무시오는 이 별명의 유래를 다음과 같이 설명하고 있다. "마르코 폴로는 항상 위대한 칸 제국의 광대함과 웅장함에 대해 이야기했고, 자신의 수입은 연간 금화 1,000만 ~1,500만 상당에 이른다고 말했다. 그리고 칸 제국에 아직 남아 있는 부富만 하더라도 금화 수백만에 이른다고 떠벌이고 다녔기 때문에 사람들은 그에게 '허풍쟁이 백만장자 마르코Messer Marco Milioni'라는 별명을 붙였다."

14 13세기에 중국을 여행한 마르코 폴로의 『동방견문록』에는 킨사이Quinsai라는 훌륭한 도시 이야기가 담겨져 있다. 프랑스어로 '천상의 도시'라는 뜻의 킨사이는 주위가 100마일이고, 일주일에 사흘 시장이 열리면 4만~5만 명의 사람들이 이때 시장을 보기 위해 온갖 종류의 식량을 갖고 광장으로 몰려드는데 식량은 언제나 충분하다고 기술하고 있다.

15 일본 천황天皇, 즉 덴노(천상의 지배자)를 가리키는 말로 미카도御帝(신적인 창조주)라고 불리기도 함.

16 아불페다Abulfeda : 정식 이름은 아부 알피다Abu al-Fida이다. 그는 1273년 다마스쿠

스에서 태어나 1331년 시리아 하마에서 사망한 아유브 왕조의 역사가이자 지리학자로서, 맘루크 왕국 시대에 지방의 술탄이 되었다. 『땅의 위치 Taqwīm al-buldān』(1321)라는 지리책의 저자로 잘 알려져 있다.

17 프란시스코 사비에르Francisco Xavier(1506~1552) : 1506년 스페인 상귀에사에서 출생하여 파리 대학에서 수학. 가톨릭계 수도회인 예수회 소속의 스페인 선교사로서 '동양의 사도'로 불리며, 성인聖人으로 추앙받고 있다. 일본에 최초로 그리스도교를 전했다. 1534년 27세 때에 이그나티우스 데 로욜라와 함께 예수회Jesuit를 창설하였고, 1540년 로욜라를 초대 총장에 추대하여 교황의 공인을 받았다. 또한 예수회의 동인도 관구장管區長, 교황특사로서 동양 일대의 선교 책임을 맡아 일하였다. 1545~1547년에는 주로 말라카 제도 포교에 전념하였다. 1552년에 중국 광동성 상찬다오上川島 섬에서 열병으로 사망했다.

18 페르낭 멘데스 핀투Fernand Mendez Pinto (1509~1583) : 포르투갈 몬테모루베유에서 출생하여 1583년 리스본 근처 알마다에서 사망함. 아프리카와 동양에서 13차레나 포로가 되었으며, 17차례에 걸쳐 노예로 팔리는 등 파란만장한 생애를 보냈다. 포르투갈의 탐험가로서 그가 쓴 『여행기Peregrinação』(1614)는 뛰어난 문학작품으로서 아시아,

특히 16세기 중국 문명을 접한 유럽인의 감동을 자세히 서술하고 있다. 이 책은 1969년 H. 코건에 의해 『핀투의 여행과 모험The Voyages and Adventures of Fernand Mendez Pinto』으로 번역·출간되었다.

19 호쿠사이北齋 : 정식 이름은 가쓰시카 호쿠사이葛飾北齋. 19세기 일본의 우키요에浮世繪 화파에 속하는 탁월한 화가이자 판화가.

20 일본의 옛 지방으로, 오늘날 오이타大分 현에 해당하는 지역임.

21 중국 저장성浙江省 북동부 해안에 면한 평야에 있는 도시. 닝보는 강 하구가 진흙 사주沙柱이지만 고대부터 항구 기능을 해왔다. 1475년 이후 내륙 지역에 농업이 발달하면서 다시 활기를 띠기 시작했다. 이러한 번영의 회복은 1545년에 시작된 포르투갈과의 무역에서 도움을 받았다.

22 오다 노부나가織田信長(1534~1582) : 일본 오와리국尾張國 교토에서 출생. 후지와라 가문藤原氏의 무사. 일본의 전국戰國·아즈치모모야마安土桃山 시대 무장武將. 본명은 깃보시吉法師, 뒤에는 사부로三郎라고 했다. 아시카가 막부足利幕府를 무너뜨리고 일본 전국의 절반 정도를 자신의 지배 아래 통일시킴으로써 오랜 봉건전쟁을 종식시켰다. 그는 사실상의 전제군주로서 중앙정부를 안정시키고 전국 통일을 이룰 여건을 조성하였다.

23 도요토미 히데요시豊臣秀吉(1537~1598) : 일본 오와리국尾張國 나카무라中村에서 출생. 중세 일본의 무장武將. 본명은 히요시마루日吉丸. 하시바 지쿠젠노카미羽柴筑前守라고도 함. 16세기 오다 노부나가織田信長가 시작한 일본 통일의 대업을 완수하고, 해외 침략의 야심을 품고 조선을 침략해 임진왜란을 일으켰으며, 죽을 때까지 최고위직인 다이코太閤(1585~1598)를 지냈다.

24 도쿠가와 이에야스德川家康(1542~1612) : 일본 오카자키岡崎에서 출생. 일본의 마지막 막부인 도쿠가와 막부德川幕府(1603~1867)의 창시자. 본명은 도쿠가와 다케치요德川竹千代.

25 도쿠가와 히데타다德川秀忠(1579~1632) : 일본 하마마쓰浜松에서 출생. 도쿠가와 막부의 제2대 쇼군. 도쿠가와 가문의 통치를 확립하고 기독교를 금지했으며, 교역 등 외국과의 모든 교류를 단절시킨 쇄국조치를 처음으로 시행했다.

26 하인리히 하이네Heinrich Heine(1797~1856) : 독일의 시인. 낭만주의와 고전주의 전통을 잇는 서정시인인 동시에 반反 전통적·혁명적 저널리스트였다. 풍자적인 기행문집 『여행 그림Reisebilder』(1826~1831), 시집 『노래의 책Buch der Lieder』(1827) 등을 발표하여 문명文名을 높였다. 또한 뮌헨에 초빙되어 잡지 「정치 연감」을 편집하였다.

1830년 프랑스의 7월 혁명에 감격하였고, 독일에서 필화筆禍에 의한 탄압을 받게 되자 이듬해 파리로 영구 망명하였다. 독일 시인 중에서 누구보다 많은 작품이 작곡되어 오늘날에도 널리 애창되고 있다.

27 원문에는 하토모토Hattomotto로 되어 있으나, 이는 하타모토Hatamoto(基本)의 오기임.

28 독일의 옛 은화 단위.

29 윌리엄 엘리엇 그리피스William Elliot Griffis(1843~1928) : 미국의 목사이자 동양학자. 1870년 일본의 초청으로 일본에서 동양학을 연구하다가 조선에 관한 연구의 필요성을 깨닫고 조선 연구에 힘썼다. 저서에 『은둔의 나라 조선』이 있다.

30 니치렌日蓮(1222~1282) : 일본 불교 종파의 하나인 니치렌종日蓮宗의 개조開祖로서 독자적인 법화불교를 수립하였다. 일본 불교에서 다른 종파들을 격렬히 비판하고, 몽골의 일본 침공을 예언한 승려이다. 나중에 이 종파가 한국에 들어와 일련정종日蓮正宗 등을 이루었다.

31 심유경沈惟敬(?~1597) : 중국 저장성浙江省 자싱嘉興 출생. 임진왜란 때 조선에서 활약한 명나라 사신으로, 평양성에서 왜장 고니시 유키나가와 만나 화평을 협상하였다. 1596년 일본에 건너가 도요토미 히데요시를 만나 협상을 진행하였지만 양국 사이에서 농간을 부림으로써 매국노로 몰려 처형

당했다.

32 이여송李如松(1549~1598) : 중국 명나라의 무장. 1592년 닝샤寧夏에서 보바이哱拜의 난을 평정하고 임진왜란이 일어나자 제2차 원군으로 조선에 들어와 고니시 유키나가의 왜군을 격파해 전세를 역전시켰다. 그러나 벽제관 싸움에서 패한 뒤 화의교섭 위주의 소극적인 활동을 했다.

33 프랑스·러시아·독일 3국은 일본의 대륙 침략 저지를 위해 청일전쟁 승리로 일본이 차지한 랴오둥遼東반도半島를 청국에 반환할 것을 요구하였다. 이른바 '삼국간섭'(1895)으로, 일본의 세력 확장에 제동을 걸었다.

34 사이고 다카모리西鄕隆盛(1827~1877) : 일본 개화기의 정치가. 그는 메이지 유신의 가장 중심적 인물로서, 도쿠가와 막부 시대를 종결시키고 천황 중심의 왕정복고를 성공시키는 데 절대적인 역할을 했다. 정한론征韓論 주창이 받아들여지지 않자 귀향한 뒤 중앙정부와의 대립이 격화되어 1877년 세이난西南 전쟁을 일으켰다가 패하여 자결하였다.

35 하나부사 요시모토花房義質(1842~1917) : 일본의 정치가·외교관. 구한말 때 주한 일본 공사를 역임했다. 1872년(고종 9년)에 내한하여 통상 교섭에 종사했다. 그해 임시 대리공사를 거쳐 1876년 대리공사에 임명되었으며, 1880년에는 변리공사가 되어 1882년 제물포 조약을 체결하였다. 러시아 특명전권공사, 농상무성 차관, 일본 적십자사 부총재를 거쳐 추밀원 고문, 적십자사 총재가 되었다.

36 갑신정변 때 고종은 경우궁과 계동궁으로 옮겨갔다.

37 조독 조약과 조영 조약은 일명 차폐 조약과 파크스 조약이라고 각각 일컬어지기도 한다. 치외법권 규정 삭제와 관세 인하 등을 핵심 내용으로 하고 있다.

38 오장경吳長慶(1833~1884)을 가리킴. 임오군란 때 군사를 이끌고 조선으로 원정 온 중국 청나라 장군으로서 군란을 진압한다며 친일 개화파 탄압과 흥선대원군 납치를 행하여 대원군파派를 숙청하는 한편 민씨 정권을 복귀시키고 보호했다.

39 김옥균의 시신은 조선 조정의 요청으로 사망 보름 뒤 인천항으로 들어와 마포 양화진 나루터로 옮겨졌다. 조선 조정은 대역 죄인이라는 이유로 양화진에서 김옥균의 시신을 능지처참하고 효수한 뒤 병사들로 하여금 이를 지키게 했다. 일본의 묘는 일본 후원자들이 그의 유발遺髮과 의복 일부를 가져가 만든 것이다.

40 수구파의 대표주자 홍종우洪鍾宇를 가리킨다. 갑신정변의 주역 김옥균은 상하이의 한 여관에서 절친하다고 생각하던 홍종우

에게 세 발의 총을 맞고 세상을 떠났다. 이후 홍종우는 암살 성공의 대가로 귀국 후 고종의 최측근에서 실력자로 떠올랐다.

41 청일전쟁에서 일본이 승리하자 친일파는 일본을 배경으로 하여 친청親淸 보수 세력인 민씨 일파를 축출하고, 개화당인 김굉집金宏集(김홍집의 초기 이름)을 수반으로 하는 친일 내각을 조직하여 내정개혁을 단행하였다. 이것이 갑오개혁이다. 아울러 개혁의 기초인 「홍범14조」를 선포하였다 (1895. 1. 7). 이는 우리나라 최초의 헌법이라고도 할 수 있으며, 12개가 아니라 14개 조항으로 되어 있다.

42 3조의 정확한 내용은 다음과 같다. "대군주는 정전正殿에 나와 정사를 보고, 국정은 각 대신과 친히 논의하여 재결하며, 후빈 종척后嬪宗戚의 간여를 금한다."

43 박영효朴泳孝(1861~1939) : 한말의 정치가. 그의 부인이 된 영혜옹주와는 3개월 만에 사별하였지만 금릉위錦陵尉 정일품 상보국숭록대부가 되었다. 그는 유대치를 중심으로 김옥균·홍영식·서광범 등 개화당 요인들과 함께 결속 및 정치적 혁신을 주창했다. 일본 세력을 이용하여 청나라의 간섭과 러시아의 침투를 억제하는 데 주력했으며, 1884년 갑신정변을 주도했다.

44 민비를 가리키는 작전 암호명.

45 이경직李耕稙(1841~1895) : 조선 고종 때의 대신. 자는 위양威穰. 호는 신부莘夫. 고종 32년(1895) 을미사변 때 궁내부 대신으로서 일본 낭인 패에 대항하다 그들의 총탄에 맞았으며, 고종이 보는 앞에서 폭도의 칼을 맞아 절명하였다. 후에 의정議政에 추증되었다.

46 이들 폭도는 건청궁乾淸宮으로 쳐들어가 국왕의 침전인 곤녕전坤寧殿과 왕비의 침전인 옥호루玉壺樓에 난입하였다.

47 그레이트하우스C. R. Greathouse(1846~1899) : 미국 켄터키 주에서 출생하여 법학을 공부하였다. 1890년 구례具禮라는 한국명으로 내무 협판協辦에 임명되었으며 우정국 총판을 겸직했다. 1896년에는 고종의 법률 외교 고문으로 임명되어 다른 나라와의 분쟁 사건을 담당하였다.

48 대원군의 맏아들이자 고종의 형이다.

49 페르디난트 폰 리히트호펜Ferdinand von Richthofen(1833~1905) : 카를스루에에서 태어나 베를린 대학에서 지질학을 배우고 빈Wien 지질조사소에서 근무하였다. 1860~1862년 독일 극동경제사절단의 일원으로 스리랑카·타이완·필리핀·일본 등지를 방문하였다. 1863~1868년 미국 캘리포니아에서 지리학적 조사를 실시하였다. 1868~1872년 극동으로 돌아와 중국 본토와 티베트 지질조사에 착수하였다. 조사 결과는 『중국본토』『쓰촨四川·구이저우

省貴州省』등의 저서로 간행되었다. 지리학이 더 이상 탁상공론의 학문이 아니라 야외 관찰실험의 학문이며 경관론景觀論임을 입증하였다. 귀국 후 본(1875~1883)·라이프치히(1883~1886)·베를린(1886~1905) 대학의 교수를 역임하였으며, 베를린 국제지리학협회와 해양학연구소를 창설하였다.

50 여기에서는 페르시아 제국을 건설한 키루스 2세(기원전 600~529)를 말한다.

51 장건張騫(?~BC 114) : 무제武帝의 명을 받고 흉노를 협공하기 위해 일리강 유역에 있던 다웨스大月氏와 동맹하고자 BC 139년경 장안을 출발하였다. 도중에 흉노에게 붙잡혔지만 탈출하여 다위안大宛·캉쥐康居를 거쳐 이미 아무다리야 북안으로 옮긴 다웨스에 도착하였다(BC 129년경). 그러나 다웨스는 흉노를 칠 의사가 없어 동맹에 실패하고 귀국하던 중 다시 흉노의 포로가 되었다가 BC 126년에 귀국하였다. BC 119년 이리伊犁 지방의 오손烏孫과 동맹하기 위해 다시 파견되었는데, 그곳에서 그가 파견한 부사副使들이 서역 제국의 사절·대상隊商들을 데리고 돌아왔다. 그의 여행으로 서역의 지리·민족·산물 등에 관한 지식이 중국으로 유입되어 동서 간의 교역과 문화가 발전하게 되었다.

52 파르티아는 기원전 3세기에서 기원후 3세기까지 이란 고원에 있던 고대 국가이다.

53 예멘 남부의 항구도시.

54 중국의 문헌에서는 각라화림喀喇和林 또는 간단히 화림和林·화령和寧 등으로 쓰인다. 1235년 몽골 왕조의 제2대 황제 오고타이(태종)는 몽골고원의 중앙부에 해당하는 오르(우랄)강 상류 우안에 카라코룸을 건설하였다. 그 뒤 구유크(정종)·몽케칸(헌종)으로 이어지는 3대의 약 20년에 걸쳐 몽골제국의 수도로서 번성하였으며, 유라시아 각지에서 많은 사절·전도사·상인 등이 모여들었다. 쿠빌라이가 수도를 중국 내부에 있는 대도大都인 베이징北京으로 옮긴 뒤에 카라코룸은 몽골의 옛 도읍지 또는 화림행성和林行省의 소재지에 불과한 지방 도시가 되었다.

55 오늘날의 카이로.

56 베트남 남부 지방.

57 중국에 전해져 경교景敎가 된 종교 일파.

58 알폰소 데 알부케르케Affonso de Albuquerque(1453~1515) : 포르투갈 리스본 근처의 아얀드라에서 태어났다. 알폰소 5세의 궁정에서 자랐으며, 1503년 인도에 파견되어 최남단의 코친 왕으로부터 근거지 설립의 허가를 얻었다. 1506년에 다시 출발하여 아프리카 동해안의 아랍인들을 토벌하고, 1508년 인도의 말라바르 해안에 이르러 총독 알메이다와 싸워 투옥되었으나 이듬해 자신이 총독이 되었다. 1510년

에는 고아Goa를 점령하여 식민 근거지로 삼고 실론·말라카에도 진출하였으며, 시암·수마트라·자바로부터 조공朝貢을 받았다.

59 한편 마카오는 1999년 12월 20일 중국에 반환됐다.

60 지금의 대만.

61 중국어로는 샤먼廈門이다. 면적은 1,516제곱킬로미터이며, 중국 푸젠성 동남 연해에 위치한 중요한 항구도시이다. 외국과의 무역은 1544년에 포르투갈인이 처음 도착하면서 시작되었으나 이들은 곧 추방되었다. 그 뒤 영국과 네덜란드의 선박이 출입하면서 '아모이'라 부르게 되었으며, 이것이 지명으로 굳어졌다. 1842년의 난징조약南京條約에 의해 상하이·광저우 등과 더불어 5항의 하나로 개항된 이후 상하이·홍콩·난양 등지를 연락하는 중계무역항으로서 크게 발전하였다.

62 태평천국 난과 같은 시기인 1853년부터 시작하여 태평천국이 몰락한 뒤인 1868년까지 화베이華北지역에서 봉기한 반청 반란 집단.

63 공친왕恭親王(1832~1898) : 중국 청나라의 황족. 도광제道光帝의 여섯째 아들이자 함풍제咸豊帝의 동생. 함풍제 즉위 뒤 공친왕에 봉해졌다. 1860년 영국·프랑스 연합군이 베이징에 육박하여 함풍제가 러허熱河

로 피란하자, 연합군과 절충하여 베이징조약을 체결하고 외교전담 관서인 총리각국사무아문을 설치하여 열강과의 화친을 꾀하였다. 동치제 즉위 뒤 동태후·서태후와 쿠데타를 단행했다. 내치·외교의 최고 권력을 장악하고 태평천국 난 등 내란을 진압하여 '동치중흥'이라는 말을 들었다.

64 1874년 영국은 버마와 윈난에서 양쯔강揚子江 상류에 이르는 무역로를 개척하기 위해 브라운 대령을 대장으로 하는 193명의 탐험대를 파견하였다. 영국의 즈푸芝罘 영사관 서기 마가리는 청조淸朝가 발행한 여권을 휴대하고 이라와디강 상류의 바모에 대기한 브라운 대령과 합류하여 1875년 2월 윈난으로 향했으나 만윈蠻允 부근에서 중국인 종자從者 네 명과 함께 살해되었다. 영국 측은 윈난 순무巡撫 잠민영岑毓英이 주모자, 중국 측은 만인蠻人이 범인이라고 주장함으로써 서로 대립하였다. 영국 공사 웨드는 이를 이용해서 톈진조약의 개정을 강력히 추진하여 1876년 즈푸조약으로 그 목적을 달성하고, 살해사건에 관해서는 배상금 6만 냥을 지불하게 하였다.

65 영국의 의회와 추밀원 보고서.

66 함풍제咸豊帝(1831~1861, 재위기간 1850~1861) : 청나라 제9대 황제. 태평천국군의 난징 점령에도 불구하고 당파 싸움에만 몰두하는 만주인 관료를 물리치고 젊은 한인

관료를 기용하는 등 치정에 힘썼다. 애로
호 사건을 계기로 체결된 톈진조약의 비준
문제로 분쟁이 일어나 영국·프랑스군이
베이징을 침입하자 러허熱河의 이궁으로
피란, 병사하였다.

67 동치제同治帝(1856~1874, 재위기간 1861~
1874) : 청나라 제10대 황제. 9대 함풍제의
독자獨子이며, 어머니는 서태후西太后이
다. 불과 다섯 살 때 즉위하였으나 실제 정
치에 관여하지 못하고 18세 때 천연두로
사망하였다.

68 광서제光緖帝(1871~1908, 재위기간 1874~
1908) : 청나라 제11대 황제. 사실상 정권
은 서태후가 장악했다. 서구 열강과 문제
가 많은 시기였으며, 일본의 메이지 유신
을 본받은 변법자강책을 받아들여 1898년
무술변법을 시행했다. 그러나 수구파 세력
의 쿠데타로 실패했다.

69 페르디난트 베르비스트Ferdinand Verbiest
(1623~1688) : 벨기에 출신 예수회 선교사.
1659년 청나라에 들어왔다. 천문·역사 서
적 편찬, 대포 제작 등으로 황제의 마음을
사 관직에 올랐다. 러시아와의 회담에서
통역자로 일하면서 시베리아를 통한 러시
아 육로 횡단 정보를 얻어 내기도 했다.

70 라오스 북부에 있는 도시.

71 당시 라오스 북부 십송판나Sipsong Panna
연맹체를 이루고 있던 루에Lue족은 라오

스·태국·중국·베트남·버마로 오분오
열五分五裂되어 있었다. 십송판나는 중국
에서 시솽반나Xishung Banna(西雙版納)라
부르며, 열두 개 논자락을 뜻한다.

72 프랑스 외무부 소재지. 즉 프랑스 외무부
를 말함.

73 중국 저장성 동북부 앞바다의 240여 개 섬
으로 이뤄진 군도이다. 면적은 1,440제곱
킬로미터이며, 군도 주변은 중국 제일의
어장으로 수산자원이 풍부하다.

74 조선의 거문도.

75 인도 반도 북서부, 파키스탄령領 잠무카슈
미르에 있는 지구地區.

76 타림분지. 카슈가르로 불렸으며, 지금의
카스喀什를 이른다.

77 동북아시아, 특히 중국에서 쓰는 무게의
단위이자 중국의 옛 화폐 단위. 1테일은
37.7그램에 해당한다(1테일은 1테일 무게
의 은에 해당함).

78 조지 커즌, 『극동의 제문제, 일본 - 조선 -
청』, London, Longmans, 1894.

79 옹정제雍正帝(1678~1735, 재위기간 1722~
1735) : 청나라 제5대 황제. 강희제의 넷째
아들. 군기처대신軍機處大臣을 두었으며,
지방대관에게 주접奏摺이라는 친전장親展
狀에 의해 정치의 실정을 보고하게 하였다.
토착민에게는 개토귀류開土歸流의 정책을
펴서 내지화內地化를 꾀하였다.

80 가경제嘉慶帝(1760~1820, 재위기간 1796~
   1820) : 청나라 제7대 황제. 즉위 후에도 태
   상황제가 된 건륭제가 실질적으로 통치하
   였으며, 태상황제 사망 뒤에야 비로소 친정
   을 폈다. 백련교의 난을 평정하였지만 천
   리교의 난, 후이족回族・먀오족苗族 등의
   반란으로 청나라는 쇠퇴기에 접어들었다.

81 임척서林則徐(1785~1850) : 청나라 정치가.
   푸젠성福建省 출생. 1811년 진사進士・지방
   관을 역임하며 수리사업水利事業에 힘썼다.
   승진을 거듭하여 장쑤순무江蘇巡撫와 량장
   兩江 총독을 거쳐 1837년 후광湖廣 총독이 되
   었다. 영국 상인들이 소유한 아편을 몰수해
   상자를 불태우고, 이들을 국외로 추방하는
   등 강경 수단을 써 아편 밀수의 근절을 꾀했
   다. 태평천국 난 진압 명을 받고 광시순무廣
   西巡撫에 임명되어 부임 도중 병사했다.

82 1876년 9월 윈난雲南 문제 처리를 위하여
   중국 산둥성山東省의 즈푸에서 청나라와
   영국이 체결한 조약. 영국은 이전에 이미
   아편전쟁・애로호사건으로 중국으로 하
   여금 개항을 하도록 하였다. 이후 내륙 오
   지에 내한 침두들 쐬하려는 중 때마침 윈난성
   에서 일어난 영국 영사관원 마가리 피살사
   건을 구실로 이 사건의 해결 외에도 윈난-
   버마 간의 국경무역 허가, 윈난 탐험대의
   재파견, 다리부大理府에 5년간 영국 관리
   주재 승인, 이창宜昌・우후蕪湖・원저우溫

州・베이하이北海 등의 개항, 양쯔강 유역
의 다퉁大通 이하 6개 기항지 설정 등의 여
러 요구를 제시하여 마침내 청 왕조를 강압
적으로 굴복시키고 조약을 체결하였다.

83 중국이나 태국・필리핀・말레이반도・인
   도네시아 등 동남아시아 일대에 걸쳐서 해
   운海運에서 쓰이는 무게 단위이다. 한 사람
   이 짊어질 수 있는 짐의 무게로서 담擔이라
   고도 한다. 1피컬은 약 60.52킬로그램에 해
   당한다.

84 러시아 서西시베리아 튜멘주州에 있는 도
   시. 튜멘에서 북동쪽으로 254킬로미터 떨
   어져 있으며, 이르티슈강과 토볼강이 합류
   하는 곳에 있는 하항河港이다.

85 특히 1721~1917년 러시아 정교의 최고 지
   도기관이었다.

86 원문에는 바이투Baitu로 되어 있으나, 이는
   오고타이한국의 카이두海都를 가리키는
   것임이 분명하다. Baitu는 'Kaidu' 또는
   'Qaidu'의 오기임.

87 중국 명나라를 멸망시킨 1630~1640년대
   의 농민반란. 이자성(1606~1645)은 산시
   성 옌안延安에서 태어난 중농中農의 아들
   이었으나 가세가 기울어 목동・역졸・군
   인으로 전전하다가 굶주린 무리를 이끌고
   반란에 가담하여 두각을 나타내었다. 그는
   다른 반란군 수령들이 투항한 뒤에도 계속
   항쟁을 벌여 세력을 떨쳤으며 허난河南에

이어 1641년 뤄양洛陽을 점령해서 복왕福王을 죽이고 그 재산을 모두 백성들에게 나누어 주었다. 1643년 시안西安을 점령하여 이를 도읍으로 삼고 국호를 대순大順이라 하였으며, 관제를 정비하고 화폐를 발행하였다. 이어 명나라의 수도 베이징北京을 공격하였다. 당시 명나라 군대의 주력부대는 만주에서 새로 일어난 청나라의 침략에 대비해 산하이관山海關에 있었기 때문에 베이징은 쉽게 함락되었으며, 명나라의 숭정제崇禎帝가 자살함으로써 명나라는 멸망하였다(1644). 그러나 이자성은 곧 오삼계吳三桂 군대에 대패하여 베이징에서 시안으로 후퇴하였다가 청나라 군대의 추격을 받고 후베이湖北로 달아나 자살하였다.

88 강희제康熙帝(1654~1722, 재위 1661~1722) : 청나라의 제4대 황제. 중국 역대 황제 중 재위기간이 61년으로 가장 길다. 삼번三藩의 난을 평정한 뒤 국가는 재정적·내정적으로 안정되었다. 외정적으로는 중국의 영토를 크게 확장하였다. 청나라의 지배는 그의 재위기간에 완성되었으며, 다음의 옹정제雍正帝·건륭제乾隆帝로 계승되어 전성기를 이루었다.

89 오삼계吳三桂(1612~1678) : 중국 명말 청초의 무장武將. 광둥廣東의 상가희尚可喜, 푸저우福州의 경중명耿仲明과 함께 삼번三藩으로 불리었다. 이자성이 베이징을 함락하

고 귀순을 권하자 청나라의 중국 본토 진출을 도왔다. 그러나 이러한 독립정권과 같은 위협적 존재는 전국 평정을 완수한 청나라가 인정할 수 없는 일이었다. 1673년 청나라 강희제가 철수명령을 내리자 그는 반란을 일으켰으며 상가희·경중명도 이에 가담하여 '삼번의 난'이 일어났다. 1678년 5월 후난湖南의 헝양衡陽에서 황제위에 올라 국호를 주周라 하고, 소무昭武라 건원하였으나 8월에 병사하였다. 손자 세번世璠이 뒤를 이어 홍화洪化라 개원하였지만 1681년 10월 쿤밍昆明에서 청군에 포위되어 자살하였다.

90 콕싱가Koxinga(1624~1662) : 본명은 정성공鄭成功이며 명나라 부흥 운동의 중심인물이다. 난징 공략은 기사회생의 일대결전이었으나 패하여 아모이로 철수했다. 청나라가 연안 5성의 백성을 내지로 옮겨 그와의 관계를 두절시키는 천계령을 펴자, 그는 포르모사를 공략하여 새로운 기지를 확보하고 항청복명과 대륙 반격의 강화를 기도했다. 서양에서는 콕싱가로 불린다.

91 기영耆英(1787~1858) : 청나라 말기 정치가. 1838년 성징盛京에서 아편 단속과 만주 해상 방어에 주력하였다. 광저우에서 흠차대신이 되어 1842년 난징조약 및 1843년 후먼차이虎門寨 추가조약에 조인하였다. 1844~1848년 량광兩廣 총독 겸 흠차대신

으로서 외교교섭을 맡았으며, 함풍제咸豊帝 즉위 뒤 요직에서 물러났다.

92 청나라 말기 베이징에 세운 외국어 전문학교. 1858년 톈진조약이 비준되어 베이징에 외국 공사들이 주둔하게 되자 이들과의 의사소통을 위하여 외국어를 번역하거나 통역할 수 있는 인재를 양성할 필요가 있었다. 총리아문總理衙門의 수반이던 공친왕恭親王 혁흔의 제안에 따라서 1861년 총리아문의 부속 관청으로 먼저 영어를 가르치는 영문관英文館을 설립하였다. 이어 다음 해인 1862년에 프랑스어를 가르치는 법문관法文館과 러시아어를 가르치는 아문관俄文館이 설치되었다. 1866년에는 외국어 이외에 자연과학을 전공하는 산문관算文館을 세웠으며 1872년에 독일어를 가르치는 덕문관德文館, 1896년에 일본어를 가르치는 동문관東文館 등이 추가 설립되었다. 교수와 학생들은 서양 서적을 중국어로 번역하여 중국에 서양 지식을 보급하는 역할을 하였다.

93 모로코 최북단 항구도시.

94 미얀마·인도네시아·말레이반도 등지에서 남녀가 허리에 두르는 민속의상. 말레이어로 '통형簡型의 옷'이라는 뜻이다. 너비 1미터, 길이 2미터 안팎의 천을 통형으로 꿰매어 그 속에 하반신을 넣고, 남은 부분은 턱을 잡아 허리에 끼우든지 끈으로 맨

다. 옷감은 고급 면직에 다양하게 문양을 짜 넣거나 염색한다.

95 산스크리트어와 같은 계열인 고대인도 속어의 일종으로, 스리랑카와 미얀마 등지의 불교 성전에 사용되고 있는 말이다.

96 섭명침葉名琛(1807~1859) : 중국 청나라 말기의 정치가 외교를 담당했다. 대외강경론자로서 여러 외국의 조약 개정 요구에 응하지 않았으며, 영국의 애로호 사건에 대한 항의도 받아들이지 않았다. 광저우가 공격당했을 때 붙잡혀서 캘커타로 이송되어 그곳에서 병사했다.

97 청나라 건륭제를 위해 예수회 건축가들에 의해 지어진 베이징 외곽의 여름 별궁이다. '정원 중 정원'이라 불릴 만큼 아름다운 곳이었으나 1860년 제2차 아편전쟁 때 영국·프랑스 연합군에 의해 점령된 뒤 불에 타 폐허가 됐다.

98 찰스 조지 고든Charles George Gordon(1833~1885) : 영국의 군인이며, 중국식 이름은 과등戈登이다. 1860년에 영국·프랑스 연합군의 베이징 공략에 참가하여 태평천국 난의 진압에 활약하였다. 뒤에 이집트의 수단 총독을 지냈으며, 1885년에 수단의 반영反英 반란을 진압하러 갔다가 전사하였다.

99 이슬람법 전문가 무프티mufti가 밝히는 공식적인 법적 견해.

100 이노우에 가오루井上馨를 말한다.

101 러시아는 19세기 중반부터 한반도 원산元山 용성진과 영흥부 대강진에서 양민을 살상하는 등 포악성을 드러내었다. 1854년 러시아 함대가 동해안에 나타나 해안을 측량하고, 영흥만을 포트라자레프Port Lazareff로 명명하는 등 종횡무진 동해를 드나들었다. 이처럼 러시아인들이 동해안에 적극 출몰한 까닭은 시베리아 연해주 일대를 차지하고 블라디보스토크에 군항을 마련했으나 연중 7~8개월이 동빙冬氷 상태여서 부동항을 찾는 데 초조해 있었기 때문이었다.

102 1885년 4월 영국 동양함대 소속 군함 6척이 한반도 남해안에 나타나 거문도를 점령하는 사건이 일어났다. 이는 러시아가 한반도 연안, 특히 동해안을 거쳐 태평양으로 세력을 확장하는 것을 견제하려는 의도였다. 영국 해군은 그곳을 해밀턴 항Port Hamilton이라 이름 붙이고는 군사 기지로 삼겠다는 의사를 밝혔다. 거문도는 여수와 제주도 사이인 남해 중앙에 있는 섬으로, 동해에서 쓰시마 섬으로 항해하는 선박들을 파악하고 감시하기에 좋은 곳이었으며 수심도 깊어 항구를 설치하는 데 유리했다.

103 중국 광동성廣東省 남부 주장珠江 삼각주의 탄장潭江에 있는 작은 섬.

104 중국 랴오닝성遼寧省 성도省都인 선양瀋陽을 이르는 말로, 옛 이름은 펑톈奉天이다. 만주어명으로는 무크덴이라고 한다.

105 사건의 전말은 다음과 같다. 전함 에스크호에서 자그마한 축제가 진행되는 동안 중국인 요리사 한 명이 우발적으로 명망 있는 청나라 관리를 총으로 쏘았다. 청나라 당국이 그 요리사의 인계를 요구했지만 에스크호에서 그를 넘겨주지 않자 소요가 심해졌다.

106 로버트 하트Robert Hart(1835~1911) : 영국 외교관. 1854~1859년 청나라의 영국 공사관에서 근무하다가 1859년 광둥해관廣東海關의 부세무사副稅務司, 1863년 제2대 총세무사가 되었다. 이후 1908년 귀국 때까지 45년간 그 직에 있었다. 청나라 해관의 최고책임자는 1858년 톈진조약 이후 중국 정부가 수립될 때까지 약 90년 동안을 외국인, 특히 영국인이 차지했다.

107 알렉산더 와일리Alexander Wylie(1815~1887) : 런던 전도회 소속으로 중국 선교사가 되어 1847년 상하이로 건너가 인쇄업계에서 일하면서 신교활동을 했다. 중국인 이선란李善蘭과 협력하여 영·미의 과학 관련 서적들을 번역하였는데, 그 가운데서도 마테오 리치가 남긴 유클리드 『기하학 원본』의 후반 9권과 허셸의 『담천談天』이 가장 유명하다. 그는 중국학 학

자로도 이름을 알렸으며, 이 분야의 논문 집으로 『중국 탐구』가 있다. 그러나 그의 이름을 불후의 것으로 만든 것은 『한적해제漢籍解題』의 편집·간행이었다. 이 책은 유명한 H. 코르디에의 『중국서지中國書誌』보다 앞선 것으로, 『중국서지』를 쓰는 데에 많은 참고가 되었음을 코르디에도 인정하고 있다.

108 중국 남해안과 레이저우雷州 반도, 하이 난다오海南島, 베트남 북부 해안으로 둘러싸인 남중국해의 만. 북부 베트남은 봉건 영주들 사이에 있었던 긴 투쟁의 역사를 가지고 있다. 이 지역의 종주권 문제를 놓고 영국 정부와 청나라 정부가 여러 해 동안 충돌한 끝에 1883년 그곳은 프랑스의 보호국이 되었다. 전全 역사에 걸쳐서 중국의 영향을 강하게 받았으며, 제2차 세계대전 이후에는 반反프랑스 투쟁의 핵심 지역이었다.

109 동아시아에서의 무게 단위.

110 타이완 해협의 소군도.

111 로버트 세실 솔즈베리Robert Arthur Talbot Gascoyne-Cecil, 3rd Marquess of Salisbury 1830~1903) : 영국의 정치가. 1868년 아버지가 세상을 떠나자 상원上院에 들어가 인도장관을 지냈다. 1878년 외무장관으로 취임하면서부터 베를린회의에서 B. 디즈레일리와 함께 활약하여 '대大불가

리아'의 실현을 저지하는 데 성공하였다. 1881년 상원에서 보수당 당수로 취임하였으며 1885~1886년, 1886~1892년, 1895~1902년 등 장기간에 걸쳐 총리로 세 번 재직하면서 외교정책, 특히 아시아·아프리카에서의 '제국정책'에 많은 관심을 기울였다. 1887년 제1차 식민지회의를 개최하였으며, 중국에서의 웨이하이웨이威海衛를 조차租借하였고, 수단에서 프랑스와 경합을 벌었다. 보어전쟁 등에서 적극적인 제국주의 외교정책을 전개하였으며, 국제 관계의 평화적 조정에 이바지하였다.

112 산둥반도의 북단에 위치한 항구도시 및 중국 북방의 중요한 군항 중 하나로, 청나라 해군 북양함대의 군항이 있었던 곳이다. 웨이하이웨이威海衛는 지금의 웨이하이威海로 바뀌었다. 1894년 청일전쟁이 이곳에서 발발했으며, 1898년 영국에 넘겨졌으나 1930년에 주권을 되돌려 받은 역사를 지니고 있다.

113 이토 히로부미伊藤博文(1841~1909) : 일본의 정치인으로 총리를 네 번 역임 (1885~1888, 1892~1896, 1898, 1900~1901)했다. 현대 일본의 기반을 다지는 데 중추적인 역할을 한 인물로, 메이지 헌법(1889)의 초안을 마련하고 양원제 의회 (1890)를 수립하는 데 커다란 기여를 했

다. 1884년 후작 작위를 받은 데 이어 1907년 공작이 되었다. 1905년 을사보호조약을 체결하고 한국통감이 되었다가 1909년 만주 하얼빈 역에서 안중근 의사에게 피살되었다.

114 이토 히로부미를 가리킨다. 태어났을 때 이름은 리스케利助였다. 그러나 자라면서 무려 20번이나 이름을 바꾸었다. 리스케利介, 도시스케利輔, 슌케俊助·俊介·俊輔·舜輔, 하루스케春輔, 무토쿠無德, 하야시 우이치林宇一, 요시무라 쇼조吉村蔣藏, 데포나デポナ, 오치 후타로越智斧太郎, 하나야마 슌보花山春輔, 준신醇臣, 시칸子簡, 기센義詮, 마사미쓰正光, 기초義澄 등이 그가 쓰던 이름이다. 이토는 이 가운데 도시스케俊輔를 즐겨 썼다. 히로부미博文는 1868년 9월 이후 그가 유신정부에서 중책을 맡으면서 쓰게 된 이름이다.

115 러더퍼드 앨콕Rutherford Alcock(1809~1897) : 초대 주일 영국 공사를 역임했다. 1863년 일본 체재 3년 만에 쓴 저술에서 유럽 중세에 비추어 일본 정부를 묘사하였다. 유럽 봉건제와는 시간도 뒤지고 장소도 다르지만 모든 주요 특징이 놀랄 정도로 일치하고, 충분한 일체성과 유사성을 띠는 봉건제를 일본에서 찾아볼 수 있다고 말하였다.

116 도쿠가와 요시노부德川慶喜(1837~1913) : 일본 도쿠가와德川幕府 막부(1603~1867)의 15대 쇼군이자 마지막 쇼군. 본명은 도쿠가와 게이키. 미토 번藩 번주 도쿠가와 나리아키德川齊昭의 아들로 태어났다. 도쿠가와 가문의 한 파인 히토쓰바시一橋家는 미토 가문과 같이 쇼군의 직을 승계할 수 있었으나 후계자가 없었다. 이에 나리아키의 일곱째 아들로서 히토쓰바시가에 양자로 들어간 게이키가 쇼군이 될 가능성이 컸다. 쇼군 도쿠가와 이에사다德川家定가 1858년 후계자 없이 죽게 되자 나리아키는 자신의 개혁정책을 수행할 방편으로 아들인 게이키가 쇼군이 되도록 힘썼다. 그러나 보수파가 세력을 잡아 기이紀伊 번의 도쿠가와 이에모치德川家가 쇼군이 되고, 게이키와 나리아키는 다른 개혁파와 함께 가택연금을 당했다. 그러나 서양과의 교역을 허용한다는 정부 정책은 곧 커다란 반발을 샀으며, 쇼군이 자신의 권한 중 일부를 천황에게 양도해야 한다는 주장이 재론되었다. 1862년에 막부는 결국 나이 어린 게이키를 새 쇼군의 후견인으로 임명한다는 타협안을 받아들이지 않을 수 없게 되었다. 게이키는 즉각 조정과 막부의 긴밀한 화합을 꾀하고 대영주들이 정책 결정 과정에서 어느 정도 발언권을 갖도록 하는 개혁조치를 시행했다. 그는 막부를 무너뜨리고 왕정

복고를 이룩한 비교적 평화적인 정권 교체인 메이지 유신(1868) 달성에 일익을 담당했다.

117 메이지 정부가 번藩이나 민간에서 등용하여 관리로 임명한 사람.

118 번에서 조정에 천거하여 보낸 의원.

119 일본 메이지 신정부와 막부 사이의 무력 충돌. 사쓰마 번의 사이고 다카모리西鄕隆盛를 비롯한 막부 타도파는 에도 시내를 교란해 구舊막부 측을 자극하였다. 이에 분격한 아이즈會津와 구와나桑名를 주력으로 하는 막부 지지파의 병력은 도쿠가와 요시노부德川慶喜의 본거지인 오사카 성을 출발해 교토로 진격했다. 1868년 1월 3일 교토 교외의 도바·후시미에서 사쓰마·조슈를 중심으로 하는 신정부군과 충돌했다. 막부 지지파는 병력은 우세했지만 장비 면에서 열세였기 때문에 결국 패배했으며, 도쿠가와 요시노부는 에도로 도주했다.

120 홋카이도의 옛 이름.

121 에노모토 다케아키榎本武揚(1836~1908) : 일본의 정치가. 에노모토 부요라고도 한다. 해군관리로서 메이지 유신 주도세력에 맞서 도쿠가와 막부 가문을 마지막까지 지지하기도 했지만 나중에 새 정부에 등용되어 중요한 직책을 두루 맡았다. 1868년 도쿠가와 가문의 일본 지배를 종식시키려는 전투가 거의 막바지에 이르자 에노모토는 독립된 공화국을 세울 생각으로 도쿠가와 가家의 해군 선박 8척을 이끌고 일본 최북단에 있는 홋카이도北海道로 갔다. 그러나 1869년 천황군에 항복했으며 3년 동안 가택연금 상태에 있다가 특사를 받았다. 1873~1876년 특명전권공사로서 러시아에 파견되어 일본이 북부 쿠릴 열도와의 교환 조건으로 사할린 섬을 포기한다는 상트페테르부르크 조약을 체결했다. 1876~1882년 해상海相의 지위에 오르고, 1882~1884년 중국대사로 임명됐으며, 체신상·문부상·외무상·농상무상을 역임했다. 1887년 자작子爵 작위를 받았다.

122 오무라 마스지로大村益次郎(1824~1869) : 일본의 학자이자 군인. 서양의 군사 전략을 공부했으며, 근대 일본군 창시자로 알려져 있다. 1861년에 고향으로 돌아와 조슈 번의 군사 고문으로서 서양 군사학에 대한 지식을 활용하기 시작했다. 1864~1865년 조슈 번과 막부군 사이에 전투가 벌어졌을 때는 전략가로 명성을 얻었다. 1868년 메이지 유신이 일어나 천황의 친정 체제가 부활되자 1869년 병부대보兵部大輔에 임명됐으며, 새로운 정부 군대에 징병제를 창설하고 무사계급인 사무라이를 완전히 제거할 계획을 세웠다. 그러나 교토에서 군사학교를 세울 장

소를 물색하던 중 그의 개혁안에 반대하는 사무라이에게 암살당했다. 사후 종2품從二品에 해당하는 직급을 받았다. 도쿄의 야스쿠니 신사靖國神社 앞에 세워진 동상은 그를 메이지 시대에 발전한 '일본 군대의 아버지'로 묘사하고 있다.

123 일본에서 나라奈良 시대부터 헤이안平安 시대까지인 710~857년에 천황의 조정에서 국무를 총괄한 관청. 1868년 메이지 유신으로 천황의 권력이 회복된 뒤 새 정부의 내각을 고대의 최고 관청인 이 이름을 따서 불렀다. 새로 설치된 태정관은 집행부와 입법부 및 6개 부서로 이루어져 있었다. 이후 태정관은 개편을 거듭하여 1871년 9월 13일 3개 부서로 확립되었는데 좌원左院은 입법부, 우원右院은 사법부, 정원正院은 행정부였다. 태정관의 독재적 구조는 왕정복고 직후 혼란기에 매우 적합했지만, 곧이어 정부는 좀 더 민주적인 의회제도를 채택하라는 압력을 받게 되었다. 1885년에 태정관은 폐지되었으며, 대신 천황이 책임을 지는 새로운 내각이 조직되었다. 4년 뒤인 1889년에는 일본 최초의 헌법이 공포되었다.

124 무공에 의해 임명된 신 귀족.

125 폐번치현廢藩置縣. 막부를 무너뜨린 유신 주도세력은 메이지 신정부의 권력을 강화시키기 위해서 무엇보다 막번체제의 한 축인 번을 해체할 필요가 있었다. 먼저 1869년 1월 사쓰마·조슈·도사·히젠의 네 번주가 모범을 보여 조정에 '판적봉환版籍奉還'의 상소를 제출하였다. '판'은 판도版圖 즉 번의 영지이고, '적'은 호적 즉 영민을 의미한다. 따라서 판적봉환은 원래 막부로부터 받은 영지와 영민을 천황에게 반환한다는 뜻이다. 그러나 사실은 일단 반환했다가 다시 천황이 각 번주에게 하사하는 형식을 취하여 메이지 신정부가 전국의 지배권을 장악했다는 상징적 의미를 과시하고자 했음을 알 수 있다. 번주들의 반발을 우려한 신정부는 별다른 반발이 없자 이 기세를 몰아 6월 17일 전국의 274개 번에 판적봉환을 명하고 며칠 만에 종결시켰다. 그러나 판적봉환으로 신정부의 권위를 과시하긴 했지만, 번제 유지는 두 말할 필요도 없이 중앙집권의 가장 큰 장악물이었다. 따라서 2년의 여유를 두고 1871년 사쓰마·조슈·도사의 3개 번에서 1만여 명의 군대를 조직하고는 7월에 일제히 '폐번치현'을 단행하였다. 즉 번 대신에 '3부 302현'의 부현제를 실시하여 부에는 지사, 현에는 현령을 각각 두고 이들을 정부에서 임명하였다. 이 과정에서 사이고 다카모리는 정부 명령에 불응하는 번은 즉시 군대를 동원하여 물리적으로 제압하겠다고 했지만 실제로는 별다른 반발 없이 순조

롭게 추진되었다. 부현제는 같은 해 11월 '3부 72현'으로 정비되었고, 1888년에는 '3부 43현'으로 조정되어 현재까지 유지되고 있다.

126 태정관 내 기관으로 입법상의 자문, 법규의 제·개정 업무 등을 맡았다.

127 일본이 메이지 유신으로 한창 근대화 작업을 단행할 때 일본의 정치 세력은 두 개로 나뉠 수 있다. 새로운 흐름에 맞추어서 발 빠르게 국제 정세를 인식한 정치세력인 조슈파―이들의 출신 지역이 대부분 조슈번이라 그렇게 불렀다―와 막부체제의 다이묘 하급 무사들이 주축으로 달라진 정세에 적응을 못해 큰 손해를 본 세력인 강경파이다. 당시 모습은 메이지 유신을 이끄는 무쓰히토睦仁 천황의 친위 세력으로서 근대화 관료 세력인 조슈파와 변화를 받아들이지 못하는 보수 세력인 강경파의 대립으로 맞서 있었다. 이때 무쓰히토 천황은 1871년에 이와쿠라 도모미를 전권대신으로 삼아 각 방면에 소질 있는 50여 명을 모아서 외국의 선진문물을 견학하고 공부해 오라는 의미로 구미 시찰단을 파견하였다. 이때 전권대신 이와쿠라를 수행하는 부사 가운데 한 명이 30세의 젊은 이토 히로부미였다.

128 이홍장李鴻章(1823~1901) : 중국 청말 최대의 정치가. 1847년에 진사가 되었으며

태평천국 난이 일어나자 1859년 장쑤성江蘇省에 가서 옛 스승인 증국번의 막료가 되었다. 증국번의 천거로 1862년 장쑤성 순무사가 되었다. 1862년 장쑤성의 총독 대리가 되었고, 1870년에는 수도 베이징이 있는 즈리총독直隷總督 겸 북양 대신이 되어 이 직책을 25년간 맡았다. 또 내각대학사内閣大學士를 역임하였다. 이 기간에 여러 상공업 근대화계획을 추진했으며, 오랜 기간에 걸쳐 서구 열강을 상대로 외교문제를 담당했다. 톈진조약(1858)·시모노세키조약(1895)·신축조약(1901) 등을 체결했다. 이 밖에도 그는 군대 조직을 정비하였으며, 군대의 근대화 등 양무운동을 주동한 인물이기도 하다. 북부지방 무역독판貿易督辦이 되어 양쯔강 이북의 조약항條約港에서 행해지는 서구와의 무역을 관리하게 되었다. 1882년 임오군란 직후 조선의 내정과 외교에도 깊이 관여했다.

129 중국번이 조직한 비정규 군대인 의용군을 말한다. 일명 상군湘軍이라고도 부른다.

130 찰스 조지 고든Charles George Gordon (1833~1885) : 영국의 군인. 청나라 주재 영국군 사령관의 추천으로 영국의 현역 소령 신분으로 미국인 워드가 상하이의 중국인 호상과 관료들의 원조로 창설한 의용군인 상승군의 지휘관이 되었다. 해

체 직전에 있는 상승군을 재건하였으며, 이홍장 휘하의 청나라 군대를 도와 태평천국 난 진압에 공헌하였다.

131 헨리 버제빈Henry A. Burgevine(1836~ 1865) : 워드에서 고든으로 지휘관이 교체되는 시기에 미국인 버제빈이 상승군을 잠깐 떠맡은 적이 있었다. 청나라 군대를 돕는 외인부대인 상승군의 지휘관으로 활약하다가 태평천국군에 투항하는 바람에 추방당해 일본 요코하마에서 잠시 체류하다가 서면호를 타고 태평천국군에 복귀하고자 했다. 그는 1865년 5월 타이완 가오슝高雄 항구에서 외국인 용병들을 모집하여 서면호를 무장시킨 뒤 중국 샤먼廈門(아모이)에 상륙하여 태평천국군과 합류하려다가 체포되었다.

132 1881년 중국 신장성新疆省 이리伊犁 지방을 둘러싼 국경 분쟁을 해결하기 위해 청나라와 러시아가 맺은 조약. 1864년 청나라 신장에서 이슬람교도의 반란이 일어나자 이 반란을 틈타 코칸트한국汗國의 야쿠브베그阿古柏伯克 장군이 카슈가르에 침입하여 정권을 세웠으며, 청나라 세력을 몰아냄과 동시에 영국 · 오스만투르크와 제휴하려고 했다. 러시아는 이리 지방의 러시아인 재산을 보호한다는 구실로 이리에 출병하여 그곳을 점령하고 청나라의 철수 요구에 응하지 않았는데, 이

것이 이리사건이다. 1878년 청나라는 신장을 탈환하고, 러시아에 이리 반환을 요구하기 위해서 숭후崇厚를 대사로 파견해 회담에 임했으며, 크림반도의 리바디아에서 조약을 맺었다. 이것이 1879년의 리바디아 조약(제1차 이리조약)이다. 내용은 러시아가 이리를 반환하고, 그 대가로 청나라는 이리 서부지방을 러시아에 할양한다는 것이었다. 청나라 정부는 숭후의 굴욕적인 조약에 분노하여 그에게 사형을 선고하고 조약 비준을 거부함으로써 양국 관계는 더욱 악화되었다. 그러나 영국과 프랑스의 중재로 청나라는 1881년 증기택曾紀澤을 대사로 파견하여 개정改訂 이리조약(상트페테르부르크 조약)을 맺었다. 이 조약에 의해서 청나라는 이리 지구 대부분을 되찾았지만 자이산호湖 주변 지역을 러시아에 할양하였고, 배상금 900만 루블을 지불하기로 했다. 이 조약 역시 청나라에는 불리했으며, 이 조약에 의해 오늘의 중국과 카자흐스탄의 이리 국경선이 확정되었다.

133 중국 청대에 일어난 민란(1852~1868). 청이 장난江南과 화중 지역에서 발생한 태평천국 난(1850~ 1864)의 진압에 몰두해 있을 때 허난성河南省 · 산둥성山東省 · 안후이성安徽省 등 화베이華北 지방을 중심으로 일어났다. 불교의 영향을 받은 백련교

白蓮敎 비밀결사의 한 지파인 염당捻黨은 19세기 초부터 산발적인 폭동을 조장하고 있던 소금 밀매자, 탈주한 군인, 농민 등으로 구성된 집단이었다. 1850년대 홍수로 빚어진 기근과 더불어 정부가 태평천국 난의 진압에 몰두하고 있는 것에 자극 받아 몇몇 염 집단이 1852~1853년 장낙행張樂行의 지도 아래 연합을 형성해 급속히 세력을 확대해 나갔다. 3만~5만 명의 병사로 5군을 조직한 염군은 화베이 지방을 중심으로 반란을 일으키기 시작했다. 1863년 그들의 근거지가 점령되고, 장낙행이 체포되어 살해되자 세력이 크게 위축되었다. 그러나 염군은 곧 재조직되었으며, 태평천국의 수도인 난징南京이 함락되던 1864년에 살아남은 태평군과 결합하여 저항을 계속했다. 이때 그들은 기동력 있는 기마병을 이용해 청군의 약점을 공격하고 근거지로 후퇴하는, 즉 치고 빠지는 게릴라 전술을 폈다. 청은 태평천국 난의 문제를 해결한 뒤 염군 반란에 관심을 집중하고 염군 봉쇄정책을 강력하게 시행했다. 청의 강력한 진압으로 반란군은 점차 쇠퇴하여 결국 패배했다.

134 이닝伊寧의 옛 이름으로, 신장웨이우얼자치구新疆維吾爾自治區 서부에 있는 도시. 18세기 중엽에는 청조淸朝의 위세가 이곳에 미쳤고, 1871년 러시아에 점령되었으나 1881년의 이리伊犂 조약으로 반환되었다.

135 후이족回族, 후이후이족回回族, 둥칸족이라고도 함. 둔간족은 중국 북서쪽의 간쑤성甘肅省과 산시성山西省에 원래 살던 민족이다. 오늘날 간쑤성에서 온 사람들은 키르기스스탄의 산간지역과 계곡지대에 거주하고, 산시성에서 온 사람들은 카자흐스탄에 거주하고 있다. 지금은 중국 후이족이 980만 명이 되는데, 19세기에 키르기스스탄으로 이주한 후이족을 '둔간족'이라 부른다.

136 홍선대원군은 임오군란 배후조종 혐의로 1882년 청나라에 끌려가 4년간 허베이성河北省 바오딩保定에서 유배생활을 했다.

137 이집트 북동부 수에즈 운하의 지중해 쪽 어귀에 있는 항구 도시.

138 흑해의 북해안에 있는 항구 도시.

139 중국 안후이성安徽省 남동부에 있는 도시이자 하항河港.

140 19세기 중엽 청나라에서 상인·무역업자로부터 징수한 특별세. 1,000분의 1이라는 의미로서 상품의 통과세 또는 영업세였다. 이금세는 태평천국 난을 진압하기 위한 군비를 충당할 목적으로 1853년 중국 동부의 장쑤성江蘇省에서 처음으로 징수하였다. 19세기 후반에 산업혁명을 거친 서유럽 열강에 문호를 개방하게 되면서부터 중국 내의 무역거래량은 엄청나

게 늘어났다. 거래량 증가에 따라 이금세 수입도 늘어났고, 1860년경에 이르러서는 중국 내 거의 모든 성쌀으로 확대·징수되었다. 몇 년 뒤 중앙정부는 이금세 수입의 일부를 국고로 귀속시키도록 요구하기 시작했다. 이금세는 청나라의 주요 재원이 되어 과중한 세금으로 시달리고 있던 농민층의 부담을 어느 정도 덜어 주게 되었다. 중국의 무역 상대국이던 서유럽 열강은 이금세로 인하여 중국에 수출한 자국 상품에 소소한 잡세가 붙는 데 불만을 품고 이금세에 관해 끊임없이 시비를 걸어왔다. 중국은 아편전쟁으로 알려진 무역분쟁 이후 19세기에 서유럽 열강과 계속해서 맺은 불평등조약으로 인해 중국 측이 잃은 관세자주권을 회복한다는 조건으로 1928년 이금세 폐지에 동의했다.

141 노로돔Norodom(1834~1904, 재위기간 1860~1904) : 1863년 강요에 의해 프랑스의 캄보디아 지배를 수락한 캄보디아의 왕. 캄보디아는 1802년 이후 베트남과 시암으로부터 공동 지배를 받고 있었다. 확립된 관례에 따라 두 종주국의 사절이 참석하여 캄보디아 왕을 공동으로 즉위시키도록 되어 있었다. 1860년에 두웅이 죽자 노로돔이 후계자로 선정되었지만 즉위하지 못했다. 캄보디아 왕실의 상징인 왕관·신검·옥새를 가지고 있던 시암

측이 그 물건들을 내놓기를 거부하면서 새로 선출된 왕이 시암의 대리인이고 베트남은 노로돔을 즉위시킬 수 있는 권리가 없다고 주장했다. 그러면서 시암은 캄보디아에 대한 베트남의 권리를 배제시키고 캄보디아를 자신들의 완전한 속국으로 만들려고 했다. 1861년 노로돔의 이복형제인 시 보타가 일으킨 정변은 태국 군대의 도움을 받아 진압되었다. 이즈음 이미 코친차이나(남부 베트남)의 상당 부분을 차지하고 있던 프랑스는 인접한 캄보디아의 영토를 장차 식민지로 소유하려는 생각을 하고 베트남이 캄보디아의 조공을 받을 권리가 있다고 주장하려고 했다. 1863년 초 프랑스는 노로돔에게 프랑스의 보호를 받아들이도록 압력을 가했지만 그 협정이 파리로부터 비준을 받기 전에 노로돔은 1863년 8월 11일 시암과 비밀조약을 맺었으며, 1864년 1월 22일 조약의 비준을 받았다. 이 조약으로 노로돔은 시암의 부왕이자 캄보디아의 통치자가 되었고, 시암은 캄보디아의 바탐방과 시엠리아프 지방을 얻었다. 프랑스는 시암이 캄보디아에 대한 권리를 더 이상 주장하는 것을 저지하고, 왕실의 상징을 돌려주도록 시암에 압력을 가했다. 노로돔은 결국 캄보디아의 오우동에서 1864년 6월 프랑스와 시암의 관리가 참석한 가운데 즉위했다. 그는 1866년 프놈펜에서 왕으로 취임했고, 다음해 시암은 캄

보디아가 프랑스의 보호령임을 공식 인정했다.

142 태국 중부 지역 도시로, 찬타부리Chanthaburi 라고도 한다.

143 프랑스 식민지 시대의 명칭으로, 오늘날에는 다낭Da Nang이라 부르고 있다.

144 프 라 나 콘 시 아 유 타 야 Phra Nakhon Si Ayutthaya라고도 함. 태국 중부지구 도시로, 방콕 북쪽에 있다. 태국의 옛 수도이다.

145 당시의 역사적 배경을 설명하면 다음과 같다. 아유타야의 나라이Narai(1625~ 1688, 재위기간 1656~1688) 국왕은 루이 14세에게 우호적이었다. 1662년에 프랑스 가톨릭 주교가 시암을 방문했고, 1665년 루이 14세는 슈발리에 드 샤몽을 초대 프랑스 대사로 파견했다. 게다가 아유타야 사신들이 프랑스로 건너가서 루이 14세를 만나기도 하고, 루이 14세는 편지를 보내 우호적 관계로 아유타야 왕국과 친하게 지내자고 했다. 그러나 루이 14세는 아유타야를 가톨릭화하여 프랑스 식민지로 만들겠다는 야심을 품고 있었다. 루이 14세는 그리스계 프랑스인 콩스탕탱 폴콘을 아유타야로 보냈다. 그는 여러 나라 언어에 능통하고 무역에 대해 많은 것을 알고 있었으므로 나라이 왕의 신임을 얻어 아유타야 재무부 고위직과 총리 자리에까지 올랐다. 그는 아유타야에 대한 지

배권을 획득하기 위해 프랑스 예수회 선교사 타샤르와 공동의 음모를 계획하였다. 1685년 시암의 수도 아유타야에 도착한 타샤르는 시암인들을 그리스도교로 개종하고 프랑스의 영향력을 확대하기 위해서 폴콘의 협력을 필요로 했다. 두 사람 사이에 협상이 있은 뒤 1685년 12월 프랑스에 막대한 무역 특권을 주고 송크라시에 프랑스 군대의 주둔을 허용하는 조약 초안을 마련하였다. 그러나 루이 14세는 전략적으로 중요한 방콕과 메르귀에 프랑스군이 주둔할 수 있는 조항을 더 요구했고, 이에 대한 승인을 보장 받기 위해 프랑스 원정군을 시암에 파견했다. 나라이 국왕이 프랑스의 음모를 알아차리게 되자 폴콘은 그를 회유하기 위해 프랑스 군대를 시암군의 외국인 용병으로 고용할 것을 약속했다. 이 최종 조약안은 나라이 국왕에 의해 비준되었고, 나라이 국왕은 프랑스와의 긴밀한 관계를 통해 아유타야에서 네덜란드의 강력한 경제적 영향력을 상쇄할 수 있기를 기대하고 있었다. 하지만 친프랑스적 태도를 취하는 나라이 국왕에게 불만을 가진 사람이 많았다. 불교국가라 불교를 믿는 이가 많은 아유타야에서 가톨릭을 강요하는 폴콘을 증오하는 사람도 많았고, 신교도 국가인 네덜란드 상인들은 구교도 가톨릭 국가

인 프랑스가 사실은 아유타야를 식민지화할 것이니 조심하라고 시암 상인들에게 충고하였다. 이후 나라이 국왕 아들인 왕세자가 가톨릭화되자 폴콘이 프랑스 군대의 힘을 빌려 아유타야를 전복시키고 가톨릭에 미친 왕세자를 즉위시켜 허수아비로 만들 것이라는 소문이 떠돌았다. 이 와중에 1688년 나라이 국왕이 병으로 죽자 친위대가 기다렸다는 듯이 폴콘을 체포하여 반란죄로 효수했다. 가톨릭을 믿던 왕세자는 폐위되어 유배되었으며 친위대 장군으로 왕족이자 나라이 국왕의 이복동생인 술랑수엔이 제위에 오르니 28대 국왕인 펫라차 왕이다. 펫라차는 예전부터 반反프랑스를 주장하는 인물이었기에 그는 프랑스대사관을 폐쇄하고, 주둔하고 있던 프랑스군을 철수토록 했으며, 가톨릭교회를 부수고 성직자들을 추방하였다. 이로써 폴콘-타샤르 음모의 영향으로 과거 시암 왕들에 의해 장려되던 외국인에 대한 개방정책은 파기되었고, 이후 네덜란드를 제외한 다른 유럽과의 무역이 끊어졌다.

146 유럽인들이 프랑스 식민지 시대의 베트남 남부지역을 일컫던 이름.

147 프랑스와 베트남의 관계가 본격화한 것은 18세기 말 피뇨 신부 이후의 일이다. 피뇨 신부가 베트남에 올 무렵 베트남은 역사상 최대 규모의 농민 난인 타이손西山운동으로 여러 세력이 대립하여 전국이 혼미를 거듭하고 있었다. 이 가운데 남부에 독립 세력을 이루고 있던 우엔씨阮氏는 타이손 군에 쫓기는 몸이 되고 고립무원의 상태에 이르게 되었다. 우엔씨는 피뇨 신부의 권유로 프랑스 세력을 끌어들였다. 이 결과 양국 간에 공수동맹 조약이 맺어졌다(1787년 11월). 그러나 베트남과 프랑스의 관계는 민망明命제 시대에 와서 선교사 살해 등 종교문제로 악화되어 프랑스에 공식적인 무력간섭의 구실을 주게 되었다. 이 결과 1862년 베트남은 프랑스·스페인과 함께 수호조약(제1차 사이공 조약 또는 壬成條約)을 체결하여 코친차이나 동부 3성을 할양하게 되었고, 이후 프랑스는 1867년에 다시 코친차이나 서부 3성마저 점령하여 같은 해 6월 코친차이나와 병합을 선언하기에 이르렀다. 코친차이나를 병합한 프랑스는 1873년 뒤피Jean Dupuis 사건을 계기로 무력 개입하여 존 통킹 델타 지방을 정복하고, 1874년 3월 베트남과 평화조약(제2차 사이공조약 혹은 申成條約)을 체결하였다. 이를 발판으로 프랑스는 베트남에 대한 보호제의 기반을 마련하였다.

격동의 동아시아를 걷다
독일 외교관의 눈에 비친 19세기 조선, 중국, 일본

초판 발행 ┃ 2008년 7월 28일
 2쇄 발행 ┃ 2009년 3월 17일

지은이 ┃ 막스 폰 브란트
옮긴이 ┃ 김종수
펴낸이 ┃ 심만수
펴낸곳 ┃ (주)살림출판사
출판등록 ┃ 1989년 11월 1일 제9-210호

주소 ┃ 413-756 경기도 파주시 교하읍 문발리 파주출판도시 522-2
전화 ┃ 031)955-1350   기획·편집 ┃ 031)955-4673
팩스 ┃ 031)955-1355
이메일 ┃ book@sallimbooks.com
홈페이지 ┃ http://www.sallimbooks.com

ISBN 978-89-522-0931-3 04080
      978-89-522-0855-2 04080(세트)

책임편집 · 교정 : 박미정

값 23,000원